아산, 그 새로운 울림 :
미래를 위한 성찰

—

사람과 삶

일러두기

* 본 연구는 아산사회복지재단 학술연구지원에 의하여 수행되었습니다.
* 고유명사 및 각주, 참고 문헌은 논문 저작자의 표기 방식을 존중해 각 논문별로 통일해 사용했습니다.

아산연구
총서 04

아산, 그 새로운 울림 : 미래를 위한 성찰

울산대학교 아산리더십연구원 편

사람과 삶

—

홍선미

최재성

김태영

이봉주

김진

푸른숲

아산, 미래를 위한
위대한 유산

    올해는 현대그룹의 창업자이신 아산 정주영 선생의 탄신 100주년이 되는 해입니다. 이러한 뜻깊은 해에 그의 정신을 계승하고 확산하기 위하여 아산사회복지재단과 울산대학교 아산리더십연구원은 아산 연구 총서를 기획하였습니다.

    우리나라의 창조적 기업가로 숭앙받고 있는 아산은 사회, 문화, 교육 등에서 탁월한 성취를 이룩했습니다. 이러한 성취는 우리 사회에서뿐만 아니라 세계적인 차원에서 관심의 대상이 되었고, 많은 사람들에게 삶의 귀감이 되었습니다.

    우리는 시간이 경과함에 따라 기업을 일군 선구적 창업자에 대한 객관적 성과를 잊는 경우가 많습니다. 역사 속의 인물로 규정하여 그의 비범성이나 성공 신화에 방점을 찍는 경우가 많습니다. 그를 존경하면서도, 그를 안다 하더라도 그가 한 일만을 기억할 뿐, 그 일을 하도록 한 그분의 삶의 태도가 무엇인지, 그리고 당시의 사회·문화적 맥락이 어떠한지를 깊이 생각하지 않는 경우가 많습니다.

이러한 문제인식이 아산 연구의 필요성을 제기하는 계기가 되었습니다. 아산 연구는 아산을 과거의 인물로 규정하는 것이 아닌, 현재 우리의 삶을 풍부하게 해주고 우리의 미래상을 엿볼 수 있도록 해주는 연구입니다. 아산 탄신 100주년은 그 연구의 필요성을 환기시키는 좋은 계기가 되었습니다. 그 출발이 다소 늦은 감이 있지만, 이 연구가 앞으로 이어질 후속 연구의 디딤돌이 될 것을 믿습니다. 무엇보다도 객관적이고 심층적인 학술 연구가 수행되어야 합니다.

아산의 활동이나 성취는 여러 분야에 걸쳐 있기에 그에 관한 연구 또한 다양한 방면에서 이루어져야 합니다. 아직까지 그의 정신이나 가치관에 관해서는 일부 한정된 분야에서 부분적, 단편적 기술만 존재할 뿐입니다. 이러한 상황에서는 아산의 전체 면모를 온전히 이해하기 어렵습니다. 이를 바로잡기 위해서는 그동안 잘 알려지지 않은 분야를 포함하여 아산이 활동한 다양한 분야가 종합적으로 다루어져야 합니다.

우리는 아산의 시대적 성공 이면에서 작용하는 힘이 무엇인지를 알고 싶었습니다. 인간 정주영이 올곧게 이해되기 위해서는 그의 숨결과 정신, 가치와 기여 등에 대한 성찰이 중요합니다. 아산을 학문의 장으로 옮겨 '아산 연구'를 "아산, 그 새로운 울림: 미래를 위한 성찰"로 하고 '얼과 꿈, 살림과 일, 나라와 훗날, 사람과 삶' 등 네 가지 주제로 연구를 진행하였습니다. 이 연구는 국내 각 분야의 전문가들이 참여하여 아산을 새롭게 조명하려는 노력들이 짙게 배어 있음을 알 수 있습니다. 해당 분야 연구자들의 노력에 경의를 표합니다. 이러한 노력의 결실로 아산 연구가 학문의 장 안에서 광범위하게 이루어지기를 기대합니다.

2015년 11월 6일

울산대학교 총장 오연천

'아산 현상'에 대한
새로운 해석학을 위하여

아산峨山 정주영(鄭周永, 1915~2001)은 거대한 세계적 기업 현대
現代의 창업자입니다.

그는 가난한 집안에서 태어났고, 응분의 제도교육의 혜택을 누
리지 못했습니다. 그는 어려운 자기 삶의 현실을 극복하고 싶어
했습니다. 각고刻苦의 노력 끝에 그는 우리 사회와 국가에서, 그리
고 세계에서 가장 성공적인 기업인 중 한 사람이 되었습니다.

그의 관심은 산업 외에도 교육, 사회복지, 문화, 그리고 정치로
확장되었습니다. 그리고 각기 그 분야에서도 기업에서와 다르지
않게 일정한 성취를 거두고 사회-국가적 기여를 했습니다. 이러
한 사실은 우리 사회에서뿐만 아니라 세계적인 차원에서 그를 존
경의 대상으로, 삶의 귀감으로 기리도록 하고 있습니다.

그런데 바야흐로 우리는 아산의 탄생 1세기를 맞고 있습니다. 그에 대한 기림은 이전보다 더 드높아지고 있습니다. 그것은 아산의 생애가 지니는 가치의 존귀함, 그리고 그를 기리는 흠모欽慕의 진정성을 보여줍니다.

그러나 이러한 현상은 동시에 우리가 아산을 지금 여기에서 만나기보다는 그를 과거의 '기념비적 인물'로 고착화固着化하는 경향이 형성되고 있음을 보여주는 것이기도 합니다. 이 사실을 우리는 몇몇 측면에서 살펴볼 수 있습니다.

우선 지적할 수 있는 것은 '기림' 자체입니다. 이제는 '아산 생전의 현실'이 서서히 역사의 뒤안길에 들어서고 있습니다. 이를테면 아산의 자서전《이땅에 태어나서》(솔출판사, 1998)가 한 시대의 한 인간의 증언으로 읽히기 위해서는 그 시대에 대한 무수한 각주脚註가 요청될 만큼 이미 그 시대는 오늘을 사는 사람들, 특히 젊은이들에게는 낯설고 이질적인 역사입니다. 당대의 문화도 다르지 않습니다. 이른바 패러다임의 변화는 가치나 의미는 물론 삶의 태도, 그리고 삶의 자리에 대한 인식에서 커다란 변화가 일었음을 보여주고 있습니다. 그렇다고 해서 아산의 삶이 '아산 현상'으로 기술될 만큼 온전히 역사화 되지도 않았습니다. 아직 인식을 위한 충분한 '시간의 거리'가 확보된 것은 아니라고 판단되기 때문입니다.

그런데 무릇 '숭모崇慕'는 역사-문화적 변화를 간과하는 '향수鄕愁'

에 기반을 둔 정서의 표출입니다. 따라서 그것이 품고 있는 진정한 '경외敬畏'에도 불구하고 그러한 기림을 유지하는 것은 결과적으로 아산을 '그의 당대'에 유폐幽閉시키는 것과 다르지 않습니다. 그래서 그에 대한 기림은 '그리움'과 '아쉬움'으로 기술되고 일컬어집니다.

다음으로 지적하고 싶은 것은 아산을 기리는 '태도'입니다. 오늘 우리는 아산의 생애를 회고하면서 그가 이룬 업적을 끊임없이 되뇝니다. 그것은 당연한 일입니다. 그런데 우리는 아산이 스스로 자신의 성취를 증언하는 과정에서 이야기한 그의 소탈한 일화를 그의 생애의 핵심으로 회자膾炙합니다. 그래서 그러한 '삽화揷話의 서술'이 아산의 생애를 묘사하는 정점을 차지하고 있습니다. 이러한 진술은 그의 삶에 대한 경탄을 자아내기에 충분합니다. 나아가 사람들에게 감동을 경험하게 하고 사물에 대한 통찰을 가지도록 자극하기도 합니다.

그러나 그의 생애의 전 과정이 지닌 궤적軌跡의 의미를 살피는 일은 오히려 이러한 사실의 전언傳言에 가려 소홀해집니다. 따라서 이러한 기림은 종내 아산을 '비일상적인 캐릭터'1로 화하게 하

---

1 이러한 현상은 흔히 일어나는 일이다. 이른바 '유명인(celebrities)'의 생애를 기리는 나머지 그의 생애를 일상인과 다르게 묘사하는 일이 그것이다. 그렇게 이루어진 '전기(傳記)'를 일반적으로 '성자전적 전기(hagiographical biography)'라고 부른다. Thomas J. Heffernan은 그의 저서 *Sacred Biography: Saints and Their Biographers in the Middle Ages*(Oxford University Press, 1988)에서 이 문제에 대한 흥미로운 주장을 펴고 있다. 그는 '성자의 삶'은 이상적인 삶에 대한 사람들의 희구가 어떤 삶을 그렇게 '만든다'고 말한다. 그러나 그것이 부정직하고 불가능하며 비현실적인 것은 아니다. 그렇게 만들어진 한 '삶의 전형'은 역사적인 이야기(historical narrative)가 되어 전승되

면서 그를 '영웅담에 등장하는 주역'이게 하거나 아예 '신화적 범주'에 들게 합니다[2]. 아산을 일컬어 '하늘이 낸 사람'이라고 하는 칭송은 이러한 태도가 이른 극점極點에서 발언된 것입니다. 이러한 태도는 아산을 '우러르게 하는' 것일 수는 있어도 우리가 그와 '더불어 있게 하는' 것일 수는 없습니다. 비일상적인 극적劇的인 발상과 비범한 행위의 돌출적인 연속이 아산의 삶이라고 여기게 되기 때문입니다.

이에 이어 자연스럽게 지적할 수 있는 것은 기림이 그 대상을 '맥락일탈적脈絡逸脫的'이게 한다는 사실입니다. 하나의 인간이 기림의 대상이 되는 것은 그가 올연兀然하기 때문인 것은 틀림없습니다. 그러나 그렇다고 하는 사실이 그가 자신이 현존하는 맥락에서 벗어나 있는 존재임을 의미하는 것은 아닙니다. 오히려 그 돋보임은 그가 만나고 반응하고 더불어 있었던 무수한 사람과의 연계 속에서 드러난 현상이고, 당대의 정치, 경제, 문화의 구체적이고 직접적인 요소들과의 만남에서 형성된 그 자신의 모습에서 비롯한 것입니다. 그러므로 아산을 그 관계망에서 초연하게

면서 '현실화된 꿈의 범례'로 기능하기 때문이다. 하지만 그렇게 되면 될수록 '성자가 된 그 사람'은 그만큼 '울안의 거룩함(sanctity in the cloister)'이 되어 기려지면서 현실성을 갖지 못하고, 다만 기도의 대상이 되든지 기적의 주인공으로 있든지 할 뿐이다. 그러나 그는 이에 이어 이러한 중세적 현상이 다행히 해석학(특히 Gadamer)에 힘입어, 비록 여전히 성자전적 전기가 요청되는 것이 지금 여기의 현실이라 할지라도, '잃은 현실성'을 되찾을 수 있으리라는 것을 시사하고 있다.

2   이를 신격화현상(deification)이라고 일반적으로 개념화할 수 있다.

하는 기림은 그의 성취에 대한 바른 인식을 그르치게 할 수 있습니다.

물론 '시대가 영웅을 낳는다'는 몰개인적沒個人的 역사 인식에 대한 조심스러운 긴장을 우리는 지닐 수 있어야 합니다. 하지만 마찬가지로 '영웅이 세상을 빚는다'는 몰역사적 개인 인식에 대한 조심스러운 긴장도 우리는 유지할 수 있어야 합니다. 기림은, 특히 향수에서 비롯하는 아쉬움의 정서가 충동하는 기림은 이 긴장의 평형을 놓치는 경우가 많습니다. 그렇게 되면 기림은 자칫 '절대에의 기대'라는 환상이 됩니다.

때로 한 인간에 대한 기림은, 그가 '커다란 사람'일수록, 그가 이룩한 업적에 의하여 압도되면서 소박한 감동, 비약적인 경탄, 직접적인 모방, 맥락일탈적인 절대화 등을 충동합니다. 그러나 그렇게 이루어지는 기림은 그의 살아있는 숨결과 정신, 그의 성취와 기여 등을 이른바 정형화定型化된 영웅담론의 틀 안에서 박제화剝製化할 수 있습니다. 그런데 시간의 흐름은 이를 촉진합니다. 대체로 한 인간의 탄생 1세기는 그에 대한 기림이 그를 여전히 '살아있도록' 할 수 있을 것인지 아니면 하나의 '기념비'로 남게 할 것인지를 결정하는 중요한 전환점이 됩니다.

이러한 사실은 아산을 향수 어린 기림의 범주에 머물게 하거나 소박한 모방의 전형으로만 설정하는 일이 아산을 위해서나 우리를 위해 의미 있는 일이 아니라는 사실을 분명하게 합니다. 아산은 그렇게 머무를 수 없는 보다 더 '커다란' 존재라는 사실을 그간 이루어진 '아산경험'이 증언하고 있기 때문입니다. 그렇다면 우리는 이 계제階梯에 그를 새롭게 자리매김해야 하는 일을 수행하지 않으면 안 됩니다. 아산을 그가 우리의 일상 안에 현존했던 자리에서 기려지는 차원을 넘어 이제는 역사적 맥락 속에서 새삼 서술하고 인식하도록 하여 그를 끊임없이 재해석하도록 해야 하는 시점에 이른 것입니다.

이러한 사실을 전제할 때, 우리는 바야흐로 아산을 '학문의 자리'에 위치하도록 해야 한다는 절박한 '필요'를 주장하지 않을 수 없습니다. 소략하게 말한다면, 아산에 관한 우리의 인식을 학문의 장academism 안에서 의도하려는 것이 우리의 과제입니다. 다시 말하면 '기림'이 학문의 장에서 자기를 노출하면서 재구축되지 않으면 그 기림은 결과적으로 부정직한 것, 그래서 그러한 기림은 의미 있는 현실 적합성을 오히려 훼손하는 일에 이를 수밖에 없게 됩니다. 아산을 기리는 일뿐만 아니라 아산에 대한 부정적 평가나 폄훼도 다르지 않습니다.

이 계기에서 우리가 해야 할 과제를 울산대학교 아산리더십연구원은 커다란 범주에서 '아산 연구', 또는 '아산 현상에 대한 연구'라고 이름하였습니다.

일반적으로 하나의 '현상'에 대한 연구는 네 가지 과제를 지닙니다. 사실의 서술, 비판적 인식, 의미와 가치의 발견, 창조적 계승과 확산이 그것입니다.

위에서 나열한 네 과제를 더 구체적으로 역사학(첫째와 둘째, historiography)과 해석학(셋째와 넷째, hermeneutics)으로 구분할 수도 있습니다. 따라서 논리적으로 서술한다면 이러한 과제는 항목을 좇아 순차적으로 수행되어야 합니다. 그러나 실제에서는 늘 복합적으로 이루어집니다. 제기되는 문제에 따라 자료의 범위가 선택적으로 제한되거나 확산될 수 있으며, 비판적 인식의 준거도 문제 정황에 따라 가변적일 수 있습니다. 또한 의미와 가치도 기대를 좇아 늘 새로운 해석학을 요청할 수 있으며, 창조적 계승과 확산의 문제도 적합성을 준거로 다른 양상을 지니고 다른 방향으로 전개될 수 있습니다.

이것이 하나의 역사적 주제를 '연구'하는 과정에서 불가피하게 중첩되면서 드러나는 구조라면 이를 다듬는 일은 '향수에 의한 기림'이나 그를 좇아야 한다는 '규범적인 당위적 선언'으로 이루어질 수 없는 것임을, 또 전제된 이해를 좇아 부정하는 '이념적 판단'으로만 이루어질 수 없는 것임을 우리는 확인하게 됩니다. 이러한 일은 '실증에 바탕을 두고 사실을 확보하고, 이에 대한 엄밀한 서술을 통하여 그 현상을 이론화하며, 이렇게 체계화된 사실의 의미론적 함축을 실재이게 하고, 이에서 의미와 가치의 현실화를 비롯하게 하는 일'을 수행함으로써 비로소 이루어지는 일입니다.

이번 연구 논총을 기획하면서 우리는 이미 상당히 알려지고 정리된 아산의 업적보다 아산의 '인간'과 그가 성취한 일을 비롯하게 한 '동력의 기저'에 더 중점을 두고 싶었습니다. 그리고 이와 아울러 아산의 유산이 함축할 '미래적 전망'을 헤아리고 싶었습니다.

모임을 구성하고, 학자들에게 의도를 설명하면서 연구 취지에 대한 공감을 해 주신 분들과 함께 우리가 논의할 수 있는 주제들을 다듬어 보았습니다. 그 결과 우리는 커다란 주제 범주를 아산을 주어로 하여 '얼과 꿈, 살림과 일, 나라와 훗날, 사람과 삶'의 넷으로 설정하였습니다. 전통적인 개념으로 정리한다면 아산의 '철학과 이념, 경제와 경영, 국가와 정치, 복지와 교육'으로 서술할 수도 있습니다. 그런데 굳이 그러한 용어들을 달리 표현한 것은 기존의 개념이 우리가 의도하는 새로운 접근에 도식적인 한계를 드리울 수도 있으리라는 염려 때문이었습니다.

1년 동안 연구자들은 이러한 기획 의도에 공감하면서, 그러나 각자 자신의 문제의식과 방법론을 따라 스스로 선택한 주제들을 가지고 연구를 수행하였습니다. 주제별 모임을 통해 서로 문제를 공유하고 조언하는 과정도 여러 차례 이루어졌습니다. 심포지엄 형식의 전체 집필자 모임도 가졌습니다. 이 연구 기획을 위해 울산대학교와 아산사회복지재단은 실무적·재정적 도움을 아끼지 않았습니다.

그러나 20명 모든 연구자의 주제와 논의가 유기적인 일관성을 유지한다는 것은 쉽지 않았습니다. 주제별로 이루어진 단위 안에서조차 그러하였습니다. 그러나 우리는 연구 수행 과정에서 이러한 현상이 문제라기보다 극히 자연스러운 사실임을 확인하였습니다. 적어도 '아산 연구'라는 과제에 속할 수 있는 한 일관성의 작위적 유지란 오히려 연구의 훼손일 수도 있으리라는 사실을 확인한 것입니다. 각 연구자가 스스로 설정한 '새로운 준거'는 인식의 변주를 가능하게 하고, 그것은 다시 새로운 의미의 발견을 가능하게 우리를 유도한다는 사실을 거듭 확인했기 때문입니다.

그렇지만 연구 주제의 다양성은 자칫 개개 논문이 지닌 완결성보다 편집된 커다란 범주의 주제에 함께 묶여 있어 우리의 이해를 혼란스럽게 할 수도 있습니다. 이를 저어하여 매 커다란 주제마다 한 분의 연구자가 대표집필을 맡아 당해 범주의 설정 의도를 밝히고 그 안에 담긴 개개 논문에 대한 안내를 할 수 있도록 하였습니다.

연구자들의 최선의 천착에도 불구하고 이 아산 연구 논총이 아산 연구의 완결은 아닙니다. 우리는 새로운 연구의 장을 열었을 뿐입니다. 아산에 대한 기존의 다양한 저술들, 연구 논문들, 기타 여러 종류의 기술들을 우리는 결코 간과할 수 없습니다. 그러나 우리가 주목하고자 하는 것은 그러한 논의가 아산을 어떻게 평가했느냐가 아니라 아산을 왜 그렇게 평가하게 되었는가 하는 데 대한 관심입니다. 이는 앞에서 언급한 바와 같이 '기림'에 대한 소박한 승인에 머물 수 없었던 이유이기도 합니다.

당연히 이러한 맥락에서 우리의 진정한 관심은 '과거의 읽음'이기보다 '미래에의 전망'입니다. 우리의 연구는 '아산 현상'을 재연再演하려는 것도 아니고 재현再現하려는 것도 아닙니다. 중요한 것은 아산은 이미 우리의 삶 속에서 자연인自然人 '아산 정주영'으로 있지 않다고 하는 사실입니다. 그는 이미 과거에 속해 있습니다. 이 계기에서 개개 역사 현상이 늘 그렇듯이 아산은 '기림'의 현실성 속에만 머물지 않습니다. 그는 '기대' 안에서 새로운 현실을 빚는 가능성의 원천으로 있기도 합니다. 그러므로 우리는 아산 현상의 여기 오늘에서의 한계와 가능성을 치밀하게 천착할 필요가 있습니다. 그것이 학계의 과제입니다.

이 연구 기획을 하면서 연구 논총의 주제를 "아산, 그 새로운 울림: 미래를 위한 성찰"이라고 한 것도 이러한 이유 때문입니다.

우리의 작업은 바야흐로 시작입니다. 치열한 학문적 논의가 이어지면서 우리의 역사 속에서 올연한 '아산 현상'이 앞으로도 끊임없이 천착되어 모든 역사적 기억의 전승이 그러하듯 우리에게 창조적 상상력의 원천이 될 수 있기를 바랍니다.

이 일에서 커다란 이정표를 세워 주시고 그동안의 연구에 참여해 주신 교수님들 한 분 한 분께, 그리고 아산사회복지재단에, 깊은 존경과 감사를 드립니다.

울산대학교 아산리더십연구원

아산을 통해 본
사람 중심의 우리 사회의 미래

이 책은 아산 탄생 100주년을 맞아 아산의 활동과 성취에 대한 학술적인 연구로 기획된 '아산 연구 총서' 총 4권 중 마지막 권에 해당한다. 아마도 아산이 세계적인 기업가이고 경영인이라는 사실은 누구도 부정할 수 없을 것이다. 아산의 활동과 업적을 그런 시각에서 분석하는 연구는 당연히 필요하다. 그런데 기업가와 경영인으로서 아산을 살피는 연구는 그의 활동에서 표면적으로 드러난 현상만에 집중하는 것일 수도 있다.

아산의 활동을 현재진행형 관점에서 분석하는 것은 아산이 한 일이 무엇인가라는 질문에 답을 준다. 하지만 아산이 원하고 희망했던 이상적인 사회는 무엇이었을까라는 질문은 미래형이다. 그 질문은 그러한 활동을 통해 아산이 궁극적으로 추구하고자 했던 것에 대한 탐색을 요구한다. 우리에게 친숙한, 표면으로 드러난 현상들에 국한된 관심을 넘어 그러한 현상들은 궁극적으로 무엇을 지향하고 있는 것인가에 대한 분석이 필요하다. '아산 연구 총서'의 마지막 권인 이 책은 아산의 삶을 통해 아산이 궁극적으로 희망했던 사회상을 엿보고자 한다.

물론 그러한 작업이 쉬운 것은 아니다. 왜냐하면 아산이 이루었던 것만이 아니라 이루고자 했던 미래에 대한 탐색을 해내야 하기 때문이다. 미래를 지향하는 말과 글, 행동, 그리고 의지를 읽어내야 그런 단서들이 과연 무엇을 향하고 있었는가를 말할 수 있다. 또 그러한 단서는 아산 활동 무대의 중심부보다는 당시에는 부수적인 영역이라 여겨졌던 곳에서 발견될 확률이 많다.

이 책에서는 그동안 흔히 다루어지지 않았던 아산의 활동 영역에 주목한다. 그 영역은 사회복지, 의료, 사회 공헌, 그리고 교육의 영역이다. 그러한 영역에서 아산의 생각과 활동의 분석을 통해 우리는 아산이 궁극적으로 지향했던 가치를 살펴보고자 한다. 그 작업을 통해 아산이 가지고 있었던 그러한 가치가 실현되는 사회의 모습을 그려보고자 한다.

이 책의 분석을 통해서 우리가 당도한 결론은 아산이 궁극적으로 추구했던 것의 핵심은 사람이라는 것이다. 사회복지 영역을 포함한 아산의 사회적 활동은 궁극적으로는 아산이 가지고 있었던 사람에 대한 애정을 실천하는 방법이다. 여기서 사람은 제삼인칭 객체로서의 존재가 아니라 같이 숨 쉬고 생활하는 공동체로서의 사람이다. 사람은 나와 너의 개인적인 단위로서가 아니라 우리라는 공동체 단위로 이해된다. 그래서 이 책의 핵심어는 '사람'이다.

아산의 희망은 사람이었고, 사람이 존중받고 중심이 되는 사회가 아산이 궁극적으로 지향했던 이상향이었다. 아산의 사람에 대한 이러한 관심은 결국 인간존중의 정신과 연결된다. '사람'이라는 핵심어를 통해 아산의 인간존중에 관한 내용들을 분석해내고자 하는 것이 이 책의 목적이다. '아산 연구 총서'의 목적이 아산의 활동과 성취에 대한 학술적인 연구를 통해 궁극적으로는 '아산정신'에 대한 탐구를 시도하는 것이라면, '사람'이라는 핵심어를 주제로 하는 이 권의 목적은 아산정신을 인간존중의 시각으로 분석하고 알아가는 것이다.

이 권의 또 다른 주제어는 '삶'이다. 사람이라는 주체가 헤쳐나가고 경험하는 과정이 '삶'이다. 여기에서 삶은 두 가지 의미를 가진다. 첫 번째 의미는 인간존중의 정신을 아산의 삶을 통해 알아보는 것이다. 아산의 삶에서 인간존중의 정신이 어떻게 형성되고 실천되고 있었는가를 분석하는 작업이다. 두 번째 의미는 아산의 인간존중을 위한 활동은 우리 공동체의 삶에 어떤 영향을 주는가이다. 그 영향에 대한 고찰은 아산이 활동했던 시기에만 머무는 것이 아니라 지금 현재, 그리고 미래에 어떤 의미를 가지는가를 풀어내는 작업까지를 포함한다.

이 권의 첫 장에서 홍선미는 아산의 인간존중 정신을 사회 공헌 의식으로 파악하고 그 형성 과정을 분석해낸다. 아산의 생애사를 정신역동적 관점으로 분석하여 사람 중심의 사회 공헌 정신이 어떤 맥락에서 생성되고 발전해 나가는지를 제시하고 있다. 홍선미는 그러한 과정을 아산 자신에서부터 출발해서 가족, 기업, 그리고 전체 사회로 확산되는 궤적으로 제시한다. 이러한 작업을 통해서 아산이 개인적으로 가지고 있었던 특성과 강점이 가족경험과 상호작용하면서 어떻게 창업자로서의 특성으로 형성되는지를 살펴보고, 궁극적으로는 아산이 가지고 있었던 사회적 책임 의식으로 어떻게 귀결되는지를 분석해내고 있다.

홍선미가 아산의 성장 과정에서 가장 주목한 특성은 '긍정적 심리적 자본'이다. 홍선미는 아산의 청소년기를 '반복되는 실패를 경험하는 불확실한 상황에서도 주도적으로 행동하고 보다 높은 목적을 설정하면서 믿음을 가지고 위기 상황을 돌파한 것으로 해석'하고 그러한 경험이 긍정적 심리적 자본이라는 역량을 형성하게 된 것으로 보고 있다. 그러한 특성은 단순히 현재 상황에 대한 대처의 차원을 넘어 '자신의 의지와 노력으로 보다 나은 삶으로의 변화가 가능할 것이라는 미래에 대한 긍정성'으로 발현된 것으로 제시하고 있다.

개인으로서 아산의 정체감 형성에 가장 큰 영향을 준 것은 가족이다. 대가족의 장남으로서 그가 가지고 있었던 아버지에 대한 무한한 신뢰와 존경은 아산의 인간관과 사회관에 결정적인 영향을 미친다. 홍선미는 아산의 긍정적·심리적 자본의 근원을 '아들에 대한 아버지의 애정과 관심, 장남에 대한 가족의 믿음과 지지'

에서 찾고 있다.

창업가로서 아산이 가진 특성은 과감한 의사결정과 추진력으로 대표되는 '캔두이즘candoism'으로 표현된다. 홍선미는 이러한 특성을 단편적인 일화나 사례의 차원이나 단순한 낙관성의 차원에서라기보다는 '인식된 가능성perceived opportunities'의 개념으로 설명하고 있다. 아산의 인간존중은 기업가 아산의 '공동체적 경험과 사회적 책임 의식'을 통해 구체화된다. 기업은 단순히 돈을 버는 조직이 아니라 '국가와 인류 사회에 봉사'할 때 의미를 가지는 것이다. 홍선미의 분석은 아산의 이러한 생각이 어떻게 기업이 공동체의 문제 해결에 보다 직접적으로 참여할 필요가 있다는 의식으로 확장되며 사회복지와 의료, 교육 영역에서의 활동으로 실천되게 되었는가를 보여주고 있다.

아산사회복지재단은 아산이 1977년에 당시 액수로 개인 재산 500억여 원을 출연하여 설립한 공익재단이다. 최재성은 아산사회복지재단(아산재단)의 설립 과정과 재단의 현재 활동에 대한 분석을 통해 아산이 가지고 있었던 복지사회의 비전을 분석하고 있다. 아산이 가지고 있었던 공동체에 대한 애정과 연민을 '우리 사회의 가장 불우한 이웃을 돕는다'라는 아산재단의 설립정신만큼 직접적으로 잘 표현하고 있는 것은 없다.

아산재단이 만들어진 1977년은 '사회복지'라는 단어조차 생소하던 때다. 특히 사회복지에 대한 정부 차원의 투자는 거의 부재한 상황이었고 거의 대부분의 복지 사업은 외원단체의 지원에 크게 의존하던 시절이기도 하다. 당시에 사회복지재단을 설립해서 '가난'과 '질병'이라는 사회문제의 해결을 시도한 것은 아산의 도전 정신과 미래지향적 사고에서 출발하고 있음을 알 수 있다.

최재성은 아산의 재단 설립에 큰 영향을 준 것으로 '인간중심적 가치관'을 꼽고 있다. 인간존중의 정신은 가장 기본적으로 당시의 어려운 시민들의 삶에서 '빈곤과 질병의 악순환을 끊어 주어야'하는 것에서 출발해야 했다. 그렇다고 인간존중의 정신이 의존성에 젖은 객체로서 도움을 받는 인간을 전제하고 있지는 않다. 아산의 인간존중은 보다 주체적이고 자주적인 개인을 상정한다. 최재성은 이를 '누구나 빈곤과 질병의 악순환을 끊을 수만 있다면 충분히 더 나은 삶을 살 수 있을 것으로 생각하고 이들을 돕기 위해 앞장선 것'으로 풀이하고 있다.

아산재단의 설립과 발전 과정에서 최재성이 주목하는 또 다른 사실은 아산의 혁신적인 기업가정신이 복지 사업에 어떻게 적용되고 응용됐는가이다. 재단의 설립에서 회사의 재산이 아니라 개인의 재산을 출연해서 재단을 설립한 것은 당시로서는 '획기적'인 결단이었다는 평가다. 그러한 결단을 통해 당시에 일반인들이 가지고 있었던 기업 재단에 대한 의혹을 일거에 불식시켰다는 것이다. 사업 방식에서 혁신적인 예로는 아산재단의 장학 사업을 들 수 있다. 현재까지도 국내의 장학 사업은 대부분 성적중심merit based 방식인 상황에서 아산재단의 장학 사업은 당시로서는 전무후무한 필요중심needs based 방식을 도입한 것이다.

아산재단이 설립된 지 38년이 지난 2015년 현재에도 국내에서 기업 재단으로서 아산재단이 가지는 위상은 확고하다. 연간 사업비와 총 자산 규모에서 아산재단은 국내 기업 재단 중 현재도 1위의 위상을 가지고 있다. 최재성은 아산재단과 국외의 유수 기업 재단과의 비교를 통해, 국내에서 아산재단이 가지는 위상에 만족할 것이 아니라 그 역할을 '이제는 국내를 넘어 글로벌 관점에서도 검토해야'할 필요성이 있다고 역설하고 있다.

아산이 가지고 있었던 사회복지 철학에서 가장 두드러진 것은 '자립 의지'이다. 아산재단의 설립 취지나 사업 방향에서는 수동적인 대상자로서의 복지 수혜자가 아니라 도움을 통해 스스로 일어설 수 있는 역량을 가진 자발적인 주체로서의 사람을 강조하고 있다. 자립 의지가 있는 주체로서의 사람을 전제로 한 복지철학은 또 다른 의미에서의 인간존중의 정신이다. 불쌍하고 도움이 필요한 힘없는 인간이 아니라 열악한 조건으로 어려움에 처해있지만 도움의 손길을 통해 스스로 설 수 있는 인간이라는 전제는 삶의 주체에 대한 존중의 정신이 없이는 상정하기 힘들다.

아산사회복지재단의 주력 사업 중 하나는 의료 사업이다. 이는 아산이 가지고 있었던 '빈곤과 질병의 악순환'을 끊겠다는 재단의 설립 취지에서 비롯된다. 아산재단은 당시에 의료 서비스의 사각지대였던 농촌에 종합병원을 짓는 사업을 시작한다. 지금의 상황에서도 어찌 보면 과감함을 넘어 무모한 사업이었는지도 모른다. 아산재단은 정읍을 시작으로 보성, 인제, 보령, 영덕, 홍천,

강릉에 차례로 종합병원을 설립한다. 1989년에는 서울아산병원을 설립한다. 무모한 사업처럼 보였던 것의 성과는 상상을 뛰어넘고 있다. 2015년 현재까지 연인원 약 6천만 명의 외래환자들이 이들 병원에서 진료를 받았다. 서울을 제외한 재단 산하 지방 병원에서 진료 받은 숫자만도 약 1,700만 명에 달한다. 의료 서비스의 질 측면에서도 획기적인 성과를 거두고 있다. 서울아산병원은 우리나라를 대표하는 암 치료기관으로 발전했고 간이식 등의 장기이식 수술 분야에서는 세계적인 수준에 도달해있다.

김태영은 아산병원의 설립과 발전 과정을 통해 우리가 파악할 수 있는 아산의 정신을 공유가치CSV: Creating Shared Value의 시각으로 풀어내고 있다. 공유가치의 개념을 통해 아산병원을 '도시-농촌의 의료 서비스 차이를 줄이기 위한 의료복지라는 사회적 가치와 의료 서비스의 합리성 및 경쟁력을 바탕으로 한 경제적 가치'의 두 가지 축으로 설명하고 있다. 김태영은 그 두 가지 축의 공유가치는 결국 아산이 가지고 있던 '이봐, 해봤어?'라는 도전 정신과 '할려면 최고로 해'라는 최고를 향한 열정에서 비롯된다고 본다.

김태영이 파악한 아산병원의 모습은 '도시-농촌 간 의료 서비스 차이에 기여한 의료복지 선구자의 모습, 선진적인 의료 서비스와 전문성을 갖춘 의료 사업자의 모습, 세계적인 의료 경쟁력을 확보한 의료 혁신자의 모습, 무료 진료를 포함한 지속적인 의료복지 실천자의 모습, 그리고 서울과 지방을 연결하는 독특한 의료복지시스템으로서의 모습'이다. 그러한 모습들은 따로따로 분절적으로 우연히 형성된 것이 아니라 '빈곤과 질병의 악순환'을 끊는 사회적 가치를 추구한다는 의지와 그 가치를 추구하기 위해서는 최고의 시스템을 갖추어야 한다는 기업가정신의 결합을 통해 기획되고 의도되어 만들어진 모습이다.

김태영은 아산병원의 성공 비결을 '비전, 시스템, 그리고 사람'으로 제시하고 있다. 여기서 김태영은 한 걸음 더 나아가 아산병원이 제시한 '한국적 모델'에 주목하고 있다. 서울아산병원의 재정건전성 확보를 통해 다른 지방 아산병원들의 지속가능성을 확보할 수 있는 '시스템'을 구축한 의료모델은 '차별성이 돋보이는 한국적인 모델'로 평가할 수 있다. 혁신도 아산병원이 보여준 독특한 성공의 요소다. 병원의 설립 과정과 전개 과정에서 아산이 보여준 최고의 정신은 혁신을 통해 가능했다. '자율성과 전문성을 중시하는 조직 혁신'을 통해 '기존의 관습과 타성을 깨고 좀 더 나은 방법으로 좀 더 나은 서비스를 환자에게 주고자 노력한 흔적'이 현재의 아산병원을 만든 원동력인 것이다.

사회 공헌, 사회복지, 의료복지의 차원을 넘어 아산이 가지고 있었던 기업관은 독특하다. 아산은 '기업을 넓은 의미에서의 사회복지의 수단으로 인식'하고 있다. "기업이란 국가 살림에 쓰이는 세금의 창출에 큰 몫으로 기여하면서, 보다 발전된 국가의 미래와 보다 풍요로운 국민생활을 보람으로 일하는 덩어리이지 어느 개인의 부를 증식시키기 위해, 뽐내기 위해 있는 것이 아니다"라는 아산의 말을 통해 우리는 아산이 자본주의를 결국 복지국가로 가는 하나의 수단으로 인식하고 있었다는 것을 알 수 있다.

아산이 궁극적으로 지향했던 사회는 어떤 모습이었을까? 아산의 사람에 대한 애정과 '인간존중'의 정신은 과연 어떤 이상향을 가능케 할 수 있을까? 이봉주는 이런 질문에 대한 답을 '한국형 복지국가'의 모색을 통해 찾고자 한다.

최근 한국 사회의 최대 화두 중 하나는 '복지'다. 각종 선거에서 복지는 이제 빼놓을 수 없는 정치적 이슈다. 사회복지의 방향성을 놓고도 사회적 논쟁은 치열하다. 보편적 복지냐 선택적 복지냐에 대한 논쟁은 대표적인 복지 논쟁 중의 하나이다. 증가하는 복지 지출을 어떻게 감당하느냐에 대한 대책도 시급한 형편이다. 늘어나는 복지를 감당하기 위해서 세금을 올려야 한다는 증세 논쟁도 바로 복지의 지속가능성에 대한 문제 제기다. 이러한 문제들을 이봉주는 '결국 우리에게 맞는 복지의 방향은 무엇인가'라는 근원적인 문제에서 파생하는 것으로 파악한다. 그리고 그 '한국형 복지'의 방향성을 아산의 정신과 활동에서 찾고자 한다.

아산의 가부장적 모습에서는 '유교적 복지국가'의 모형을 발견하고 그 유형의 확장을 통해 '동아시아 복지국가론'과 '개발주의 복지국가론'을 만나게 된다. 연대의식 없는 복지는 불가능하다. 그런 면에서 아산에게 연대의식은 일종의 '삶의 궁극적인 지향점'과 같은 역할을 했다. 아산에게 연대의식과 가부장적 책임관은 의식의 차원에서 머문 것이 아니다. 울산 지역에서의 '전략적 사회공헌'은 기업가로서의 그러한 의식을 실천한 생생한 예이다.

아산이 사회복지의 유형 중에서도 인적자본에 대한 투자의 중요성을 강조한 것은 주목할 일이다. 이봉주는 '아산이 인적자본에의 투자의 중요성을 강조한 것은 그 당시에는 용어조차 없었던 넓은 의미의 교육복지의 개념을 실천한 것'으로 평가한다. 학교의 담을 없애고 학교가 지역사회교육의 중심이 되어야 한다는 취지의 지역사회학교운동의 중심에 아산이 있었다는 사실은 일반인들에게 잘 알려지지 않은 아산의 모습이다. 그의 지역사회학교운동은 단순히 후원자의 위치에 머문 것이 아니다. 적극적 실천의 모습은 25년 동안 〈한국지역사회교육협의회〉의 회장직을 수행한 것으로 나타난다.

이봉주는 아산의 복지이념과 활동을 복지 체제 유형에 관한 이론적 틀로 분석해낸다. 그러한 분석 과정을 통해 한국의 복지 체제는 자유주의도 아니고 사민주의도 아닌 '유교주의 복지국가'와 '발전주의 복지국가', 그리고 '생산주의적 복지국가'의 성격으로 특징지어질 수 있는 동아시아적 복지국가의 중간 영역에서 발전해 나갈 것이라는 결론에 도달한다. 그 과정은 아산의 '사회복지에 대한 생각과 활동을 이론적으로 해체해서 한국이라는 공간적인 상황의 씨줄과 현재와 미래라는 시간상의 날줄 위에 다시 구성'함으로써 '현재와 미래의 한국 사회복지 발전에 줄 수 있는 함의'를 찾는 것이다. 이봉주는 결론적으로 아산의 복지정신과 활동이 한국형 복지국가의 모색에 주는 함의로 가족주의적 복지 기능의 중요성, 괜찮은 일자리의 공급을 통해 자립이 우선시 되는 근로복지, 인적 자원에 대한 투자를 강조하는 교육복지, 그리고 사회 서비스의 효과성과 효율성 제고 방안을 제시하고 있다.

김진은 사회과학적 분석을 넘어 인문학적 상상력을 통해 '아산의 시선에서 바라본 우리 사회의 미래상'을 읽어내고자 한다. 그러한 작업은 아산의 삶과 사상을 문화사적 관점에서 재조명하는 과정을 통해 이루어진다. 사람과 삶에게 참된 의미를 주는 원동력은 '희망'이다. 희망이 없는 삶의 목표는 상상할 수 없다. 인간존중은 궁극적으로는 희망을 통해 그 실체를 보여준다. 김진은 "시련은 있어도 실패는 없다"에서 희망철학을 관통하는 아산의 정신을 찾고 있다.

시련을 넘어 희망이 가능하려면, 시련의 상처가 치유돼야 한다. 상처가 없는 척해서도 안 될 일이다. 그 상처는 언젠가는 덧날 지도 모른다. 현재 한국 사회에 만연하는 사회적 갈등은 치유의 메시지에 목말라 한다. 세대 간 갈등, 계층 간 갈등, 정치적 갈등, 경제적 갈등을 넘는 사회통합의 길은 멀고도 험하다.

김진은 아산의 "담담한 마음을 가집시다"에서 사회치유의 기능을 발견한다. '담담지심'의 치료적 의미는 빅토르 프랑클의 로고테라피Logotherapie와 만나며 의미지향적 삶의 방식의 모습으로 나타나게 된다. 이러한 일련의 과정은 단순히 개인적인 차원에서가 아니라 '공동체적 이상'을 실현하는 노력으로 귀결된다. 사람과 삶, 그리고 인간애를 통해 공동체로서의 미래를 찾아가는 아산의 정신과 활동은 '희망 테라피'로 귀결된다.

김진은 아산이 가지고 있었던 '자신의 이익 주장에만 빠지지 않고 사회와 국가가 추구하는 이상적 가치지향과 연대할 수 있는' 능력을 문화철학적 차원에서 해석해 낸다. 그러한 작업을 통해 '아산을 단순히 재벌 기업가나 경제인의 한 사람으로 자리매김하는 차원을 넘어서서, 그의 문화적 관심과 이해 노력을 문학, 예술, 문화, 스포츠, 사상, 사회복지, 정치경제 등 전 영역으로 확대'할 필요성을 제기한다.

　　김진이 시도하고 있는 것처럼 아산의 삶에 대한 총체적인 조망을 통해 우리가 발견할 수 있는 것은 '희망'과 '사회치유'의 힘이다. 그리고 그 '희망'과 '사회치유'가 우리 사회의 미래를 가늠하게 한다는 것을 깨닫게 된다.

　　아산을 통해 본 우리 사회의 미래는 사람이 중심이 되는 사회다. 미래는 희망을 통해 가능하고 그것을 실현하는 주체는 사람이다. 여기서 사람은 각 개별체로서의 단위를 넘어 너와 나를 '치유'의 기능으로 엮을 수 있는 공동체로서의 사람이다. 그리고 아산은 그 배경에는 인간존중의 정신이 필수적임을 우리에게 보여준다. 사람이 중심인 '희망 테라피'가 충만한 우리 사회의 미래를 아산의 정신과 삶을 통해 그려본다.

이봉주(서울대학교)

자아·가족·사회

– 아산의 사회공헌정신의 형성과 계승

홍선미(한신대학교)

학력
서울대학교 사회복지학과 졸업, University of Wisconsin 석사(Social Work), Columbia University 석사
(Psychology) 박사(Social Work).

경력
한신대학교학생상담센터 소장, 오산종합사회복지관 관장, 경기도 무한돌봄센터 센터장, New York State
Psychiatric Institute, Research Scientist, 현 한신대학교 사회복지학과 교수.

저서 및 논문
《사회복지실천기술론》(나남출판, 2006, 공저), 《사회복지개론》(청목출판사, 2010, 공저),
〈지역사회거주 정신장애인의 사회권에 관한 탐색적 연구〉, 한국사회복지질적연구, 7(1), 2013.
〈미국사회복지실천의 역사에 나타난 이데올로기와 가치지향〉, 상황과복지, 31, 2011.

1. 서론

아산은 우리나라를 대표하는 성공한 기업가일 뿐 아니라 국가적 차원에서 다양한 사회적 기여를 한 인물이다. 본 연구는 아산의 어린 시절을 중심으로 그의 성장 과정에서 파악되는 개인적 강점을 탐색하고 가족과 주변과의 상호작용을 통해 발견되는 내적 역량을 분석해보고자 한다. 또한 창업 과정과 기업가로서의 삶의 경험에서 드러나는 아산의 심리내적 특성과 사회적 의식의 맥락을 분석해보고자 한다. 특히 본 연구는 기업의 단순한 사회적 공헌을 넘어 교육, 의료, 복지 등 주요 분야에서 한국사회의 미래의 삶을 고민하며 사회적 투자를 이끌었던 아산의 생애경험에 대한 이론적 근거를 찾고 이를 학술적으로 재조명해보고자 한다.

어린 시절부터 청년기, 창업자 및 기업가로서의 삶을 과정에 따라 분석의 범주를 설정하고, 주요 연구문제는 자아self, 가족family, 기업corporation, 사회community를 중심으로 다음과 같이 구성하였다. 첫째, 성장 과정에서 발견되는 아동기 및 청년기의 개인적 특성과 강점은 무엇인가? 둘째, 가족이 주는 의미는 무엇이며 가족경험 속에서 파악되는 가족탄력성family resilience은 어떤 영향을 주었는가? 셋째, 아산의 성공적인 창업에 이르는 정신사회적 특성과 맥락은 무엇인가? 넷째, 다양한 사회체계들과의 관계를 통해 얻은 공동체적 경험communal experiences은 어떻게 사회적 책임으로 확장되는가? 생애주기에서 파악되는 여러 삶의 경험을 이론 및 실증자료를 통해 해석하였으며, 아산 본인의 주관적 사고를 탐색하기 위해 전기적 자료를 활용하였다. 또한 타자와의 관계를 통한 삶의 구성적 측면을 분석해보고자, 성장기의 가족경험과 이후 기업가로서의 사회적 책임과 국가의식과 관련된 주제들을 찾아 그 형성 과정을 탐색하고자 하였다.

본 연구는 입지전적 인물로 알려진 아산의 일대기나 생애경험을 서술하는 차원을 넘어, 기업가의 생애경험에 대한 이론적 분석과 의미를 찾고자 하는 것이다. 특히 아산의 생애사와 관련한 다양한 문헌연구를 통해 인간발달 및 정신역동에 관한 이론과의 관련성을 재해석하고 사회 공헌 관련 분석주제를 발굴하여 아산의 사회적 책임과 기업 사회 공헌의 학술적 의미를 연결시키고자 한다.

2. 아산의 생애경험에서 본
개인적 특성personal traits과 강점strengths

정체감 형성과 가족으로부터의 독립

심리사회적 발달 단계를 제시한 에릭슨(Erickson, 1950)은 아동기에서 성인기로 넘어가는 과도기에 있는 청소년기를 자신의 미래에 대해 숙고하는 시간조망time perspective의 시기로 보고 있다. 청소년기의 대표적인 심리적 발달 특성이자 주요 과업은 자아정체 감을 확립해나가는 것이 되며, 이는 자신의 존재와 미래에 대한 의문에서 비롯된다. 청소년은 자아정체감을 형성하는 과정에서 부모와 정서적 분리가 이루어지며 지금까지 따랐던 부모의 가치 나 규범에 대해 독립적인 판단을 하려는 경향을 보인다. 따라서 자율성에 기초한 자기 확신self-certainty을 갖고 주도적으로 가능성과 대안을 찾아 역할 시도role experimentation를 하는 특징을 보인다. 이와 같은 청소년기의 자율적인 사고와 행동은 여러 유형으로 나타나 게 된다. 부모의 통제나 권위적 구속에 대해 반항적 태도를 보이 거나 현실을 회피하기 위한 행동들을 하며, 때로는 자신의 목적지 향에 따라 현재의 삶을 바꾸기 위한 적극적 선택을 하기도 한다.

아산은 "평생 허리 한 번 제대로 못 펴고 죽도록 일해도 배불 리 밥 한 번 못 먹는 농부로, 그냥 그렇게 내 아버지처럼 고생만 하다가 내 일생이 끝나야한다는 건가"라며, 반복되는 농사일과 막연한 앞날에 회의를 느끼며 자신을 농부로 키우고자 하는 부모 곁을 떠나게 된다. 당시 세습적 지위는 아니어도 사회계층 간 이 동이 자유롭지 않은 농촌의 현실에서, 아산은 주어진 환경에 적 응하며 살아가기보다는 스스로의 노력에 따른 대가가 주어질 수 있는 도시의 삶을 선택하였다. 김성수(2005)는 소년 정주영의 가 출을 생존의 극복을 위한 문제로 이해하며, 청소년 가출을 비행 과 연관시켜 바라보는 시각과는 차이가 있음을 지적하고 있다. 자전적 에세이 《이 땅에 태어나서》에서도 가출이라는 표현 대신

고향탈출이라는 용어를 사용하고 있다. 청소년기의 가출을 부적응적 정서와 부적절한 행동적 결과로 해석하는 것과 달리 자율성을 획득하기 위한 발달적 기능의 측면에서 보는 관점이다. 실제로 한국형 자아정체성 검사를 구성하는 하위 요인에는 주체성, 자기수용성, 미래확신성, 목표지향성, 주도성, 친밀성, 정체감 유예, 정체감 혼미 등이 있으며, 정체성이 강한 사람은 타자와 분리하여 자기존재를 지각하며 자기결정력과 적응력이 높은 특성을 보인다(박아청, 2003).

이러한 관점에 따르면, 아산의 청소년기 가출은 개인이나 가족의 내적 요인에 의한 병리적 사건보다는 자아정체감 형성기에 자기존재의 독특성을 인식하며 미래에 대한 주도적 판단을 하는 의식적 경험의 과정으로 볼 수 있다. 아산의 성장기 가출도 자립self-reliance 및 새로운 환경에 대한 적응성adaptability과 관련이 있는 것으로 볼 수 있다. Reynolds(1997)는 잦은 물리적 이동은 급격한 삶의 변화를 상징하는 것으로서, 창업가들은 평생을 동일한 곳에서 사는 확률이 낮다는 연구 결과를 제시하고 있다. 인생의 변화나 도전을 경험하지 않는 사람에 비해 새로운 장소와 상황에 대한 적응력을 키우고 자기신뢰감을 경험한 사람의 경우 창업을 보다 가능성 있는 선택으로 보기 때문이다.

자율적 판단의 과정

이와 같은 자율적 판단은 어디에서 비롯되는 것인가? 성인기로 넘어가는 과도기인 청소년기에는 부모와의 가족 내 관계가 외부세계로 확장되고, 성장 과정의 발달적 과업을 스스로 해결하는 과정에서 개인차가 있다. 각 개인은 사회인지적 전략social-cognitive strategies 차원에서 자신이 선호하는 정체감 유형identity style을 보이게 된다. Berzonsky와 동료들(2011)이 개발하여 널리 쓰이는 정체감 유형 척도identity style inventory에 따르면 정보적 유형, 규범적 유형, 회피적 유형 등 세 가지 하위 유형으로 나뉜다. 정보적 유형informational style은 자신의 목표를 적극적으로 찾아 나서며 무언가를 결정하거나 추진하기 이전에 적절한 정보를 파악하고 평가한다. 정보적 유형의 청소년은 독립적이며 개인주의적 성향이 강하고 결단력이 빠른 특징이 있다. 두 번째의 규범적 유형normative style은 부모나 교사, 멘토와 같이 중요한 타자의 기대를 준거로 삼고 이들의 충고나 의사결정에 의지하여 규범적 판단을 하는 특징을 보인다. 일반적으로 청소년에게 가장 많은 유형이다. 세 번째의 회피적 유형diffuse-avoidant style에 속하는 청소년은 갈등을 피하기 위해 최대한 의사결정을 미루거나 회피하는 경향을 보인다. 다른 유형에 비해 즉시적인 욕구에 의존하며 보다 부정적 심리특성을 많이 보이는 것으로 파악된다(문경숙, 2013).

정체감 유형과 관련하여, 미래에 대한 적극적인 지향을 갖고 자신에게 필요한 다양한 정보를 얻고자 했던 아산은 정보적 유형의 성격특성을 갖고 있음을 알 수 있다. 아산은 '바깥세상과 거의 단절된 농촌에서 갖는 내 유일한 숨구멍'이라고 느끼면서 신문의 기사와 소설 속 인물을 통해 정보를 얻고자 했으며, 이를 통해 자신의 미래에 대한 욕구를 확인하고 소설 속의 변호사와 같은 인물에 대한 꿈을 키울 수 있었다. 이와 같은 정보적 유형의 성격특성은 성인이 된 이후에 평생 책 찾아 읽기를 게을리하지 않으며 배움의 자세를 유지한 평생학습자 아산의 모습으로 이어지게 된다.

최근의 정보화 사회에서는 급변하는 환경 속에서 다양한 정보를 적극적으로 습득하고 활용하는 능력을 더욱 중요한 자질로 보고 있다. 정보사용과 관련한 특징을 e-personality로 정의하고 있는데, 이를 통해 개인의 성격특성을 분석해볼 수 있다. 세부 유형을 살펴보면, 개인의 성향 및 잠재성격을 IT 창조자(새로운 정보기술을 개발하고 응용, 창조하는 능력이 뛰어난 유형), 비전제시자(정보기술의 흐름을 잘 파악하며 이에 대한 통찰력 및 비전을 잘 제시하는 유형), IT 감독자(정보기술을 만들어내기보다는 기존에 주어진 IT를 활용하여 관리하는 능력이 뛰어난 유형), 정보공유자(정보 및 기술을 혼자서 독차지하는 것이 아닌 다른 동료들과 공유하며, 동료들과의 협동력을 높이는 유형), IT 리더(정보기술에 대한 분석 및 조정, 지배적 성향이 강하며 이에 대한 발전, 응용을 적극적으로 실천하여 발전시키려는 유형), 동기부여자(IT라는 수단을 이용하여 주변사람들에게 의욕 및 동기를 부여하며 업무를 효율적으로 운영하는 유형), 커뮤니케이터(정보기술을 잘 활용하여 대인 관계를 원만하게 하며 커뮤니케이션을 활성화시키는 유형) 등으로 분류하고 있다(나옥규 외, 2005). 아산은 새로운 사업을 시작하고 확장하는 과정에서 정보의 흐름을 잘 파악하여 통찰력과 비전을 제시해왔다. 가능한 정보를 창의적으로 활용하여 새로운 가능성을 만들어가는 비전 제시자와 같은 특성은 최고경영자나 혁신가에게서 보다 뚜렷이 나타나는 e-personality 유형으로 볼 수 있다.

아산의 심리적 자본

위험 부담을 감수하면서도 새로운 것에 도전하려 했던 아산의 청소년기의 특성은 사업을 시작하는 청년기에도 이어진다. 아산은 전쟁으로 인해 상회의 문을 닫아야했고, 자신이 설립한 첫 공장이 화재로 인해 빚을 지게 되었으며, 이후에도 여러 가지 시련을 겪게 된다. 일반적으로 인간은 감당하기 어려운 일에 부딪히게 되면 자신의 한계를 경험하게 되지만, 그에 대응하는 방식은 심리적 특성에 따라 차이를 보인다. Luthans와 동료들(2007)은 긍정적 심리적 자본positive psychological capital이라는 용어를 사용하여 개인의 심리적 강점을 설명하고 있다. 심리적 자본은 ①도전적인 업무에 대해 성공할 수 있다는 자기 효능감self-efficacy 또는 자신감confidence, ②현재와 미래의 성공에 대해 긍정적 귀인을 갖는 낙관주의optimism, ③목표를 향해 인내하고, 필요한 경우 성공을 위해 다른 방법을 선택하는 희망hope, ④문제와 역경으로 인해 고통 받을 때, 목표를 달성하기 위해 지탱하며 회복 또는 극복하는 능력인 복원력resilience 등과 같은 하위적 특성을 갖는다.

아산은 외부적 상황에 의해 반복되는 실패를 경험하면서도, "시련은 있어도 실패는 없다", "시련이란, 뛰어넘으라고 있는 것이지 걸려 엎어지라고 있는 것이 아니다", "나는 좌절할 수 없었다. 좌절로 끝내고 싶지 않았다"라는 신념으로 대응하고 있다. 이와 같은 인식과 태도는 미래가능성에 대한 믿음과 자기 확신, 내적 통제감과 같은 심리적 자본의 결과로 해석할 수 있다. 연구 결과에 따르면, 자기효능감이 높은 사람은 낮은 사람에 비해 기회의 가능성을 보다 많이 인식하고 이에 따르는 위험 부담도 감수한다. 반대로 자기효능감이 낮은 사람은 위협의 가능성을 보다 많이 인식함으로써 위험을 회피하려는 성향이 있다. 자기효능감은 불확실한 상황에서도 환경의 위협에서 오는 경직적 반응이나 학습된 무력감을 완화시켜주며, 보다 높은 목적을 설정하고, 주도적인 행동을 지속하게 하는 효과가 있다. 아산이 위기 상황에서 믿음을 가지고 어려움을 돌파할 수 있었던 데에는 이와 같은 자기효능감의 역할이 컸다고 할 수 있다.

또 다른 아산의 심리적 자본은 긍정성이다. "한참 잘 먹고 자랄 나이에 밥보다는 죽을 더 많이 먹으면서, 그것도 점심은 다반사로 굶어가면서 미래가 보이지 않는 농사일을 할 때도 신통하게도 나는 내 처지가 불쌍하다는 생각은 해본 적이 없다. 참으로 다행스럽게도 나는 매사를 나쁜 쪽으로 생각하기보다는 좋은 쪽으로 생각하며 느끼고 그 좋은 면을 행복으로 누릴 수 있는 소질을 타고난 사람인 것 같다"라며 자신의 긍정적인 사고방식을 표현한 바가 있다(정주영, 1998). 이에 대해 아산은 "부모님으로부터 물려받은 타고난 건강에 부모님으로부터 배운 근면함만 있으면, 내일은 분명 오늘보다는 발전할 것이고 모레는 분명 내일보다 한 걸음 더 발전할 것이라는 확신이 있었기 때문에 나는 언제나 행복했고 활기찼다"고 설명한다. 다른 사람에 비해 가난한 농가에서 교육도 제대로 받지 못하고 힘든 사회생활을 했지만, 아산은 긍정성이라는 심리적 자본을 통해 자기수용과 자기발전을 위한 에너지로 이를 전환시킬 수 있었다. 자신의 삶에 대한 수용과 희망을 통해 자존감을 유지하고 동력을 얻는 긍정성의 가치는 울산대학교의 인성교육 목표의 하나인 '자기변화의 가능성을 믿는 인간'에서도 드러나고 있다.

미래에 대한 변화 의지

한국의 창업1세대를 연구한 자료(박유영·이우영, 2002)에 따르면, 아산의 성격적 특성을 모험적, 적극적 의지가 있으며 성취 욕구가 강한 것으로 표현하고 있다. 아산이 이른 나이부터 가출을 반복하면서 고향을 떠나고자 한 것은 가난한 농부의 아들로 겪게 될 농촌의 삶을 벗어나려는 시도이며 미래에 대한 변화의 의지로 인식된다. 어린 나이에 결코 쉽지 않은 객지 생활에서 부딪히는 두려움이나 좌절에도 불구하고, 자신의 의지와 노력으로 보다 나은 삶으로의 변화가 가능할 것이라는 미래에 대한 긍정성은 어디에서 오는 것일까? 감정의 움직임인 정신역동psycho-dynamics은 정서적 힘의 상호작용이다. 현실과의 끊임없는 대응 과정에서 정신적 에너지를 소모하게 되며, 이때 대부분은 심리적 갈등과 정서적 불안을 겪게 된다. 그러나 성취 욕구가 강한 개인적 성향을 갖는 경우에는 외재적 요인들에 의한 영향을 덜 받으며 자신의 내적 동기와 목표에 따라 자율적으로 행동하고 판단하게 된다. 또한 성취 욕구와 자율 욕구가 큰 경우에는 외부 환경으로부터의 부정적 스트레스에 대해 내성을 보이는 심리적 특성을 갖는다.

한편 Marcia(1966)는 정체감 형성의 과정을 두 측면으로 파악하고 있다. 청소년기를 거치면서 고민과 갈등을 경험하며 적극적으로 보다 나은 자아를 찾고자 하는 탐색exploration의 정도와 자신의 목표와 신념을 분명히 표현하고 이를 성취하고자 하는 몰입commitment의 수준에 따라 정체감 형성의 수준을 나누고 있다. 가출 이후 쌀가게에 취직하기 전까지 부둣가의 하역노동자, 공사장의 막노동꾼, 공장 직공 등을 전전하며 지내야했던 아산의 청소년기는 생활상의 문제로 인해 힘든 시기였다. 그러나 청소년기의 다양한 삶의 경험을 통해 자아를 탐색하는 기회가 되며, 위기에서도 최선을 다해 적극적으로 대응하는 과정에서 오히려 정체감 성취identity achieved라는 긍정적인 결과를 얻을 수 있다. 위인이나 성공적인 기업가의 삶에서 자신만의 꿈을 찾아 도전하고 많은 역경

속에서도 최선을 다하는 과정을 흔히 볼 수 있는 것은 이러한 맥락과 무관하지 않다.

3. 아산의 가족경험과 가족탄력성^{family resilience}

가족서열과 책임감

심리이론가 Adler가 형제서열의 개념을 도입한 이후, 어린 시절의 가족 상황과 형제간의 서열에 의해 인격적 특성이 결정된다는 이론과 연구 결과들이 제시되고 있다(Eckstein et al. 2010). 첫째 아이의 경우에는 성취 지향적이며, 자기주장이나 확신이 강하며, 성실하고 계획적인 반면에 정서적으로 예민하며 보수적인 성향을 띨 수 있다고 한다. 기업가의 형제서열에 관한 한 연구에서는, 창업자의 51.9%가 첫째 아이라는 결과를 보이기도 한다(Wadhwa et al. 2009). 부모로부터 특별한 관심을 받고 자란 첫째 아이는 책임감뿐 아니라 자기신뢰감과 같이 기업 창업에 도움이 되는 개인 특성을 상대적으로 많이 소유하기 때문이다. 시골 마을 한 농가에서 태어나 자란 아산은 6남 2녀의 장남으로서 가졌던 가족에 대한 부담이 있다. "너는 우리 집안의 장손이다. 형제가 아무리 많아도 장손이 기둥인데 기둥이 빠져나가면 집안은 쓰러지는 법이다. 어떤 일이 있어도 너는 고향을 지키면서 네 아우들을 책임져야 한다. 네가 아닌 네 아우 중에 누가 집을 나왔다면 내가 이렇게 찾아 나서지 않는다"고 하면서, 아버지는 가족에 대한 책임감을 장남인 아산에게 요구하였다. 어머니 역시 힘든 살림이지만 자녀 양육에 대해 적극적이었으며, 특히 장남에 대해 각별한 관심과 기대를 갖고 있었다고 한다. 어머니는 어린 동생들을 재우면서, 밭을 매면서, 길쌈을 하면서 항상 주문처럼 "나는 잘난 아들 정주영이를 낳아났으니 산신님은 그저 내 아들 정주영이 돈을 낳게 해주시오"라고 중얼거리면서 장남에 대해 의지했다고 한다. 부모가 자녀와의 관계에서 보여주는 이와 같은 원초적 신뢰감은 어려운 가족 상황에서도 장남으로서 자신의 존재 가치를 수용하고, 가족을 포함한 타인과의 신뢰관계를 지키며, 가족에 대한 자신의 책임을 긍정적으로 수행하는데 영향을 미치게 된다(김태형, 2013).

긍정적 가족경험

자녀들은 부모와의 일상적인 생활을 통해 가족의 가치와 규범을 학습하게 되며 이는 자연스럽게 다음 세대로 전수된다. 아산은 여섯 동생을 책임지는 장남이자 가장으로서 묵묵히 일만 하던 부지런한 농사꾼 아버지의 모습에서 무언의 실천을 배웠다. 자식을 일등 농사꾼으로 키우려는 아버지를 따라 새벽 4시면 졸린 눈을 비비며 들판으로 나서야 했고, 뙤약볕 아래서 긴 고랑의 김매는 법을 배웠다. 근면한 기업가를 대표하는 아산은 부지런한 부모 밑에서 자라던 시절의 경험을 일생의 큰 교훈으로 생각하며, 기업 경영에서도 "부지런한 사람에게 좋은 운이 온다"고 강조하였다.

또한 지역사회 교육에 깊은 관심을 보였던 아산은 부모의 경제적 수준이 자녀 교육에 결정적인 영향을 미치거나 큰 조건으로 자리 잡지 않을 것을 강조한다. 주 양육자에게 무조건 사랑받고 보호받으려는 동기, 자기 스스로 무엇인가를 해보려는 동기, 부모에게 인정받고 존중받으려는 동기, 부모를 사랑하고 존경하려는 동기 등 어린 시절에 부모로부터 충족되어야하는 욕구가 더욱 중요하게 고려되어야 한다는 것이다(김태형, 2013). 어떤 잘못을 하거나 힘든 상황에 놓여도, 나를 무조건적으로 믿어주고 지탱해주는 부모님의 존재가 아산에게는 큰 심리적 자산이 되었기 때문이다. 소 판 돈까지 갖고 가출한 아들을 찾아와 꾸짖기는커녕 동물원 구경을 같이 가자고 제안한 아버지의 태도는 아들에 대한 애정과 신뢰, 존중감을 보여주는 대목이다. 자녀에 대한 부모의 믿음과 지지 속에서 자녀는 심리적 안정을 얻고, 가치 있는 사회적 존재로서 건강한 정체성을 형성하게 되며, 미래에 대해 주체적이며 긍정적인 사고를 하는 성인으로 성장하게 되는 것이다.

가족탄력성

누구나 어린 시절의 경험을 통해 어른이 되며, 이를 어떻게 인식하느냐에 따라 큰 교훈이 되거나 상처가 되기도 한다. 프로이드와 같은 심리학자는 자아가 미성숙하고 저항력이 없다면 상처를 입기가 쉽다고 한다. 그렇다면 심리적 저항력은 어떻게 얻어지는 것일까? 이와 관련된 개념으로 가족의 회복탄력성family resilience이 있다. 회복탄력성resilience란 마치 고무공처럼 다시 튀어 오르는 성질로서, 좌절로부터 회복하는 힘, 또는 쓰러졌다가 다시 일어서는 힘이다. 즉 역경과 시련을 극복하게 하는 긍정의 힘이다. 여기에서 튀어 오르기 전의 내려가는 상태는 실패가 아닌 성공에 필요한 과정으로 해석된다. 개인과 마찬가지로, 가족의 회복탄력성은 어려운 환경 속에서도 자녀가 건강하게 성장하고 발달하도록 돕는 가족 특성이다. 부모-자녀 간 정서적 관계를 비롯해 다양한 가족의 보호 요인들을 통해 가족원 간에 긍정적인 에너지를 줄 때, 이와 같은 가족 내 역동이 일어나게 된다. 비록 가난한 대가족의 장남이라는 힘든 조건이지만 부모로부터 받았던 지지와 긍정적인 가족경험으로 인해 회복탄력성이 높아진 것으로 볼 수 있다.

4. 정신사회적 맥락psycho-social context에서 본
창업자 아산

기업가적 성격의 특징적 요소

Stevenson과 Jarillo(1990)는 기업가정신이란 통제 가능한 자원에 구애받지 않고 기회를 추구하는 과정이라고 정의하고 있다. 새로운 가치창출을 위한 기회로 인식되는 창업 과정에서 개인의 의지와 성격적 특성은 창업의 결과에 영향을 미치는 것으로 알려져 있다(Drennan 외, 2005). 그렇다면 기업가들은 어떻게 다른 사고를 하는 것일까? 기업가답게 생각하는 것은 인지적으로 어떤 차이가 있는가? 이러한 질문들과 관련하여 기존 연구들에서 제시하고 있는 기업가적 성격entrepreneurial personality과 기업가의 인지 행동적 특성을 살펴보고, 이를 기업가 아산의 심리사회적 특성과 연관시켜 논의하고자 한다.

일반적으로 기업가정신과 관련된 연구들은 경제학, 사회학, 심리학, 심리사회학 등 다양한 분야에서 진행되고 있다(Krueger, 2003). 창업가 개인의 특성personal traits과 정신역동을 강조하는 심리이론psychological entrepreneurship theories에서는 기업가정신을 생애 전반에 걸쳐 형성되는 성격으로 설명하고 있다(Simpeh, 2011). 또한 기업들이 대부분 영세한 소규모 창업에서 시작하는 것을 고려할 때, 소유주이며 경영자인 창업주의 성격적 특성은 기업의 특성으로 이어진다고 한다(김주미·박재필, 2011). 창업가의 개인적 성격 특성personality traits을 연구한 결과들은 혁신성innovativeness, 진취성proactive personality, 위험감수성risk-taking, 성취 욕구achievement need, 자율성autonomy, 자기효능감self-efficacy, 스트레스 내성stress tolerance, 통제위치locus of control 등을 강조하고 있다. 성취 욕구나 통제위치, 위험감수성 등의 성격특성은 창업의 과정뿐 아니라 기업의 성과에도 영향을 미치는 요인으로 알려져 있다(김범성, 2012; 김진수외, 2009).

우리나라의 청년창업자를 대상으로 조사한 자료에서도 위험 감수성, 진취성, 내재적 동기 등의 심리적 특성이 두드러지며, 이러한 특성이 창업을 성공으로 이끄는 창업효능감에 유의미한 영향을 미치는 것으로 연구되었다(유봉호, 2013). 이들 세 가지 심리적 특성을 구체적으로 살펴보면, 첫째 위험감수성이란 비구조적인 불확실성을 감수하며 높은 수준의 위험을 감수하는 성향을 나타낸다. 창업가에게 창업은 기회와 자원을 획득하는 성장지향적인 의미로 인식되기 때문에 창업 과정에서 개척자적이며 목적지향적인 노력을 기울이게 된다. 위험감수성이 높은 창업가일수록 어떤 조건과 환경에서도 극복할 수 있다는 신념과 적극적 의지를 갖고 어느 정도의 위험을 감당하며 자신의 역량을 키우는 기회로 삼게 된다. 창업자의 어린 시절을 연구한 조사결과들에 따르면, 빈곤, 방임, 부모의 이혼이나 죽음, 질병 등과 같은 개인적 비극을 경험한 비율이 높게 나타난다(Cox & Jennings, 1995; Malach-Pines et al, 2002). 이들 연구에서는 어린 시절의 어려움을 통해 위험성이나 불확실성을 극복하는 능력을 향상시킴으로써 내적 동기와 자기의존감^{self-reliance}을 증가시킨 것으로 보고 있다. 두 번째로, 진취성이란 최대한 잘하고자하는 긍정적인 동기부여가 이루어지는 것이다. 진취적인 성향이 있는 개인은 주도적 행동을 통해 환경에 영향을 미치려고 하며 새로운 과업을 달성하기 위해 학습목적 지향의 특성을 보이게 된다. 이와 같은 진취성은 기업가에게 변화를 탐구하고 변화에 대응하며 변화를 기회로 이용하면서 기업 혁신을 이루어가는 중요한 심리적 도구가 된다. 아산이 "나는 인간이 스스로 한계라고 규정짓는 일에 도전, 그것을 이루어 내는 기쁨으로 오늘날까지 기업을 해왔고", "모험은 거대한 조직에 활력을 넣어준다. 그것이 현대라는 조직을 움직이는 조화의 핵이 되어 왔다"라고 한 대목에서 엿볼 수 있듯 아산이 가졌던 진취성은 기업을 창업하고 개척자적이며 공격적 전략을 지향하면서 현대를 이끌어온 정신이 되고 있다. 세 번째로 내재적 동기란 창업행동의 직접적인 선행 요인으로서 외부적 요인보다는 내적 창업의사와 주도성에 의해 이루어지는 것이다. 창업자의 내적 유능감은 어린 시절의 어려움을 극복한 인물들에게 공통적으로 발견되는 특성으로서, 앞에서 살펴본 긍정적 심리자본과 가족경험 등을 통해 획득된다.

기업가 아산의 심리정서적 특성

자수성가한 기업인의 전형으로 알려져 있는 정주영 현대그룹 창업자는 자신의 기업을 일구는 과정에서 순탄하지 않은 경험을 되풀이 하면서도 최선을 다해 적극적으로 자신의 역할을 수행함에 따라 주변사람들로부터 신뢰를 얻고 창업의 기반을 다져 현대그룹을 설립하기에 이른다(박상하, 2009). 다양한 차원에서 기업가정신에 관한 연구가 이루어지고 있으나, 여기에서는 성공한 기업가의 성격유형을 분석한 자료를 통해 아산의 심리특성을 살펴보았다.

5대 그룹 총수의 성격을 분석한 보고서에 따르면, 아산의 MBTI(Myers-Briggs Type Indicator) 유형은 ENFJ(외향-직관-감정-실천)로서, 오바마 대통령, 마틴루터킹, 오프라 윈프리 등과 같은 외향성 감정형이다. 아산은 언어와 감정 표현이 풍부하고 거침이 없는 외향형(E: extroversion)으로, 주위 사람들과의 대화를 즐기며 어느 장소에서나 자기 생각을 수시로 이야기하는 편이다. 통찰력과 창의성이 뛰어난 직관형(N: intuition)으로, 복잡하고 어려운 사안에 대하여 핵심을 파악하고 기발한 아이디어로 상대를 설득하는 능력이 뛰어나다. 또한 사람과 감정을 우선시하는 감정형(F: feeling)으로, 타인의 기분에 민감하고 공감능력이 뛰어난 편이라 휴머니스트로서의 면모를 보이기도 한다. 성공한 사람들의 대표적인 특징으로 볼 수 있는 규칙적이며 부지런히 생활하며 규

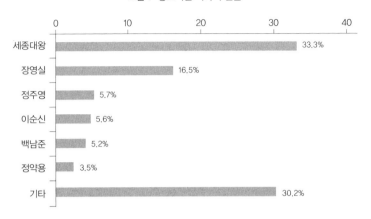

그림 1 창조적인 역사적 인물

세종대왕	33.3%
장영실	16.5%
정주영	5.7%
이순신	5.6%
백남준	5.2%
정약용	3.5%
기타	30.2%

자료: 장후석 외(2013)

율성이 강한 실천형(J: judging)이다(김태형, 2010; 임승환, 1998).

아산의 성격유형에서 살펴보았듯이, 아산은 열정적이고 창의적인 직관형 지도자형에 해당한다. 그림 1에서 보는 바와 같이, 아산은 우리나라의 역사적 인물 가운데 세종대왕과 장영실에 이어 창조성하면 떠오르는 인물로 조사된 바도 있다. 아산은 '맨주먹으로 신화를 일군 인물', '로맨틱한 드리머'로 표현되듯이 무에서 유를 창조하는 방식으로 기업의 발전을 이끌어왔다. 서산 간척 사업 때 폐유조선으로 조수를 막아 물막이 공사를 한 '정주영 공법'을 만들어내고, 한겨울에 유엔군 묘지를 잔디로 꾸며달라는 요청에 파랗게 자란 보리를 옮겨 녹색으로 바꾸어 놓기도 하였다. 거칠고 허황된 생각으로 여겨지는 일들을 직관적이며 창의적인 사고를 통해 만들어 낸 대표적인 사례로 볼 수 있다.

그림 2 기업가의 성격특성과 역할 유형

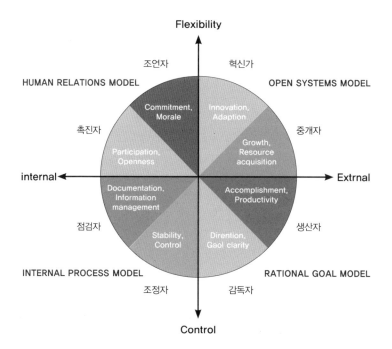

자료: Quinn, R. E. et al(1996). Becoming a Manager: A Competency Framework. New York: Johan Wiley & Sons

 한편 일반적인 성격유형 분석과 달리, 최고경영자의 업무 추진의 특징적 요소를 중심으로 기업가의 성격특성을 분석한 연구 결과들이 있다. Quinn(1996)은 기업리더의 특성과 이에 따른 역할 유형을 다음과 같이 구분하고 있다. 리더의 관점을 유연성flexibility – 통제control와 내부internal – 외부external 지향의 두 축으로 분류하고,

성과 지향, 관계 지향, 혁신 지향, 안정 지향의 특성에 따라 네 가지 모델로 구분하고 있다. 또한 조직 환경 내의 성공적인 업무수행에 영향을 미치는 리더의 역할을 두 축의 조합을 통해 혁신가innovator, 중개자broker, 생산자producer, 감독자director, 조정자co-ordinator, 점검자monitor, 촉진자facilitator, 조언자mentor의 8가지로 제시하고 있다. 이 틀에 준거하여 아산의 리더십을 분석해보면, 혁신과 적응을 중시하는 혁신가이자 성장과 자원 확보를 강조하는 중개자 역할에 근접하다. 조직계층별 성격 요인을 분석한 연구에서도 성공적인 경영자와 중간관리자, 실무자의 성격을 비교할 때, 조직의 최상층부에서 경영을 책임지는 리더의 경우에는 일반적인 리더의 역할을 넘어 장기적인 비전에 기반을 둔 혁신성과 창조성을 강조하고 있다(나옥규 외, 2005). 불도저와 같이 밀어붙이는 성격의 이면에는 변화 속에서 미래의 비전을 보고 준비하자했던 혁신적인 리더십이 있으며, 이는 창조경제를 강조하는 오늘의 맥락에서 더욱 강조되고 있다.

기업가 아산의 인지행동적 특성

기업가의 특성분석과 관련한 연구들은 개인의 인지행동적 측면을 점차 강조하는 경향이 있다. 인지행동적 접근cognitive-behavioral approach에서는 인간의 행동action을 의도와 인식에 의해 이루어지는 의식적 행위doing로 정의하고 있다. 인지적 측면에서 주목하고 있는 창업가나 성공한 기업가의 대표적인 특성의 하나는 기회를 인식하는 사고thinking의 틀이다. 특정한 기회들이 존재하고 이러한 기회를 기업가들이 발견하는 것이라고 여겼던 것과 달리, 최근의 연구들에서는 기업가들이 자신들의 기회를 활성화하며 자신의 인식세계를 통해 기회를 인지적으로 재구성하기 때문에 보다 많은 기회를 얻는다는 것이다(Wasdani1 & Mathew, 2014, Alvarez and Busenitz, 2001). 즉 기회는 인식에 의해 만들어지는 가공의 산물이기 때문에 개인의 인식 수준에 따라 기회는 다르게 존재하는 것이다. 미래의 꿈으로 자리 잡았던 조선소 건설에 필요한 차관 도입을 위해 영국에서 은행에 제출할 추천서를 받을 당시, 아산은 거북선이 그려져 있는 500원짜리 지폐를 꺼내 우리 민족의 선박건조 기술의 잠재력을 내세우며 설득하였다. 또한 선박수주를 위해 백사장 사진 한 장, 5만분의 1 지도 한 장, 26만 톤급 유조선 설계도면 한 장으로 선주와 협상한 일화도 있다. 누구도 가능성을 인지하지 못했던 상황에서 놓치지 않고 기회를 만들어내는 인지 능력을 통해 협상을 성공으로 이끈 사례라고 볼 수 있다. 이러한 특성과 관련하여 인지심리학자들은 기업가에게는 일반인에게는 묻힐 수 있는 실마리나 가능성을 활용하여 기회를 포착하는 능력이 있다고 한다. 이를 'antennae'라는 용어로 표현하며, 기업가들은 이 안테나의 주파수를 조정하며 기회들을 끊임없이 찾게 된다(Krueger, 2003). 아산은 "길이 안 보이고 막막한가? 할 수 있다고 생각하고 다시 봐라. 안 보이던 길이 보일 것이다", "찾지 않으니까 길이 없는 것이다. 빈대처럼 필사적인 노력을 안 하니까 방법이 없어 보이는 것이다"라고 빈대의 교훈을 이야기 하였다. 아산과 같이 새로운 기회를 찾는 것에 익숙한 내재적인 인구구조opportunity-friendly cognitive infrastructure를 가진 사람은 타인이 인식하지 못하는 행동들을 추진하기 때문에 무모하게 비춰지는 경우도 있다. 그러나 타인들이 생각하지 못하는 외부적 현상을 다각적으로 파악하는 인식 과정perceptual filtering을 거쳐 기회의 가능성을 인지하는 것이므로, 이 경우 낙관optimism보다는 인식된 가능성perceived opportunities에 가깝다고 볼 수 있다.

이외에도, 성공적인 기업가의 경우는 자율 욕구가 높아 타인에 의지해 살기보다는 자기 의지에 따라 환경을 변화시키며 스스로 책임지고자 하는 주도성을 갖는 것으로 알려져 있다. 도전적인 목적을 설정하고 이 목적에 강하게 몰입함에 따라 기업의 성공을 달성해낼 가능성도 높다(김범성, 2012). 아산은 "더 하려야 더 할 게 없는 마지막의 마지막까지 다하는 최선, 이것이 내 인생을 엮어온 나의 기본이다", "나는 무슨 일이든 내가 하고 있는 일에 최고의 결과를 얻기 위해서, 평생을 언제나 그 시절 자전거 쌀 배달꾼 연습 때처럼 최선의 노력을 쏟아 부으며 살아왔다"고 한다. 과감한 의사결정과 추진력으로 대표되는 아산의 도전 정신은 기업가가 된 이후에도 급격한 사회 변화 속에서 경제성장을 이뤄야 했던 시대상황과 맞물리면서 현대의 기업정신으로 이어지고 있다. 이와 같은 강한 추진력과 주도성은 앞으로 나가고자 하는 심리적 드라이브와 관련이 있다. 드라이브[drive]는 중요한 무엇인가를 이루고 기회를 추구하는 야망과 목표 설정, 이를 추진하기 위한 에너지, 때로는 실패조차도 기회로 인지하는 인내에 기반을 두는 정신적 에너지로 볼 수 있다. "나는 어떤 일을 시작하든 반드시 된다는 확신 90%에 되게 할 수 있다는 자신감 10%로 완벽한 100%를 채우지, 안 될 수도 있다는 회의나 불안은 단 1%도 끼워 넣지 않는다"고 하였다. 아산과 같이 자기주도의 끊임없는 시도와 노력을 통해 성공을 이루어내는 입지전적 인물에게서 '하면 된다'는 자주 발견되는 동기부여적 특성이다. 같은 의미의 캔두이즘[candoism]은 우리나라의 창업1세대들이 앞서 내세우며 경제개발시대를 이끈 정신으로도 알려져 있다(장후석 외, 2014).

기업가 아산의 관계적 특성

경제 및 경영의 관점에서 기업가의 행동을 살펴보거나 심리적 관점에서 기업가 개인의 성격적 특성을 연구하는 것과 달리, 사회학적 관점에서 기업가정신의 사회적 맥락을 분석하는 연구들이 있다(Simph, 2011). 기업가의 사회적 관계에 관한 연구에 따르면, 기업가는 신뢰에 기반을 둔 사회적 관계를 형성하는 것이 중요하며 이러한 신뢰가 유지될 때 그 결과로 성공이 따라온다고 한다. 아산은 사업 초기부터 "사업가는 신용이 제일인데 신용을 잃으면 끝이다", 인플레로 인해 감당하기 힘들 만큼 적자가 늘어났음에도 불구하고 공사를 완수하면서 "주판알을 엎고 일할 때도 있다"라고 한 일화도 있다. 아산은 설득할 상대가 나타나면 직접 부딪히면서 우호적 관계를 만들고 고객의 요구에 탄력적으로 대응하면서 사업을 수주하고 장기적 관점에서 이와 같은 관계를 이어나가는 특징을 보인다. 또한 아산은 외향적이어서 사업 이외의 관계에서도 각계에 걸쳐 지인들과 많은 친분을 쌓았다(박정웅, 2014). 대기업회장의 위엄과 카리스마, 사업을 추진하면서 보여준 단호함과 강함, 구두쇠와 같은 검약정신과 달리, 사회적 관계에서 기억되는 아산의 모습은 친근감, 한없는 자상함, 어린이 같은 수줍음, 섬세한 감성, 씀씀이 큰 손으로 남아 있다(박정웅, 2014).

5. 기업가 아산의 공동체적 경험communal experiences과
사회적 책임

가족적 리더십

세계적으로 장수하는 기업들의 대부분은 가족기업이다. 미국의 경우에는 500대 기업의 3분의 1이 가족기업이라고 한다. 우리나라도 전체 상장기업과 코스닥기업의 약 70%가 가족기업으로 분류된다(김선화, 2013). 가족기업은 전문경영체제의 일반기업에 비해 기업 수명이 어떠한가? 가족기업의 세대 간 전수비율은 2세대의 30%에서 3세대의 14%, 4세대의 4%로 급격히 떨어진다. 기업 환경의 변화와 경영 방식의 차이일 수 있으나, 기업에 대한 헌신성이나 창업주의 가치관과 꿈으로부터 멀어졌기 때문이라는 분석이 있다. 또한 단명한 기업들은 가족이 경영에 과도하게 참여하는 족벌경영의 문제나 오너의 집중된 의사결정과 권력 남용 등의 어려움을 갖기도 한다. 특히 가족관계로 얽힌 대기업집단인 재벌은 가족경영권을 둘러싼 갈등과 부의 세습이라는 한계에 부딪히기도 한다. 한편 수명이 긴 가족기업은 오너가문의 주인의식과 강력한 리더십, 장기적 관점의 경영전략에서 차이를 보인다고 한다. 장수기업은 사회와 조화를 이루며 창업 초기부터 전수된 회사의 가치와 기본원칙을 지키는 것을 생존의 비결로 제시하고 있다. 그 핵심에는 선대로부터 물려받은 유산을 개인의 사유물로 여기는 것이 아니라 다음 세대에 성공적으로 물려줘야 한다는 사회적 책임감과 경영철학이 자리하고 있다.

우리나라의 대표적인 가족기업인 현대그룹은 창업주가 가진 가족주의에 대한 신념이 반영되면서 기업 구성원을 확대된 가족의 개념으로 보고 집단적 연대와 인화를 강조하고 있다. 어린 시절부터 장남으로 가족을 이끌었던 아산은 마치 부족장과 같은 책임감과 카리스마를 보였다는 평가를 받는다. 아산은 매사에 불같은 성격이었지만 직원들을 아끼는 마음이 남달랐으며, 모든 임직원들과 협력업체 가족들을 '한 솥 밥 식구'라고 표현하였다. 보호와 권위, 가족적 책임을 강조하는 가족적 리더십은 온정주의 paternalism에 기반을 둔 가족기업의 특성이다(Burggraaf 외, 2008). 온정주의란 부모가 자녀를 돌보는 것과 같이 보호와 돌봄의 정서가 강하기 때문에 지속성과 안정성이 높은 반면 절대적 권한을 가진 가장이 결정하면 가족원들이 따라가는 방식으로 구성원의 개별적인 자율성이 제한되기도 한다. 아산은 대가족을 이끄는 방식으로, 기업 경영에서도 직장을 가정과 동일시하면서 가부장적 리더십을 보인 것이다(신중언, 2010).

이와 같은 온정주의적 사회관계는 유교적 전통이 강한 한국의 독특한 사회문화적 요인으로 제시되고 있다(신태영 외, 2012). 우리사회는 가부장 중심의 가족, 향토, 동문 의식이 강하기 때문에 강한 문화적 동질감과 집단의식을 갖고 있다. 기업 경영에서도, 이와 같은 유교자본주의와 가부장적 연대를 통해 정서적 상호성 affective reciprocity을 형성하고 '함께 잘 살아보자'는 헌신적인 조직 문화를 조성한 것으로 평가받는다. 이러한 맥락에서 현대그룹의 사회 공헌 활동도 일반적인 박애주의 정신philanthropism이나 인본주의적 행동humanitarian action보다는 온정주의적 지향paternalistic orientation이 중심이 된다고 볼 수 있다. 즉, 사회적 약자에 대한 측은지심이나 인간애보다는 함께 생존을 책임져야하는 현실적인 운명공동체로서 '우리'를 강조하며 가족을 통해 충족시켜야하는 의료, 교육 등의 기본적인 욕구에 관심을 갖는 것으로 파악된다.

고향과 대북사업

　성장 과정에서 정주영의 사회적 공동체에 대한 시각은 명확히 드러나지 않으나, 자신의 호를 고향인 아산리에서 따온 것만으로도 고향에 대해 깊은 의미를 가진 것으로 짐작할 수 있다. 아산은 "나는 언제나 부모님과 고향 산천을 거니는 꿈을 꾼다. 내 젊음을 포용하기엔 너무도 좁고 가난하기만 하던 강원도 통천의 내 고향. 천당이나 극락세계가 따로 있을까. 부모님의 영혼과 함께 있을 수 있다면 그곳이 바로 에덴동산이라고 생각한다"고 하였다. 500마리의 소 떼를 몰고 판문점을 통과해 북으로 가면서, 아산은 "고향에서의 한 마리 소에 대한 빚을 갚는 심정으로 소 떼와 함께 꿈에 그리던 고향 산천을 찾아가는 것입니다"라고 벅찬 감회를 표현하였다. 아산은 가난한 농촌을 벗어나기 위해 세 번째 가출을 하면서 아버지가 소를 판 돈 70원을 갖고 집을 나섰고, 아산은 성실함과 부지런함의 상징인 소와 같이 긴 세월 동안 묵묵히 일하면서 인생을 걸어 왔다고 한다. 간척 사업으로 일군 서산 농장을 '아버지께 바치는 아들의 때늦은 선물'이라며 애착을 보였던 모습에서도 고향에 대한 각별함을 느낄 수 있다.

　그러나 아산은 부모님과 고향에 대한 그리움을 개인적 차원에서 느끼기보다는, 기업인으로서 마지막 과제로 생각하며 대북사업에 매진하였다. 복합적인 이유가 있겠으나, 대북 투자가 결코 돈을 벌기 위한 것이 아님을 강조하였다. 순수하게 민간교류를 통해 통일에 기여하겠다는 열망이 컸으며, 북한이 고향인 기업인으로서 헐벗고 굶주린 주민들을 도와야겠다는 마음을 가졌다고 한다. "고향집에서 원산으로 가면서 고저라는 마을의 병원에 잠깐 들르려고 움직이는데 사람들이 삽과 곡괭이로 언 땅을 파고 삽질하고 있었다. 양력 정월이면 한겨울이다. 지금 우리 농촌에서는 수로를 파는 데에도 장비를 불러 쓰는데 언 땅을 삽과 곡괭이로 파서 금강산까지 고속도로를 내고 있는 동족들을 보면서 공산 체제의 우매함과 비정함에 분노를 느끼지 않을 수 없었다"고 한다. 북한과의 대규모 민간교류 사업인 금강산공동개발은 시장지향적인 경제적 이득보다는 민족의 화해와 평화협력을 이뤄내기 위한 사회적 소명에 의한 것으로 여겨진다.

국가에 대한 동일시

현대의 경영이념 제5조는 '풍요로운 국가건설과 인류 사회 발전에 공헌한다'이다. 아산이 국가와 인류 사회에 봉사하는 기업을 지향하며 사업보국주의에 기본을 두고 있음을 알 수 있다. 바로 이런 경영이념은 '사업보국 반세기'라는 현대 50년사의 제목에서도 드러난다. 자동차 독자개발을 앞두고 내수시장과 한국의 공업기술, 수출환경 등 여러 이유로 주변에서 모두가 반대할 때의 일화이다. 당시 미국 대사는 독자개발을 포기하고 미국 자동차 회사의 조립생산을 할 경우 내수시장뿐 아니라 해외시장 진출까지도 미국 정부가 지원을 아끼지 않겠으나, 만일 이 제안을 받아들이지 않은 경우 현대는 여러 해외 사업에서 어려움을 겪을 수 있다고 강하게 압박을 하였다. 아산 이에 "좋은 자동차를 만들어 값싸게 공급하는 것은 인체에 좋은 피를 공급하는 것과 같습니다. 한국 경제는 이제 막 성장하는 소년기에 비교할 수 있기 때문에 자동차 공업의 발전은 그만큼 더 중요한 의미를 갖습니다. 자동차 산업은 앞으로 한국이 선진 공업국 대열에 진입하기 위해서는 반드시 필요한 분야입니다. 그렇기 때문에 대사님께서 염려하신 대로 내가 건설 사업을 해서 번 돈을 모두 쏟아 붓고 실패한다 해도 나는 결코 후회하지 않을 것입니다. 왜냐하면 그것이 밑거름이 되어 훗날 한국의 자동차 산업이 성공하는 데 필요한 디딤돌을 놓을 수 있다면 나는 그것으로 보람을 삼을 것이기 때문입니다"라고 답변했다. 기업의 번창을 통해 국가발전에 기여한 기업은 많으나, 국가의 미래가 기업발전보다 우선하는 일은 흔치 않은 일이다.

기업 사회 공헌

기업가정신의 구성 지표에 따르면, 사회 공헌은 기업가의 가치 및 신념과 관련한 특성으로 제시되고 있다. 아산은 기업이 사회구성원의 문제 해결에 적극 동참해야한다는 인식을 갖고 기업의 이윤을 사회에 환원하기 위한 사회복지 사업을 전개하게 되었다. '우리사회의 가장 불우한 사람들을 돕는다'는 설립 취지를 갖고 사재 출연을 통해 대기업 최초의 공익재단인 아산재단을 설립하여 지금까지 이어가고 있다. 아산재단이 설립될 당시 "사람이 모든 것의 근본이다", "질병으로 인해 빈곤하고 빈곤하기에 병이 생기는 것이다. 병고와 가난으로 고통 받고 있는 사람들을 돕는 것은 나의 오랜 소망이다"라고 언급하였다. 자본주의사회의 기업은 이윤 추구가 중요한 목표임에도 불구하고, 빈곤의 악순환에서 오는 사람들의 고통을 자신의 성장 과정의 경험을 통해 공감하며 지원을 아끼지 않았다. "어려운 사람들을 돕는 데 돈을 아끼지 마라. 기업해서 돈을 번 것은 가난한 사람 도우려고 한 것이다", "만약 내 이익만을 추구하면서 오늘까지 왔다면 도저히 지금의 현대건설만큼 성장할 수 없었을 것이다"라며 평소의 신념과 의지를 밝히고 있다.

아산의 사회적 기여는 개인적 경험에서 비롯된 소신이었음에도 불구하고, 당시 국가복지가 미약했던 현실에서 큰 의미가 있다. 병원이나 학교, 복지재단의 설립과 같이 사회적 문제 해결을 위한 기반적인 인프라에 소신을 갖고 과감히 사회투자를 한 것은 기업의 부가적이며 일시적인 사회 공헌 활동을 넘어 국민들의 기본적인 삶에 영향을 미친 것으로 평가받는다. 이는 우리나라의 경제 발전기에 기간산업을 중심으로 성장한 현대가 국가의 발전과 맥을 같이 하면서 운명공동체로 묶여졌기 때문이기도 하다. 세계 건설시장에서 선구자적인 역할을 하고 해외의 선진기업에 대한 의존도를 낮추면서 국가의 자주적인 산업발전모델을 강조했던 기업의 경계는 이미 국가와 국민 속에 설정되어 있으며, 기업의 사회적 책임도 '함께 잘사는 공동체'라는 사회적 목표를 지향하고 있음을 알 수 있다(아산사회복지재단, 2007).

6. 결론

본 연구는 기업가의 리더십과 함께 사람 중심의 사회 공헌을 강조한 아산정신의 정신사회적 맥락을 찾고자 하는 목적으로, 아산의 성장기 생애경험과 이후 기업가로서의 활동을 살펴보고 이를 가족, 기업, 국가와 사회의 맥락에서 분석하였다. 지금까지 알려진 일화들을 통해 아산의 삶을 돌아보는 과정에서, 아산의 심리적 특성과 기업가로서의 사회적 역할을 파악하였다. 생애경험을 통해 아산은 성공한 기업가가 갖는 긍정적 심리자본을 소유한 것 이외에도, 자신과 가족을 넘어서는 기업과 국가에 대한 공감적 정서를 통해 우리나라의 경제적 지위와 기업의 사회적 책임을 높이는데 기여하였음을 알 수 있었다. 새로운 기회를 찾아 도전하며 혁신을 이루려는 기업가정신은 개별 기업의 성패차원이 아니라 현대사회에서 요구되는 주요한 자질이 되며 우리사회를 긍정적 변화로 이끌어내는 동력으로서 더욱 강조되고 있다.

아산 탄생 100주년을 계기로, 우리나라의 대표적인 기업가 아산이 가진 심리적 특성과 기업가의 자질을 형성하는데 영향을 미친 개인적 경험과 사회적 관계를 돌아보는 것은 의미가 있다. 본 연구를 통해 그간 부분적이며 단순한 일화 등을 통해서만 알려졌던 개인의 생애경험에 관한 다양한 문헌 자료 등을 체계적으로 정리하고 학술적으로 재조명하였다. 이를 통해 심리사회적 맥락에서 형성된 개인의 성격이 기업가로서의 역할로 이어지는 과정에 대한 이론적 해석의 기회도 갖게 되었다. 기업의 사회적 책임이 강조되는 이때, 국가의 미래와 국민의 삶을 동일시하며 기업가를 넘어 사회지도자로서 삶의 영역을 확장한 아산의 생애경험은 많은 시사점을 준다. 성장 배경과 생애경험을 돌아보며 사회 공헌 정신의 형성과 계승을 살펴보고자 했던 본 연구는 향후 기업의 사회적 책임, 기업가정신, 사회 공헌 등의 연구 영역에 기여할 수 있을 것이다. 아울러 우리사회에서 필요로 하는 긍정적이며 도전적인 인재상을 길러내는 리더십 교육에 적용될 수 있는 함의도 갖는다.

복지재단과 복지사회

– 아산사회복지재단의 한국적 의미

최재성(연세대학교)

학력
연세대학교 사회사업학과 졸업, Univ. of Minnesota, Mineapolis 사회사업학 석사, Univ. of California at Berkeley 사회복지학 박사.

경력
연세대학교 BK21Plus 사회복지사업단장, 서울사회복지공동모금회 배분분과위원장,
연세대학교 사회복지대학원장, 한국사회복지행정학회 회장, 현 연세대학교 사회복지학과 교수.

저서 및 논문
《노인요양원과 문화 변화》(집문당, 2015).
Jae-Sung Choi, "Dynamics of Innovation in Nonprofit Organizations: The Pathways from Innovativeness to Innovation Outcome", Human Service Organizations: Management, Leadership & Governance, 38(4), 360–373, coauthored, 2014.
Jae-Sung Choi, "Relationship Between Staff-reported Culture Change and Occupancy Rate and Organizational Commitment among Nursing Homes in South Korea", Gerontologist, 53(2), 235–245, coauthored, 2013.
〈경제위기 시의 빈곤탈출요인에 대한연구: 1998년 경제위기와 2008년 금융위기의 비교〉, 사회복지연구, 45(1), 5–36, 2014(공저).

1. 서론—1970년대의 한국 사회와 아산사회복지재단 설립

한국 사회가 성장 이데올로기 아래 괄목할 만한 경제성장을 시작하던 1970년대 말 한국의 의료 역사에서 국내 한 기업 재단에 의해 놀라운 사건이 벌어진다. 불과 2년도 되지 않는 사이에 전국에 5개의 종합병원이 설립된 것이다. 그것도 모두 의료 서비스 접근성이 떨어지는 지방에 설립된다. 아니 보다 정확히 하면 적자 운영이 불가피한 낙후된 지역에 병원을 개원하는 것이다. 먼저 전라북도 정읍에 1978년 7월 1일 9개 진료과에 백여 병상 규모로 아산정읍병원을 개원한다. 이어 두 번째로 1978년 전라남도 보성병원, 1979년 강원도 인제병원과 충청남도 보령병원, 이들 5개 병원의 마지막으로 1979년 3월 31일 경상북도 영덕병원이 개원한다(《동아일보》, 1979.3.31: 아산사회복지재단, 1997). 이는 정주영이라는 한 기업가에 의해 설립된 아산사회복지재단에 의해 이뤄진 일이다.

아산사회복지재단(이하 아산재단)은 1977년 7월 1일 현대그룹 창업주 고 정주영 명예회장이 현대그룹의 모회사이며 당시 국내 최대 기업인 현대건설(주) 창립 30주년 기념사업의 일환으로 본인의 현대건설 소유 주식 50%(약 500억여 원)를 출연하여 설립한 공익재단이다. '우리 사회의 가장 불우한 이웃을 돕는다'는 설립정신을 바탕으로 설립 초기부터 현재까지 의료, 사회복지, 학술 연구, 장학, 학술 연찬, 문화 등의 영역에서 활발하게 사업을 수행해 왔다. 그는 자서전에서 "우리나라 최대의 사회사업 지원 재단을 만드는 것이 나의 이상이다"라고 술회한 바 있다(정주영, 1991, p.177).

아산재단의 대표적 사업 중 하나인 의료 사업은 당시 의료보험의 혜택을 받는 국민이 8.8% 수준에 불과하던 시기에 시작되었다. 1978년 정읍병원을 시작으로 1996년 강릉아산병원에 이르기까지 전국 의료 취약 지역에 모두 여덟 개 종합병원을 건립하여 운영 중이다. 특히 1989년 개원한 서울아산병원은 아산재단 산하 병원들의 모병원으로써 현재 2,743개의 병상을 보유하고, 하루 평균 외래환자 12,000여 명, 재원환자 2,600여 명, 응급환자 190여 명을 진료하며, 연간 57,000여 건의 수술을 시행하는 국내 최대 규모의 병원이다. 2012년 현재 사업 규모는 총 1조 6,482억여 원에 이른다(전국경제인연합회, 2013). 각종 사회복지시설 및 비영리단체를 대상으로 기자재 및 프로그램 운영비를 지원하는 사회복지 사업은 2012년 기준 연간 총 49억여 원의 사업비 규모로 총 422개 단체를 지원하고 있다. 이외에도 연구자들의 연구 활동을 지원하기위한 학술 연구 지원 사업의 일환으로써 2012년까지 총 337집의 연구총서와 총 126집의 연구보고서를 발간해왔다(전국경제인연합회, 2013).

이상의 성과들을 바탕으로 본 논문에서는 국내에서 가장 대표적인 기업 재단의 하나인 아산재단을 대상으로 설립 이후 40여 년이 되는 현 시점에서 재단 설립의 배경과 취지를 고찰하고, 재단 사업의 특성을 검토한다. 또한 아산재단의 사회복지 사업이 한국 사회의 발전과 사회복지 발전에 어떤 영향을 주었는가를 조망함으로써 향후 재단의 사회복지 사업 방향에 대한 논의를 더하고자 한다. 이러한 작업은 산업화 이후 한국의 사회복지발달사에 있어 아산재단의 역할을 규명한다는 점에서 학술적 의의를 찾을 수 있을 것이다. 이를 위해 먼저 아산재단이 설립되었던 당시 한국 사회의 상황을 먼저 살펴본다.

아산재단 설립 당시의 사회적 배경

경제적·사회적 상황

아산재단이 설립되던 1970년대의 경제적 상황은 1962년부터 시작된 경제개발5개년계획의 추진에 따라 국가의 전반적인 경제 수준과 소득 수준이 향상되고 있던 시기로 설명될 수 있다. 먼저 국민총생산 수준은 1962년 약 3조 7백억 원에서 1967년 약 4조 6천억 원, 1972년 약 7조 3천억 원, 1977년 약 12조 4천억 원으로 지속적으로 증가하고 있었다.

이러한 경제 흐름은 1973년도의 오일쇼크에도 불구하고 지속되었으며 실제로 아산재단이 설립되는 1977년의 경제성장률은 10.3%를 기록했다(한국은행, 1980). 하지만, 오일쇼크를 계기로 불안정한 경제성장의 흐름은 정부의 선 성장 정책에 대한 집중적 투자를 더욱 강화하는 계기를 만들었을 것으로 추정할 수 있다.

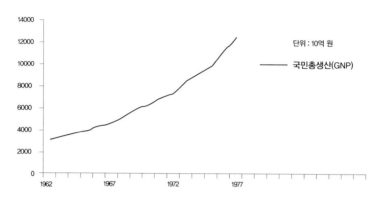

그림 1　1962년~1977년 한국의 국민총생산(GNP) 증가 추이

자료: 한국은행(1980), 경제통계연보에서 재구성

당시 정부는 경제성장을 통해 국민의 삶의 질을 향상시킬 수 있을 것으로 기대하였고, 또한 이를 통해 정치체제의 정당성 확보와 안정화를 모색했기 때문이다. 이에 따라 이미 축적된 부의 재분배를 통한 빈곤 문제의 해결 및 전체 국민의 복지 수준 향상보다는 지속적인 경제성장에 더 많은 비용과 노력을 투입한 것이다.

　국가 전반의 경제적 성장에도 불구하고 국민의 빈곤 수준은 여전히 심각한 수준이었다. 1960년대부터 1980년대까지 한국의 빈곤율을 측정한 자료로써 가장 많이 이용되고 있는 서상목(한국개발연구원, 1981)의 연구에 따르면, 한국의 절대적 빈곤율은 1965년 40.9%, 1970년 23.4%, 1976년에는 14.8%에 이르는 것으로 보고되고 있다. 표 1은 1960년대부터 1980년대 우리나라 빈곤율의 변화 추이를 나타낸 것이다. 시간이 지남에 따라 절대적 빈곤

율의 수준이 떨어지는 것을 볼 수 있으나, 여전히 상당한 수준의
상대적 빈곤율이 유지되는 것을 볼 수 있다.

1970년대 한국 사회는 경제성장우선정책에 대한 노동자들
의 불만과 인간다운 삶에 대한 요구가 표출되기 시작함에 따라,
1970년 '전태일 분신 사건'을 시작으로 노동운동 및 학생운동이
활발해지기 시작하였다(임송자, 2010). 이들 세력은 근로조건의 개
선과 노동운동의 민주화 등을 주장하였다. 동시에 당시 유신체제
에 대한 반대와 민주주의 확립을 위한 사회운동이 나타났고, 이
에 대한 정부의 탄압이 가중되었다. 1970년대의 이러한 사회적

표 1 1960년대~1980년대 우리나라 빈곤율 변화

구분	절대적 빈곤율*			상대적 빈곤율**		
	전국	도시	농촌	전국	도시	농촌
1965	40.9	54.9	35.8	12.1	17.9	10.0
1970	23.4	16.2	27.9	4.8	7.0	3.4
1976	14.8	18.1	11.7	12.5	16.0	9.2
1980	9.8	10.4	9.0	13.3	15.1	11.2
1984	4.5	4.6	4.4	7.7	7.8	7.5

* 절대적 빈곤선은 5인 가족 월소득 12만 1천 원(1981년 실질가격) 기준
** 상대적 빈곤선은 가구당 평균소득의 1/3
자료: 서상목(1979); 서상목(1981), 김경혜(1999: 10)에서 재인용

상황은 당시 극도로 열악했던 근로조건에 대한 국민의 불만 증폭 과 유신체제라는 특수한 정치체제에 대항하는 국민들의 민주주의에 대한 열망이 싹트기 시작하던 시기라 할 수 있겠다.

도시와 농촌 간 격차와 보건의료 서비스

아산재단이 설립되던 한국의 1970년대 경제적·사회적 상황을 종합했을 때, 사회 전반에 나타나는 '사회적 갈등'의 양상을 발견할 수 있다. 경제적 성장에도 불구하고 한국 사회 내에 만연하는 빈곤의 문제, 고소득층과 저소득층 간의 소득 격차 심화, 노동 조건 개선을 위한 노동자 및 학생들의 저항, 유신체제에 저항하는 민주화 운동 등이 그것이다. 이러한 사회적 갈등의 또 다른 사례로 제시할 수 있는 것이 도시와 농촌 간의 격차이다. 당시 정부의 경제개발계획이 제조업 중심의 공업화 정책을 지향함에 따라서, 기존에 한국의 주요 산업이었던 농업 부문은 성장도 저하되고 그 중요성도 점차 힘을 잃게 되었다(이은우, 1995). 아산재단이 설립되기 전인 1975년 농림어업 부문 취업자의 1인당 GNP는 2,435,000원인 반면, 제조업 부문 취업자의 1인당 GNP는 4,393,000원으로 그 격차는 1,958,000원에 이르렀다.

도시와 농촌 간의 격차가 심화되는 과정 가운데, 농어촌 지역의 보건 의료 서비스 공급은 취약할 수밖에 없었다. 대다수의 젊은 사람들이 도시 지역으로 이주한 상황에서 농촌 지역에는 의료 서비스에 대한 욕구가 높은 집단인 고령인구가 밀집되어 있었다.

그럼에도 불구하고 아산재단이 설립되는 1977년 당시 한국의 의료 기관은 서울에만 밀집되어 있었다. 종합병원의 경우 전국 52개소 중 서울에 약 50%(24개)에 가까운 병원이 집중된 반면, 서울 지역을 제외한 전라도, 경상도, 강원도, 충청도 등의 지역에는 종합병원 수가 매우 부족하였다(보건사회부, 1977). 이마저도 대다수 종합병원들이 도시 지역에 소재하고 있어, 농어촌 지역 주민들이 종합병원 수준의 의료 서비스를 이용하는 것은 거의 불가능했다. 정영순(1976)의 연구에 따르면, 1974년 우리나라 병상의 도시집중률은 무려 87%에 이르는 것으로 나타난 바 있다. 1979년 경제기획원이 발표한 1977년 전국 의료 기관 현황 조사에서도 전국의 총 병상 수는 33,856개로 조사되었는데, 이 중 92.1%인 31,190개가 시市 지역에 있고 나머지 7.9%(2,666개)만이 군郡 지역에 있는 것으로 보고되었다.[1] 이에 따라 가난한 중환자의 경우 병원 입원이 거부되거나, 필요한 상황에서 치료를 받지 못하는 '의료부조리사건'이 사회문제화 되기도 하였다(박정호, 1996, pp.75-76; 유광호·이혜경·최성재, 2005, p.37 재인용). 결국 농어촌 지역의 많은 사람들은 몸이 아파도 먼 도시 지역까지 이동해야 하는 어려움, 진료를 받더라도 값비싼 진료비로 인한 경제적 어려움이라는 이중의 고통을 겪어야 했다.

---

1 《동아일보》, 1979년 2월 5일 기사 3면.

정부의 보건복지 예산 수준

경제적 성장에도 불구하고 1970년대 한국 사회는 빈부 격차 심화, 농어촌 지역의 지속적인 인구 유출, 도시와 농촌 간의 소득 격차 심화, 농어촌 지역의 보건의료 서비스 부족 등의 사회문제를 겪고 있었다. 이는 결국 아산재단 설립 당시에 가장 중요하게 언급되었던 두 가지 핵심 단어인 '가난'과 '질병'으로 요약할 수 있을 것이다. 이러한 사회문제의 심각성에도 불구하고 당시 한국 정부는 국민의 복지와 안녕well-being에 관심을 갖고 집중할 수 있는 여력이 없었던 것으로 보인다. 특히 국민을 위한 '사회복지'와 '보건의료' 영역에 투자할 여건이 조성되지 못했다. 1960년대와 1970년대 한국 정부의 예산 정책을 살펴보면, 우리 정부가 가장 중점을 두었던 사업 분야는 경제발전과 국방 부문에 있었고, 이에 따른 정부의 예산 역시 공공사업 및 정부기업에 대한 투자와 민간 중요사업에 대한 융자 지출을 의미하는 재정투융자와 국방비 지출에 초점을 두고 있었다(유훈, 1979). 경제개발5개년계획 기간 중, 1962년부터 1976년(제1차, 제2차, 제3차 경제개발계획) 동안 정부의 재정투융자 지출 비율은 29.0%, 국방비 지출 비율은 27.6%에 달한다. 전체 정부 예산 지출 중 경제개발 및 국방 부문에 지출한 비율이 60%에 가까운 것이다. 반면 교육, 주택, 보건, 문화, 사회복지 등의 사업 부문에 대한 사회개발비용 혹은 사회적 경비에 대한 지출은 모두 약 20% 수준에 불과한 것으로 나타났는데, 이 중 교육비를 제외한 사회개발비용은 일반 정부 예산의 5% 내외에 해당한다. 그나마 예산이 배정된 사회정책의 대상은 농어촌 지역 주민보다는 도시 산업노동자에 더 집중할 수밖에 없었다. 1970년 당시 한 신문기사에서도 우리나라 정부의 사회복지 예산 부족의 문제를 선진국과 비교하여 다음과 같이 비판한다.

> (…) 또한 정부가 사회개발에 어느 정도 노력하고 있는가 하는 점도 예산 규모로 볼 때 거의 영에 가깝다. 정부 예산 중 보건사회부 소관이 겨우 3.5% 미만이고 노동청과 원호처 예산을 모두 합쳐야 전체예산(일반재정)의 겨우 6% 정도에 달한다. 연간 30여억 원 미만의 예산으로는 영세민구호, 재해대책, 사회보장사업, 아동 및 부녀사업 등 갖가지 사회복지 사업을 지원 내지 실시한다는 것은 무리이다. 구미 선진국이나 이웃 일본의 경우만 해도 사회복지 예산은 전체 예산의 30%에 이르고 있다.[2]

정부는 1977년에 본격적으로 사회개발 부문(교육, 문화, 보건, 사회보장)에 대한 투자 비중을 확대하였다. 전체 재정 규모 4조 9320억 원 중 17.5%에 해당되는 8622억 원을 사회개발비로 투입한 것이다. 하지만 이 중 교육과 문화를 제외한 보건 및 사회보장을 위한 예산은 2383억 원으로써 전체 재정의 4.8%에 불과한

---

2 《경향신문》, 1970년 1월 26일 기사 3면 중.

수준이었다. 당시 경제개발 우선의 재정투자정책으로 전체 예산의 22.1%(약 1조 899억 원)가 경제개발에 투입되었다.[3] 2014년 현재 정부 예산(총 367.7조 원)의 29.6%(105.9조 원)가 보건·복지·고용 분야에 배분되어 있는 것과 비교하면(기획재정부, 2014)[4], 당시 정책의 우선순위에서 보건 및 사회보장 부문이 얼마나 낮았는지를 추정할 수 있다.

요약하자면 당시 한국의 사회복지환경은 경제성장과 함께 국민들의 사회복지 욕구는 지속적으로 증가하였지만, 정부 차원에서 제공할 수 있는 사회복지제도 및 서비스는 거의 부재한 상황이라고 해도 과언이 아니었다. 대부분의 사회복지는 민간 부문에 의해 공급되고 있었는데, 그마저도 국내 사회복지단체보다는 외원단체에 크게 의존하는 현실이었다.

아산재단 설립 과정

'가난'과 '질병'에 집중

1970년대 한국 사회는 산업화에 따른 고도의 경제성장에도 불구하고 점차 심화되는 빈부 격차, 도시와 농촌 간 사회경제적 격차와 더불어 국민의 사회복지 욕구는 급속하게 증가하는 시기였다.

---

3 〈매일경제〉. 1977년 9월 21일 기사 1면.

4 2014년 기준 정부의 예산은 보건·복지·고용 부문의 비중이 전체의 29.6%로 가장 높고 다음이 일반·지방행정(16.4%, 58.7조 원), 교육(14.2%, 50.8조 원), 국방(10%, 35.8조 원) 순으로 나타남.

하지만 보건복지 분야에 대한 정부의 예산 책정 및 지출 수준은 턱없이 부족하였다. 이러한 시점에 아산재단의 설립자는 국민의 '빈곤'과 '질병'이라는 기본적 문제에 관심을 갖는다. 아산재단의 설립은 빈곤과 질병이라는 전 사회적 문제, 국가적 문제에 대해 감히 민간 차원에서 적극적인 접근을 시도한다는 의미를 가진다. 재단은 설립과 함께 핵심 사업으로써 의료 및 사회복지 사업에 집중적인 투자를 하게 된다. 이는 1977년 아산재단 설립 발표 당시 설립자 고 정주영 회장의 기자회견에서 잘 드러난다.

"인류에게 가장 큰 두 가지 고뇌가 질병과 빈곤이라고 나는 생각합니다. 질병과 빈곤은 악순환의 연속입니다. 질병으로 인해 빈곤하고 빈곤하기에 병이 생기는 것입니다. 병고와 가난으로 고통 받고 있는 사람들을 돕는 것은 나의 오랜 소망이었습니다."[5]

아산재단은 설립 초기 낙후된 지역에 종합병원의 설립 및 운영과 더불어 다양한 복지 사업을 병행하였다. 이는 당시 농어촌 지역 빈곤층의 욕구를 직시한 설립자의 강한 의지에 따른 것이었다. 설립자는 본인이 갖고 있는 현대건설(주) 전 주식의 50%(1천만 주, 당시 약 500억 원 추정)를 재단의 기본 자산으로 내놓고, 매년 약 50억 원의 이익금을 재단의 사회복지 사업 비용으로 사용

---

5 1977년 7월 1일 아산재단 설립발표 기자회견 중.

할 것을 약속하였다. 당시 500억 원의 가치를 오늘날 평가액으로 환산하면 많게는 수 조 원에 달할 것으로 추정된다(파이낸셜 뉴스, 2011년 8월 28일).[6] 당시 정부의 연간 보건사회보장 예산이 2400여억 원 수준이었음을 감안하면 500억 원 규모의 재단 설립은 실로 엄청난 규모인 것이다.

아산재단 설립은 기업 재단, 기업의 사회 공헌, 혹은 기업자의 기부 행위 등의 측면으로 볼 때 대단히 이례적인 것으로 평가할 수 있다. 당시 아산재단의 설립은 대기업에 의해서 설립된 최초의 복지재단이었으며, 기업 재단 중 '복지'라는 용어를 처음으로 사용한 사례이기도 하다. 아산사회복지재단 설립 이전에 '사회복지'라는 용어를 사용하고 있는 기업 재단은 발견되지 않는다.

아산재단은 설립자의 의지에 따라 기존의 다른 기업 재단들과는 차별화 되는 길을 걷는다. 우리나라에서 가장 처음으로 설립된 기업 재단은 1939년 삼양사가 설립한 양영회로 주로 가정 형편이 어려운 학생들을 대상으로 한 장학 사업 및 교수들을 대상으로 한 학술 연구비 지급 등을 주요 사업으로 하고 있다. 이후 1965년 삼성미술문화재단, 1969년 연암문화재단, 1976년 삼미문화재단 등이 설립되었다. 1977년 아산재단이 설립되기 이전까지의 기업 재단들은 주로 인재 양성 및 문화 사업 등의 분야에 중점을 두었다고 평가할 수 있다. 이는 당시의 기업들이 기업의 사

---

6 http://www.fnnews.com/news/201108281802115387.

회적 책임을 다소 소극적인 수준에서 인지하고 수행해 왔다는 것을 보여준다는 주장도 있다(선혜진, 2004). 그러나 1977년 설립된 아산재단은 교육 및 문화 사업 이외에도 구체적인 사회문제에 적극적으로 대응하는 모습을 보여준다.

구체적으로 재단의 사업 영역으로 사회에서 소외된 취약계층이 절실하게 필요로 하는 의료지원 사업 및 사회복지 사업에 큰 비중을 두어온 것이다. 특히 농어촌 의료 취약 지역에 다수의 병원을 설립함으로써 첨단 의료 기술의 혜택에 접근할 수 없었던 사람들에게 의료 서비스 이용의 기회를 제공하려는 시도는 처음이었던 것이다. 당시 사회적 분위기는 대기업이 재단을 설립하는 것에 대해서 그다지 시선이 곱지만은 않았었다. 탈세와 재산 상속의 수단으로 이용될 것이라는 부정적 시각이 있었던 것이다. 이러한 상황에서 아산재단이 가난과 질병에 대응하는 것을 핵심으로 하는 설립 취지와 사업 방향은 언론으로부터도 환영을 받을 수밖에 없었다(아산사회복지재단, 2007).

특히 아산재단은 당시 국가의 재정으로는 아직 감당할 수 없는 국민의 '가난'과 '질병'의 문제를 직시하고, 두 문제 간의 부정적인 연결 고리를 끊어내려는 시도를 했던 것이다. 이는 오늘날 사회복지이론에서 인간의 사회복지 욕구를 설명하는데 가장 빈번하게 사용되는 Maslow(1954: 1968)의 욕구계층론[7]과도 관련이

---

7 Maslow(1954: 1968)의 욕구계층론은 1단계 생리적 욕구(physiological needs), 2단계 안전에 대한 욕구(safety

있다. Maslow가 주장하는 인간의 욕구 중 기본적 욕구 단계인 생리적 욕구physiological needs와 일치하는 것이다. 생리적 욕구란 사람이 신체적 활동을 유지하기 위해 필요한 가장 기본적인 욕구로서, 예를 들면 물, 음식, 수면, 건강 등의 욕구들이 해당된다. 설립자는 1970년대 재단이 설립되던 한국적 상황에서 못 먹고 굶주리며 아파도 참을 수밖에 없었던 사람들의 가장 기본적 욕구에 주목한 것이다. 현대사회복지학의 관점에서 볼 때 설립자의 이 같은 복지 욕구 평가와 접근법은 단순하고도 분명하지만, 사실 냉철하게 분석적이고도 논리적이었다.

아산재단의 설립정신

아산재단이 다른 기업 재단과 다르게 국민의 빈곤 및 질병 문제에 관심을 갖고 출발한 것은 전적으로 설립자 개인의 의지로 보인다. 자신의 개인적 경험과 인생철학이 재단의 설립정신에 그대로 반영된 것이다. 아산재단의 설립정신에 영향을 준 첫 번째 요인은 그의 개인적 가난의 경험이다. 그의 자서전《이 땅에 태어나서》(정주영, 1998)를 보면 소년 시절이 얼마나 가난하였는지를 알 수 있다. 스스로가 가난과 굶주림을 직접 경험하였고, 농촌 벽지에서의 생활이 얼마나 어려운가를 누구보다 잘 알았다. 어릴

needs), 3단계 사회적 욕구(belongingness needs), 4단계 자아존중감에 대한 욕구(esteem needs), 5단계 자아실현에 대한 욕구(self-actualization needs)로 구성됨. 각 단계의 욕구 충족은 가장 하위의 욕구 단계로부터 상위의 욕구 단계로 진행된다고 주장함.

적 굶주림을 견디다 못해 고향을 떠나는 사람들을 보아왔고, 흉년 때에 부족한 양식으로 인해 종종 다투시는 부모님을 목격했다는 기술도 있다. 결국 더 나은 삶을 찾아 도시를 향해 무단가출을 선택하였고, 수많은 어려움을 겪으면서도 누구보다 근면하고 성실한 태도와 긍정적 사고로 성공한 기업인이 되었다. 국내에서 제일가는 기업인이 된 이후에도 초심을 잃지 않으려고 노력하였고 스스로를 '부유한 노동자'일 뿐이라고 비유하기도 하였다. 이는 1985년 5월 미국 조지워싱턴대학에서 명예경영학 박사 학위를 받을 당시 연설에서 잘 나타난다.

"나를 세계 수준의 대기업을 경영하고 있는 한국인이라고 남들은 평가하고 있을지 모르지만 나는 스스로 자본가라고 생각해 본 적이 없습니다. 나는 아직도 부유한 노동자일 뿐이며, 노동을 해서 재화를 생산해 내는 사람일 뿐입니다."[8]

이는 가난한 노동자 출신인 그가 성공한 이후에도 가난과 질병으로 어렵게 살아가는 노동자들의 아픔을 잊지 않고자 한다는 의지를 볼 수 있는 것이다. 이러한 철학은 실제 아산재단의 설립과정에서도 잘 드러나고 있다. 그는 기업의 이윤을 사회에 환원하는 방식으로써 현대건설 상장을 통해 주식을 발행하는 방식도

---

8 아산사회복지재단(2007, p.82), 아산의 꿈 아름다운 세상: 아산재단 30년사 [1977–2007] 중.

생각해 보았다고 한다. 하지만 이럴 경우 주식을 살 수 있는 여유가 있는 사람들만 투자를 통해 이익을 얻게 될 것을 우려했다고 한다. 주식을 살 수 없는 수많은 사람들도 기업의 성공을 공유하고, 특히 가난과 질병으로 고통 받는 국민들이 가장 절실하게 혜택을 받기 위해서라도 공익재단을 설립하기로 한 것이다(아산사회복지재단, 2007). 즉 정주영 회장의 재단 설립 과정에서 발견할 수 있는 것은 기업을 주주 개인들의 자산으로 인식하는 주주모델stockholder model이 아닌, 기업과 관련이 있는 모든 이해 당사자들(직원, 고객, 공급자, 하청업자, 사회, 정부 등)의 이익을 함께 고려해야 한다는 이해관계자 모델stakeholder model의 시각이 반영되었다고 분석할 수 있겠다(Freeman & Reed, 1983). 또 더 나아가 기업 활동을 통해서 국가를 이롭게 한다는 사업보국의 정신을 발견할 수 있다. 기업 활동의 성과를 가난과 굶주림, 그리고 질병을 치료하는 데 사용하겠다는 의지를 확인할 수 있는 것이다. 이러한 철학은 가난과 굶주림이라는 개인적 경험이 출발점이었다고 추정된다.

두 번째로 재단 설립에 양향을 준 또 다른 요인은 설립자 개인의 인간중심적 가치관이다. 그는 "사람이 모든 것의 근본"이라고 이야기할 만큼 사람의 가치를 중요하게 생각했다고 한다. 또한 세상에 대한 긍정적인 생각으로 어느 누구나 최선을 다하면 무슨 문제라도 해결할 수 있다고 생각하였다(김신, 1999). 따라서 그는 누구나 빈곤과 질병의 악순환을 끊을 수만 있다면 충분히 더 나은 삶을 살 수 있을 것으로 생각하고 이들을 돕기 위해 앞장선 것이다. 앞서 기술한대로 설립자는 자신 스스로가 어릴 때부터 가난과 싸워 왔고 긍정적 사고와 불굴의 의지를 통해 새로운 기회를 만들어 왔기 때문에 어려운 사람들의 상황을 그대로 두어서는 안 된다는 생각을 하게 된 것이다.

세 번째는 기업의 사회적 책임에 대한 설립자의 실천의지이다 (김신, 1999). 아산재단의 설립은 소위 '노블리스 오블리주noblesse oblige'로 표현되는 가진 자의 사회적 책임을 실천한 대표적 사례이다. 당시 한국의 경제성장을 이끌어온 대기업들이 국가와 국민의 전폭적인 지원과 참여에 힘입어 현재의 위치에 이르게 된 것으로 비추어 볼 때 기업의 사회적 책임에 대한 요구 수준은 매우 높았다. 설립자와 아산재단은 이러한 사회적 요구에 대하여 순수할 정도로 인도주의적 태도를 견지함으로써 종합병원 설립 및 의료복지 사업, 사회복지 사업, 연구개발 사업, 장학 사업 등을 펼쳐온 것이다.

네 번째는 창조적·혁신적 기업가정신이다(아산사회복지재단, 1997; 김성수, 1999). 설립자는 기업가로 활동하던 당시 적극적이고 진취적인 사고로 상식적으로는 불가능한 일들을 가능하게 만들어온 것으로도 많이 알려져 왔다. 일례로 1971년 현대조선소 (현 현대중공업) 건설 당시, 애플도어사의 롱바톰 회장이 한국의 능력을 의심하자 거북선이 그려진 500원짜리 지폐를 보이며, "한국은 영국보다 300년이나 앞서 철갑선을 건조한 민족이오"라고 호소하여 계약을 성사시켰다는 일화도 있다(정주영, 1998). 또한,

1976년 현대건설이 사우디아라비아 주베일 산업항 공사 당시, 필요한 모든 기자재를 현대조선소에서 직접 제작해 주베일까지 항로로 공급함으로써 공사 기간과 공사 비용을 크게 절감시킨 일화도 많이 알려져 있다. 일반적인 방식은 공사 현장에서 필요한 기자재를 제작하는 것이었다. 1998년 소 떼 1,001마리를 이끌고 북한을 방문하여 전달한 사건도 아직까지 많은 이들에게 감동을 준다. 어린 시절 시골에서 가출 당시 소 한 마리를 판 돈을 집에서 몰래 훔쳐 서울로 왔기에 소떼방북 사건은 특별한 개인적 의미도 있는 것이었다. 이러한 일화들은 사업이 어려운 난관에 봉착했을 때 남들이 생각하지 못한 새로운 방식, '하면 된다'라는 위험 부담을 감수하는 도전적이고 진취적인 방식으로 나타났다. 아산재단의 설립 역시 이러한 정신이 잘 드러나는 산물로 해석할 수 있다. 기업의 재단 설립을 의혹의 눈길로 바라보던 시절, 회사의 재산이 아닌 자신의 개인 재산을 출연하여 기업 재단을 설립하는 획기적 결단을 내림으로써 언론 및 시민사회에 커다란 감동을 준 것이다(김신, 1999). 당시 기업 재단들이 관심 갖지 않았던 국민의 사회복지 욕구에 초점을 두고 설립 2년 만에 현대식 종합병원 5개를 전국의 의료 취약 지역에 개원한 점, 기업 재단 최초로 '사회복지'라는 용어를 사용함으로써 기업의 사회복지재단 설립을 위한 본격적인 계기를 만들었다는 점 등은 그의 창조성과 혁신성을 찾아볼 수 있는 부분이다. 사업 운영 방식에 있어서도 창의성과 혁신성이 발견된다. 대표적인 예로 아산재단의 장학 사업과 관련하여 기존의 방식이 성적이 우수한 학생만을 선발하여 장학금을 제공했다면, 아산재단은 저소득 근로계층(모범 근로자)의 자녀와, 스스로 일하면서 학교를 다니는 근로학생 및 고아원 출신의 학생들에게 성적에 상관없이 장학금을 준다는 원칙을 세운 것이다(김신, 1999). 이러한 원칙은 그의 인간주의적 철학과 창의적·혁신적 경영이념이 반영된 대표적 사례로 평가된다.

마지막은 설립자의 애국정신이다. 그는 이미 수많은 건설 사업, 자동차 사업, 조선 사업 등의 사업 영역에서 한국의 근대화 및 산업화를 이끌어왔고 이를 통해 국민경제의 발전, 고용 창출에 크게 기여해왔다. 그는 언제나 직원들에게 사업을 통해 국가를 이롭게 한다는 '사업보국'의 경영철학을 강조하였다(아산사회복지재단, 2007). 이에 따라 설립자는 현대건설 창립 30주년을 앞둔 시점에서, 이제는 기업이 돈을 버는 것에서 돈을 어떻게 쓸 것인가에 관심을 가져야 함을 강조하면서 아산재단을 설립한다(김성수, 1999). 그의 관심은 아산재단이 한국의 가난하고 굶주린 사람들과 질병의 아픔으로부터 고통 받는 사람들을 직접 돕는 것에 있었다. 그리고 이러한 활동은 아산재단을 통해 국가와 국민에게 봉사하려는 설립자의 애국정신의 연장인 것으로 해석된다.

2. 아산사회복지재단의 사업 구조와 현재

아산재단의 사업 구성[9]

아산재단은 1977년 설립된 이래 농어촌 의료 취약 지역 주민을 대상으로 한 종합병원 설립, 노인과 장애인의 인간다운 삶을 위한 복지 지원, 한국 사회를 위한 인재 양성 및 학문연구 지원 등의 활동을 꾸준히 수행해왔다. 설립 당시 아산재단은 4대 사업으로써 '의료복지 사업', '사회복지 지원 사업', '연구개발 지원 사업', '장학 사업'을 선정하여 시작하였다. 현재 4대 복지 사업은 '의료 사업 및 의료복지 사업', '사회복지 사업', '장학 사업', '학술 연구 지원 사업', '학술 연찬 사업', '아산상 및 아산의학상 시상' 등의 크게 6가지로 확대되어 운영되고 있다. 본 절에서는 아산재단이 설립 초기에 집중적인 투자를 통해 적극적인 사업 활동을 펼쳤던 의료복지 사업의 과정을 중심으로 재단의 발전 과정에 대해 검토한다.

아산재단의 초기 의료복지 사업

앞서 소개된 바와 같이 1977년 아산재단이 설립되자마자 재

---

9 본 절의 내용에 포함된 아산재단의 성과와 실적 수치 등은 '아산재단 20년사(아산사회복지재단, 1997)', '아산의 꿈 아름다운 세상(아산사회복지재단, 2007)' 그리고 아산사회복지재단 홈페이지(http://www.asanfoundation.or.kr) 자료를 참고하여 작성되었음.

단은 농어촌 의료 취약 지역에 현대식 종합병원을 건설·운영한다. 당시 전국에는 전문성 있는 의료 서비스를 필요로 하는 의료 취약 지역이 매우 많았기에 아산재단은 가능한 여러 지역에 동시에 지방 병원을 세우기로 결정하였다(아산사회복지재단, 1997). 이에 따라 전라북도 정읍, 전라남도 보성, 강원도 인제, 충청남도 보령, 경상북도 영덕의 5개 지역을 우선적으로 선정하여 종합병원 건립계획을 수립하였다. 가장 첫 번째로 설립된 정읍병원(1978.9.1)은 병원 부지 확보부터 병원 건립, 의료 기자재 도입, 의료 인력 초빙 및 채용까지 단 9개월 만에 완료하여 많은 사람들을 놀라게 하였다. 정읍병원은 정읍뿐만 아니라 주변의 부안군 및 고창군 등에 거주하는 약 60만 명의 주민에 대한 의료 서비스 공급을 가능하게 했다. 개원 당시 이 지역의 전체 의사 수는 모두 81명에 불과하여, 의사 한 명이 평균 6,726명의 환자를 담당해야 할 만큼 의료 서비스 공급 능력이 열악한 환경이었다(아산사회복지재단, 2007, p.140).

두 번째로 설립된 병원은 전라남도 보성병원(1978.11.21)이다. 당시 전라남도 지역에는 의료 취약 지역이 너무나 많았으나, 여러 벽지 지역 중 병원의 입지 조건과 수혜 농어민의 인구 수를 고려하여 보성을 선정하게 된다. 지하 1층, 지상 3층의 병원 건물과 140개의 병상을 설치하여 보성군, 장흥군, 고흥군 등의 주민 48만 명에게 의료 서비스를 제공할 수 있었다(아산사회복지재단 1997, pp.154-155). 개원 이후 보성병원은 지역적 여건상 운영상의 이익을 기대할 수 없음에도 불구하고, 적자를 감수하면서 설비의 현대화를 위한 투자를 통해 재단의 설립정신을 실천해 나갔다.

세 번째로 1979년에 개원한 인제병원은 강원도 내에서도 인구가 적고 도시로의 접근성이 떨어져 빈곤과 질병에 취약한 인제군에 건립되었다. 또한 이 지역은 휴전선과 인접하여 주민 일부가 교통이 불편한 군사 지역 내에 살고 있어 응급 환자가 발생할 경우 수송에 어려움을 겪는 곳이었다. 특히 당시 인제군과 주변의 양구군, 홍천군에 거주하는 인구가 약 21만 명이었는데 의사 수는 불과 59명에 불과하였고, 의사 중 전문의도 없었다(아산사회복지재단 1997, pp.156-157). 이러한 상황에서 현대식 종합병원의 건립은 강원 벽지 주민의 의료복지 욕구를 충족할 수 있는 유일한 창구가 될 수 있었다.

네 번째 충청남도 보령병원(1979.2.9)은 보령군과 청양군, 서천군 등 3개 의료 취약 지역의 주민 약 38만 명에게 의료 서비스를 제공하게 되었다. 이 지역의 경우 특히 주변에 탄광 지역이 위치하여 규폐증으로 고통 받는 탄광 근로자들의 보건의료에 대한 욕구가 강한 곳이었다(아산사회복지재단 1997, p.158). 이에 따라 일반 주민과 탄광 근로자들을 대상으로 한 진료가 이루어졌으며, 지역 주민들이 대도시에 나가지 않고도 지역 내에서 첨단 의료 혜택을 받을 수 있는 기회를 열어주었다.

재단의 다섯 번째 병원인 영덕병원(1979.3.31)이 경상북도에 건립됨에 따라 아산재단의 1차 의료복지 사업은 서울과 경기도를 제외한 전국의 모든 지역에 종합병원을 건립하는 놀라운 성과를 기록하게 되었다. 다른 지역의 병원들과 마찬가지로 병원의 수익성은 처음부터 포기하고 가난하고 소외된 지역주민들에게 의료 서비스를 제공할 수 있다는 점에 의의를 두었다. 하지만 교통이 불편한 벽지 지역에 위치하여 의사들의 이직 문제, 환자들의 이동상의 어려움 등이 문제점으로 지적되기도 하였다. 아산재단이 설립된 직후에 재단의 중점 사업이었던 의료복지 사업은 해당 지역사회의 주민과 정부, 언론기관 등으로 하여금 감동을 주기에 충분했다. 이는 당시 국가가 책임질 수 없었던 국민의 가난과 질병의 문제를 한 기업가에 의해 설립된 사회복지재단이 불과 2년 만에 일궈낸 성과이기 때문이다. 병원 건립뿐만 아니라 직접 병원을 운영하면서 적자를 감수하면서까지도 소외된 농어촌 지역에 의료 서비스를 공급해 온 것이다. 설립정신에 투영된 설립자의 가난과 질병에 대한 진지한 고민과 성찰이 재단의 의료복지 사업에서 그대로 발견되는 것이다.

아산재단의 발전 과정

아산재단의 발전 과정은 재단의 '출범기(1977년~1989년)', '발전기(1990년~1999년)' 그리고 '도약기(2000~현재)'로 구분할 수 있다. 먼저 아산재단의 출범기는 앞서 논의한 대로, 설립자가 강조했던 의료복지 사업을 중심으로 재단이 운영되는 시기이다. 전북 정읍을 시작으로 전남 보성, 강원 인제, 충남 보령, 경북 영덕까지 재단 설립 후 2년 만인 1979년까지 5개의 종합병원을 개원했다. 이후 1989년 서울아산병원과 홍천아산병원을 개원하고 금강아산병원을 인수함으로써 의료 사업을 더욱 확대시켜나갔다. 이와 함께 지역 내 저소득층, 특수질환자, 독거노인 등을 직접 방문하는 순회 진료, 진료비 지원, 방문 간호 사업, 농업인 진료, 건강 강좌 개최 등의 다양한 의료복지 활동이 전개되었다. 또한 사회복지 사업의 일환으로써 장애인복지단체, 아동복지단체, 노인복지단체 등을 지원하는 사업과 어려운 학생들에게 장학금을 주는 사업을 확대시켜나갔다. 동시에 대학교수들의 연구비 지원 사업도 진행되었다. 이를 통해 재단 설립 초기에는 매년 전국의 대학교수 약 300여 명이 연구비를 지원받아 연구를 수행할 수 있었다(아산사회복지재단, 1997).

이후 1990년에 이르러 아산재단은 발전기에 접어들게 된다. 특히 서울아산병원이 미국 하버드의대와 항구적 협력 관계를 구축하고, 의료 기술의 눈부신 발전을 가져오게 되면서 국민에게 신뢰받는 병원의 이미지를 구축해간다. 사회복지 사업에 있어서는 저소득층, 장애인, 아동·청소년, 독거노인 등을 대상으로 하는 지원 사업을 확대하였다. 특히 소년소녀가장을 대상으로 생활비 지원, 가정방문 및 상담, 여름 캠프 등의 프로그램에 투자를 하였다. 한편 1990년부터는 재단이 지원한 연구 과제의 결과를 연구보고서 또는 연구총서의 형태로 발간하기 시작하였다. 이를 통해 1992년부터 1999년까지 발간된 연구총서의 수는 56권, 연구보고서는 64권으로 총 120권의 발간물을 출판했다(아산사회복지재단, 2007). 또한 1991년부터 효행을 실천하고 어려운 이웃을 위한 봉사활동 등의 사랑을 실천하는 사람들을 대상으로 아산복지상을 시행하기 시작하였다.

2000년대에 접어들어 아산재단은 의료 사업 부문에서 전국의 모든 아산병원이 지속적으로 우수한 수준의 서비스 품질을 유지하기 위해 노력하였다. 의료, 사회복지, 장학, 학술 연구 및 학술 연찬 등의 모든 사업 영역에 있어서 시대 변화에 따라 함께 발전을 모색하는 도약기에 있다고 할 수 있었다. 특히 사회복지 지원 사업에 있어서 더 이상 전통적 사회복지 영역에 대한 지원에 그치지 않고 새로운 복지 욕구와 신 사회적 위기에 대응하기 위한 사업(예: 북한이탈주민 사회 적응 지원 사업, 외국인 근로자의 의료 및 사회 적응 지원 사업, 독거노인 지원, 장애인 문화예술 지원 사업 등)에 관심을 갖기 시작했다.

오늘날 아산재단은 의료 사업에 있어서 서울아산병원, 강릉아산병원, 정읍아산병원, 보령아산병원, 홍천아산병원, 보성아산병원, 금강아산병원, 영덕아산요양병원의 8개의 병원을 전국적으로 운영하고 있다. 사회복지지원 사업과 관련하여 1977년부터 2013년 현재까지 취약 계층의 자립 지원, 주거 환경 개선, 교육 기능 보강, 프로그램 개발 및 지원을 위해 총 3,722개의 단체를 대상으로 694억 원을 지원해왔다. 경제적 어려움으로 인해 적절한 진료를 받지 못하는 사람들을 위한 의료복지의 지원 실적은

표 2 아산재단의 주요 사업별 지원 실적 및 지원 금액 현황

구분	지원 실적	지원 금액
의료 사업 (1977년~2013년)	서울아산병원, 강릉아산병원, 정읍아산병원, 보령아산병원, 홍천아산병원, 보성아산병원, 금강아산병원, 영덕아산요양병원 전국 8개 종합병원	–
사회복지 사업 (1977년~2013년)	3,722개 사회복지단체	694억 원
의료복지 사업 (1991년~2013년)	578,420명	613억 원
장학 사업 (1977년~2013년)	24,263명	403억 원
학술 연구 사업 (1977년~2013년)	2,319개 과제	184억 원
학술 연찬 사업 (1977년~현재)	학술 심포지엄 36회 개최, '한국의 사회복지' 외 사회복지총서 4권 발간	–

자료: 아산재단 홈페이지에서 재구성

1991년부터 2013년까지 모두 578,420명을 대상으로 총 613억 원에 이른다. 또한 고등학생, 대학생, 대학원생을 대상으로 수행해 온 장학 사업의 실적은 동일 기간 24,263명을 대상으로 403억 원, 대학교수들의 학술 연구 사업의 지원 실적은 2,319개의 과제를 대상으로 184억 원 규모에 이른다. 또한 1979년부터 매년 당시 우리 사회에서 가장 중요한 사회문제(ex: 복지사회의 이념과 방향, 현대한국의 사회윤리, 고령화 사회의 대응 등)를 주제로 학술 심포지엄을 개최해왔다. 1979년 '복지사회의 이념과 방향'을 주제로

하는 제1회 복지사회 심포지엄을 시작으로 지난 2014년 6월에는 '사회복지 사업의 현재와 미래'를 주제로 한 제36회 심포지엄이 개최되었다. 그간 아산재단에서 출간된 사회복지 관련 도서에는 1979년 우리나라 사회복지시설에 대한 현황 분석 결과를 제시한 '한국의 사회복지'를 시작으로 장애자복지편람(1981), 노인복지편람(1985), 사회복지문헌목록(1987), 아동복지편람(1987) 등이 있었다. 설립 초기부터 현재까지 아산재단의 주요 사업별 성과 및 지원 실적을 표로 나타내면 표 2와 같다.

아산재단의 현재

오늘날 국내에서 기업 재단으로써 아산재단이 갖는 위치와 상대적 중요성은 결코 작지 않다. 우선 규모의 측면에서 아산재단의 2012년 사업비 규모는 연간 1조 6,653억여 원 규모로 국내 기업 재단 중 1위이다(전국경제인연합회. 2013). 이는 사업비 규모 2위인 S공익재단(1조 722억여 원)과 비교했을 때, 약 5,900억 정도의 차이를 보인다.

물론 아산재단의 경우 주요 사업비 내용 안에 복지 사업비 이외에도 재단 산하 전국의 8개 병원의 사업비가 포함되어 있어 장학 사업을 중점적으로 지원하는 다른 공익재단과 비교하는 것은 무리가 있을 수 있다. 그럼에도 불구하고 이러한 차이는 현재 아산재단이 보건의료 및 사회복지 분야, 학술 연구 및 장학 분야 그

표 3 2012년 국내 기업 재단 자산 규모 상위 10개*

구분	재단명(설립연도)	출연기업	자산 규모**	수입 금액**
1	아산사회복지재단 (1977)	현대그룹	1조 7,349억 원	1조 6,730억 원
2	삼성생명공익재단 (1982)	삼성생명	1조 5,716억 원	1조 1,478억 원
3	삼성문화재단 (1965)	삼성그룹	6,714억 원	1,320억 원
4	농협재단 (2004)	농협중앙회	4,195억 원	210억 원
5	포스코청암재단 (1971)	포스코	2,199억 원	100억 원
6	LG연암문화재단 (1969)	LG전자 외	1,745억 원	134억 원
7	롯데장학재단 (1983)	롯데쇼핑 외	1,708억 원	173억 원
8	두산연강재단 (1978)	두산그룹	1,336억 원	154억 원
9	신한장학재단 (2006)	신한은행 외	1,090억 원	41억 원
10	SBS문화재단 (1993)	SBS/SBS미디어 홀딩스	891억 원	41억 원

주: * 전국경제인연합회(2013: 93), 2013 기업 · 기업 재단 사회 공헌백서 자료 참조
　　** 국세청 홈택스 2012년 공익법인공시 자료 참조

리고 다양한 시상 사업에 이르기까지 공익재단이 수행할 수 있는 거의 모든 사업의 영역에 영향력을 미치고 있음을 보여준다. 아산재단은 사업비 지출 규모뿐만 아니라, 자산 규모에 있어서도 국내 기업 재단 중 1위로 나타났다.

아산재단과 외국의 재단 비교

앞서 언급한 바와 같이 아산재단이 설립되던 1970년대에는 사회가 기업의 재단 설립을 그리 달갑게 보지 않던 시기이다. 이는 기업의 재단 설립이 조세 회피를 통한 부의 대물림 수단으로 인식되는 경향이 있었기 때문이다. 그러나 아산재단의 경우 설립 초기의 공익 기금 출연 규모의 대규모성과 사업 내용의 순수성이 많은 공감을 얻으면서 언론들로부터 긍정적인 반향을 불러오기도 했다. 일부 언론은 아산재단이 미국의 록펠러재단이나 독일의 폴크스바겐재단과 같이 설립 목적을 완전히 달성하는 재단으로 성장하기를 기대하기도 하였다. 여기서는 아산재단과 해외 유명 기업 재단과의 비교를 통해 국제사회에서 아산재단의 상대적 위치에 대해 검토한다.

표 4에서 볼 수 있듯이 아산재단과 해외 기업 재단들과의 공통점은 재단의 출연자가 모두 기업을 창립하고 운영하는 대표라는 점이다. 이들은 모두 모기업의 대표들로써 모기업과 재단 간의 긴밀한 관계를 유지한다는 점, 기업 창업자의 개인적 의지에 의해 재단이 설립되었다는 공통점을 갖는다. 다음으로 설립연도를 비교해보면, Rockefeller Foundation이 1913년으로 가장 오래되었고 아산재단이 1977년, MacArthur Foundation이 1978년, Bill & Melinda Gates Foundation이 2000년으로 가장 늦게 설립되었다.

표 4 아산재단과 해외 기업 재단과의 비교

구분	Rockefeller Foundation*	MacArthur Foundation	Bill & Melinda Gates Foundation**	아산사회복지재단
재단 출연	J. D. Rockefeller	John D. & Catherine T. MacArthur	Bill Gates & Melinda Gates	정주영
설립연도	1913년	1978년	2000년	1977년
2013년 총 자산 규모	$4.1 billion***	$6.3 billion****	$41 billion*****	1조 7,978억 원********
설립 목적	전 세계의 인류 복지 증진. 이를 위해 리더십, 공정성, 효과성, 혁신, 투명성이라는 핵심 가치를 추구함	우리가 사는 세상을 보다 정의롭고 깨끗하게 유지하며, 평화롭게 만드는데 헌신하는 창의적인 인재와 효과적인 기관들을 후원하기 위해 설립	저개발국가와 개발도상국가의 극심한 빈곤 및 건강문제와 미국의 교육제도 실패 등의 위기를 다루기 위해 설립	우리 사회의 질병과 가난으로부터 고통 받는 사람들을 돕기 위해 설립
주요 사업	세계 기후변화에 대한 대응, 아프리카를 대상으로 한 디지털 교육, 식품 안전사업, 성 평등사업, 전 세계의 건강보장 등과 같이 국내외 전역에서 이뤄지고 있음	전 세계의 인권 보장, 저개발국의 지속가능한 개발, 미국 내 빈곤, 교육 문제 해결, 미디어, 문화 산업의 발전을 위한 지원 사업, 재능있는 인재 양성을 위한 MacArthur Fellows 프로그램 등	에이즈, 말라리아, 폐결핵 등의 국제적 질병의 치료를 위한 보건의료 확대, 저개발국가의 경제개발 및 빈곤 퇴치, 미국 내의 교육 기회 확대 등의 사업	국내 의료 사업, 사회복지 사업, 학술 연구 사업, 장학 사업, 학술 연찬사업 등

* http://www.rockefellerfoundation.org/
** http://www.gatesfoundation.org/
*** http://annualreport2013.rockefellerfoundation.org/financials/stewardship
**** http://www.macfound.org/about/our-history/
***** Bill & Melinda Gates Foundation Consolidated Financial Statements. December 31, 2013 and 2012
****** 국세청 홈택스(www.hometax.go.kr). 2013년 공익법인공시

자산 규모의 경우 Bill & Melinda Gates Foundation이 가장 큰 것으로 나타났다. 다음으로 MacArthur Foundation과 Rockefeller Foundation, 아산사회복지재단의 순서로 나타났다. 재단 설립의 목적에 따른 주요 사업 내용은 4개의 기업 재단 모두 인류의 복지 증진과 질병 및 빈곤 퇴치, 교육 기회의 확대 등으로 유사한 것을 알 수 있다. 다만 아산재단과 해외 기업 재단 간의 차이로는 아산재단의 주요 사업이 우리나라 국민의 질병과 빈곤 문제를 대상으로 집중되어 있는 것과 달리, 해외 기업 재단의 경우 자국 국민들뿐만 아니라 전 세계의 저개발국가 및 개발도상국가의 사람들을 대상으로 한 사업이 활발히 진행되고 있다는 점이다. 이는 아산재단이 설립되던 1970년대 당시 한국의 상황이 현재 개발도상국가의 수준과 유사하였으므로, 사업 활동의 최우선 대상이 자국인 한국이었을 것으로 이해할 수 있다. 이에 반해 미국은 이미 20세기 초반 당시 산업화와 경제성장을 통해 수준 높은 시민사회를 구축하였고, 정치·경제·사회·문화·안보 등 모든 분야에서 세계를 선도하는 역할을 수행하고 있다는 점에서 재단의 사업 목표가 전 세계의 사람들을 향하고 있는 것으로 해석된다.

오늘날 한국 사회 역시 국민들의 삶의 질 수준이 크게 향상되었고 정치·경제·사회·문화 각 분야에서 저개발국가 및 개발도상국가를 대상으로 경험과 기술을 전수하고 보급하는 상황에 있다. 따라서 이러한 해외 기업 재단들의 사업 동향은 향후 아산재단의 역할을 이제는 국내를 넘어 글로벌 관점에서도 검토해야 함을 의미한다고 볼 수 있다.

3. 아산사회복지재단의 사회복지 사업

아산재단 사회복지 사업의 특성

아산재단의 특성을 살펴봄에 있어서 반드시 고려해야 할 요인은 재단의 철학적 기초가 무엇인가에 대한 것이다. 이와 관련하여 김신(1999)의 연구는 아산재단의 설립정신에 담겨 있는 철학적 배경을 이해하는 데 큰 도움을 준다. 그동안 한국을 대표하는 기업가, 정치인이었던 정주영 회장의 리더십, 기업 경영전략 등에 대한 학술 연구가 활발히 이뤄져 왔던 것에 비하면, 그의 사회복지정신과 사회적 책임 의식에 대한 연구는 상대적으로 희소하기 때문이다. 김신(1999)은 그의 연구 '아산 정주영의 사회적 책임 정신과 사회복지 사업'에서 사회적 책임 정신을 바탕으로 한 아산재단의 사회복지 실천모델을 도식화하여 제시한 바 있다. 그에 따르면, 야성, 목표의식, 추진력, 예측력으로 구성된 사회적 정신의 핵심 역량을 기초로 하여, 여기에 근면·성실의 철학, 불굴의 사업가 정신, 긍정적 사고, 애국의 신념으로 구성된 사회복지 정신이 더해질 때 아산의 사회복지 사업이 구현될 수 있었

그림 2 아산의 사회적 책임 정신과 사회복지 실천모델

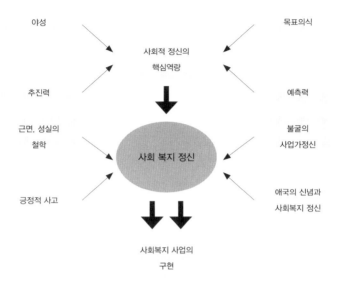

출처: 김신(1999: 162), 아산 정주영의 사회적 책임 정신과 사회복지 사업에서 재구성

던 것으로 분석하였다. 김신(1999)은 이러한 구성 요인들과 평소 정주영 회장의 언행을 통해 비추어 볼 때, 정주영 회장이 추구한 사회복지 사업은 단순히 가난하고 아픈 사람들을 돕는 자선·박애주의의 관점에서만 접근할 것이 아니라, 오히려 기획적이고 체계적인 사업 운영을 통해 복지 대상자의 자립 의지를 강화하는데 우선적 가치를 두었던 것으로 평가된다. 그림 2는 김신(1999)의 연구에서 제시한 아산재단의 사회복지 실천모델을 그림으로 나타낸 것이다.

김신(1999)이 제시한 아산재단의 사회복지 실천모델을 통해 도출된 아산재단 사업의 특성은 다음과 같이 정리할 수 있다. 먼저 아산의 사회복지 실천모델을 구성하는 조건들에는 설립자인 아산 정주영 회장의 개인적인 인생철학과 기업가로서의 경영자적 특성이 동시에 반영되었다는 점이다. 예를 들어 사회복지정신을 이루는 근면, 성실의 철학, 긍정적 사고, 불굴의 사업가정신, 애국의 신념 등은 앞선 아산재단의 설립 배경과 설립정신에 관한 논의 부분에서 언급되었던 요인들이기도 하다. 또한 자기 분야에 대한 놀라운 끼와 열정을 의미하는 야성野性과 분명한 목표 의식을 가지고 진취적으로 개척해나가고자 하는 추진력, 급변하는 환경에 민감하게 반응하고 선제적으로 대응할 수 있는 예측력 등은 설립자인 정주영 회장 개인의 성격특성이 강하게 반영된 부분이기도 하다. 일반적으로 기업 재단은 속성상 재단 출연자의 개인적 특성과 가치관에 많은 영향을 받을 수밖에 없다. 하지만 아산재단의 경우 재단 설립을 기업의 긍정적 이미지 제고를 목표로 한 기업 사회 공헌의 관점에서 접근하기보다는, 사업을 통해 애국을 실천한다는 신념이 크게 작용했다는 점에서 차별성을 갖는다.

이러한 아산재단의 애국정신은 재단의 사업 대상을 아동, 청소년, 노인, 여성, 장애인, 저소득층, 북한이탈주민, 결혼 이주 여성, 외국인 근로자 등에 이르기까지 국가 부문에서 담당하는 거의 모든 대상을 포괄하도록 하였다고 볼 수 있다. 실제로 아산재단이 1977년부터 2014년까지 지원해 온 대상별 사회복지단체 및 기관의 수와 지원 금액을 살펴보면, 장애인복지단체 1,095개(98억원), 아동복지단체 789개(75억원), 여성복지단체 717개(70억원), 노인복지단체 308개(26억원), 이들을 제외한 기타 단체 1,215개(513억원)로 그동안 4,124개 사회복지단체를 대상으로 약 782억원 규모의 복지 사업을 지원해왔다.[10] 엄밀히 말해서 국민의 삶의 질과 사회보장에 대한 1차적 책임은 국가에 달려있기 때문에, 한 기업 재단이 이렇게 광범위한 차원의 사회복지 사업을 수행한다는 것은 일반적인 기업 재단의 역할을 뛰어넘는 것이라 할 수 있다.

다만 김신(1999)의 연구에서 제시한 아산재단의 사회복지 실천모델 분석은 다음의 한계를 보인다. 재단 사업을 통해 발견되는 사회적 문제에 대한 민감성, 그리고 기회의 평등 추구 등의 요인들이 논의되지 못했다는 점이다. 아마도 보다 장기적인 관점에서 아산재단의 사회복지 사업을 조명할 수 있었다면 논의에 포함될 수 있었다고 본다. 아산재단은 1977년 당시 우리 사회의 가장 심각한 사회문제인 빈곤과 질병의 문제에 민감하게 관심을 갖고 이를 해결해나가는 데 있어 국가보다도 더욱 적극적이고 선도적인 태도를 보여주었다. 오늘날 아산재단이 민간 사회복지 부문에서 타 재단보다 앞서갈 수 있었던 것은 사회적 상황에 대한 민감성과 새로운 사회문제 발굴을 위한 적극적 노력에 기인한다고 볼 수 있는 것이다. 또한 설립자 자신이 경험한 어린 시절의 극심한

---

10 http://www.asanfoundation.or.kr/af/bsns.schedule.society0.sp?mid=10202.

빈곤과 교육 기회 부족은 장학 사업에 보다 적극적인 관심을 갖도록 하였고, 이를 통해 기회 불평등을 해소하고자 했던 것이다. 공업전문학교나 2년제 전문대학 재학생을 위한 장학금제도, 그리고 소방공무원과 경찰공무원 자녀들을 위한 장학금제도 등은 엘리트 중심의 장학금제도와는 분명 차별화된 기회 제공 프로그램인 것이다(《경향신문》, 1977. 7. 1). 또한 아산재단의 학술심포지움과 학술지원은 한국 사회의 당면 문제와 과제를 진단 발굴하고 사회적 쟁점으로 끌어내어 이에 대응하는 노력에도 앞장서 왔다. 사회문제에 민감하게 대응하고 이에 대한 해결을 실천적으로 모색해 왔던 것이다.

위와 같은 내용을 종합해 보았을 때, 아산재단의 사회복지 사업은 설립자인 정주영 회장이 가진 개인적 특성과 그중에서도 특히 투철한 애국정신이 반영된 사회복지정신을 바탕으로 우리 사회 전반에 존재하는 거의 모든 영역의 사회문제들을 대상으로 대응해 왔다는 특성을 갖는다고 평가할 수 있다.

사회복지 사업의 성과와 한계

1977년부터 현재까지 약 40여 년 동안 아산재단의 사업은 병원 중심의 의료 사업 이외에, 사회복지 사업으로 사회·의료복지 사업, 학생들을 대상으로 한 장학 사업, 학자들의 연구 지원을 위한 학술 연구 및 학술 연찬 사업 그리고 아산상 등의 시상 사업으로 구성된다. 우선 아산재단의 핵심 사업 부문이라 할 수 있는 재단의 사회·의료복지 사업의 성과와 한계에 대해 살펴보고, 장학 사업, 학술 연구 사업, 아산상 사업을 간략히 검토하고자 한다.

사회복지·의료복지 사업

아산재단의 사회·의료복지 사업은 재단이 1977년 설립되던 때부터 현재까지 재단의 핵심 사업이다. 재단의 설립 목표인 빈곤과 질병 문제의 해결을 위한 대표적인 목적사업으로 볼 수 있는 것이다. 실제 2012년 기준, 대기업이 출연한 많은 공익재단들의 주요 사업 활동이 학술 및 장학 사업(67.8%)에 비중을 두고 순수하게 사회복지 사업을 목적으로 활동하는 재단은 드물다(김형용, 2013: 전국경제인연합회, 2011). 이러한 측면에서 아산재단이 오랜 시간 한국의 사회문제 해결을 위한 목적사업을 비중 있게 수행해 왔다는 점을 높이 평가할 수 있다. 본 연구에서는 그동안 아산재단 사회·의료복지 사업의 성과와 한계에 대한 객관적인 분석을 위해 아산사회복지재단(2015)에서 수행된 '아산사회복지재단 사회·의료복지 사업 평가 및 사업 방향 연구' 보고서의 분석 결과를 근거 자료로 활용하고자 한다. 아산사회복지재단(2015)은 2012년부터 2014년까지의 최근 3년간의 사회복지시설 및 단체 지원 사업 130개 사례를 추출하여 외부 연구진에 의해 직접 개발된 평가 기준에 따라 사회복지 사업을 분석하였다. 내용 분석을 위해 각 사업의 사업 제안서와 사업 결과 보고서 원본이 활용되었고, 분석 기준은 사회복지 사업의 적절성과 효과성 수준에 대한 평가로 이루어졌다.[11] 사업의 성과와 관련하여 의미 있는 분석 결과로는 '사회복지 사업의 수혜 대상이 빈곤층 혹은 소외 계층 인가(7점 기준 평균 5.42점)'에 대한 평가 항목과 '사업이 수혜자들의 삶의 질 향상에 도움을 주었는가(7점 기준 5.13점)'에 대한 평가 항목이 비교적 높은 점수를 보여주었다. 이는 아산재단이 우리 사회의 빈곤 문제 해결을 위해 기여하고 있음을 객관적으로 뒷받침하는 분석 결과라 할 수 있다. 다시 말해 1977년부터 현재까지 우리 사회의 빈곤 문제 해결을 위해 적극적으로 투자해 온 부분이 아산재단 사회복지 사업의 가장 큰 성과로 평가된 것이다.

반면 상대적으로 낮은 평가를 받은 부분은 아산재단에 대한 '수혜자 인식 수준(평균 3.49점)', '사회의 전반적인 인식 수준(평균 3.12점)'과 '오늘날 한국 사회의 새로운 사회적 변화와 욕구 해결에 대한 필요성을 적절히 제시하고 있는가(평균 4.35점)'에 대한 평가 항목이었다. 그동안 아산재단은 설립자의 의지에 따라 사회의 보이지 않는 곳에서 다양한 사업들을 수행해 왔지만, 재단의 이미지나 인식 개선을 위한 홍보 사업 등에는 큰 관심을 가져오

---

11 지난 3년간 재단의 사회복지 사업이 적절하였는가와 관련하여. 구체적으로는 해당 사업이 새로운 사회적 변화 욕구에 대한 필요성을 제시하고 있는가? 실제 사업의 내용이 아산사회복지재단의 설립 목적 및 사업 목적과 잘 부합하는가? 사업 수행을 위한 인력, 예산, 방법 등의 내용과 규모는 적절한가? 등의 6문항에 대한 질문에 대한 연구진의 평가가 이루어졌음. 사회복지 사업의 효과성 역시 구체적으로 실제 사업을 통해 아산사회복지재단이 의도한 사회적 변화들, 예를 들면 수혜자의 삶의 질 향상, 문제 해결을 위한 실질적 기여, 사업수행기관의 성장 등이 이뤄졌는가? 사업을 통해 아산사회복지재단에 대한 사회적 인식이 향상되었는가? 등에 대한 9문항의 평가가 이루어짐. 적절성과 효과성 모두 1점부터 7점까지의 척도로 구성되었고, 점수가 높을수록 해당 사회복지지원 사업이 적절하고 효과적인 사업인 것으로 해석된다.

지 않았던 것으로 보인다. 물론 재단의 사회복지 사업에 대한 내용을 수혜자와 기관에게 과도하게 홍보하는 것은 바람직하지 않지만, 재단 사업의 사회적 파급력과 지속성 측면에서 재단의 사회적 인지도 향상을 위한 홍보 노력에 있어서는 소극적이었다는 지적이 가능한 것이다. 이 부분도 어쩌면 설립자의 소탈한 성격이 반영되었는지도 모른다. 다음으로 새로운 사회 변화와 욕구에 적절하게 대응하는 노력이 부족하다는 평가는 재단의 주요 사업 내용이 여전히 인간의 기본적 욕구에 집중되어 있음을 보여주는 결과로 해석할 수 있다. 현재 한국 사회는 과거 1977년과는 달리 새롭고 다차원적인 사회 문제들이 발생하고 있다. 그러나 아직까지도 아산재단의 초점은 국민의 의식주와 관련한 기본적 욕구에 더 집중하고 있는 것으로 평가된다. 사실 경제성장과 더불어 국가복지의 확대는 국민의 기본 욕구인 의식주에 대한 투자로 이어졌다.

실제 최근 3년간 재단의 사회복지 사업의 지원 내용을 살펴보면, 생계 지원 및 시설 개보수 관련 사업의 비중이 전체 사업의 75% 이상을 차지하고 있는 것으로 분석되었다(아산사회복지재단, 2015). 이는 새로운 사회문제에 민감하게 대응하고 보다 혁신적인 방법으로 사회문제 해결을 위해 노력하는 모습은 부족했다는 해석을 가능하게 한다. 표 5는 최근 3년간 아산재단의 사회복지 사업 지원 내용별 지원 현황이다.

앞서 논의된 아산재단의 사회복지 사업 특성 가운데는 아산재

표 5 사회복지 사업 유형별 지원 현황(2012~2014)

(단위: 개소, 천 원, %)

구분	2012년		2013년		2014년	
	지원 기관	지원 금액	지원 기관	지원 금액	지원 기관	지원 금액
개보수 및 시설 지원	307 (52.6)	2,289,047 (42.9)	118 (28.9)	1,906,415 (39.5)	92 (22.6)	1,269,221 (24.9)
교육 프로그램	38 (6.5)	624,595 (11.7)	48 (11.7)	1,054,949 (21.9)	35 (8.6)	913,149 (17.9)
문화 프로그램	6 (1.0)	81,950 (1.5)	1 (0.2)	4,700 (0.1)	18 (4.4)	284,300 (5.6)
생계 지원	233 (39.9)	2,339,722 (43.9)	242 (59.2)	1,860,400 (38.6)	262 (64.4)	2,628,629 (51.6)
총 계	584 (100.0)	5,335,314 (100.0)	409 (100.0)	4,826,464 (100.0)	407 (100.0)	5,095,299 (100.0)

자료: 아산사회복지재단(2015). 아산사회복지재단 사회 · 의료복지 사업 평가 및 사업 방향 연구에서 재구성

단의 사업이 타 재단과 비교하여 상대적으로 사회문제에 민감하게 선도적으로 대응해왔다는 강점을 가진다고 해석한 바 있다. 이러한 해석은 국내 타 재단들과 비교하여 상대적인 관점에서 진단한 것이다. 하지만 절대적 기준으로 본다면 아산재단의 복지사업은 보다 적극적으로 사회문제에 민감하게 대응할 필요가 있음을 보여준다.

의료복지 사업은 가난과 질병이라는 두 가지 문제에 대응하기

표 6 사회복지 사업 지원 내용별 지원 현황

(단위: 명, 천 원)

구분		2012년		2013년		2014년	
		수혜 인원	지원 금액	수혜 인원	지원 금액	수혜 인원	지원 금액
진료비 지원	외래	3,324	305,280	2,358	230,440	2,826	272,928
	입원	1,427	3,076,444	1,323	2,846,548	1,399	2,918,800
순회 무료 진료		19,032	724,338	17,182	710,914	17,331	706,868
저개발국 해외 지원		–	337,008	–	754,692	–	466,545

자료: 아산사회복지재단(2015). 아산사회복지재단 사회·의료복지 사업 평가 및 사업 방향 연구에서 재구성

위해 설립된, 재단의 설립 이념을 가장 잘 반영하는 사업이기도 하다. 설립자는 가난과 질병을 별개의 문제로 보지 않고 밀접하게 연결된 개념으로 인식한다. 가난하기에 질병이 더 고통스럽고 질병의 고통 때문에 결국 가난해지고, 더 가난할 수밖에 없어 더더욱 고통을 겪는다는 것이 설립자의 인식이다.

사회복지지원 사업과 마찬가지로 의료복지 사업 역시 재단이 설립된 1977년 이후 일관성 있게 사업을 전개해왔다. 재단이 설립되었을 때 시작된 원내 진료와 순회 진료를 바탕으로 2014년 현재에는 크게 진료비 지원, 순회 무료 진료, 방문 간호, 저개발

국 해외 지원의 4가지 사업으로 구분되어 사업이 진행되고 있다 (아산사회복지재단, 2015). 그동안 아산재단 의료복지 사업의 성과 는 노인, 아동, 장애인, 저소득층, 무의촌 지역 거주자, 외국인 근 로자, 노숙자 등과 같이 의료 서비스에 대한 접근성이 취약한 의 료 사각지대를 직접 발굴하여 해소하는 데 큰 기여를 해왔다.

특히 아산재단의 순회 진료 버스는 '찾아가는 의료봉사활동'의 시초이자 타 재단 및 병원 의료복지 사업의 롤 모델이 되었다. 또 한 순회 진료를 통해 발굴된 케이스를 진료비 지원 대상으로 연 계하여 복지 수혜자가 진료비 지원까지 받는 것이 가능하게 하 였다. 최근 2012년부터 2014년까지 의료복지 사업의 진료비 지 원, 순회 무료 진료 사업의 성과(아산사회복지재단, 2015)를 살펴보 면 **표 6**과 같다. 매년 30여 억 원을 투입하여 4천여 명에게 진료 비 지원을 해왔으며, 이와 별도로 매년 7억여 원의 예산을 투입 해 의료 서비스 접근성이 떨어지는 취약 지역에서 1만 7천~2만 여 명에게 순회 무료 진료를 제공해 왔다.

하지만 아산재단 의료복지 사업의 도전은 순회 무료 진료, 방 문 간호 사업 등의 영역에서 발견된다(아산사회복지재단, 2015). 재 단 설립 당시에 비해 전 국민 국민건강보험제도의 정착 및 보건 소 활성화 등으로 의료 서비스의 접근성은 현저하게 향상되었다. 의료 서비스 접근성이 떨어지는 지역이 대폭 줄어들었고 순회 무 료 진료는 노인성 만성질환을 대상으로 하는 경우가 일반적이다. 방문 간호 사업 역시 노인장기요양보험제도의 도입으로 틈새 영

표 7 아산재단 사회·의료복지 사업의 성과와 한계

구분	성과	한계
사회복지 사업	– 설립 이후 일관성 있게 빈곤층/소외 계층을 위한 사회복지 시설 및 단체에 집중적·지속적으로 투자. – 빈곤층/소외 계층의 삶의 질 향상에 기여함. – 장애인, 아동청소년, 노인, 여성, 북한이탈주민, 외국인 근로자 등 다양한 소외 계층 지원을 통해 국가복지의 역할 보완.	– 아산재단의 복지 사업에 대한 사업 수행 기관, 복지 수혜자, 사회 전반의 인지도 수준이 다소 낮음. – 사회 변화에 따른 사회적 파급효과를 가져오는 사업은 약함.
의료복지 사업	– 진료비 지원, 순회 무료 진료 등의 사업을 통해 의료 사각지대를 직접 발굴하여 해소하는 데 기여. – 최근 들어 저개발국 해외 지원에 대한 비중을 늘림으로써 재단 사업의 세계화를 추진.	– 국가에 의한 국민건강관리 시스템이 체계화됨에 따라 기존의 순회 무료 진료, 방문 간호 등의 사업 중요성이 약화되었음.

역을 찾기가 쉽지 않아졌다. 보건의료환경의 변화에 따라 의료복지 지원 사업의 영역에도 변화가 필요한 시점에 이른 것이다.

이와 관련하여 최근 재단의 2015년 사업 방향은 주목할 만하다. 의료복지 지원 사업과 관련 진료비 지원 사업을 국내 타 병원에도 개방한다는 선언이다(《동아일보》, 2015. 4. 6). 지금까지는 재단 산하 병원에 국한하여 진료비 지원 사업을 운영해 왔다. 하지만 2015년부터는 진료비 지원 예산 총액도 확대하는 한편, 경쟁

관계에 있는 타 병원도 진료비 지원 신청이 가능하다는 것이다. 재단의 의료복지 지원 사업 역사에서 한 획을 긋는 사건이라고 할 수 있다.

장학 사업

아산재단의 장학 사업은 학업에 대한 관심과 재능이 있음에도 불구하고 사회적·경제적 어려움으로 인해 교육의 기회가 차단된 학생들을 위한 프로그램이다. 장학 사업은 1977년 아산재단이 설립되던 당시 의료 사업 및 사회·의료복지 사업과 동시에 시작된 프로그램으로서, 교육 기회의 확산을 통해 빈곤과 질병의 악순환 고리를 끊어내려는 목적사업이라 할 수 있다. 물론 2000년대 이후 한국은 초등교육 6년과 중등교육 3년간 국가에 의한 의무교육을 제공받을 수 있게 되었다.[12]

특히 아산재단의 장학 사업이 갖는 구별되는 성과는 장학제도의 수혜를 받는 대상이 일반적인 고등학생, 대학생 이외에도 전문대에 재학 중인 대학생, 군인·소방관·경찰공무원·복지시설 종사자 자녀, 다문화 가정 자녀 등과 같이 특성화된 집단을 포함하고 있다는 점이다. 아산재단의 장학 사업은 단순히 공부를 뛰어나게 잘하는 학생을 지원하여 좋은 대학에 입학하는 것만을 지향하지는 않는다. 오히려 우리 주변의 보이지 않는 곳에서 최선

---

12 교육기본법 제8조(의무교육). ①항. 의무교육은 6년의 초등교육과 3년의 중등교육으로 한다.

을 다해 살아가며 의미 있는 사회적 가치를 창출하는 사람들과 이들의 자녀들이 열심히 공부할 수 있도록 후원하고 지지하는 것이다. 이 같은 아산재단 장학 사업만의 고유한 특징은 1977년 당시 재단 설립에 관한 아래 신문기사에서부터 찾아볼 수 있다.

> "(…) 정회장은 또 장학 사업으로는 지금까지 대학 위주의 장학제도를 지양하고 주로 공업전문학교나 공장근로자들과 그 자녀들의 교육을 지원하게 되며 (…)"[13]

위 기사에서 알 수 있듯이 설립 초기부터 아산재단 장학 사업의 주요 대상은 우리 사회가 그다지 큰 관심을 보이지 않았던 특정 집단에게 향하고 있었던 것이다. 이러한 특성은 오늘날 저개발국가로부터 한국에 유학 온 외국인 대학원생에 대한 지원으로까지 사업 대상이 확대되었다. 또한 연간 지원 금액의 규모 측면에서 살펴볼 때, 대부분의 지원 금액이 등록금 전액을 제공함으로써 학생의 학비 부담 완화에 실질적인 효과를 갖는 것으로 평가할 수 있다. 표 8은 1977년부터 2014년 동안 아산재단 장학 사업을 통해 지원받은 학생의 수와 지원 금액을 나타낸 것이다.

이를 통해 아산재단은 우리 사회에서 국가의 공교육비 지원 손길이 닿지 않는 사각지대를 발굴하고, 이들에게 실질적인 수준의

---

13 〈경향신문〉, 1977년 7월 1일 기사 1면 중.

표 8 아산재단 장학 사업 실적(1977년~2014년)

(단위: 명, 억 원)

구분	계	고등학생	전문대생	대학생	대학원생
학생 수	25,114	10,596	3,869	10,143	506
지원 금액	435	39	96	290	10

자료: 아산사회복지재단 홈페이지, 사업 소개–장학에서 재구성

금액을 지원함으로써 교육 기회의 확산과 불평등 해소에 크게 기여해온 것으로 평가할 수 있다. 특히 아산재단의 장학생들은 졸업 후 사회에 진출한 이후에도 정기적인 모임과 만남의 장을 마련하여 서로 교류하고, 매년 농촌 지역 봉사활동을 통해 아산재단의 정신을 사회에 다시 직접 실천하고 있다.

학술 연구 및 연찬사업

아산재단의 학술 연구 및 연찬사업 역시 앞서 살펴본 사회·의료복지 사업, 장학 사업과 더불어 설립 초기부터 정주영 회장에 의해 고안된 재단의 주요 사업 중 하나다. 국가발전을 위한 인재 양성의 필요성을 누구보다 잘 알고 있었기 때문이다. 한국 사회에서 아산재단의 학술 연구 사업이 갖는 의미를 찾아내기 위해서는 1970년대 말 당시 한국의 학술 연구 환경을 살펴볼 필요가 있다. 1970년대 우리나라 정부의 학술진흥정책은 경제성장을 위한 과학·기술 분야의 학술 연구 조성에 집중하고 있었다. 반

면 사회·문화·정치 부문에 대한 연구는 상대적으로 낙후되어 학문 분야 간 불균형의 문제가 제기되었고, 이에 따라 교육부는 국가적인 차원에서 자연과학, 인문과학, 사회과학 등 모든 학문 분야의 연구 인력 양성 및 연구 기능 강화를 위해 1981년 4월, 현재 운영 중인 한국연구재단의 전신인 학술연구진흥재단을 설립한다(한국학술진흥재단, 1996). 하지만 아산재단은 이미 정부보다 4년이나 앞선 1977년부터 자연과학, 인문·사회과학 등 모든 학문 분야의 교수 및 연구자들을 대상으로 경쟁적인 자유 공모 과제 형식의 연구비 지원 사업을 실시해왔다. 학술연구진흥재단의 자유 공모 과제 연구비 지원이 1986년이 되어서야 시작된 것과 비교할 때(한국학술진흥재단, 1996), 아산재단의 학술 연구 지원이 시기적으로나 사업 방식에 있어서 국가의 역할을 일정 부분 대신해 왔음을 알 수 있다. 1977년 국가에 의한 연구비 지원이 부족한 상황에서, 국민의 보건복지 질 수준 향상을 위한 인문사회 분야의 연구비 지원 사업을 국가가 아닌 한 개인이 출연한 기업 재단이 수행했다는 것은 의미 있는 사건으로 평가할 수 있겠다. 물론 설립 초기의 아산재단 역시 인문사회과학 분야보다는 자연과학 분야에 상대적으로 더 많은 투자를 했던 것은 사실이다. 그럼에도 불구하고 1977년 학술 연구 지원 사업 총 148개 과제 중에서 인문사회 분야 지원 과제가 60개(41%), 연구비 지원 규모 총 3억 4,244만 원 중 인문사회 분야 연구비가 1억 841만 원(35%)의 비중을 차지했다는 것은 인문사회 분야에 대한 설립자의 관심과

지원이 적지 않았음을 알 수 있게 한다(아산사회복지재단, 2007).[14]

"(…) 국가적인 인재 양성을 위해 대학교수의 연구비 지급, 각종 학술 연구단체 지원과 대규모 연구소 설립도 계획하고 있다. (…)"[15]

1977년부터 2014년까지 학술 연구 지원 사업에서 지원한 학문 분야에는 인문, 사회, 이학, 공학, 농수산, 의학에 이르고 있으며, 현재까지 총 2,320개의 연구 과제를 대상으로 194억 원의 연구 지원을 수행해왔다. 특히 아래 학술 연구 지원 실적에서 볼 수 있듯이, 아산재단은 인문사회 분야의 학술 연구에 중점적인 연구비 지원을 수행해 왔다. 표 9를 보면, 전체 과제 2,320개 과제 중 인문사회 분야의 연구 과제 비중은 1,505개로써 약 65%에 이르고, 지원 금액 측면에서는 전체 194억 중 약 69%인 133억 원을 차지하고 있다. 이 같은 성과는 인문사회 분야의 연구 지원이 부족한 한국 사회에서(노화준, 2001; 이종수, 1998) 아산재단의 학술 연구 지원 사업의 가치를 잘 보여주는 것이다.

아산재단의 학술 연구 사업에서는 매년 한국 사회에서 이슈가 되고 있는 주제와 관련하여 그해의 지정 과제를 확정하고 이

---

14 1986년부터 1995년까지의 한국학술진흥재단이 학문 분야별 학술 연구비 지원에 투입한 지원 금액은 약 904억 원이며, 이 중 인문사회 분야에 대한 연구비 지원의 비중은 약 326억 원으로써 36%에 해당됨(한국학술진흥재단, 1996, p.36).

15 〈경향신문〉, 1977년 7월 1일 기사 1면 중.

표 9 아산재단 학술 연구 지원 실적(1977~2014년)

(단위: 개, 억 원)

구분	계	인문	사회	이학	공학	농수산	의학	출판비
과제 수	2,320	413	1,092	190	267	99	259	-
지원 금액	194	29	104	7	10	3	8	33

자료: 아산사회복지재단 홈페이지, 사업소개-학술 연구에서 재구성

에 대한 모든 학문 영역 연구자들의 연구 계획서를 심사하여 지원 과제를 선정해 왔다. 가령 2015년 지정 과제는 "다문화 시대와 한국의 사회통합"이라는 주제로써, 최근 북한이탈주민, 결혼이주 여성, 외국인 근로자 인구의 유입 및 확대에 따라 발생하는 사회적 갈등의 문제들에 대한 적절한 해소 방안을 고민하는 것이다. 이는 아산재단이 한국 사회에 새롭게 출현하는 사회적 문제의 심각성을 공론화하고, 문제 해결에 적극 기여하는 리더십을 보여주는 과정이었다.

1979년부터 시작된 학술심포지엄의 주제들은 해당 시기의 사회적 환경에 따라 하나의 대주제를 설정하고 하위의 3개로 구분하여 제시되는 모습을 보여준다(아산사회복지재단, 2007).

1979년부터 1988년까지의 심포지엄 주제들은 '복지사회의 이념과 방향'에 대한 것으로써, 경제적 성장의 가치만을 중시하던 사회 분위기 속에서 인간이 인간답게 살아가야할 것에 대한 고민을 시작한 단계라 할 수 있다. 이에 따라 당시 한국 사회의 대표

적 취약 계층이라 할 수 있는 장애인, 노인, 청소년, 임금근로자, 가족, 여성 등과 같은 개별 사회복지 대상자에 초점을 둔 학술 연구에 관심을 기울여 왔다.

두 번째 시기(1989년~1998년)는 현대사회의 윤리성과 도덕성을 주제로 한 '사회윤리'를 대주제로 한 시기이다. 이는 당시 무차별한 경제적 성장의 가치 추구에 따른 정부, 기업 등 사회 전반에 걸친 비윤리적 사례들(예: 1991년 두산전자 낙동강 폐수 방류, 1994년 성수대교 붕괴, 1995년 삼풍백화점 붕괴, 1996년 전 대통령들의 비자금 사건, 1997년 외환 위기 등)로 인한 사회적 충격이 매우 큰 시기였다. 이에 따라 주요 정부부처 및 대기업들을 중심으로 윤리를 강조하는 분위기가 조성되었으며, 현대그룹 역시 1995년 기업윤리 강령을 제정함으로써 타 기업의 윤리강령 제정 확산에 불을 지폈다(한기수, 2006). 이러한 시대적 조류에 따라 아산재단의 학술심포지엄 주제 역시 경제윤리, 시민윤리, 현대 산업사회의 환경문제, 의료윤리, 성윤리 등에 초점을 두고 진행되어 온 것이다.

마지막은 1999년부터 현재까지의 시기로써, 심포지엄의 대주제는 '삶의 질'에 맞춰져 있다. 2000년 이후 한국 사회는 과학기술의 급격한 발전에 따른 '정보사회(Bell, 1980)', '정보혁명(혹은 제3의 물결; Toffler, 1980)'의 시대로 구분되는 '지식사회knowledge society'에 접어들었다. 과거 지식의 영역이 단순히 과학 기술과 관련한 내용을 담고 있었다면, 이제 생산 양식 및 소비 양식, 의사소통 그리고 삶의 방식에 이르기까지 삶의 모든 영역에 지대한 영향을 미치는 것이 사실이다(홍은숙, 2012). 이러한 지식 중심의 사회 변화가 과연 인간의 행복well-being 또는 삶의 질quality of life을 향상시켰는가에 대한 질문은 여전히 많은 학자들의 연구 주제이다. 이에 따라 2000년대 이후 아산재단의 심포지엄 주제 역시 이전 세기와는 구별되는 21세기의 새로운 사회적 문제들과 인간의 삶의 질(예: 기후 및 환경 변화와 삶의 질, 교육 환경의 변화와 삶의 질, 재난의 위험과 안보 문제, 고령화 사회, 일자리 창출)에 관한 문제들에 집중하였다. 이 같은 학술심포지엄 주제의 흐름을 읽어볼 때, 아산재단은 1980년 이후 한국 사회의 발전 과정에서 나타난 굵직한 사회적 이슈들에 대해 학술적, 실천적 차원에서의 대응을 주도해왔음을 알 수 있다.

한편 매년 학술 연구 사업에서 지정된 주제에 대한 연구 결과들은 단행본의 형태로 출판되어 전국 대학, 연구소, 도서관 등에 배포되고, 학술심포지엄을 통해서도 학계 및 현장과 공유된다. 표 10은 2008~2013년 동안 아산재단 연구총서 단행본 중 문화체육관광부가 선정한 우수학술도서의 목록이다. 2008년부터 2013년의 6년간 아산재단의 학술지원 사업을 통해 출판된 아산재단 연구총서 단행본 중 문화체육관광부가 선정한 우수학술도서에 선정된 책은 11권에 이른다. 2008년부터 2013년까지 매년 최소한 권 이상의 책들이 우수학술도서로 선정되었고, 11권 중 8권은 사회과학 분야의 도서이다. 이는 아산재단이 지원한 학술 연구 결과물들의 우수성을 입증해주고, 특히 사회과학 분야에 대한 투자

표 10 문화체육관광부 선정 우수학술도서 목록(2008년~2013년)

도서명	저자	소속 대학	선정 연도	분야
청소년 생활역량	윤명희 외	동의대	2013년	사회과학
한국 가족과 젠더	손승영	동덕여대	2012년	사회과학
한국의 소수자운동과 인권정책	전영평 외	서울대	2012년	사회과학
그린에너지와 환경촉매	정석진	경희대	2011년	기술과학
취약학교 초등학생을 위한 온라인 보건교육 프로그램	박경옥	이화여대	2011년	사회과학
장애아교육학	김기흥	부산교육대	2010년	사회과학
국제 탄소시장의 이해	양승룡	고려대	2010년	기술과학
창의성 개발을 위한 디자인교육 콘텐츠	김선영	인천가톨릭대	2009년	사회과학
정신장애와 가족	서미경	경상대	2008년	사회과학
해외 한국기업과 현지인 노동자	석현호 외	성균관대	2008년	사회과학
청정공학	조정호	동양대	2008년	기술과학

·자료: 문화체육관광부 우수학술도서 선정 목록(2008년~2013년)에서 재구성

와 그에 따른 객관적 성과를 잘 보여주는 결과라 할 수 있다.

지금까지 아산재단의 학술 연구 사업을 종합해 볼 때, 사회 변화의 흐름에 따라 새로운 사회적 아젠다를 제시하고 새로운 사회

문제를 발굴하여 한국 사회 및 재단이 미래지향적이면서 능동적으로 대응할 수 있도록 기반을 조성하는 데에도 지속적인 역할을 감당해왔다고 볼 수 있다.

아산상 시상 사업

마지막으로 검토할 아산재단의 복지 사업은 아산상 시상 사업이다. 아산상은 우리 사회에서 경제적·사회적으로 소외되고 배제된 사람들을 대상으로 효행과 봉사를 실천하거나 재능을 나누는 데 크게 기여한 것으로 판단되는 분들을 선정하여 시상하는 사업이다. 2015년 현재 시상의 종류에는 봉사와 관련한 6개 부문의 시상(의료봉사상, 사회봉사상, 자원봉사상, 청년봉사상 복지실천상, 재능나눔상)과 효행과 가족에 대한 사랑을 실천한 분들을 대상으로 한 2개 부문의 시상(효행·가족상, 다문화가정상) 그리고 총 8개 부문의 시상 중 가장 공적이 뛰어난 것으로 평가되는 사람 혹은 집단에게 수여되는 아산상의 총 9개로 구성되어있다. 시상상금은 최소 1천만 원부터 최대 3억 원으로써 매년 약 6억 8천만 원 상당의 시상금액 규모를 갖는다. 1989년 제1회 사회복지공로상을 시작으로 2014년 제26회까지의 아산상 수상자 현황을 살펴보면, 수상자 수는 755명에 이를 정도로 국내 민간 사회복지 부문 최고의 상으로 평가할 수 있다.

아산상 중에서도 특별히 1992년부터 시상에 포함된 아산효행대상과 2001년 이후의 효행·가족상은 한국 사회의 노인 부양 문제에 일찍이 관심을 가져온 아산재단의 특별한 시상 사업 중 하나라고 평가될 수 있다. 1993년 국가 예산 중 노인 복지 예산이 차지하는 비율은 0.2%(827억 원)에 불과할 정도로 인구 고령화 및 노인 부양 문제에 대한 관심이 저조했다(이가옥, 1994). 그도 그럴 것이 1990년 전체 인구 약 4천2백만 명 중 65세 이상 노인 인구가 차지하는 비율이 5.0%(2,195,000명) 수준이었기 때문에(통계청, 2013), 당장 눈앞에 닥치지 않은 노인복지의 이슈는 정부와 사회의 정책적·정치적 관심사에서 뒤로 밀릴 수밖에 없었을 것이다. 하지만 실제 당시 노인들의 삶의 영역에서는 사회문화의 급속한 변화에 따라 효행에 대한 인식과 태도도 달라져 자녀의 지원을 받지 못하는 노인이 증가하는 현상이 나타나고 있었다(성규탁, 1995). 이처럼 국가의 제도와 정책이 시대적 변화의 속도를 따라잡지 못하는 상황에서 정주영 회장은 한국의 전통적 도덕관에 기초한 효*문화의 확산에 힘쓰고자 아산효행대상을 제정한 것이다. 이는 아산재단이 향후 한국 사회에서 노인 문제가 갖는 심각성과 중요성을 예견하고 나름의 준비를 시도했다는 점에서 새로운 사회문제에 대응하는 모습을 보여준 사례로 볼 수 있다(김윤영, 2008).

4. 아산사회복지재단의 비전

설립자 아산 정주영과
재단의 사회혁신 정신

한국 사회에 아산사회복지재단이 가지는 의미를 찾기 위해 여러 가지 다양한 자료를 검토했다. 재단 설립 당시에 공표한 가치, 이후 재단이 수행해온 주요 사업들, 그리고 설립자 자신이 다수의 공식 석상에서 사용한 표현들 등등.

여기에서 저자는 재단을 보다 정확하게 이해하기 위해 설립자 아산에 대해, 정주영이라는 개인에 대해 좀 더 분석적 접근을 시도할 필요가 있다고 생각한다. 한 개인에 대한 이해가 얼마나 가능할 수 있을지는 모르겠으나, 최소한 설립자 아산에 대한 보다 정확한 이해를 시도하는 것은 중요하다. 한국 사회에서 재단이 가지는 의미와 밀접하게 연결된다고 보기 때문이다. 한국 사회에 엄청난 자산으로 남겨진 아산재단을 설립한 설립자이기 때문이기도 하다.

먼저 설립자 아산을 기업가로 볼 것인가? 아니면 자선가로 볼 것인가의 질문이다. 분명한 것은 일반적인 기업가도 아니었으며, 일반적인 자선 사업가도 아니었다. 두 가지 모습이 동시에 발견되지만 아산 본인의 표현과 행동들을 돌이켜보면 단순히 두 가지 역할을 동시에 감당했던 걸출한 인물만으로는 설명이 부족하다.

재단은 1977년 '우리 사회의 가장 불우한 이웃을 돕는다'라는 취지로 출범하여 '가난'과 '질병'이라는 두 개의 핵심어를 중심으로 운영되어왔다. 첫 사업으로는 전국의 낙후 지역에 종합병원 8개소를 건립하여 운영하는 것이었다. 모두 적자를 감수하고 시작한다. 장학 사업은 2년제 전문대학 재학생, 소방공무원 자녀등을 위해서도 특별하게 운영되어왔다. 진료비 지원 사업, 영세한 복지시설 지원 등도 물론 재단 사업에 포함된다. 이들 사업들은 자선사업으로 보면 대규모성에도 놀랍지만 임시적 대증적 접근보다는 보다 근원적인 문제 해결 중심의 성격을 가지고 있음을 발견하면서 다시 놀라게 된다. 평범한 자선사업을 뛰어넘는다는 것이다. 낙후 지역에 8개의 종합병원을 설립한 사실, 사회적으로 큰 조명을 받지 못하는 자녀에 대한 장학금 지원 등이 이를 뒷받침한다. 이러한 성격의 장학금은 국내에서는 생소하기도 하거니와 기회의 평등을 추구한다는 측면에서 더욱 의미를 가진다. 설립 당시 개인 재산으로만 주식시장 상장 전 현대건설 주식 50%를 출연하여(당시 시가 500여 억 원, 현재 시가 수 조원 추정) 재단을 출범시킨 것도 평범한 자선가의 결정으로 이해하기에는 쉽지 않다.

또한 반대로 기업가로서의 설립자 아산을 보면, 쉽게 발견하기 어려운 몇 가지 행동들이 보인다. 앞서 언급된 바 있지만, 예를 들어, 아래와 같이 스스로를 노동자로 생각했다.

"나를 세계 수준의 대기업을 경영하고 있는 한국인이라고 남들은 평가하고 있을지 모르지만 나는 스스로 자본가라고 생각해 본 적이 없습니다. 나는 아직도 부유한 노동자일 뿐이며, 노동을 해서 재화를 생산해 내는 사람일 뿐입니다."[16]

또한, 재단 설립은 당연한 것이며 개인적 보람으로 표현한다.

"나는 그것이(아산사회복지재단 설립) 현대를 있게 한 이 사회에의 보답이요, 또한 한 인간으로서 태어나 최선을 다해 일하고 뛰고 발전한 나 개인의 생이 느낄 수 있는 최대의 보람이라고 생각한다."[17]

그는 자서전에서 다음과 같이 재단 설립이 자신의 이상임을 밝히기도 했다.

"우리나라 최대의 사회사업 지원 재단으로 아산재단을 만드는 것이 나의 이상이다."[18]

이상의 행동과 표현을 통해 설립자 아산은 마치 사회문제 해결을 통해 복지사회를 만드는 것이 궁극의 이상이었던 것으로 비

---

16 아산사회복지재단(2007, p.82), 아산의 꿈 아름다운 세상: 아산재단 30년사 [1977-2007] 중.

17 정주영, 1991, p.177.

18 정주영, 1991, p.177.

취지기도 한다. 그러면 기업 활동은 결국 복지사회를 만들어가기 위한 수단에 불과했을 수 있었다는 해석도 가능하지 않을까? 빈곤과 싸우는 가장 효과적인 전략은 기업을 통해 일자리를 공급하는 것이고, 이러한 기업 활동을 통해 확보한 수익은 사회문제 해결을 위해 주저 없이 투자한 것으로 요약된다. 결과적으로 사회 변화를 통해 복지사회를 앞당기는 소중한 역할을 보여준 것이다.

설립자 아산은 지금까지 성공한 기업가로서, 위대한 자선가로서, 혹은 두 가지 역할을 동시에 보여준 인물로 묘사되어 왔다. 하지만 어떤 표현도 부족할 수 있다는 것이다. 끊임없이 사회 변화를 꿈꾸어왔으며 더 나은 세상을 위해 부단히 노력해왔던 빈농의 아들이자 가출 청소년이었다. '빈곤'과 '질병'이라는 한국 사회의 고질적 사회문제 해결을 위해 재단 설립을 결심할 수밖에 없었던 것이다.

아산의 모습을 최근의 시각으로 해석하면 '사회 혁신가' 혹은 '사회적 기업가'로도 설명된다. 'social innovator'는 "사회문제에 대한 해결책을 찾기 위해서 사업적 기술을 응용하는 기업가(Wikipedia, 2015년 7월 5일)"로 설명된다. 'social entrepreneur'는 "기업 경영을 통해 자선 활동 및 사회 운동을 하는 사업가(네이버영어사전, 2015년 7월 5일)"로 이해된다. 아산은 분명 평범한 기업가는 아니었으며, 그가 설립한 아산재단은 그 정신의 산물이고 한국 사회의 행복하고 고귀한 자산인 것이다.

한국 사회와 아산재단

한국 사회에서 아산재단이 갖는 의미는 몇 가지 모습으로 그려진다. '애국복지'의 실천, '가난'과 '질병'의 문제 해결에 대한 일관된 노력, '하면 된다'는 '긍정적·도전적'사고의 성과 입증, '기회의 확산'을 통한 '불평등 해소' 기여, 미래지향적 '신 사회적 문제new social risks' 발굴과 대응 등으로 요약할 수 있다.

첫 번째로 한국 사회에서 아산재단이 갖는 중요한 의미는 설립자인 아산 정주영 회장의 사회복지 실천에 대한 신념이 그 누구보다도 나라를 사랑하는 마음에서 시작했다는 점이다. 본 연구에서는 아산의 이러한 모습을 '애국복지愛國福祉'의 정신으로 표현하고자 한다. 그는 기업 운영에 있어서도 늘 사업을 통해 국가의 이익을 창출한다는 '사업보국事業報國'의 이념을 강조했다. 이것이 기업 경영에 대한 철학적 기초였다면, '애국복지'는 아산이 재단의 사회복지 사업을 통해 국가의 복지 발전에 기여해야만 하는 이유를 설명해주는 철학인 것이다. 사실 대다수 기업의 사회 공헌corporate social responsibility: CSR 활동이 선행을 통한 기업의 경제적 가치 창출, 긍정적 이미지 제고 등과 같은 경영전략 차원에서 평가된다(김형용, 2013). 반면 아산재단의 경우 기업의 돈이 아닌 설립자 본인의 개인 재산을 출연하여 사회문제 해결을 위한 순수 공익재단을 설립했다는 점에서 일반적으로 발견되는 CSR 활동과는 구별되는 것이다. 아산사회복지재단 설립은 설립자 자신의 국가관과 기업관을 동시에 보여주며 일생을 성실하게 살아온 기업가 개인의 자아실현을 보여주기도 한다. 이와 관련하여 설립자는 자서전에서 다음과 같이 술회한 바 있다.

"나는 그것이(아산사회복지재단 설립) 현대를 있게 한 이 사회에의 보답이요, 또한 한 인간으로서 태어나 최선을 다해 일하고 뛰고 발전한 나 개인의 생이 느낄 수 있는 최대의 보람이라고 생각한다"[19]

이와 관련하여 Steers(1999)는 정주영 회장을 독특한 기업가이면서 한 국가의 복지 발전에 엄청난 기여를 한 유별난 자선가로 설명한다. 특히, 다양한 사회복지 사업 이외에도 종합대학인 울산대학교를 설립한 것을 사례로 제시한다. 동서양을 막론하고 공익재단과 더불어 종합대학을 통째로 세우는 것까지 실천한 경우는 드물다는 것이다. Steers(1999)는 미국의 록펠러 정도가 유일하다고 보고 있다. 이는 인재 양성이 한국 사회의 발전을 위한 전제 조건이며 사업보국과 애국복지의 실현으로 보기에 종합대학까지 설립하기에 이른 것으로 해석된다.

두 번째 의미는 아산재단이 한국의 '가난'과 '질병' 문제를 해결하기 위해 지난 40여 년간 일관되고 지속적인 노력을 수행해온 점이다. 앞서 1977년 한국의 사회적 상황에 대한 검토에서 기

---

19 정주영, 1991, p.177.

술한 것처럼, 당시 국민들의 기본적인 삶의 질 수준은 매우 열악하여 설립자의 표현대로 아파서 가난하고, 가난해서 병원에 가지 못하는 악순환의 고통에 있는 사람들이 많았다. 이런 상황에서 특별히 농어촌 지역에 주목하고 전국적으로 지방 종합병원을 설립하여 해당 지역의 가난과 질병의 해결을 위해 노력해왔다. 이는 한국 사회의 전반적인 사회복지 및 보건의료 체계의 수준을 향상시키는데 크게 공헌한 것으로 평가할 수 있다. 당시 국가 차원의 보건복지 체계가 제대로 구축되지 않은 상황에서 한 기업가에 의해 설립된 재단이 국가의 역할을 보완 혹은 더 나아가 대체했다는 점에서 한국의 사회복지 발달사에 시사하는 바가 크다 (Steers, 1999).

아산재단이 한국 사회에 주는 세 번째 메시지는 하면 된다는 '긍정적 사고'와 새로움에 대한 '창의적 도전 정신'이다. 바로 위에서 언급되었던 1970년 말 한국의 가난과 질병의 문제는 당시 정부도 섣불리 접근하지 못하는 심각한 문제였다. 아무도 해결할 수 없다고 생각하는 문제에 접근하는 아산의 무모해 보일 정도의 행동은 긍정적이었고 도전적이며 창의적이었다. 기업가로서 성공한 정주영 회장의 기업가정신(긍정적인 도전과 노력의 자신감, 위기를 새로운 생각과 방법으로 뚫고 나가는 창의성: 정대용, 2007)이 그의 재단 설립과 경영에서도 그대로 투영된 것이다. 현재까지 아산재단이 걸어온 길은 기업 재단의 활동으로서 역시 자신감 있고 창의적이었으며, 도전 정신을 바탕으로 사회적 임팩트[impact]를 줄 수

그림 3 한국 사회복지의 발전 과정에서 아산재단이 갖는 의미

있음을 입증한 대표적 사례라고 할 수 있다. Steers(1999) 역시 자신의 저술에서 설립자 정주영회장과의 인터뷰를 통해 도전 정신과 창의성을 그의 특징으로 강조하기도 했다.

네 번째는 아산재단이 한국 사회의 '기회의 불평등 해소'에 기여했다는 점이다. 이는 장학 사업의 목적 및 내용과도 밀접한 관계를 갖지만, 먼저는 질병과 빈곤의 문제의 해결이라는 사회·의료복지 사업과도 연결된다. 그는 질병 문제를 해결하면 이를 통해 건강하고 유능한 인재를 양성할 수 있고, 나아가 이들이 국가경제에 기여하여 스스로 빈곤으로부터 탈출할 수 있다고 생각했던 것으로 보인다(김윤영, 2008). 지난 40여 년간 아산재단의 사회·의료복지 사업, 장학 사업은 사회적 양극화의 문제로 배제된 사람들에게 희망의 메시지를 전파해왔다. 특히, 소방관 자녀들과 2년제 전문대 학생들을 위한 장학금제도는 기회평등의 관점에서

도 높이 평가되는 사례이다.

아산재단이 한국의 사회복지 발전에 있어 갖는 마지막 의미는 '새로운 사회적 문제 발굴과 이에 대한 적극적인 대응'을 시도해 온 것이다. 1970년대 말 심각한 사회적 문제인 빈곤과 질병 문제에 관심을 갖고 선제적으로 대응해온 것이 사례가 될 것이다. 더 하여서, 인문사회과학 분야의 학술 연구 지원을 통해 향후 우리 사회가 부딪히게 될 사회문제를 준비하고자 했던 것, 노인 문제의 심각성을 인지하고 경로효친사상의 보전을 위해 아산효행대상을 제정한 것, 21세기 한국 사회에 본격적으로 부각될 다문화 문제(결혼 이주 여성, 이주 노동자, 북한이탈주민)에 대응하여 이를 위한 복지지원 사업을 확대해 온 것도 소중하게 평가될 수 있다.

아산재단의 비전

그동안 '우리 사회의 가장 어려운 이웃을 돕는다'는 아산의 재단 설립 취지는 2015년 현재와 미래에도 여전히 유효하다. 오늘날 사회문제는 도움을 필요로 하는 대상자의 수와 유형 및 영역만 달라졌을 뿐, 여전히 적지 않은 수의 사람들이 사회적 배제로 인한 빈곤과 질병의 문제를 경험하고 있기 때문이다. 저자는 아산재단의 미래비전을 크게 5가지로 제시한다.

첫째, 아산재단이 우리 사회의 '신 사회적 문제'에 앞으로도 지속적으로 집중할 것을 제언한다. 현대 후기산업사회는 전통적으로 인간의 삶을 위협하는 구 사회적 위기old social risk, 즉 질병, 빈곤, 실업 등의 비교적 전통적 이슈들에서 이전에는 없던 일가족 양립, 노동시장 구조의 변화, 정치·경제·사회·문화 전 분야의 세계화에 이르는 새로운 형태의 신 사회적 위기new social risk에 직면해 있다(Taylor-Gooby, 2004). 최근 한국 역시 근로빈곤층working poor으로 대표되는 신빈곤층new poverty의 출현, 저출산·고령화에 따른 노동시장 구조의 변화, 청소년의 학교 폭력과 이에 따른 정신 건강 문제, 노년기 정신 문제와 독거노인 문제, 결혼 이주 여성·이주 노동자·북한이탈주민 등의 다문화 문제 등과 같은 새로운 사회문제들이 출현하고 있다(김영란, 2004; 김재엽 외, 2014; 원숙연, 2008; 이상림, 2012; 강은나·최재성, 2014). 이러한 신 사회적 문제들은 단일 차원의 문제 영역에 국한되지 않고 2가지 이상의 문제들이 복합적으로 연결되어 있다는 특징을 갖는다. 이에 따라 향후 아산재단의 사업 방향은 여러 가지 신 사회적 문제의 영역 중에서 재단의 개입 효과를 극대화 시킬 수 있는 특정 사업 분야를 선별하여 선택된 문제 영역에 집중적으로 개입할 필요가 있다. 어찌 보면 지금까지 전방위적 접근을 통해 사업을 전개해왔다면 앞으로는 선택과 집중의 전략을 사용해야할 필요가 있는 것이다.

둘째, 빈곤과 질병으로 인한 극단적 위기의 상황에 있는 사람들을 위한 긴급 복지지원 프로그램을 강화할 필요가 있다. 앞서 논의한대로 여전히 경제적 어려움과 질병의 문제로 최저 생활 수준 이하의 삶을 살거나 생명을 잃는 사람들이 존재한다. 2014년

3월 한국 사회에 큰 충격을 안겨준 '송파 세 모녀 사건'처럼, 극단적인 경우 이들은 스스로 자신과 가족의 생명을 포기하는 절망적인 선택에 이르기도 한다. 물론 현재 정부의 기초생활보장제도와 지자체별 긴급 복지지원제도가 존재한다. 하지만 공공 부문의 서비스는 서비스 신청부터 수급까지의 절차가 여전히 복잡하고 오랜 시간이 소요된다는 비판을 받고 있다. 도움을 반드시 받아야 하는 시점에 도움을 받지 못할 경우 삶의 질이 급격히 떨어지고, 결국 되돌릴 수 없는 상황이 발생할 수 있는 것이다. 이에 반해 재단은 민간 부문의 서비스 제공 주체로서 긴급 상황에 신속하고 유연하게 대응할 수 있다. 무엇보다 재단 내 복지 사업팀과 의료원 간의 긴밀한 협조 체제를 통해 긴급한 복지지원이 요구되는 대상자에 즉각 개입할 수 있다는 강점을 보유하고 있다. 이에 따라 향후 아산재단의 사회·의료복지 사업에 '긴급복지지원 사업'을 위한 창구를 확대해 나갈 필요가 있다.

셋째, 기회의 차단으로 인한 사회적·경제적 어려움을 극복하지 못한 사람들에게 더욱 주목할 필요가 있다. 앞서 신 사회적 위기의 출현에 대해 언급한 것처럼, 현대사회는 소득 구조의 양극화와 교육 기회의 불평등이 심화되어 극복할 수 없는 구조적 장벽에 부딪히는 경우가 발생한다(방하남·김기헌, 2003; 장지연·신동균, 2010). 아산재단은 기업 재단으로서 노동시장 내에서 발생하는 비정규직 노동자 문제, 근로빈곤층의 문제 등과 같은 불평등 이슈에 대한 사회적 책임을 간과할 수 없다. 따라서 재능과 능력

그림 4 아산재단의 미래비전

이 있음에도 불구하고 기회의 불평등으로 인해 조명을 받지 못하는 인재들을 양성하기 위한 청·장년 창업지원, 인재 육성을 위한 장학 사업에 대한 투자를 확대함으로써 양극화 및 불평등 문제 해소에 기여할 필요가 있다.

넷째, 비영리 민간 부문의 사회복지서비스 제공 주체로서의 리더십을 강화해야 한다. 복합적이고 예측하기 어려운 신 사회적 위기에 대한 관리의 책임은 국가뿐만 아니라, 개인, 가족, 지역사회 및 비영리조직 그리고 국제조직에 이르기까지 확장되었다(Holzmann & Jørgensen, 2001). 최근에는 국가의 공공영역public을 제외한 민간영역private의 시장market과 시민사회의 비공식적informal 복지 전달 체계가 갖는 의미와 중요성이 커지고 있다. 현재 한국의 사회복지 전달 체계 역시 국가 이외의 시장, 기업복지, 제3섹터, 가족 등 민간 부문의 중요성을 강조하는 복지혼합welfare mix 모델(김진욱, 2004)로 나타나고 있는 것으로 이해해도 무리가 없다. 지금까지 한국의 비영리 민간 부문의 복지서비스 공급 주체들 중에서 여전히 부족하지만 그나마 아산재단만큼의 리더십을 보여준 기관은 쉽게 찾아볼 수 없다. 아산재단은 향후에도 한국의 비영리민간 부문을 주도적으로 이끌어 나가는 리더십을 더욱 강화할 필요가 있다. 이는 사회적 문제 해결과 관련이 있는 다양한 주체들(ex: 정부, 대학, 타 기업 공익재단 및 의료원, NGO/NPO 등 이해관계 주체)과의 연계 및 협력을 위한 소통의 기회를 창출함으로써 가능할 것이다.

아산재단의 마지막 미래비전은 재단 사업에 세계화globalization 관점을 반영하는 것이다. 앞서 살펴본 아산의 사회적 책임 정신과 이에 따른 성과는 외국 재단의 역사, 자산 규모 및 설립정신 등과 비교했을 때 손색이 없다. 다만 현재까지 비교적 국내를 중심으로 실천되고 있는 아산의 설립정신을 가난과 질병으로 고통 받고 있는 지구상의 저개발국가에까지 확산시켜 나갈 필요가 있다. 특히 세계적 수준의 의료 기술을 보유하고 있는 의료원의 자원을 활용한 의료복지 사업을 확대하고, 사회경제적 구조의 장벽으로 인해 기회가 차단된 저개발국 아동청소년을 위한 교육 사업 및 장학 사업 등에 주목할 필요가 있다.

의료복지와
경쟁력을 빚어내다

- 아산병원의 의료 모델

김태영(성균관대학교)

학력

고려대학교 사회학과 학사, Stanford University석사 및 박사(조직사회학).

경력

홍콩과학기술대학교 (HKUST) 경영전략 교수, 현 성균관대학교 SKK GSB 부원장(교수).

저서 및 논문

Tai-Young Kim and Jeroen Kuilman, "The Demography of Resources: Divestments of Aircraft among U.K. Airlines, 1919-1975", *Journal of Management Studies*, 50:1155-1184, 2013.

Tai-Young Kim, Andrew Delios and Dean Xu, "Organizational Geography, Experiential Learning, and Subsidiary Exit: Japanese Foreign Expansions in China, 1979-2001", *Journal of Economic Geography*, 10:579-597, 2010.

Tai-Young Kim, Dongyoub Shin, Hongseok Oh, and Young-Chul Jeong, "Inside the Iron Cage: Organizational Political Dynamics and Institutional Changes in Presidential Selection Systems in Korean Universities, 1985-2002", *Administrative Science Quarterly*, 52:286-323, 2007.

Stanislav Dobrev and Tai-Young Kim, "Positioning among Organizations in a Population: A Model of Mutualism and Competition", *Administrative Science Quarterly*, 51:230-261, 2006.

* 자료 및 인터뷰 정리에 많은 수고를 한 연구조교 오건일과 이유진에게 감사를 드립니다. 특히, 이유진은 토론을 통해 논문의 질적 향상에 많은 기여를 했습니다. 이 글을 위해 인터뷰에 적극적으로 협조해주신 모든 분들께 진심으로 감사를 드립니다. (가나다 순) 강정희 현 홍천아산병원 간호과장 / 김광태 현 보령아산병원 총무과장 / 김남수 현 아산사회복지재단 경영지원실장 및 구매실장 / 김주학 현 금강아산병원 원무과장 / 김형국 현 금강아산병원장 / 문숙란 현 정읍아산병원장 /민병근 전 초대 울산의과대학장 및 전 초대 서울아산병원 부원장 / 민병철 전 서울아산병원장 / 박기현 현 홍천아산병원 총무과장 / 배선호 현 보성아산병원 총무과장 / 서문희 현 보령아산병원 간호과장 / 안종권 현 아산사회복지재단 복지 사업팀 과장 / 원치용 전 아산사회복지재단 사무처 복지 사업팀 실장 / 이돈영 전 초대 정읍아산병원장 / 이명신 현 보성아산병원장 / 이승규 현 아산의료원장 / 정종기 현 보령아산병원장 / 차은주 현 금강아산병원 간호과장 / 최종수 현 홍천아산병원장 및 전 강릉아산병원 부원장 / 홍성삼 현 홍천아산병원 관리부장

1. 서론

의료복지라는 개념조차 생소했던 1978년, 아산재단은 단 한 개의 병원도 없던 전북 정읍에 처음으로 종합병원을 설립한 후, 보성, 인제, 보령, 영덕에 차례로 종합병원을 설립하였다. 나아가 1989년, 서울아산병원이 모병원으로 설립되고 금강, 홍천병원이 개원하였다. 1996년에는 강릉병원이 개원하면서 아산병원체제가 완성되었다. 첫 개원 후부터 40여 년 동안 아산재단은 아산병원[1]을 통하여 의료 혜택으로부터 소외되어있던 농촌 주민에게 양질의 의료 서비스를 지원해왔다. 2015년 현재까지 재단 산하 전체 병원에서 진료한 외래환자는 6천만 명(연인원)[2]에 달하고, 지방 병원에서만으로도 천7백만 명에 달하는 놀라운 실적을 보여주고 있다. 환자규모뿐만 아니라, 아산병원의 의술 수준 또한 세계적이다. 국내 언론사들의 평가에 의하면, "서울아산병원은 우리나라의 대표적인 암 치료기관이다. 〈중앙일보〉가 건강보험심사평가원 자료를 토대로 2010년 전국 병원의 9개 종류 암 수술 건수를 분석한 결과, 전체 9만 9134건 중 9.7%인 9644건이 이곳에서 행해졌다. 2위 병원과는 1927건이 차이 나고, 5위 병원보다

---

1 '아산병원'은 서울 및 지방의 모든 아산병원을 총체적으로 지칭하는 용어로 사용한다.

2 '연인원' 과 '실인원'의 계산방법에는 차이가 있다. 외래환자 연인원은 (초진, 재진 환자를 합한) 모든 방문자의 일인당 병원방문 날짜의 총계를 의미한다. 입원환자 연인원은 모든 방문자의 일인당 병원 입원 날짜의 총계를, 입원환자 실인원은 입원날짜와 관계없이 입원한 사람의 수를 의미한다.

3배 이상 많았다. 간암, 유방암, 대장암, 위암, 췌장암, 자궁경부암에서 전체 병원 중 수술 건수 1위를 차지했다"(《중앙일보》 2011년 11월 11일). 또한, 서울아산병원은 "국내 최초로 간이식 4천례를 달성했으며, 이식 생존율은 96%(1년), 93%(3년), 91%(5년)를 기록하였다. 이는 장기이식 수술의 선진국이라는 미국의 이식 생존율인 85%(1년), 70%(3년), 63%(5년)를 훨씬 뛰어넘는 기록"이다. 또한 "2007년부터 7년 연속 연 300건 이상의 간이식 수술을 시행하고 있는데, 연 300건 이상의 수술이 가능한 의료 기관은 전 세계적으로 10군데가 되지 않는다"고 평가하고 있다(서울아산병원 홈페이지 참조).

이러한 아산병원은 어떠한 '핵심 가치'를 바탕으로 오늘날의 모습을 갖추게 되었을까? 우선 고 정주영 회장의 빈곤과 질병의 악순환을 끊으려는 '도전 정신', '최고의 의료 서비스를 향한 지속적인 열정', 장기간의 적자에도 불구하고 지방 아산병원이 보여준 획기적인 '의료복지', 서울아산병원의 세계적인 '의료 경쟁력 및 선진화', 급증하는 소비자의 의료 욕구에 대응하는 '맞춤 의료 서비스 제공' 등을 꼽을 수 있을 것이다. 그중에서도 '이봐, 해봤어?'로 대표되는 '도전 정신'과 '하려면 최고로 해라'라는 일에 대한 '지속적인 열정'은 아산병원에서 가장 기본이 되는 보편적인 가치이다. 그런데 언뜻 보면 다른 가치들, '의료복지'와 '의료 경쟁력 및 선진화' 및 '맞춤 의료 서비스'는 함께 추구하기 어렵다는 생각이 들 수 있다. '의료복지'의 개념은 도시-농촌의 의료 서비스 차이를 줄여 의료 서비스의 수혜자 범위를 넓히는 것, 즉 사회적 문제를 해결하여 사회적 가치[Social value]를 창출하는 것이고, '의료 경쟁력 및 선진화' 및 '맞춤 의료 서비스'는 의료 기술 및 장비 투자를 통한 수익, 즉 경제적 가치[Economic value]를 바탕으로 '의료 전문성'을 키워 질병 대응 방법을 구축하는 것이기 때문이다. 초기 아산병원의 중심에는 '의료복지'적 관점에서 도시-농촌 간의 의료 서비스 차이를 줄이려는 사회적 가치가 있었다. 이 시기 아산병원의 목표는 지방 병원을 통해 의료 소외 계층에 의료 서비스를 제공하는 것이었다. 즉, 무의촌 지역이 많던 농촌 지역에 종합병원이 존재한다는 것 자체가 사회적 가치를 창출했던 시기였다. 이러한 바탕에서 출발한 서울아산병원은 기존의 복지적 의료 서비스 제공 외에 첨단 의료 시설 및 세계적 수준의 의술을 갖추는 것을 목표로 설립되었으며 그에 걸맞는 성과를 창출하고 있다.

아산병원이 추구한 핵심 가치들은 처음으로 정읍병원이 설립된 1978년으로부터 40여 년이 흐른 현재에도 유효하다. 하지만, '핵심 가치를 추구하는 방식'은 시대적 상황이 변함에 따라 새로운 도전에 직면하고 있다. 예를 들어, 지난 40년 동안 농촌 지역에서 의료 서비스를 제공하는 다양한 병원들이 증가하면서, 지방에 위치한 아산병원은 더 이상 그 지역의 유일한 (종합)병원이 아니게 되었다. 따라서 현재 지방 아산병원은 '시대에 맞는 의료복지란 무엇인가'라는 고민을 해결해야 하는 상황에 처해 있으며,

서울아산병원 역시 '지방 병원과의 올바른 관계는 무엇인가'라는 질문에 대한 해답을 요구받고 있다.

이처럼 다양한 모습을 가진 아산병원의 지난 발전 과정을 이해하기 위하여, 이 글은 다음과 같은 질문들에 답하고자 한다. 아산병원의 핵심 가치들은 현재의 아산병원의 모습을 갖추는 데 어떤 역할을 하였을까? 아산병원의 핵심 가치는 의료복지의 선구자 혹은 의료경영 혁신자의 모습 중 어디에 초점을 맞추고 있을까? 이러한 가치들은 아산병원에서 어떤 모습으로 시대의 변화에 적응하고 있을까? 서울아산병원과 지방 아산병원의 관계 및 역할은 무엇이며 어떻게 변화하고 있을까? 아산병원은 미래에 어떻게 발전해 나가야 할 것인가?

위에 언급한 질문들을 중심으로, 이 글에서는 아산병원의 대표적인 가치, 즉 도시-농촌의 의료 서비스 차이를 줄이기 위한 의료복지라는 '사회적 가치'와 의료 서비스의 전문성, 합리성 그리고 경쟁력을 바탕으로 한 '경제적 가치'를, '공유가치창출Creating Shared Value. CSV'이라는 관점에서 살펴보고자 한다. 이는 기존 연구에서 주로 채택한 사회적 가치 혹은 경제적 가치 한쪽에만 편중된 시각의 한계를 극복하여 아산병원의 역사와 성과를 올바르게 이해하기 위해서이다. 이를 통해 아산병원의 역사와 성과는 시대적 상황에 따라 사회적 가치와 경제적 가치가 빚어내는 다양한 모습 속에서 이해할 수 있음을 밝히고자 한다.

이 글은 다음과 같은 순서로 진행된다. 첫째, 아산병원을 포함한 기업출자병원에 대한 선행연구를 살펴본다. 둘째, 이 글의 분석틀인 공유가치창출Creating Shared Value. CSV을 소개한다. 셋째, 아산병원이 설립된 당시의 사회경제적 배경에 대해 고찰한다. 특히, 의료복지적 차원에서의 정부 및 기업의 역할에 대해 살펴본다. 넷째, 아산병원의 혁신 과정을 서울아산병원 및 지방 아산병원의 설립 과정과 운영 방식을 통해 살펴본다. 다섯째, 아산병원이 창출한 사회적 가치에 대해 논의한다. 여섯째, 아산병원의 재정 자립도에 대해 살펴본다. 일곱째, 사회적 가치와 경제적 가치에 기반한 공유가치창출 분석틀로 아산병원의 현재 모습을 분석한다. 여덟째, 아산병원의 발자취를 요약 정리하고 함의를 도출한다.

2. 선행연구 검토 및 분석틀

아산병원을 포함한 기업출자병원에 대한 기존의 연구를 검토하여 발전적인 방향으로 개선해야 하는 점을 확인하고자 한다.

기업출자병원에 대한 선행연구

기업출자병원에 대한 국내의 기존 연구방식은 크게 네 가지로 분류할 수 있다. 첫째, 기업의 의료 산업 진출에 대한 비판사회학적 견해를 서술한 논문으로, 조병희(1997)와 이수현(1997)의 연구를 꼽을 수 있다. 조병희(1997)는 '재벌병원과 의료체계의 변화'라는 논문에서 "단순히 투자재원의 확보로 서비스가 개선되었다기보다는 병원조직의 운영 방식에 대한 새로운 접근(즉 경영이념의 적용)이 시도된 결과"로 기업 병원의 출현을 평가하고 있다. 기업 병원의 등장이 병원의 권력구조, 즉 의사나 간호사의 지위 및 업무상의 자율성과 의료체계의 구조 및 정책 방향에 미칠 영향을 파악한 것이다. 그리고 기업적인 조직 구조 및 경영 방식의 도입과 기업 출신 경영전문가의 출현으로 의사의 전문성 및 자율성이 관료제적 통제를 받게 되었다고 주장하였다.[3] 즉, 병원전문경영인 및 의학정보시스템의 도입 등으로 병원에서 기존의 모든 진료 관행을 만들어 온 의사들은 이제 그러한 특권을 상실한 채 주어진 역할만을 연기해야 하는 처지가 되었다는 것이다. 이수현(1997)은 '한국 재벌의 병원 산업 진출에 관한 사회학적 분석'에서 효율성의 극대화, 합리화의 극대화, 그리고 서비스의 고급화에 대해서는 일정 정도 긍정적인 점수를 주지만, 환자 중심의 병원이 이루어지지 않을 뿐더러 "의료 소외 계층을 확대시키고 전체적인 의료 서비스 질의 향상보다는 첨단 의료장비를 동원한 고급 의료 서비스가 우선시되는 의료문화를 형성하게 될 위험성이

---

3 "재벌이 운영하는 병원들은 농촌이나 도서벽지 또는 기업 자체의 근로자 진료를 위한 목적에서 설립된 것으로 운영 역시 기존의 병원들과 큰 차이가 없었다" (p.74). 또한 "1980년대 말까지는 재벌들이 이윤 추구를 목적으로 병원을 설립하지는 않았던 것이다" (p.74)고 언급했다. 이러한 시각은 현대에서 설립한 서울아산병원과 지방 아산병원간의 연관성을 인식하지 못하고 서울아산병원은 재벌기업이 경영이념을 도입하여 이윤추구를 목적으로, 지방 아산병원은 의료복지적 측면에서 설립하였다는 이분법적 사고에서 기인하는 것으로 판단된다.

높다(p.2)"고 지적하였다. 나아가 "의사들은 매달 자신의 진료실적을 관리하는 전문경영인과 암묵적으로 환자유인책을 강요하는 병원 상부의 압력에서 자유롭지 못하고 월급을 받고 일하는 피고용인의 위치로 전락할 위험성이 높다(p.3)"고 평가하였다. 이러한 비판사회학적 연구는 실증적인 자료는 제공하지 않은 채, 그로 인해 발생할지도 모르는 부정적인 측면을 강조하는 경향이 있고, 오히려 기업적인 조직 구조 및 경영 방식의 도입으로 의료 소비자가 누리는 다양한 혜택을 과소평가하고 있다. 실질적으로 각종 언론에서는 기업 병원의 선진화 및 합리화에 후한 점수를 주고 있다. 예를 들어, 서울아산병원의 경우 2014년 기준 글로벌 고객 만족도 조사에서 종합병원 부문 7년 연속 1위를, 그리고 "하루 평균 외래환자 1만 1000명, 입원환자 2600여 명으로 국내 진료 건수, 환자 수에서 압도적인 1위"를 지키고 있다(《한국경제》 2014).

둘째, 기업 병원의 경영학적 성과를 논의한 연구를 들 수 있다. 이근환, 김윤신, 장영철(2014)의 논문은 기존의 비판사회학적 논문과는 다르게, 현대그룹이 서울아산병원을 설립하여 대학병원이 주도하던 국내 의료계에서 차별화된 병원 경영 혁신을 주도했다는 점을 밝힌다. 특히, 병원의 경영 성과를 뒷받침하는 리더십의 역할 및 전략적 인적 자원 활용과 조직 문화의 중요성을 강조하면서 서울아산병원에 대한 사례 연구 관점을 채택하였다. 특히, 기존의 연구가 주로 의료 서비스의 효율성, 합리성 그리고 고급화에 대한 서술적 묘사에 머문 채 통제에 기인하는 의사의 자율성 하락의 문제점을 부각시키는데 초점을 맞추었다면, 이 논문은 병원조직의 지배구조와 오너십, 병원장과 CEO 리더십, 병원 경영과 최고경영진, 병원의 조직 문화와 경영혁신 등 주요 항목을 점검하여 차별화된 병원혁신이 어디에서 왔는지를 보는 인사조직학적 관점을 채택하고 있다. 하지만, 인사조직 관련 변수와 경영 성과 간의 관계를 경영사적 관점에서 점검하고자 했던 논문의 의도가, 사례연구라는 방법론적 한계를 극복하였는지에 대한 의문이 남는다. 이 사례연구 방법론으로는 논문에서 언급된 다양한 인사조직 관련 변수 중 '왜' 특정 변수가 고려되고 보다 더 중요한가에 대한 사회과학적 탐구를 진행하기에 한계가 있다. 즉, 리더십 등 병원의 경영전략적 요소가 성과에 얼마나, 어떻게 영향을 주는지에 대한 구체적인 과정을 보여주지는 못했다. 자칫하면, 경영성과를 놓고 인사조직적 변수들을 해석하는 결과론적 해석의 함정에 빠질 우려가 있다.

셋째, 아산사회복지재단에서 발간한 자료를 들 수 있다. 《아산재단 20년사》와 《아산재단 30년사》가 대표적인 저술물로서, 의료 사업, 사회복지 사업, 장학 사업, 그리고 학술 연구 지원 사업에 대한 내용을 담고 있다. 특히, 의료 사업은 내용의 절반 이상을 할애할 만큼 비중 있게 다루어지고 있으며, 아산병원의 다양한 활동 기록과 주요 인물들의 인터뷰 등의 풍부한 자료를 얻을 수 있다. 다만, 재단이 아산병원을 통해 추구하는 아산정신의 구현을 중심으로 기술되어 있기 때문에, 다른 병원과의 비교나 경험적인 자료를 넘어서는 이론적인 접근방법은 채택하고 있지 않다.

넷째, 한국보건의료체계 발전을 연구하는 과정에서 기업 병원이 보건의료에 미친 영향을 검토하거나 보건의료 분야의 거버넌스 구조, 행위자 및 제도적 로직의 변화를 살펴본 논문들이다(신언항 2006; 김수진, 권순만, 양재진 2011). 이 논문들은 의료보건체계 발전 과정에서의 중앙정부, 의사협회, 병원, 시민단체 등 다양한 행위자들의 상호작용을 정부정책적 관점에서 검토하고 있다. 1962년 보건소법 개정, 1977년 사회의료보험제도 도입, 1979년 공중보건의사제도 도입, 1988년 (직장근로자에게만 실시되던) 의료보장제도 농어촌주민에게 확대 실시, 1989년 (도시 지역 주민에게도 실시된) 전 국민 의료보장 달성, 그리고 1995년 국민건강증진법 제정이 대표적인 정책들이다. 하지만, 이러한 정책들은 종합병원, 병원, 의원 등 의료기관의 의료전달활동이 뒷받침되지 않으면 실행되지 않는다. 따라서, 실제 병원이 행한 다양한 활동 및 업적들을 단지 정부 정책 및 사회경제적 시대상황으로만 접근하는 것은 부분적인 설명이 될 가능성이 높다. 이를 위해, 정부, 병원, 그리고 국민의 상호작용에 근거한 다차원적인 시각을 가진 연구가 진행되어야 하며, 이와 더불어 개별 병원들의 사례 수집에 기반한 미시적 접근방법이 필요하다고 판단된다.

문제 제기

아산병원을 포함한 기업출자병원에 대한 기존 연구는 다음과 같은 한계점을 보인다. 첫째, 기존의 비판사회학적 접근방법이나 경영학적 성과 위주의 연구는 아산병원이 행하는 다양한 의료 사업과 의료복지를 포괄적으로 설명하는 데 한계가 있다. 비판사회학적 접근은 기업 병원의 근간이 되는 경영의 합리성과 효율성 그리고 서비스의 선진화가 초래하는 대규모 조직 구조의 문제점을 비판하는 데 중점을 두고, 경영학적 성과 위주의 기존 연구는 경영의 합리성과 효율성 그리고 서비스의 선진화를 이루게 된 서울아산병원의 인사조직적 우수성에 초점을 두고 있다. 따라서 이두 가지 방법 모두에는 아산병원에서 강조하는 의료복지로 대변되는 사회적 가치와 이의 지속가능성에 대한 논의가 배제되어 있다. 위와 같은 '의료 소비자 가치'를 간과한 비판사회학적 주장과 '경영효율성'만을 강조한 경영학적 논의는 도시-농촌의 의료 서비스 차이를 줄이고자 설립된 아산병원의 본래 취지와는 다소 거리가 있다. 아산병원의 핵심 가치를 이해하기 위해서는 아산병원의 구조, 재정, 운영 방식, 조직 문화 및 인력의 관점에서 아산병원의 '의료 경쟁력 및 선진화' 및 '맞춤 의료 서비스' 뿐만 아니라 '의료복지'를 살펴보는 것이 필요하다. 따라서 이 글은 아산병원의 의료복지의 내용과 이의 구현 방법 그리고 성과에 대해서도 논의하고자 한다.

둘째, 아산병원에 대한 기존의 사례 연구는 서울아산병원에 중심을 두었기 때문에, 서울아산병원과 지방 아산병원과의 관계를 시스템적으로 파악하기에 한계가 있다. 서울아산병원은 자체적으로 독립성을 유지하고 있지만, 동시에 지방 아산병원과의 연관성 속에서 존재하기 때문이다.[4] 따라서 이 글에서는 서울아산병원과 지방 아산병원을 원자화된 개체병원이 아닌 유기적으로 연계되어 있는 하나의 병원시스템으로 이해하고자 한다. 이 시스템의 중심에는 아산사회복지재단과 아산의료원이 있다. 아산병원에 대한 종합적인holistic 시각을 바탕으로, 서울아산병원의 역할과 지방 아산병원과의 관계 및 시기별 변화에 대한 대처방법 그리고 아산사회복지재단과 아산의료원의 역할에 대해 살펴보고자 한다.

셋째, 기존 연구는 아산병원의 복지적 측면만을 강조하거나 경영적 성과만 강조하는 이분법적인 분석틀framework of anlaysis를 사용했다. 이러한 이분법적인 분석틀은 아산병원이 추구하는 핵심 가치, 활동, 그리고 성과를 이해하는 데 뚜렷한 한계가 있다. 의료복지라는 사회적 가치와 의료 서비스의 질적 향상을 통한 경제적 가치를 함께 창출해온 아산병원의 특성을 단편적으로 이해하는 오류를 범하기 때문이다. 이에 사회적 가치와 경제적 가치를 포

---

4 즉, 아산병원은 농촌 지역에 필요한 종합병원을 지어 의료복지를 시행한다는 목표에서 출발하였고 이를 뒷받침하기 위해 재단에서는 서울에 아산병원을 건립하였다.

괄하는 공유가치창출Creating Shared Value.CSV을 분석틀로 채택하여, 아산병원의 사회적 가치와 경제적 가치의 내용 및 그 둘의 관계에 대한 이해를 높이고자 한다. 이를 위해, 아산병원의 운영 및 성과에 대한 재단 자료, 정부 자료, 그리고 인터뷰 등을 통한 실증적인 접근을 하고자 한다.

공유가치창출CSV5

아산병원의 경우, 도시와 농촌 간의 의료 격차 해소라는 사회적 가치와 의료선진화 및 경쟁력 달성이라는 경제적 가치를 창출한 모습을 모두 가지고 있다. 첫째, 아산재단은 도시와 농촌 간의 의료 격차라는 사회적 문제를 해결하기 위해 농촌 지역에 종합병원을 세워 의료 서비스를 제공했다. 의료 기관이 거의 없는 벽지에 종합병원을 세웠다는 사실은 경영상 적자 발생이 불가피하다는 측면에서 영리를 목적으로 병원을 운영했다고 보기 힘들다. 이런 점을 통해 아산병원의 의료복지적 의도를 확인할 수 있다. 둘째, 의료 사업 이외에도, 지역사회와의 공고한 연결을 위해 각 병원은 순회 진료를 포함한 무료 진료 등 의료복지 사업을 진행

---

5 공유가치창출 분석틀은 환경오염, 빈곤, 인권, 고령화 등 다양한 사회적 문제를 해결하는 다양한 접근방법 중의 하나이다. 사회적 문제 해결 방법의 대표적인 예로는 Triple Bottom Line(TBL), Bottom of Pyramid(BoP), 지속가능성(sustainability), 자본주의 4.0, 기업의 사회적 책임(CSR: Corporate Social Responsibility) 등이 있다. 동일한 사회적 문제를 놓고 접근방법에 따라 해결 방식이 상이할 수 있다. 다만, 공유가치창출은 사업전략(Business Strategy)으로, 사회적 가치와 경제적 가치를 연결하는 비즈니스 모델 개발을 목표로 하는 보다 포괄적인 개념이라는 점에서 차이가 있다.

하여 왔다. 셋째, 아산병원에서는 시혜적 의료복지 개념을 넘어 세계적인 의료 경쟁력을 확보한 서울아산병원이 모병원의 역할을 담당하여 왔다. 넷째, 서울아산병원은 지방 아산병원과의 관계 속에서 고유한 존재 의의를 가진다. 즉, 개별 아산병원은 독립적으로 운영되는 동시에, 아산병원이라는 시스템의 구성원이다. 시스템으로서의 아산병원을 이해하면 보다 실질적으로 아산병원의 작동 원리를 이해할 수 있다.

이렇게 아산병원은 전국 의료 취약 지역에 거점을 두어 도시-농촌 간 의료 서비스 차이를 좁히는 데 기여한 의료복지 선구자의 모습, 전문성을 갖춘 의료 사업자의 모습, 그리고 세계적인 경쟁력을 확보한 의료 혁신자로서의 모습을 포함하는 의료시스템을 갖추고 있다. 한 시스템 내에 공존하는 다양한 모습은 지난 1977년 아산재단이 세워진 이래, 40여 년 동안 한국의 경제 상황, 특히 의료 환경과 의료 소비자와의 끊임없는 상호작용을 통해 만들어진 진화의 산물이다.[6] 따라서, 오늘날 아산병원의 모습을 이해하기 위해서는, 의료복지, 효율성, 경쟁력 등의 개념에 통합적으로 접근하는 분석틀이 필요하다. 이 글에서는 이러한 아산병원의 다양한 모습, 즉 사회적 가치 및 경제적 가치 창출자의 모습을 통합적으로 이해하기 위해 공유가치창출 분석틀을 채택하

---

6 통상적으로 개인, 기업, 정부 등 출자 주체에 따라 병원 설립 목적이 달라지는 경우가 많다. 일반적으로 개인 및 기업이 설립하면 사적 영리를 목적으로, 정부가 설립하면 공공가치를 목적으로 하는 병원으로 구분한다. 아산병원은 고 정주영 회장의 사재 출연을 통해 만든 아산사회복지재단에서 설립했다.

그림 1 CSV 공유가치창출의 기본 요소

출처: 김태영(2013a)에서 수정 보완

고자 한다.

'공유가치창출Creating Shared Value. CSV'은 2011년 하버드 비즈니스 리뷰HBR에 마이클 포터와 마크 크레이머가 발표한 사회문제 해결 방식으로, 사회적 문제를 해결하는 과정에서 경제적 이익을 창출하는 전략적 사고를 지칭한다. 공유가치창출은 사회적 문제 해결 과정에서 확보된 경제적 이익을 사회문제 해결에 재투자하는 선순환구조를 지향한다. 이런 과정에서, 사회적 문제를 해결하는 '지속가능성'과 '규모의 경제'를 동시에 확보할 수 있다는 논리다. 그림 1은 공유가치창출 분석틀의 기본 구성 요소를 보여준다.

공유가치창출의 각 단계를 설명하면 다음과 같다. 첫째, 공유가치창출은 사회적 문제를 정의하는 것으로부터 출발한다. 사회적 문제는 환경오염, 빈곤, 인권, 고령화, 의료 등 다양하다. 사회적 문제의 정의는 사회적 문제 해결 과정에 많은 영향을 미친다. 또한 사회적 문제는 그 범위에 따라 매우 단기적이고 구체적인 문제에서부터 장기적이고 포괄적인 문제에 이르기까지 다양하다. 아산재단이 해결하고자 했던 사회적 문제는 1970년대의 도시-농촌 간의 의료 서비스의 격차였다. 이는 당시 정부나 시민단체 단독으로는 해결할 수 없는 문제였고 단기간에 해결할 수 있는 문제는 더욱 아니었다.

둘째, 사회적 문제를 해결하기 위한 사회적 가치 창출 과정을 규정한다. 즉, 어떤 사회적 가치를 누가 어떻게 창출하느냐에 대한 것이다. 사회적 문제는 기술공학적으로 해결할 수 있고, 적절한 투자와 경영기법에 의해 해결할 수도 있으며, 미학적 관점에서 해결할 수도 있다(김태영, 2013b). 예를 들어, 고가의 의료장비를 개발도상국의 가난한 사람들에게 저렴하게 보급하는 방식을 생각해보자. 불필요한 기능을 배제하고 꼭 필요한 '적정기술'을 이용하게 되므로 기술공학적 측면의 접근방식이라 간주될 수 있다. 하지만, 효율적인 유통망 없이는 보급이 힘들기 때문에, 마케팅적 혁신이 필수적이다. 나아가, 사용자의 편의와 제품의 이해를 돕는, 각 지역의 역사적·문화적 가치를 포함하는 디자인적인 요소도 사회적 문제 해결에 큰 도움을 준다. 물론, 세 가지 접근방식을 한 번에 추진할 수도 있다. 하지만, 그런 포괄적인 방식이 사회적 가치의 극대화를 보장하지 않는다. 오히려 한 가지 접근방식에 집중하는 것이 좋을 수 있다. 이런 경우, 사회적 가치의 이익을 누리는 수혜자의 사회경제적 조건 및 지역성 등이 접근방식의 효율성을 결정하는 데 중요한 역할을 한다. 아산재단은 1970년대 당시의 도시와 농촌의 의료 서비스 차이를 해소하기 위해 농어촌 지역에 대규모 투자를 실행, 종합병원을 짓는 방법

을 택하여 농촌 주민들의 의료 서비스에 대한 접근성을 높이고자 했다.[7]

위에서 설명한 첫 번째와 두 번째 과정이 바로 전통적인 비영리부문, 사회복지social welfare 혹은 기업의 사회적 책임CSR의 영역이다. 즉, 경제적 이윤 그 자체가 목적이 아니고 사회적 문제를 해결하는 공공적 가치를 최우선 순위에 둔다. 이 경우, 지속적으로 해당 사업을 추진할 재정자원을 확보하는 것은 사회적 문제를 지속적으로 해결할 동력을 확보한다는 측면에서 매우 중요한 문제다. 펀딩의 출처는 정부, 개인, 그리고 기업에 이르기까지 다양하다.

셋째, 사회적 가치 창출 과정을 통해 확보된 경쟁우위를 고객 가치를 포함한 구체적인 가치제안으로 연결하는 단계다. 사회적 문제를 해결하는 새로운 상품과 서비스를 제공하여 사회적 가치를 창출하고 경제적 이익을 향유할 수 있기 위해서는 확실한 경쟁우위를 확보해야 한다. 경쟁력을 확보하여 소비자에게 더 많

---

7 포터와 크레이머(2011)는 기업이 사회적 문제를 해결하는 방법을 세 가지로 제시하고 있다. 기업은 새로운 상품과 서비스를 제공하여 새로운 가치를 창출하거나, 가치사슬상의 경제활동의 일부 혹은 전체를 개선하거나, 혹은 기업의 경제활동에 외부적 비용으로 연결되는 관련 클러스터를 개선하여 사회적 문제를 해결할 수 있다. 첫째, '새로운 상품과 서비스를 제공하는 방법'의 대표적인 사례가 BOP(Bottom of Pyramid)이다. 예를 들어, 기업은 저개발 국가의 저소득층 혹은 도시 내 빈곤가정을 돕기 위해 위해 새로운 의료상품 혹은 서비스를 개발해 저렴한 가격으로 판매하고 경제적 이익을 얻는다. 저소득층이 얻는 이익이 바로 사회적 가치가 된다. 둘째, 기업은 가치사슬상의 경제활동의 일부 혹은 전체를 개선하여 사회적 문제를 해결하는데 기여할 수 있다. GE의 Ecomagination과 같이, 기업은 CO_2를 줄이고 연료효율성을 높이는 활동을 통해서 친환경적인 사회적 가치를 증대시킬 수 있다(김태영 2014). 셋째, 기업의 경제활동에 외부적 비용으로 연결되는 관련 클러스터를 개선하여 사회적 문제를 해결할 수 있다. IT 혹은 소프트웨어 기술자가 부족한 현실에서 기업이 필요한 교육을 제공하고 기업활동에 필요한 인프라에 투자하여 기업 환경을 개선하는 것이 그 예이다. 개선된 기업 환경은 기업의 경제적 이익을 증가시키는데 일조할 수 있다. 아산병원이 농촌 주민에게 제공하는 의료 서비스는 어려운 환경에 놓인 사회적 약자에게 의료 서비스를 제공한다는 점에서 '새로운 상품과 서비스를 제공하는 방법'에 해당된다.

은 혜택을 줄 수 있기 때문이다. 예를 들어, 절대 빈곤층의 주민에게 일자리를 만들어주고 이를 통해 생산한 제품을 좀 더 부유한 다른 나라의 고객에게 판매할 수 있다. 이런 경우, 일자리 창출이라는 사회적 가치의 수혜자가 제품 구매 대상인 고객과 일치하지 않는다. 하지만 사회적 가치와 고객의 가치가 동일한 사용자에 의해 향유될 수도 있다. 인도 및 중국 시장을 위해 고가의 심장박동 측정장비 기능을 간소화하고 가격을 대폭 낮춘 GE의 Healthymagination을 예로 들어보자. 이런 경우, 저렴한 측정장비는 많은 소비자에게 혜택을 줄 수 있다. 측정장비의 소비자가 바로 사회문제로 고통 받는 당사자이기 때문에, 빈곤한 소비자들을 위한 이런 제품은 사회적 가치 창출로 바로 이어진다. 즉, '사회적 가치 = 고객의 가치'라고 할 수 있다. 아산재단의 의료복지 모델에서도 병원을 찾아온 빈곤한 환자가 바로 사회적 가치, 즉 도시와 농촌의 의료 서비스 차이 해소의 수혜자임과 동시에 의료 서비스를 받는 고객이 된다.

넷째, 고객가치는 비슷한 제품 혹은 서비스들과의 시장경쟁을 통해 경제적 가치(이윤)로 전환된다. 경제적 이윤은 다시 사회적 문제에 재투자되어, '사업의 지속성sustainability'과 '규모의 경제economy of scale'를 확보하는 선순환구조를 갖게 된다. 최소한의 경제적 이윤은 사업을 외부 펀딩에 의존하지 않고 자체적으로 운영할 수 있는 원동력이 되며, 또한 경제적 이윤이 커질수록 사업의 규모를 확대하여 규모의 경제에서 오는 이익도 누릴 수 있다(Porter,

Hills, Pfizer, Patscheke와 Hawkins 2012). 첫 번째와 두 번째 과정이 바로 사회복지social welfare 혹은 기업의 사회적 책임CSR의 영역이라면, 세 번째와 네 번째 과정은 주로 효율성과 합리성을 추구하는 영리 부문의 사업전략에 해당한다. 결국, 공유가치창출은 네 가지 과정을 연결하여 사회적 문제를 해결하고 경제적 이윤을 창출하는 선순환과정을 만드는 전략적 사고라고 할 수 있다.

위에서 살펴보았듯이 공유가치창출 분석틀의 장점은 사회적 가치를 강조하는 비영리와 경제적 가치를 강조하는 영리를 통합하는 시각이다. 전통적으로 비영리와 영리는 구분되어 왔다. 지향하는 가치가 다르고 일하는 성원들도 다르며, 원하는 목표도 다르다. 비영리 영역은 공공가치를 중시하며 수혜자의 이익을 먼저 생각하고 '손해를 보더라도 선한 일이면 해야한다'는 규범적인 사고가 지배적이다. 반대로, 영리 영역은 조직의 이윤을 극대화하는 것을 목표로 하고 효율성과 합리성의 가치를 우선시하며 '손해를 보는 사업은 하지 말아야 한다'는 경영기법적 사고가 지배적이다. 그러나 최근에는 이러한 비영리와 영리의 경계를 허무는 다양한 시도들이 진행되고 있다. 세상에 존재하는 다양한 사회적 문제를 해결하기 위해 시장논리를 적극적으로 이용하는 사회적 기업social enterprise이 출현하고 있으며 기업도 자사의 제품과 서비스에 사회적 가치를 담기 위해 많은 노력을 기울이고 있다. 공유가치창출 분석틀은 비영리와 영리라는 단순한 이분법적인 사고방식을 넘어, 비영리와 영리가 어떻게 공존할 수 있는지를 모색한다.

현재 아산병원의 다양한 모습에 대한 이해를 바탕으로 작동 원리 및 진화 과정을 분석하는데 필요한 것은 이분법적인 사고에 기초한 분석틀이 아닌, 이처럼 비영리와 영리를 통합하는 분석틀이다. 현재의 아산병원은 40여 년 전에 처음 정읍병원을 만들 때의 모습과는 다르다. 아산병원은 해마다 진화하고 있으며, 새로운 도전을 직면하고 있다. 전체 병원의 수도 늘었고 양적 및 질적으로도 빠르게 성장했다. 특히, 1989년에 설립된 서울아산병원은 아산병원 시스템에 획기적인 변화를 가져왔다. 의료복지 사업의 내실 및 의료선진화를 기하기 위하여 전체 지방 아산병원의 모병원이 설립된 것이다. 또한 1996년에는 강릉아산병원이 설립되어 지방 아산병원의 위상을 높이는 계기가 마련되었다. 이 글에서는 사회적 가치(의료 복지)와 경제적 가치(의료 경쟁력)를 아우르는 공유가치창출 분석틀을 통해 변화하는 아산병원의 모습을 조망하고 서울아산병원과 지방 병원들이 담당하고 있는 역할 및 관계에 대해 살펴보고자 한다.

공유가치창출 분석틀을 적용하는 것과 관련하여 두 가지 주의 사항을 미리 밝혀두고자 한다. 첫째, 포터와 크레이머(2011)도 주장했듯이 공유가치창출 분석틀은 모든 사회적 문제를 해결할 수 있는 만병 통치약이 아니다. 마찬가지로 이 글에서는 공유가치창출 분석틀이 가장 효율적인 문제 해결 방법이기 때문에 사용하는 것이 아니다. 비영리와 영리를 연결하는 공유가치창출 분석틀의 포괄성이 장점이기 때문에 사용하는 것임을 분명히 밝혀두고자 한다. 따라서, 공유가치창출 분석틀이 사회적 가치 창출과 관련된 모든 분석틀보다 우위에 있다는 일부의 주장은 이 글의 논조와 관련이 없다. 둘째, 공유가치창출 분석틀은 비즈니스 전략이므로 비영리조직(병원)에는 맞지 않는다고 주장할 수 있다. 물론, 공유가치창출 분석틀은 사회적 문제 해결 과정에서 기업의 역할을 강조하며 경제적 이윤을 극대화한다는 사업적 원칙이 있는 것이 사실이다. 하지만, 이 글에서 논의하는 의료(병원)산업은 시장에서 소비자의 선택을 받아야 살아남는, 시장논리가 냉철히 관철되는 분야다. 경제적 이득이 일정 정도 보장되지 않으면 의료 사업을 지속할 수 없다는 점에서 다른 영리기업과 사정이 비슷하다. 이런 점에서, 의료 사업과 의료복지 사업의 지속가능성을, 경제적 가치와 사회적 가치를 아우르는 공유가치창출 관점에서 점검해 볼 수 있다.

3. 사회적 문제: 도시-농촌의 의료 서비스 차이

사회경제적 배경

아산재단 설립 발표 기자회견 중에서(1977. 7. 1) 고 정주영 회장은 "인류에게 가장 큰 두 가지 고뇌가 질병과 빈곤이라고 나는 생각합니다. 질병과 빈곤은 악순환의 연속입니다. 질병으로 인해 빈곤하고 빈곤하기에 병이 생기는 것입니다. 병고와 가난으로 고통 받고 있는 사람들을 돕는 것은 나의 오랜 소망이었습니다" 라고 소견을 발표하였다. 당시 한국 사회에서 질병 및 빈곤과 관련된 가장 큰 문제 중의 하나는 도시와 농촌 간의 격차라고 할 수 있다. 아산사회의학연구소에 의하면, "성장제일주의적 경제개발 정책이 다른 한편으로는 소득분배 구조를 악화시켜 계층 및 도시-농촌 간의 차이를 벌리는 결과를 낳기도 하였다. 소득분배의 경우, 70년에 9.1 대 1이었던 최고소득 10분위 계층과 최저 10분위 계층의 소득점유율이 76년에는 14.9 대 1로 크게 벌어졌다. 또한 1970년에 농가의 평균소득은 도시 근로자 가구 평균소득의 3/4으로 떨어졌다. 도시와 농촌 간의 차이는 특히 교육 기회에서도 심화되어 고등학생 해당 가구(고등학교 취학연령의 자녀를 가진 가구)의 고등학교 재학생 비율이 도시가 45.5%이었는데 비해 농촌은 20.7%에 지나지 않았다. 또한 대학생 해당 가구의 대학 재학생 비율은 도시가 15%, 농촌은 1.6%에 불과하였다"고 기술하고 있다(p.128).

이러한 도시-농촌 간의 차이는 의료 서비스 차이에도 그대로 반영되었다. 병원의 70% 이상이 서울과 부산 2대 도시에 편중되었으며 의사의 87%가 도시에서 근무하고, 농촌 전체 면의 1/3이 의사가 한 명도 없는 무의촌이었다(아산사회의학연구소, p.128). 따라서 1970년대 농촌 지역 주민의 의료 접근은 매우 열악한 상태였다.[8] 이런 심각한 상황을 반영하여, 1968년 4월 12일 〈경향신문)은 '시급한 무의촌 일소문제'라는 사설에서 "무의촌 일소 없이 의료평준화를 기할 수 없고 의료평준화 없이는 우리 국민의 건강 관리 개선과 향상이라는 당면한 중요 현안도 해결될 도리가 없다는 것은 너무도 잘 알려진 사실이다. 이렇듯 우리 국민 전체의 건강 수준을 높이고 체위를 향상하는데 더없는 관건이 되고 있는 무의촌의 일소문제가 날이 갈수록 어두운 전망밖에 보이지 않는다는 일련의 사실이 드러나고 있다는 것은 매우 유감된 일이라 아니할 수 없다"라고 쓰고 있다.

정부 정책의 변화

1972년 정부는 당시 전국에 산재한 무의촌 지역을 없애기 위해 법을 제정하였다. 이에 "보건사회부는 30일 전문의 수련 규정에 따라 4년차 레지던트 294명을 전국 196개 무의 지역에 파견, 4월 1일부터 근무토록 발령"하는 등 조치를 취하기 시작했다"(《경향신문》, 1972년 3월 20일).[9] 하지만 무의촌 현상은 쉽게 해결되지

---

8 당시 국가별 영아사망률(1년간 1세 미만의 사망자 수를 당해년도의 총 출생아 수로 나눈 수치를 1,000분비로 나타낸 것) 자료는 선진국에 비해 한국의 의료복지의 현실을 극명하게 보여준다. 한국의 영아사망률은 1965년 89.7명, 1970년 64.2명, 1975년 38.1명 그리고 1980년에도 33.2명에 이를 만큼 매우 심각한 것이었다. 참고로 1980년에 미국 14.3명, 프랑스 11.8명, 스웨덴 7.9명, 영국 14.1명이었다. 한국은 1995년 중반 이후 선진국과 비슷한 영아사망률을 기록하였고, 2010년에는 4.6명으로 미국(6.9명)과 영국(4.9명)보다 낮다(United Nations 2012).

9 1963년 의료보험법이 제정되었으나 강제가입이 아닌 임의가입으로 실질적인 효과를 거두기 힘들었다. 이에 1977년 500인 이상 사업장의 근로자들을 대상으로 의료보험을 적용하기 시작하여, 1988년 농어촌 지역 의료보험을, 1989년 7월 도시 지역 의료보험을 실시함으로써 그 제도적 틀을 마련하였다. 즉, 모든 국민이 의료보험에 의무적으로 가입되었다. 진료비는 정해진 의료보험 수가를 기준으로 책정되고 의료보험관리공단이 관리했다. 의료보험제도의 확립은 의료 서비스를 이용할 수 있는 수혜층의 범위를 확대하였다.

않았다. 1977년쯤이 되어서도 동아일보 기사는 다음과 같이 무의촌 문제를 개탄하고 있다. "달성군의 경우 12개 면 가운데 7개 면이 무의면이어서 의료 시혜 대상자들이 골고루 혜택을 입지 못한다고 불평하고 있다. 무의면의 대상자들은 의사가 있는 이웃 면인 대구까지 나가 진료를 받아야 하는데 다른 지역까지 찾아가 진료를 받을 경우 차비와 숙박비 등이 많이 들어 많은 사람들은 몸이 아파도 아예 병원을 찾아가지도 못한다는 것이다. 이와 같은 현상은 안동군 등 도내 다른 시군에서도 비슷한 처지인데 이와는 달리 대구에서는 과수요현상으로 너무 많은 환자들이 몰려들어 대구시 북구보건소장 이문규 씨는 '너무 많은 환자가 찾아와 정확한 진단을 했는지조차 모를 지경'이라고 했다"(2월 17일).

문제는 당시 대부분의 시도립병원이 의료 시설과 전문의의 부족으로 공공의료 기관으로서의 기능을 다하지 못하고 있었다는 점이다. 당시 〈경향신문〉 1979년 10월 17일 기사에 따르면, 서울대 행정대학원 행정조사연구소는 〈지방공공기관경영합리화와 대민서비스 제고방안〉을 발표했다. 이 보고서에 의하면, 전국 28개 도립병원 가운데 종합병원으로서 필수적인 12개 진료 과목을 갖춘 곳은 단 한 군데도 없고, 의료 시설도 매우 부족할 뿐 아니라 도립병원이 직제상 내무부에 소속돼 있는 관계로 행정상의 업무 부담이 가중되어 의료 기능은 뒷전으로 밀리고 있다고 분석하고 있다. 나아가, 일반 종합병원보다 낮은 보수로 인해 의사들의 이직이 심해 1971년부터 1977년 사이 의사 평균 근속 기간이 불과 7개월이었다고 한다. 결국, 지방의 공공의료 기관인 도립병원들의 부실 운영으로 지방에 사는 주민들이 양질의 의료 혜택을 받기는 매우 힘들었다고 결론짓고 있다.[10] 이런 상황에서 1977년 4월 30일 보건사회부는 1981년까지 모두 246억 2,500만 원의 예산을 들여 전국 25개 공업단지 중 의료 수요도가 높은 13개 공업단지와 56개 의료보호 진료 지구 가운데 의료 시설이 부족한 12개 의료 취약 지역에 병원을 설치하기로 했다. 보건사회부가 이날 확정한 '공단 및 의료 취약 지구 병원 설치 계획'에 따르면 공업단지 내 또는 주변 중심 지역에 80~150병상급의 병원을, 의료 취약 지구 병원은 일부 중심이 되는 군 지역에 50~80병상 규모로 설치한다는 내용이다.

이렇듯 제 기능을 수행하지 못하는 도립병원, 소수의 의사만이 존재하는 농어촌 지역, 공업단지에 우선적으로 설립되는 병원 등과 같은 열악한 상황에서 도시-농촌 간의 의료 서비스의 격차 감소를 위한 정책은 요원한 것으로 보였다. 즉 제도상의 공백을 보충하기 위해서는 대규모 종합병원을 농어촌 지역에 지어야 함에도 불구하고, 종합병원 설립 비용 및 운영상의 막대한 손실을 감수해야 하는 이중 위험 부담 때문에 실현가능성이 매우 희박하였다. 이러한 상황에서 아산재단의 지방 아산병원 설립은 정부도

---

10 1960년까지 의과대학은 전국에 8개에 불과하였으나, 1979년까지 19개 그리고 1987년에 이르러서는 28개 의과대학이 설립되어 의사를 양성하였다.

하기 힘든 일을 민간이 선도한 것으로 볼 수 있다. 당시 재단 의료 자문위원이면서 울산대 의대교수였던 민병근 박사는 "재단이 설립된 1977년 당시에는 의료복지란 말조차 없었고, 의료 시혜나 무료 진료 등의 이름으로 구제 활동을 하는 수준이었어요. 아산재단이 대대적인 사회복지 사업의 일환으로 의료 시혜를 준비하게 되었지요"라고 회고했다.

의료 산업

당시의 구체적인 의료 환경을 살펴보기 위해 전국의 종합병원, 병원 그리고 의원[11]의 수를 살펴보면 다음과 같다. 1955년에서 1970년대까지는 종합병원이 많지 않았다. 1970년대 이후에는 꾸준히 증가하여 최근에는 전국에 320개 이상의 종합병원이 있다. 누적 수로만 보면, 서울 지역은 1980년대 중반 이후 종합병원 수에 크게 변동이 없지만, 서울 이외 지역의 종합병원 수는 직선적인 성장을 보여준다. 1970년대 이전만 해도, 서울과 서울 이외의

---

11 의료 기관은 의원, 병원 및 종합병원으로 분류되며 기준은 시대마다 차이가 있다. 일반적으로 1차, 2차, 3차 병원이라고 부르기도 하지만, 정식명칭은 1, 2, 3단계 의료급여기관이다. 의원은 외래환자를 치료하며 30인 미만의 환자 입원이 가능하며, 병원은 30개 이상의 병상을 보유하며 입원환자 위주의 진료를 담당한다. 최근, 의료 기관 개설 및 의료법인 설립 운영 편람(보건복지부)에 의하면, 종합병원의 범위는 다음과 같다. "1,100개 이상의 병상을 갖출 것. 2,100병상 이상 300병상 이하인 경우에는 내과, 외과, 소아청소년과, 산부인과 중 3개 진료 과목, 영상의학과, 마취통증의학과와 진단검사의학과 또는 병리과를 포함한 7개 이상의 진료 과목을 갖추고 각 진료 과목마다 전속하는 전문의를 둘 것. 3,300병상을 초과하는 경우에는 내과, 외과, 소아청소년과, 산부인과, 영상의학과, 마취통증의학과, 진단검사의학과 또는 병리과, 정신건강의학과 및 치과를 포함한 9개 이상의 진료 과목을 갖추고 각 진료 과목마다 전속하는 전문의를 둘 것".

지역에 위치한 종합병원 수는 별반 차이가 없었다. 하지만, 병원과 의원은 서울 이외의 지역이 서울보다 수적으로 우세했다.

보건사회통계연보에 의하면, 서울에는 1955년에 13개의 종합병원만이 존재했다. 60년대 중반까지도 종합병원 수가 오히려 줄어들어 10개 정도만이 존재했다. 서울 이외의 지역은 1970년대 초반에 종합병원의 수가 5개에 불과하였다. 1977년에 들어서면서 서울 이외 지역의 종합병원 수가 서울보다 많았으며, 그 이후로도 그림 2가 보여주듯이, 지속적으로 증가하는 것을 알 수 있다. 그림 2의 종합병원, 병원, 의원 수 추이만을 보면, 지방 의료 상황이 그리 나쁘지 않은 것 같은 인상을 줄 수 있다. 따라서 도시-농촌 간의 의료 서비스 차이의 실상을 알아보기 위해 전국에 설립되었던 종합병원들의 위치를 시기별로 그림 3에 표시하였다.

그림 3은 지역별 전국 종합병원 위치를 시기별로 보여준다. 아산재단이 설립된 1977년에는 종합병원이 주로 서울 및 지방 대도시에만 존재하고 농촌 지역에는 도립병원을 제외하고는 거의 존재하지 않는다. 종합병원은 병상 규모, 진료과의 수, 전문의 수 등 일정 규모가 있어야 운영이 가능하므로 인구 밀집 지역에 존재하는 특성이 있기 때문이다. 1977년 서울 이외의 지역에는 부산 5개, 경상북도 5개, 경기도 4개, 강원도 4개, 전라남도 3개, 경상남도 3개, 전라북도 2개, 충청북도 1개, 충청남도 1개씩의 종합병원이 존재했다. 특히, 강원도에는 종합병원이 아예 존재하지 않았다. 정읍병원, 보령병원, 보성병원, 인제병원, 홍천병원 등의

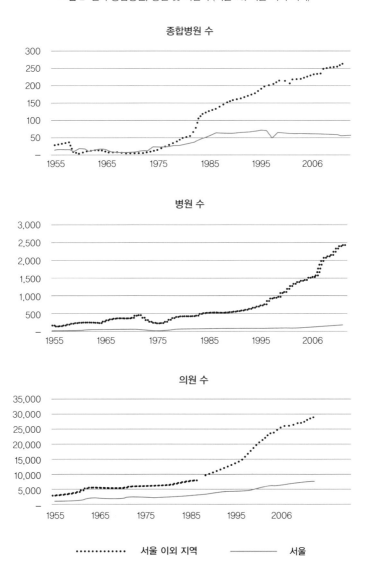

그림 2 전국 종합병원, 병원 및 의원 수(서울 vs. 서울 이외 지역)

종합병원 수

병원 수

의원 수

⋯⋯⋯ 서울 이외 지역 ——— 서울

출처: [보건사회통계연보] 보건사회부

그림 3 시기 및 지역별 전국 종합병원 위치[12]

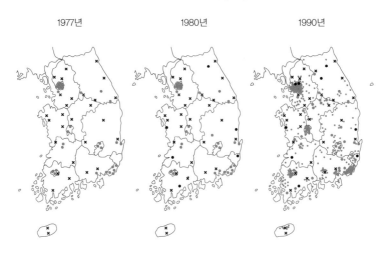

참조: ×: 도립병원, ●: 종합병원, ●: 아산병원

5개의 지방 아산병원이 세워진 직후인 1980년에도 사정은 크게 나아지지 않는다. 그림 3에서 확인되는 바와 같이, 지방에 그나마 존재하던 종합병원의 대다수가 지방 도시에 편중되어 있어 농어촌 주민들이 종합병원에 간다는 것은 매우 힘들었다. 따라서, 의료복지 사업은 의료 서비스로부터 소외된 농촌 지역 주민들에게 보다 현대적인 의료의 기회를 제공하려는 의료 혜택 사업으로 반드시 필요하였다. 아산재단 30년사는 "당시 1970년 중반의 의료

---

12 이 지도는 대한병원협회에서 발간한 [회원병원명부] 1980~2005와 숙명여자대학교 정동일 교수의 도움으로 만들어졌다. 종합병원 표기는 다음과 같은 절차로 진행했다. 병원 이름에 지명이 표시된 경우 지명에 맞게 병원 위치를 표시하고, 병원 이름에 지명이 없는 경우에는 인터넷 검색으로 병원 이름을 검색해서 지명을 찾아 표시했다. 인터넷 검색에서도 찾지 못한 경우, 우편번호 앞의 세 자리가 시, 군, 구를 의미하기에 우편번호 앞자리 3개가 동일한 다른 병원과 같은 지역에 표시했다.

현황을 살펴보면, 국내 전 의료 기관의 80%가 대도시에 집중되어 있었으며, 전국의 종합병원 55개 중 49개가 대도시에, 6개만 중소도시에 있었다. 이런 점에서 지역 보건의료의 중추적 역할을 담당할 종합병원이 시급히 필요했다"(p.95)고 적고 있다. 당시 동아일보 1979년 10월 15일 기사에서도 확인할 수 있다. "인구 절반이 농촌에 살고 있는데 의료 시설은 겨우 20%에 지나지 않으며 의사 63%, 병원의 48%가 서울·부산에 집중되어 있다 (⋯) 병나면 77%가 약방을, 5%는 한의원을 찾아가며, (⋯) 의료비의 조달편의를 위해 마련된 의료보험도 대기업 위주로 조직하여 보험 적용자의 50%는 서울, 부산 두 도시민이고 농촌 주민은 1%밖에 해당되지 않는다"고 적고 있다. 이런 측면에서 1970년대 말의 지방 아산병원 설립은 도시-농촌 간의 의료 서비스 차이를 줄이는 매우 적절한 해결책이었다고 판단된다.

아산병원의 지역별 의료 환경

아산병원 개원 당시 지역별 의료 환경을 의사 수, 의료 기관 수, 그리고 의료권 인구 중심으로 살펴보면 다음과 같다. (표1 참조)

표 1은 아산병원 개원 당시 지역별 의료 환경을 나타낸다. 지방 아산병원 중에서 보성병원은 개원 당시 35명의 의사가 478,860명의 인구를 담당, 의사당 인구가 13,682명으로 가장 높다. 이는 전국 평균 1,844명에 비해 무려 7.4배 높은 수치이다. 당시 보

표 1 재단병원 개원 당시의 지역별 의료 환경

지역	보성병원 보성, 고흥, 장흥	정읍병원 정읍, 고창, 부안	영덕병원 영덕, 울진, 청송	보령병원 보령, 서천, 청양	인제병원 인제, 양구, 홍천, 고성, 양양, 속초	전국
의료권 인구 (명)	478,860	544,795	254,896	377,977	372,647	37,019,000
의사 (명)*	35	64	32	48	52	20,079
의사당 인구 (명)	13,682	8,512	7,966	7,875	7,166	1,844
의료 기관 (개)**	32	50	24	42	36	301
의료 기관당 인구 (명)	14,964	10,896	10,621	8,999	10,351	122,987
병원 (개)	0	0	1	3	1	자료없음
의료 기관당 의사 수 (명)	1.09	1.28	1.33	1.14	1.44	66.70

출처: [아산재단 20년] 에서 재인용 및 수정. 원출처: 1. 79년도 전북. 전남. 강원도 연보 및 80년도 충남. 경북 연보 2. 79년도 보건사회부 연보

참고: * 의사+한지의사; ** 병원+의원+한지의원[13]

성, 고흥, 장흥에는 총 의료 기관이 32개였지만, 단 한 개의 병원도 존재하지 않았다. 의료 기관당 의사 수도 1.09명에 불과해 1인

---

13 한지의원은 "본래 농촌과 산간벽지 등 의료 혜택을 받기 어려운 곳에서만 제한적으로 면허가 인정되는 의료 기관이다" (통계로 보는 서울 50년 변천사. p.19).

의사의 개인의원이 대부분인 것을 알 수 있다. 정읍병원은 정읍, 고창 및 부안을 진료권으로 두고 있으며 의사당 인구가 8,512명으로 두 번째로 높다. 의료 기관당 의사 수도 1.28명에 불과하고 병원도 존재하지 않았다. 영덕병원과 보령병원도 사정은 마찬가지였다. 의사당 인구 수도 높고 의료 기관은 영세성을 면치 못했다. 병원은 각각 1개와 3개로 보성병원과 정읍병원의 진료권보다는 조금 나은 편이지만, 의료 환경의 심각성은 개선되지 않았다. 인제병원이 위치한 인제, 양구, 홍천, 고성, 양양, 속초 지역은 52명의 의사에 372,647명의 인구로 제일 낮은 의사당 인구 수인 7,166명을 기록하였지만, 전국 평균 1,844명보다는 거의 4배에 달하는 수치를 보여준다. 또한 372,647명이 속한 인제병원의 진료권에는 단 한 개의 병원만이 존재했다. 이에 반해, 전국을 살펴보면, 의사 20,079명에 의료 기관 301개로, 의료 기관당 의사 수가 66.7명으로, 아산병원이 위치한 지방에 비해 의료 기관의 규모가 큰 것으로 나타난다. 높은 의사 일인당 인구와 의료 기관의 영세성은 당시 농어촌 지역 의료 환경의 심각성을 단적으로 보여준다고 할 수 있다. 따라서, 이런 의료 취약 지역에 큰 규모의 현대적인 종합병원을 설립하여 농어촌 주민들에게 종합병원의 접근성을 높이고 의료 서비스의 질을 획기적으로 개선한다는 것은 매우 의미있는 일이었다. 이러한 지방의 열악한 의료 환경의 개선을 위해 아산재단은 1978년 7월 1일 정읍병원을 시작으로 지방에 종합병원을 설립했다.

기업의 의료 서비스 진출

당시 1977년 9월 19일 기사에서 매일경제는 아산재단의 정읍 병원 설립과 관련하여 "정부가 선정한 의료 취약 지구의 의료 시혜 확대 사업을 위한 첫 사업으로 건립하는 이 병원은 정읍, 고폐, 부안 등 3개 군민 약 60만 명에게 의료 혜택을 주게된다"고 기록하고 있다. 당시 현대그룹 이외에 다른 기업들도 '의료 시혜 확대'와 '사회복지 증진'이라는 명분으로 의료 취약지에 재단 법인이나 의료법인 형태의 소규모 병원을 설립하였다. 하지만, 아산병원처럼 1989년 서울아산병원을 설립하기 전에, 벽지에 종합병원 형태의 대규모의 투자를 선행한 기업은 찾기 힘들다. 예를 들어, 대우그룹은 재단법인 대우재단을 통해 신안대우병원 (1979), 무주대우병원(1979), 전도대우병원(1979), 완도대우병원 (1980)을 설립하였다. 병상 수는 주로 10~30개 정도이고 의료 인력[14]은 적게는 1명부터 6명에 달하였다. 또한 의료법인 대우의료재단은 옥포대우병원을 1983년에 200개 병상으로 설립하였고 의료 인력은 100명 정도 였다. 1994년에는 아주대학교병원을 인수하여 843개 병상에 944명의 의료 인력을 확보하였고, 1996년에는 1,123개 병상에 1,060명의 의료 인력 규모로 확대하였다. 1994년 삼성그룹은 사회복지법인 삼성생명공익재단을 통해 삼

---

14 의사, 치과의사 및 간호사를 포함한 인원이다.

성서울병원을 설립하고 1,099개 병상과 1,395명의 의료 인력을 확보하였다. 같은 해에 의료법인 삼성의료재단을 통해 고려병원을 인수하여 강북삼성병원으로 전환하고 624개 병상과 439명의 의료 인력을 확보하였고 마산고려병원을 인수하여 마산삼성병원으로 전환하고 588개 병상과 438개 병상을 확보하였다. 의료법인 삼성제일의료재단은 제일병원을 1996년에 인수하여 삼성제일병원으로 전환하고 400개 병상과 333명의 의료 인력을 확보하였다. 대한항공은 학교법인 인하학원을 인수하여 인하병원과 인하대 부속병원을 1981년과 1996년에 각각 인수하였다. 인하병원은 474개 병상에 479명의 의료 인력을, 인하대 부속병원은 750개 병상에 443명의 의료 인력을 갖추었다.

또한 정읍병원을 포함한 지방 아산병원이 설립된 1970년 후반에는 의료 시장, 의료경영, 규제 완화 등 병원 산업에 관련된 시장친화적인 담론이 언론에 거의 형성되어 있지 않았다. 이러한 친시장적인 논의는 1990년대 초반 이후 급격히 증가하고, 대학들도 의료경영 혹은 보건경영학과를 신설하는 등 고객 관리 전문화, 업무 효율성 향상, 의료마케팅 등의 경영 원리적 담론에 적극적으로 참여하였다(김수진 외, 2011). 이러한 현상을 두고, 1990년대 이후 기존의 의료 서비스 수급체계는 국민, 의사, 정부의 3주체로 구성되었으나, 1990년 이후 기업이 의료 공급의 새로운 주체로 부상하는 계기가 되었다는 평가를 받는다(이수현, 1997).

4. 사회적 문제 해결: 아산병원의 혁신

의료 서비스에 혁신을 가하다

아산지방 병원의 설립

아산사회복지재단이 1977년 7월 1일에 설립된 후, '우리 사회의 가장 불우한 사람들을 돕는다'는 취지에 따라 중점을 두었던 사업 중의 하나가 의료 취약 지역 주민을 위한 의료 사업이었다 (아산재단 30년사, p.85). 이는 "의료 취약 지역에 첨단시설을 갖춘 종합병원을 설립하여 지역주민들이 현대 의학의 혜택을 받을 수 있도록 하고, 어려운 사람들을 돕는 사회사업단체들을 지원하고 근로자 등 어려운 가정의 자녀들에게 장학금을 주고, 국가적인 인재들의 연구를 지원하려고 합니다(p.85)", "병고와 가난은 악순환을 일으킵니다. 병치레를 하다보면 가난할 수밖에 없고 가난하기에 온전히 치료받을 수 없게 됩니다(p.86)"라는 아산재단 설립 취지문에 잘 나와 있다. 따라서 아산재단이 가장 먼저 한 일이 의료 취약 지역인 농촌 지역에 현대적 시설을 갖춘 병원을 세우는 일이었다.

의료 사업의 일환으로 1977년 9월 19일 정읍병원 기공식을 하고 1978년 7월 1일 준공식을 거행하면서 아산재단 1호 병원인 정읍병원이 탄생하게 된다. 고 정주영 회장은 개원식에서 "오늘 7월 1일은 작년에 본인이 사회복지 증진을 목적으로 하는 아산재단을 설립하기로 발표한 날이기도 하며 또한 우리나라에서 처음으로 의료보험제도가 시행된 날이기도 하여 오늘 정읍종합병원의 개원이 갖는 의의는 적지 않다고 생각합니다 (…) 우리 재단이 의료 취약 지구에 최신 의료 시설을 설립하여 의료 혜택을 전국적으로 확산하는데 그 목적을 두고 있기 때문입니다. 의료 시설이나 의료 혜택만큼 도시와 농촌의 격차가 심한 것도 없을 것입니다(아산재단 30년사, p.139)"라고 정읍병원의 위상을 강조하였다.

아산복지재단 김남수 실장은 당시 아산병원이 의료 취약 지구에 위치한 이유를 다음과 같이 설명하고 있다. "병원 위치 선정의 기준으로 리 단위를 선택했지, 읍·면 소재지는 안 했습니다. 의료 취약 지구에 병원을 세워야 맞다는게 설립자의 취지이기 때문입니다. 중한 병은 아니지만 지금 당장 치료하지 않으면 죽는 것이 급성기인데요. 기도가 막히는 것처럼, 중병은 아니지만 2~3시간 지나버리면 위험한 병들이죠 (…) 사실 뇌경색도 6시간 이내에 가면 죽지는 않아요. 그 이상이 넘어가면 뇌 산소 공급이 안 되면서 급박하게 상황이 나빠집니다. 당시에는 그런 질병들이 많았던 겁니다" 표 2는 지방 아산병원의 개원 시 특징을 간단하게 보여준다. 고 정주영 회장은 1979년 3월 31일 영덕병원 개원사에 이렇게 언급하고 있다. "아산병원이 건립한 다섯 개 지방 병원은 그 모두가 의료 시설이 없거나 혹은 있어도 예방, 진단, 치료 및 재활까지 포함한 종합적인 의료 시혜를 감당할 수 있는 최신 의료 시설을 갖추지 못한 농어촌만을 선택하고 있다는 점에서 다른 어떤 종합병원보다도 그 의의가 크다고 하겠습니다. (…) 다섯 개의 지방 병원이 전부 개원함으로써 인근 농민들이 생업에 지장을 받지 않고, 건강보험 수준의 저렴한 비용으로 도시와 똑같은 수준의 의료 혜택을 받을 수 있게 되었으며, 그 수혜 범위는 저희 재단 한 개의 병원이 하루에 500명의 환자를 진료할 수 있는 시설과 인원을 완비하고 있기 때문에 전국적으로 하루에 2,500여 명, 연간 약 100만 명의 농어민들이 저희 지방 병원을 이용하실수 있게 되었다는 것입니다(p.162)." 정읍 혹은 보성 등에 있는 다른 지방 병원과는 다르게 대도시에 큰 규모로 건립된 강릉병원의 설립 이유에 대해서 최종수 현 홍천병원장(전 강릉병원 부원장)은 이렇게 설명했다.

"농어촌 지역은 아니죠. 강릉인구가 30만 정도 될겁니다. (…) 80~90년대에는 산하 병원들이 의료 취약 지구의 의료 혜택 전혀 접해보지 못했던 사람들에게 의료 혜택을 주었는데 서울아산병원이 있는 서울이 의료 취약 지구가 아니잖아요. 그래서 거기서 어느 정도 성공을 하고나서는 (강릉병원의 설립 이유는) 의료 혜택만 주는게 아니라 양질의 의료를 주는 개념으로 바뀐거죠. 의료를 접해줬다는 개념에서 질적인 것으로 바뀐건데 강릉은 의료 취약 지구도 아닙니다. 사실, 대관령을 경계로 하는 영동과 영서의 개념이 완전 다릅니다. 영동에 있는 지역주민들은 사실 고성에 있는 사람이나 강릉, 삼척에 있는 사람이나 거리가 멀더라도 심지어는 포항에 있는 사람이나 같은 영동권에 있는 사람들을 같

표 2 재단병원 개원 시 병원 현황

	정읍병원	보성병원	인제병원	보령병원
개원일	1978년 7월 1일	1978년 11월 21일	1978년 11월 25일	1979년 2월 9일
개원 시 투자 비용	25억 3천 8백만 원	17억 500만 원	13억 400만 원	24억 800만 원
개원 이유	농어촌주민 의료복지 증진			
개원 당시 특징	입원환자의 35.1% 의료보호 대상자. 전체 입원환자의 50% 응급실 경유. (1978~1987)	입원환자의 32.1% 의료보호 대상자. (1978~1988)	입원환자의 21.7% 의료보호 대상자. 관광 지역 설악권에 위치. 교통사고 환자를 위한 응급실 운영. (1978~1988)	입원환자의 22.1% 의료보호 대상자. 탄광 지역 광부 특수 검진, 규폐증 환자 진료. (1978~1988)
병상 수 (개원 시)	100병상	140병상	90병상	100병상
병상 수(2015)	250병상	120병상	0	220병상
서울아산병원과 모자협약	1989년 3월	1989년 3월	1992년 2월	1989년 3월
특이 사항	응급의료 기관 지정 (1994)	응급의료 기관 지정 (1994) 병원 전환 (2005)	원주기독병원 모자병원 협약 (1981)	응급의료 기관 지정 (1991)

	영덕병원	홍천병원	강릉병원	금강병원
개원일	1979년 3월 31일	1989년 12월 1일	1996년 7월 30일	1989년 9월 1일
개원 시 투자 비용	14억 1000만 원	약 50억 원	1130억 원	금강개발(주)로부터 인수
개원 이유	농어촌주민 의료복지 증진		영동권주민 질적인 의료 서비스 제공	지역주민 의료 서비스 증진
개원 당시 특징	입원환자의 71.2% 산재환자(1986)	입원환자의 15% 의료보호 대상자(1989)	외래환자의 86%, 입원환자의 77% 강릉, 속초, 동해, 삼척지역주민 (1996)	서울아산병원 제외 7개 산하 병원의 임상병리검사 실적 평균보다 약 40만 회 많은 66만 회의 검사 실시 (1989)
병상 수 (개원 시)	100병상	100병상	700병상	67 병상
병상 수(2015)	88병상	127병상	654병상	80병상
서울아산병원과 모자협약	1989년 3월	1990년 3월		1994년 7월
특이 사항	병원 전환 (2001) 요양병원 전환 (2013)	응급의료 기관 지정 (1995)	응급의료 기관 지정 (1996)	응급의료 기관 지정 (1996)

출처: 아산재단 30년사 기초로 재구성

은 지역 주민이라고 생각을 합니다. 포항에서도 강릉에 있을 때 진료 보러 오는 사람 많았습니다. 그런데 영서로 넘어가는 것은 타 지역이라고 생각을 합니다. 근데 그쪽에 병원이 있긴 했어도 보령, 보성, 정읍 이런 데서는 의료는 시혜의 개념이지 질적인 개념이 아니었기 때문에 서울아산의 제2규모로 강릉아산병원을 설립을 해서 지역주민에게 양보다는 양질의 의료를 공급하자는 목적에서 심혈관센터 암센터도 만들고 했습니다 (…) 영동 지역주민들은 영서로 넘어가려는 생각이 없는 데다가 조그만 병원들은 많은데 큰 병원이 없어요. 그래서 새로운 개념으로 만든 게 강릉아산병원이에요." 피서철 관광객을 위해 설립되었다는 일부의 인식과는 상당히 거리가 있는 설명이고, 현재 강릉아산병원이 지역 거점 병원으로서의 역할을 수행하고 있는 이유에 대한 답변이기도 하다.

서울아산병원의 설립

1989년, 서울아산병원(전 서울중앙병원)이 설립되었다. 설립 이유는 적자가 불가피한 지방 병원을 지속적으로 지원하기 위한 토대를 마련하고 전체 아산병원의 의료 서비스를 혁신하기 위해서였다. 아산병원의 설립은 추후에 자문위원들의 권고에 따라 추진되었다는 주장도 있지만, 아산사회복지재단은 이미 1977년 12월 2일에 서울중앙병원(현 서울아산병원)의 건립을 추진하고자 서울시에 후보지 결정을 요청하였다(아산사회의학연구소, p.156). 따라서 아산재단 설립 당시 이미 모병원으로서의 서울아산병원을 염두에 두고 전체 아산병원의 시스템을 만들었다는 주장이 보다 더 설득력이 있다. 1977년 9월 19일 정읍종합병원 기공식에서 매일경제는 "한편 이날 착공식에서 정주영 이사장은 앞으로 약 1백억 원의 사업비를 투자, 1978년까지 지방의료 취약 지구에 5개 병원과, 1979년 중순까지 중앙에 모병원을 건립하겠다고 밝혔다"고 기록하였다. 서울아산병원의 건립은 재단 창립 초기부터 계획되었으나, 건축 허가 등 행정상의 절차로 1989년에 설립되었다(아산재단 20년사, pp.164-165).

모병원으로서의 서울중앙병원 설립 이유는 다음과 같다. 첫째, 재단 산하 지방 병원이 필요로 하는 우수 의료 인력의 안정적인 확보를 들 수 있다. 지방 병원은 여건상 좋은 의사와 전공의를 확보하기 어렵기 때문에 모병원에서 우수 의료 인력을 지원할 수 있다. 둘째, 직원들을 교육할 수 있는 세계적 수준의 모병원을 서울에 건립하여 보다 긴밀한 인적 네트워크를 만들기 위해서다. 셋째, 지방 병원에서 고난도의 수술 혹은 보다 정확한 진단을 요구하는 질병인 경우, 서울중앙병원과 연계하여 효율적인 진료를 제공할 수 있는 기반을 마련하기 위해서다. 넷째, 서울의 증가하는 의료 수요에 적극적으로 대처하기 위한 대규모 첨단 의료 시설이 필요했기 때문이다(아산사회의학연구소, pp.154-155). 즉, 서울아산병원의 설립 목적은 지방 병원을 돕고 의료의 선진화를 동시에 추진하여 지속가능한 병원시스템을 만들겠다는 것으로 요약할 수 있다.

민병철 전 병원장은 서울중앙병원을 설립하게 된 이유를 이렇게 설명했다. "서울중앙병원을 하게 된 이유는 뭐냐면요. 지방에 병이 어려운 환자가 생기고 의사들이 거기 와가지고 한 일 년 그 병원에 근무하고 나서 전부 개업하러 나가버리고 뭐 조그마한 과 면 상관없는데 내과, 외과 이렇게 큰 과가 구멍이 나면 곤란하잖아요. 그래서 여기 있는 사람을 임시로 파견해서 공백을 메워 주고 그러다 보니까 또 지방 병원이 수지를 못 맞추고 구멍이 나면 여기서 또 해주고 이렇게 중앙병원 모병원으로서의 역할을 누군가 해야겠다고 생각해서 생긴게 이거에요. 그 역할을 25년 동안 잘 해 오고 있다고 생각합니다." 서울아산병원은 지방 아산병원과의 관계 속에서 그 존재 의의가 있다는 설명이다.

당시에 서울아산병원의 설립에 대해 호의적인 여론만 있었던 것은 아니다. 오히려, 당시 매일경제 1991년 5월 22일 기사는 기업들이 수익에 급급하여 병원 건립을 대도시에 집중하고 농어촌을 외면하고 있다고 정면으로 비판하고 있다. "재벌그룹들이 다투어 병원 건립에 나서고 있으나 농어촌 지역보다는 대도시에 집중되고 있는 것으로 나타났다. 22일 보사부에 따르면, 현대와 대우그룹의 경우 80년대 초까지는 벽촌, 낙도 등 손이 미치지 않는 오지에 중소규모의 병원을 설립해왔으나 근래 들어서는 방향을 선회, 대상 지역을 서울, 수원 등 대도시에 투자를 집중하고 있다. (…) 삼성, 두산, 한일그룹의 경우도 수도권과 지방 대도시에 대규모 병원 설립을 추진중이다. (…) 대우는 신안 진도 등 남해안 지역 5개섬에 1~2백 병상짜리 중소규모의 병원을 설립했으나 곧 착공할 신축 병원은 수원에 건립키로 했다. 삼성은 서울과 마산에 종합병원을 건립, 운영해왔는데 최근 1천 병상 규모의 대단위 종합병원을 서울에 건설키로 함으로써 농어촌 지역에는 한 곳도 추진하지 않고 있다. 두산그룹도 2개 병원을 수도권 지역의 신도시에 건설키로 함으로써 역시 농어촌이나 낙도 등 병의원 시설이 부족한 지역은 외면하고 있다."

　이러한 여론의 배경은 대부분의 기업들이 어려운 농어촌에 병원 설립을 피했다는 사실에서 온 것으로 보인다. 사실 기업이 당연히 적자가 날 것이 예상되는 지방에 병원을, 특히 대규모의 종합병원을 짓는 것은 현실적으로 매우 어려웠다. 이러한 맥락에서 지방에 종합병원을 설립한 아산재단은 다른 병원들과는 다른 설립 이념을 가지고 있었다고 할 수 있다. 이러한 이유로 기존 아산병원과는 다르게 서울 도심에 설립된 서울아산병원의 위치에 대해 결국 '방향을 선회하여' 영리 위주의 병원 경영을 하기 위해서라는 비판이 가해진 것이다. 이러한 비판은 아래에서 논의할, 아산재단이 그동안 보여준 다양한 모습들 속에서 평가될 것이다. 하지만, 서울아산병원의 존재 이유를 단순히 '또 다른 하나의 병원'이 추가적으로 설립되었다는 관점보다는 '지방 아산병원과의 연계성' 속에서 살펴보는 시각이 필요하다.

혁신적인 프로세스를 도입하다

리더십과 인재 확보

아산재단의 가치를 실현하기 위한 첫 과제는 첫 아산병원인 정읍병원의 병원장을 구하는 것이었다. 아산재단은 초대 병원장을 주변 인맥에 의존하지 않고 공개 모집하는 방법을 택했다. 공개 모집은 첫 아산병원장으로서의 상징성 및 능력을 겸비한 병원장을 구하는 데 중요한 역할을 했다. 정읍병원 초대 원장 이돈영 박사는 공개 모집에 지원하여 초대 원장으로 임명되어 병원장을 역임했다. 그는 당시 병원장 취임 상황을 이렇게 회고하고 있다. "(정읍병원) 건축이 끝날 무렵에 갔고 제가 이제 정주영 회장 발령 제1호입니다. 제가 그전에는 조선대학에 (교수로) 있었어요. (…) 제 의지에 의해서 간거에요." 1978년 5월경 발령을 받은 이돈영 정읍아산병원장은 의사와 직원을 모집하기 시작했다. "제가 건물 짓고 있을 때, 5월에 발령을 받았거든요. (…) 제가 원장되면서 의사 모집했죠. (…) 신문에 내서 구했어요. 그때 스태프 구하기 어려웠죠. 제가 광주 쪽에서 8년 정도 대학에 있었고 엑스레이 초창기 의사였고 많은 사람들을 알았죠. 그래서 스태프들을 구했죠. (…) 원장만 재단에서 뽑고 처음 의사 5명은 재단 발령이고. 나중에도 결국 재단 발령은 내긴 냈는데 각 병원 원장 재량으로 했죠." 특히 그가 조선대학교에서 근무한 경력 및 인적 네트워크는 필요한 의사와 직원을 구하는 데 매우 중요한 역할을 했다.

당시 아산재단은 이돈영 병원장이 정읍병원을 운영하는데 필요한 모든 지원을 아끼지 않았다고 한다. "재단에서 (신입 의사) 발령만 내 줬지 내가 다 뽑았죠. 재단에서 내가 하자는 거 안 해준 게 없습니다. (…) 원장한테 다 맡기고 했어요. 병원 운영에 관여한 거 없고 해달라는 거 안 해준 건 없고 (…) 제가 하고 싶은대로 했죠. 직접 가서 부탁할 게 없을 정도로 재단에서 잘 도와줬었죠." 각 아산병원을 실질적으로 운영하는 병원장이 지니는 독립적 자율성은 그 이후 아산병원의 모든 병원 운영에 관철되고 유지되어 오늘날의 아산병원을 만드는데 중요한 초석이 되었다.

모병원으로서의 서울아산병원은 기존의 대학병원과는 다르게 신속한 의사결정, 효율적인 병원 경영 관리, 선진화된 서비스, 혁신적인 조직 문화를 선도했다는 평가를 받고 있다. 병원의 지속적인 성장과 조직 관리는 아산병원의 설립 이념을 이해하고 진취적으로 일할 수 있는 병원장을 영입하는 것에서 출발했다. 초기 병원장이 할 가장 중요한 업무 중의 하나는 우수한 전문의와 전공의, 간호사와 직원을 확보하는 것이었다. 이런 관점에서 오늘날의 서울아산병원을 만드는데 기여를 한 병원장으로는 이문호 초대 원장과 민병철 원장을 빼놓을 수 없다. 초대 병원장을 맡은 이문호 박사는 1957년 독일 Freiburg대학에서 의학박사를 마치고 서울대학교 의과대학에서 교수로 40년간 재직하였으며 초대 서울아산병원장(1988.3.1~1990.2.28)을 역임했다. 또한 대한의학회 및 대한핵의학회 회장직 등을 역임하여 의료계에 명성과 신뢰가 두터웠다. 그는 아산재단에서 의료자문위원장을 24년간 (1977.7.1~2001.6.30) 역임하였다. 이문호 초대 원장에 이어 민병철 전 병원장은 11년 가까이(1990.3.1~2000.12.31) 병원장을 맡아 아산병원의 실질적인 초석을 놓는 중요한 역할을 담당하였다. 민병철 전 병원장은 서울대 의과대를 졸업한 후 Tufts대학교 인턴과 레지던트를 마치고 미국 외과전문의 한국인 1호 의사로 서울대학교 의과대학 외과학교실 교수직을 역임했다. 또한 신영병원을 개원하기도 했고, 고대 구로병원 초대 원장, 아산생명과학연구소 소장 및 병원장을 역임했다. 즉, 개인병원과 대학병원을 모두 경험하였으며 병원 경영 경험까지 갖춘 외과의사였던 것이다. 특히, 구로병원장 재직 시, 만성 적자를 흑자로 만든 경력을 가지고 있었다.[15] 고 정주영 회장은 민병철 원장의 이런 다양한 경험들이 서울아산병원에 반드시 필요하다고 판단하였을 것이다.

강석규 서울아산병원 홍보팀장은 다음과 같이 회상했다. "당시 정주영 명예회장이 이문호 서울대병원 내과 과장과 민병철 고려대 구로병원장을 초빙하고 전권을 위임했습니다. 그때부터 이들은 전국 각지, 전 세계를 돌며 인재를 영입하기 시작했죠. 서울의대 출신 중 실력은 있지만 돈 없고 백 없어 서울대병원에 가지 못하고 지방으로, 해외로 나간 의사들이 수두룩했거든요. 우리

---

15 당시 고 정주영 전 회장은 "어느 조직이나 첫 번 일 년이 중요하고 그게 안정이 잘되어야 그다음에 잘 돌아간다고, 당장 내일이라도 내가 발령을 내겠다"고 민병철 원장을 전폭적으로 지원했다고 한다.

병원에 서울의대 수석 졸업생이 유달리 많은 것도 이 때문입니다." 해외에서 의과박사를 한 이문호 원장과 민병철 원장은 능력 있고 뜻을 같이 할 수 있는 좋은 인력을 국내외에서 뽑는 데 필사적이었으며, 당시 현대건설의 도움을 받아가면서까지 심혈을 기울었다. 당시 상황을 민병철 전 병원장은 이렇게 회고했다.

"88년일거야. 나하고 초대 원장 이문호 원장 둘이서 미국을 한 두 달에 걸쳐서 다니면서 좋은 의사 뽑았다구요. 한 사람 한 사람 30분씩 인터뷰하면서 여기 오도록 하고 6개월 지나고 내가 두번째로 훑어서 구라파까지 가서 쓸만한 사람들 데리고 왔죠. 데리고 와가지고 이 사람들 여기 왔는데 미국에서는 집을 소유해야한다기보다는 거주하는 개념이라 털고 나오기가 쉬우니까 그래서 현대건설하고 교섭을 해서 교수 아파트 20채 만들었지요. 스카우트 되어 온 교수들은 한 달에 몇 십만 원 정도 받고 거기서 살 수 있게 해 주었는데 그런 조건을 가지고 스카우트 하는 데가 없었거든. (…) 당시 누가 그렇게 합니까." 좋은 인력을 확보하는데 아산재단은 당시로서는 파격적인 조건을 제시하였고 이런 지원을 바탕으로 서울아산병원은 첫걸음을 떼기 시작했다.

조직 문화: 자율성과 전문성

현재 서울아산병원의 미션은 "끊임없는 도전과 열정으로 높은 수준의 진료, 교육, 연구를 성취함으로써 인류의 건강한 삶에 기여한다"로 정의된다. 서울아산병원의 미션 달성은 좋은 인력을 선발하는 것만으로 완성되지 않는다. 이를 위해 서울아산병원은 의사들의 자율성과 전문성을 중시하는 조직 문화를 만들었다. 당시 민병철 전 병원장은 서울아산병원 출발 시기에 서로 다른 배경을 가진 사람들이 모여 하나의 조직 문화를 만들어가는 것은 매우 힘든 일이었다고 회고했다.

"병원을 처음 맡았더니 사람들끼리 이리 싸우고 저리 싸우고 해서 (…) 그중 하나가 간호원하고 인턴, 레지던트의 싸움이야. 간호원과 인턴, 레지던트가 서로 대학 배경도 다르고 해서 서로 무시하고 해서 갈등이 고조되었어요. (…) 또 의사들 사이에서 내가 잘났다 네가 잘났다. (…) 영향력이 있던 사람들을 이렇게 모아놓으니까. 아이고 어떻게 싸우는지. 누구랑은 밥도 안먹는다. 인사도 안한다. 저게 무슨 의사냐. 난리가 나요. 근데 이 두 가지 인화 문제가 두 가지 계기로 좋아졌어요." 그 두 가지 문제 해결 방법의 하나는 외부적인 요인에서, 다른 하나는 내부적인 요인에서 나오게 된다. 즉, 홍수로 인한 병원 침수라는 우연적인 상황과 장기이식이라는 전략적 선택이었다.

첫째, 아산서울병원은 1989년 홍수로 인해 병원이 침수되는 위기를 겪게 된다. 이 과정에서 전 직원이 대동단결하여 위기를 극복하여 1주일 만에 병원을 정상적으로 운영하는 저력을 발휘하였다. 민병철 전 병원장은 당시 상황을 이렇게 설명하고 있다. "개원하고 1년 됐나, 대홍수가 났었단 말이에요. 그래서 물이 지하 1층까지 들어가지고 뭐 기계, 장비, 차트 이런게 전부 침수 됐었지요. 그걸 복구하는 작업으로 하나하나 씻어서 말리고 마당에 앉아서 같이 먹고 시간도 보내고 이렇게 하고 하는 동안에 사람들이 인간 대 인간으로 친해졌어요." 사람들 간의 관계는 위기를 서로 극복하면서 단결되는 조직 문화로 자연스럽게 연결되었고, 이는 어려울 때 서로 돕는 조직 문화를 만들어 냈다.

둘째, 의사들 간의 인화 단결 문제는 자신들의 전문성을 바탕으로 한 도전 정신을 함양하고 성취해 냄으로써 가능했다. 민병철 전 병원장은 "의사들 간의 화합 문제는 장기이식을 전면에 내세움으로써 가능했어요"라고 언급했다. "(장기이식은) 외과 하나가 하는게 절대 아닙니다. 손 놀리는거 이건 외과의사가 하는지 몰라도 환자를 골라서 이게 필요하다, 체질이 맞다, 하다 보면 내과, 마취, 병리, 여러 개 과가 같이 해야 되요. 그럼 서로 협력없이 할 수 있나요? 그때 우리 한국에서는 콩팥이식만 조금 하고 있던 상황이었는데 병원에 여윳돈 전부 투입해서 미국 가서 배워 오라고 의사들, 간호원들, 테크니션들 한 팀을 만들어서 시애틀, 텍사스, 뉴욕 보내서 배워 오라고 그래 놓고 개를 가지고 이식 실험 하고. 어떤 의사는 송아지를 해야지 개는 안 되겠다, 그러면 송아지 하라고 하고. 소가 병원 안에 들어오고. 뭐 쥐는 한도 없고. 이렇게 해서 한 일 년 지나는 동안에 자신감이 생겼어요." 이와 같이, 의사 간의 유대를 만드는 과정에서 민병철 전 병원장은 다양한 인간관계에서 오는 갈등을 조정하고 아산병원의 조직 문화를 만드는 일에 적극적으로 일조하였다.

이승규 아산의료원장은 장기이식 특히, 간이식팀의 팀워크에 대해 이렇게 설명하고 있다. "어느 분야건 정상의 자리를 오래 유지하는 건 쉬운 일이 아니지만 우리는 벌써 10년 이상 간이식 분야에서 세계 정상의 자리를 내놓지 않고 있다. 구성원의 힘이다. 최고 수준의 구성원이 헌신과 열정으로 뭉쳐 이루어내는 팀워크에서 이런 결과가 나올 수 있었다. 간이식 수술은 무엇보다 유기적 팀워크가 절대적이다. 그리고 그것이 시스템화되어 있기 때문에 수적으로나 질적으로 지금과 같은 결과를 만들어낼 수 있었던 것이다. 간이식팀에는 소화기내과, 영상의학과, 마취과, 병리과 등 지원해 주는 과들이 많다. 단순히 다른 과에 대한 지원이라는 인식을 넘어 '한 팀'이라는 마음으로 밤낮없이 도움을 주는 이들이다. (…) 흔히 외과의사들이 빠지기 쉬운 덫이 있다. 수술이 잘되면 '내가 잘해서 그런 거지'라고 생각하기 쉽다. 그러나 혼자서 할 수 있는 일은 없다. 집도의는 지휘자일 뿐 각 파트에서 멋진 음을 내 주기 전에는 수술은 완성될 수 없다. 결국 개인이 아니라 팀이라는 거대한 하나가 움직이는 구조. 모든 구성원이 '개인'을 버리고 '팀'을 위해 투신하는 자세. 그것이 우리가 '드림팀'이라는 영광의 이름을 얻게 된 이유일 것이다(이승규 2010, pp.152~153)."

이렇게 국내에는 미미했던 장기이식 분야의 선택은 조직적 문제를 한번에 해결하는 승부수였을 뿐만 아니라, 신생 병원이 나아가야 할 전략적 방향을 설정하는 과정에서 중요한 역할을 했다.

즉, 신생 병원이 나아가야 할 방향은 '이봐, 해봤어?'라는 고 정주영 회장의 불도저 같은 도전 정신과 '할려면 최고로 해라!'라는 최고의 전문성을 포함하는 분야로 설정되어야 했다. 외과전문의인 민병철 병원장에 대한 고 정주영 회장의 신임은 거의 절대적이어서, 11년간의 병원장 재임 동안 자신이 원하는 방향에 따라 병원을 운영할 수 있었고 그 결과가 바로 '장기이식' 분야에 대한 도전으로 나타났던 것이다. '한 번 신임하면 끝까지 믿고 맡기는' 정주영 회장의 리더십 스타일이 돋보이는 부분이다. 민병철 전 원장은 고 정주영 회장이 전체 사장단 모임에서 이렇게 얘기했다고 한다. "너희들 병원 운영 해봤어? 아무도 안했지. 병원 운영은 여기 앞에 있는 민원장이 잘해. 병원에 대해서 경영하는 거 간섭 일절하지 말아. 취직 부탁, 인사 청탁, 절대 하지 마라. 그리고 (…) 만약 이 사람들이 당신한테 뭘 부탁하든지 간섭하든지 그러면 나한테 와라." 이렇게 병원 경영의 자율성을 부여받은 민병철 원장은 장기이식, 외국 연수 등의 여러 문제를 자신의 판단 아래 신속하게 결정하고 추진할 수 있었다.

의사들의 자율성은 고 정주영 회장이 의사를 대하는 태도에서도 확인할 수 있다. 이승규 의료원장은 고 정주영 회장과 의사와의 관계를 이렇게 설명했다. "(정회장님이) 맹장 터지셨을 때 민병철 원장님이 저 불러서 수술시키셨을때 제가 느낀 거는 (…) 절대 반말을 하지 않으세요. 항상 존칭을 쓰세요. 의사들한테는 깍듯이 예우해주시고 (…) 의사들은 수고했다고 식사나 그런 것도 없어서 민병철 원장님이 의사들은 (회식을) 안 해도 될는지 여쭤보니 "의사선생님들한테 내가 감히 주제넘게 어떻게 해. 내가 존경해야지 내가 돈으로 감사 인사를 표시해야 하는 대상은 아니다"라고 입장을 분명히 했습니다." 이렇듯, 서울아산병원의 자율성과 전문성을 중시하는 조직 문화는 정주영 회장의 도전 정신과 리더십, 민병철 전 원장의 경영 능력 및 이를 세계최고의 간이식 수술로 구현해 낸 이승규 박사 등 의사, 간호사 및 직원들의 환상적인 조합에 의해 달성되었다.

진료 과목, 전문의 및 전공의 수

서울아산병원은 24개 진료과로 출발하여 2013년에는 50여 개에 달하는 진료과로 확충되었다. 강릉병원은 개원 초기와 비슷한 숫자로 유지하고 있고 금강병원과 나머지 지방 병원은 약간의 부침은 있지만, 10개과 전후로 유지하고 있다.

진료 과목 수의 부침과 더불어 전문의와 전공의 수를 살펴보면 다음과 같다. 서울아산병원 초창기에 어렵게 충원된 인력은 시간이 지남에 따라 급속하게 증가하여 2013년 말 1,500명이 넘는 전문의와 전공의를 확보하고 있다. 최근에는 전문의의 수가 전공의 수를 넘어섰다(그림 4 참조). 강릉아산병원은 전문의 위주의 병원체계를 초반기부터 확립하여 현재에까지 이르고 있다. 2013년 말, 134명의 전문의와 전공의를 확보하고 있다.

그림 5는 병원별 전문의 및 전공의 수를 보여준다. 정읍병원,

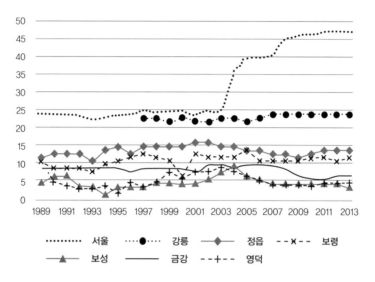

그림 4 진료 과목 수

보령병원, 홍천병원, 보성병원과 영덕병원은 전체 전문의와 전공의 수가 각각 10명, 20명이다. 전문의와 전공의 수가 상승기류를 타고 있는 서울아산병원과 강릉아산병원에 비해, 여타 지방 아산병원은 전체 수가 정체되어 있거나 다소 감소 추세에 있다. 예를 들어 정읍병원의 경우, 해부병리과는 2001년, 일반외과는 2002년, 치과는 2002년, 안과는 2004년 그리고 방사선과는 2006년 이후 전문의가 없는 것으로 확인되었다. 전공의는 주로 가정의학과에 집중되어 있다. 마취통증의학과와 영상의학과는 각각 2002년과 2007년에 신설되었다. 특히 보성병원과 영덕병원은 각각 2005년, 2001년에 종합병원에서 병원으로 전환된 후, 전문의와 전공의 수가 감소하였음을 알 수 있다. 서울에 위치한 금강병원은 전공의는 조금 줄었어도 전문의 수를 꾸준히 확보하고 있다.

지방 아산병원은 우수한 인력을 확보하는 데 많은 노력을 기울였다. 이렇게 공들여 선발한 직원들은 오늘날의 아산병원을 만드는 데 기여하였다. 그러나, 우수한 의료인력 초빙은 서울 근무를 선호하는 의사와 간호사들로 인해 어렵기만 한 것이 현실이다. 2007년 영덕병원의 조대인 관리부장은 지방 병원에서의 의사 초빙 관련 병원 운영의 어려움을 다음과 같이 예를 들어 설명했다. "한 3년만 근무해도 좋은데, 1년에도 여러 번 의사가 바뀝니다. (⋯) 어떤 의사는 밤 10시에 전화해서 '만나서 얘기하면 붙잡을 것 같아 그냥 내일 떠난다'고 말해 기가 막힙니다(아산재단 30년사, p.164)." 배선호 보성병원 총무과장 역시 "유능한 의사 인력 구하기 힘듭니다. 시골 안 오려고 하다보니까 정말 힘듭니다"라고 피력하였다. 강정희 홍천병원 간호과장은 "간호과는 요즘에는 빠지는게 좀 덜 한 거 같아요. 처음에는 와서 일주일 만에 너무 힘들다 해서 얘기도 없이 가는 일이 많더라고요. 여기 힘들다고 소문이 나서요. (⋯) 요즘 간호사들이 너도나도 서울로 가고 싶어한다고 그러시더라고요. 대학병원을 많이 선호하지요. 도시 생활에 대한 로망도 많고요." 이를 대변하듯이, 2015년 서울병원은 간호 1등급[16] 을 유지하고 있으나, 정읍병원과 홍천병원은 5등급이

---

16 2007년 4월 1일에 시행된 '7등급 간호관리료등급제'는, 간호사 1인당 6병상을 초과하는 기관은 기존 6등급에서 7등급으로 등급을 낮춰 기존 입원료에서 5% 감액된 수가를 적용받는다. 종합병원/병원/의원의 경우, 이 등급제에 의하면 간호사 1명이 돌보는 병상이 2.5개 미만이면 1등급이고, 6.0개 이상이면 7등급이다. 2007년 당시 언론에서는 "2개월이 지난 현재, 중소병원은 여전히 간호사를 구하고 싶어도 구할 수 없다고 아우성이다"((뉴시스), 6월

그림 5 병원별 전문의 및 전공의 수

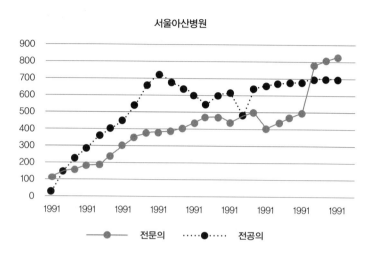

서울아산병원

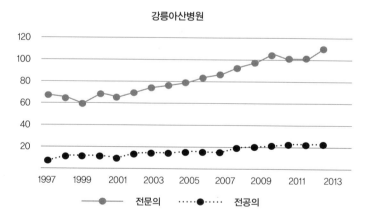

강릉아산병원

정읍아산병원

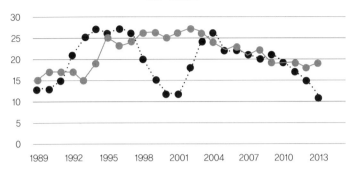

홍천아산병원

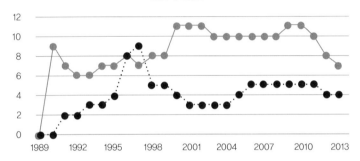

영덕아산병원

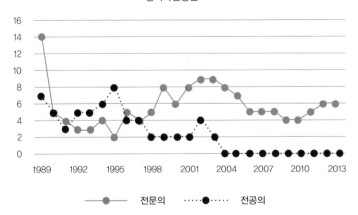

●──── 전문의   ●······ 전공의

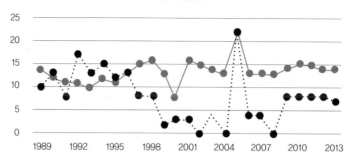

보령아산병원

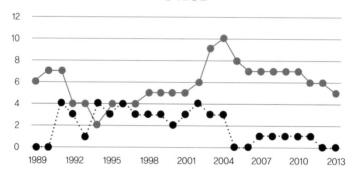

보성아산병원

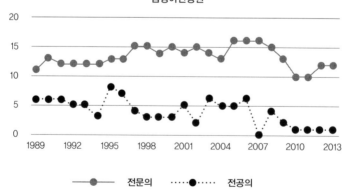

금강아산병원

전문의   전공의

고 보령병원과 보성병원은 7등급이다. 대부분의 지방 병원과 마찬가지로, 지방의 아산병원 역시 부족한 간호사를 확충하는 데 큰 어려움을 겪고 있다. 보령아산병원에서 20년째 근무 중인 정종기 병원장은 "7등급인 이유는 병원에서 간호사가 보는 환자의 수가 많기 때문이고 이런 이유로 신입 간호사가 저희 병원을 꺼리는 현상이 있습니다. 하지만 간호사를 확충하는 문제는 운영비용과 관련이 있어 해결 방안이 그렇게 간단하지 않습니다"라고 현실적인 어려움을 언급했다.

이승규 의료원장은 아산병원의 일원으로서의 '존재감'의 중요성에 대해 언급했다. "(지방 아산병원은) 지금 동떨어져 있습니다. 하나의 소속 직원인데도 불구하고 존재감이 없습니다. 우리 팀 운영하듯이 그런 것을 심어주려고 합니다. (…) 일할 때 중요한 게 '내가 여기 하나 공헌한다' 이런 자부심이 있어야 분위기가 좋아집니다." 이어서 의료진이 자신이 일하는 병원에서 오너십을 가지고 일해야 한다고 강조했다. "지역에서도 해결해야 할 병이 있고 그 지역 사람들을 편하게 해 줘야 환자들이 옵니다. 의사선생님들이 '이거 내 병원이다' 하는 생각이 중요합니다. 물론 절대 쉬운 일이 아닙니다." 지방 아산병원에서 우수 전문의와 간호사를 유치하는 문제는, 경쟁력을 강화하기 위해서 반드시 해결해야

9일'라고 보도하고 있다. 당시 건강보험심사평가원(심평원)이 조사한 2/4분기 간호관리료 등급별 현황에 의하면, 병원급 의료 기관 986개소 가운데 85%인 837개 기관이 적정한 간호 인력을 확보하지 못해 '7등급'으로 분류되었다.

할 시급한 문제로 인식되고 있다.

전공의 파견 현황

이런 점에서, 서울아산병원의 설립 이유 중의 하나가 재단 산하 지방 병원이 필요로 하는 우수 의료 인력의 안정적인 확보였다는 사실을 상기해볼 수 있다. 그렇다면, 서울아산병원이 실시한 전공의 파견 현황을 통해 이에 대해 알아보기로 하자.

그림 6은 서울아산병원에서 그외 아산병원으로 보낸 인턴 및 레지던트 전공의 수를 나타낸다. 이 내용은 전공의가 부족한 지방 아산병원에 지원한 인력 내용을 보여준다. 주목할 점은 강릉아산병원에 개원 초기 7년을 제외하고 최저 161명에서 최대 600명, 지방 병원 가운데 가장 많은 평균 414.22명에 달하는 전공의를 보냈다는 점이다(연인원 기준). 이런 점에서 강릉병원은 다른 병원 대비 서울아산병원에서 가장 많은 지원을 받았다.

전공의 파견 수가 많은 강릉병원을 제외한 다른 병원들의 경우를 보면 보령병원은 1996년에 132명에 이르는 전공의를 받았으며 1998년 이후에는 100명 이하로 감소, 최근에는 50~60명 정도에 이르고 있다. 홍천병원은 꾸준히 40~50명 정도의 전공의를 받았다. 금강병원은 1992년에 72명을 받는 등 그 기조가 한동안 유지되다가 2009년 이후에는 12~17명 수준으로 떨어졌다. 정읍병원은 개원 초기부터 최근까지 꾸준히 매해 평균 40명에 달하는 전공의를 받았다. 특히, 2001년에는 82명을 받아 최고를 기록했다. 보성병원은 2006년까지 매해 평균 28명에 달하는 전공의를 받았지만 그 이후로는 전공의 지원이 이루어지지 않고 있다. 매년 연평균 전공의 파견 수치를 살펴보면, 강릉이 414.2명으로 압도적으로 많은 지원을 받았으며 보령은 62.25명, 홍천은 49.3명, 금강병원은 45.5명, 정읍병원은 39명, 인제병원은 32.8명, 해성병원[17]은 26명, 보성병원은 28,명 그리고 영덕병원은 17.9명 순으로 나타난다.

이러한 파견 근무를 통해 전공의들은 1차 진료의 경험을 쌓을 수 있고 지방 병원으로서는 필요한 의사 인력을 지원받을 수 있다. 즉, 상호보완적 관계의 구축이 이루어진다는 것이다(아산사회의학연구소, p.167). 다만, 서울아산병원과 지방 아산병원간의 의료 인력에 대한 기대 수준이 다를 수 있다. 실제로, 지원받은 전공의 수의 병원별 편차가 매우 크다. 이런 점에서 지방 병원이 필요로 하는 '우수 의료 인력의 안정적인 수급'이라는 서울아산병원의 역할 수행은 최근에 들어 활발하지 않은 것으로 보인다.

---

17 해성병원은 1975년 현대조선 해성병원으로 개원하여, 현대중공업 부속병원(1979년), 현대중공업 부속 해성병원(1982년), 아산재단 해성병원(1987년), 그리고 울산대학교병원(1997년)으로 변경되었다.

그림 6 전공의 파견 현황 (인턴+레지던트)

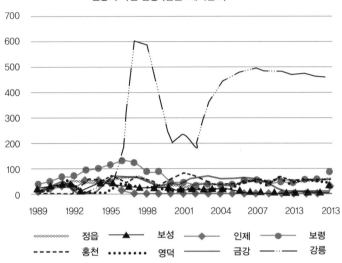

전공의 파견 현황 (인턴+레지던트)

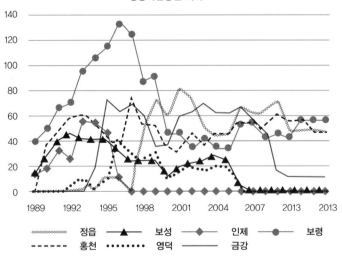

강릉아산병원 제외

5. 사회적 가치: 아산병원의 성과

의료 서비스

아산병원은 설립 초기인 1979년부터 많은 환자들에게 의료 서비스를 제공해오고 있다. 아산병원이 제공한 의료 서비스는 단순히 경제적 이익을 얻기 위한 것이 아니었다. 병원이 없는 무의촌 지역에 종합병원을 지어 농촌 주민에게 의료 혜택을 베풀었다. 이 점에서 의료 서비스는 의료복지적 성격이 매우 강했다. 최근 서울아산병원 역시 적자를 보면서도 중증환자실을 운영하고 있으며 서울 지역뿐만 아니라 전국에서 외래와 입원환자들을 받아 치료하기 어려운 중증도의 병을 고치는 상급 종합병원의 역할을 하고 있다. 각 아산병원의 외래환자와 입원환자 수를 살펴보면 다음과 같다(그림 7 참조).

그림 7-1은 서울아산병원을 제외한 아산병원의 외래환자 수를 보여준다. 2013년까지 정읍병원은 336만 명, 금강병원은 250만 명, 보령병원은 230만 명, 영덕병원은 140만 명, 보성병원은 140만 명, 홍천병원은 130만 명을 진료하였다. 그림 7-2는 서울아산병원을 포함한 아산병원들의 외래환자 수를 보여준다. 특히, 서울아산병원은 개원 이후 2013년까지 4천만 명이 넘는 외래환자를 진료하는 성과를 거두었다. 전체 아산병원에서 진료한 외래환자의 수는 거의 6천만 명에 달하고, 지방 병원에서도 거의 천

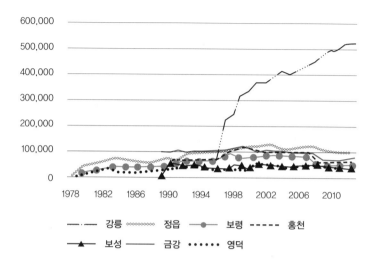

그림 7-1 아산병원의 외래환자 수(연인원) (1978~2014), 서울아산병원 제외

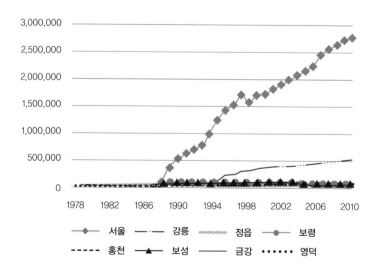

그림 7-2 아산병원의 외래환자 수(연인원) (1978~2014), 서울아산병원 포함

7백만 명에 달하는 놀라운 실적을 보여주고 있다. 서울아산병원을 제외한 나머지 병원들이 외래환자 수에서 차지하는 비율은 32.4%이다.

그림 8은 서울아산병원 이외 아산병원의 입원환자 수를 보여준다. 처음 개원한 정읍병원은 1978년에 7,511명의 입원환자를 받았다. 서울아산병원이 개원한 1989년까지 정읍병원, 보령병원, 보성병원과 영덕병원을 중심으로 184,618명의 입원환자를 치료했다. 특히, 강릉병원은 7월 개원 당시 43,096명의 입원환자에서 이듬해 154,598명의 입원환자를 받아 지방의 의료 서비스 요구에 적절하게 대응했다는 점을 알 수 있다. 개원 이후 2013년까지 정읍병원은 31만 명 이상의 입원환자를 받았고, 강릉병원도 350만 명이 넘는 입원환자를 받았다. 또한 보령병원은 230만명, 보성병원은 120만 명, 홍천병원은 92만 명, 영덕병원은 91만명, 금강병원은 71만 명을 진료하였다. 서울아산병원은 개원 시 88,762명의 입원환자에서 출발하여 다음 해는 25만 명대, 그리고 이듬해에는 34만 명대의 입원환자를 치료하였다. 1996년에는 70만 명을 넘어 2013년 현재 90만 명을 돌파하였다. 2013년까지 입원환자 수는 1600백만 명에 달한다. 서울아산병원을 제외한 나머지 병원이 입원환자 수에서 차지하는 비율은 43.93%에 달해, 외래환자 수의 비율보다 높다.

그림 9는 서울아산병원의 외래 및 퇴원 환자의 거주 지역(연인원)을 나타낸다. 1990년대 외래환자의 수는 지방 외래환자의 수

그림 8 아산병원의 입원환자 수(연인원) (1978~2014)

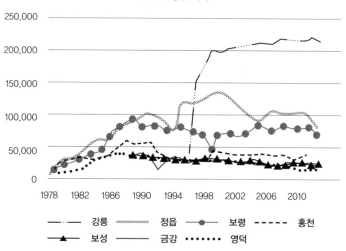

서울아산병원 제외

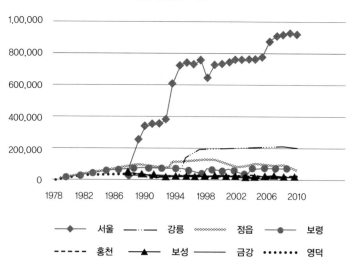

서울아산병원 포함

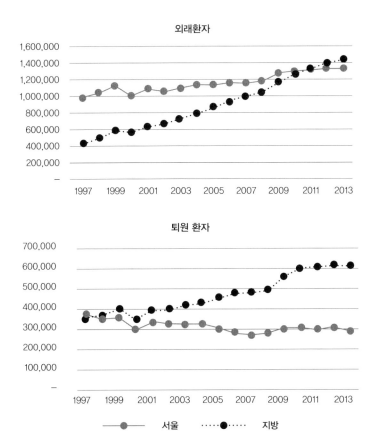

그림 9 서울아산병원의 외래 및 퇴원 환자의 거주 지역 (연인원)

보다 약 7:3의 비율로 절대적으로 많았다. 하지만, 지방 환자의 수가 급속히 증가하여 최근에는 서울 환자의 수를 앞질렀다. 3차 진료기관으로서의 명성과 편리한 교통으로 서울아산병원에 대한 접근성이 높아진 것에 기인하는 것으로 보인다. 1990년대에 서울과 지방 환자의 수와 퇴원 환자의 수는 비슷한 비율로 유지되

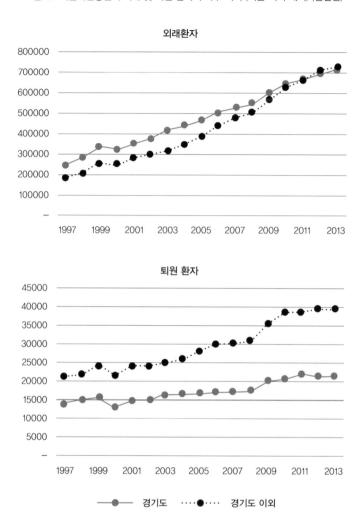

그림 10 서울아산병원의 외래 및 퇴원 환자의 거주 지역 (서울 지역 제외) (연인원)

었다. 하지만, 2000년대 초반 이후 급속도로 지방 입원환자의 비율이 늘어나서 2013년에는 74%에 달했다.

그림 10은 서울아산병원의 외래 및 퇴원 환자의 거주 지역(서울 지역 제외 연인원)을 나타낸다. 지방 환자들의 거주 지역을 좀 더 살펴보면, 외래환자의 경우 경기도 지역 주민과 경기도 이외 지역 주민의 수가 거의 비슷한 비율로 증가하고 있다. 하지만, 퇴원 환자의 경우 경기도 이외 지역 주민의 비율이 좀 더 빠르게 증가하고 있다. 이는 서울아산병원의 진료권이 전국으로 확대되는 현상이라 할 수 있다.

의료복지 사업

아산재단 1995년 연보에 따르면, 아산재단의료원은 "1992년부터 부분적으로 시행해 오던 무료 진료 사업을 본격화하기 위해 1995년부터 재단사무처를 비롯한 산하 병원에 무료 진료팀을 창단"하였다(p.60). 경제적 어려움으로 인해 적정 진료를 받지 못하고 있는 의료 취약 지역 영세민과 양로원, 육아원, 장애인 시설 등 사회복지단체 수용자들에게 무료 진료를 확대 실시하는 것이 주된 목적이다. 특히, 순회 진료 시 방사선 검사실, 임상병리검사실, 초음파실, 약국 등을 갖춘 대형 리무진 버스 3대를 제작하여 서울, 정읍, 울산 등 3개 권역별로 나누어 운영함으로써 순회 진료의 기동성을 높이고 양질의 의료 서비스를 제공하였다. 그림 11을 통해 전체 아산병원이 의료복지적 차원에서 무료로 실시한 외래, 입원, 순회, 방문 간호 및 할인 진료를 중심으로 살펴보면 다

그림 11 아산병원 전체 의료복지 실적 (단위: 명)

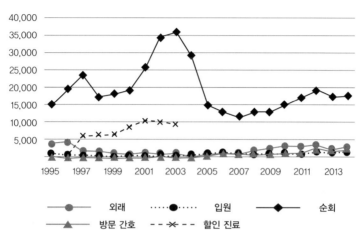

병원별 의료복지 실적 (단위:명)

음과 같다.

순회 진료는 아산병원이 실시하는 가장 큰 의료복지로서 의료 진과 검사 장비가 탑재된 진료 버스가 환자를 찾아가는 무료 진료 활동으로 주 대상자는 독거노인, 노숙인, 외국인 노동자 등 소외 계층이다. 2003년도에 거의 35,000명에 달하는 순회 진료 활동을 하였으며 그 이후에도 꾸준히 활동을 지속하고 있다. 할인 진료는 1996년에 시작하여 2003년까지 농협 조합원에게 실시하였고, 그 이후에는 방문 간호를 2005년부터 최근까지 실시하고 있다. 방문 간호는 주로 환자의 집으로 전문간호사가 방문하여 혈압 체크, 복약 지도 등 환자의 건강관리를 돕는 전문 간호

활동으로 주 대상자는 독거노인, 장애인 등 거동이 불편한 만성 질환자 등이다. 입원과 외래는 다른 활동에 비해 활성도가 낮으나 지방 병원의 재정이 극심한 적자를 보고 있는 상황에서 확대하기는 힘든 활동으로 여겨진다. 이외에도, 각 병원들은 직원들의 자원봉사활동을 중심으로 사회복지단체에서 봉사활동을 활발히 하고 있다. 특히 지역협력 사업을 통한 지역아동센터, 독거노인, 장애인가정 및 저소득가정에서의 봉사활동 등이 대표적이다.

그림 12는 병원별 의료복지 실적을 보여준다. 서울아산병원은 1996년부터 할인 진료와 순회를 주로 병행 실시하다가 순회 진료 위주로 전환하였다. 한때 약 20,000명에 달하는 순회 수준에서 최근에는 10,000명 수준에서 활동하고 있다. 강릉병원은 할인 진료 중심에서 2000년 초 이후에는 매년 약 6,000~7,000명 규모의 순회 진료를 꾸준하게 전개해오고 있다. 서울아산병원과 강릉병원에는 순회 진료 버스가 구비되어 있고, 의료진이 상시 순회 진료 활동을 수행하고 있다. 서울병원은 전국적으로, 강릉병원은 영동 지역을 중심으로 순회 진료를 하고 있다.[18] 특히, 서울아산병원은 중환자실 운영으로 인한 불가피한 적자를 감당하면서, 178병상의 중환자실을 운영, 2014년 약 150억 원의 적자를

---

18 서울아산병원은 2010년 이후 베트남, 몽골 등 아시아 저개발국가의 현지 의료자립을 위해 무상 의료인 교육 및 기술전수, 의료봉사를 펼치는 'Asan In Asia 글로벌 프로젝트'를 실천하고 있다. 이승규 의료원장은 "6·25전쟁 직후 미국 정부가 한국의사 3000여 명을 초정해서 의료 기술을 전수한 미네소타 프로젝트(Minnesota Project)를 본받아, 한국이 받았던 주었던 혜택을 이웃 나라에 돌려주겠다는 생각에서 시작되었다"고 Asia in Asia프로젝트의 취지를 설명했다.

기록했다(《조선일보》, 2015.3.31). 이 점에 대해 이승규 의료원장은 이렇게 설명했다. "대한민국 최고 병원이다 이런 게 아니고 지방 병원으로 출발한 것은 아산의 정신입니다. 병원 시스템도 보면 발란스가 네거티브가 되도 환자를 다 받습니다. 계속 투자하고 중증환자, 장기 입원환자 오면 병원의 발란스가 안좋아집니다. 새로운 환자가 들어와서 로테이션 돌아야 병원에 이익이 됩니다. 중증환자가 들어오면 오래 병상 차지하면 수익 면에서는 안 좋은 것이지요. 하지만, 저희는 그런 것 없어요. '4차 의료 기관이다' 그런 자부심을 가지고 있어요."

이어서, 각 아산병원이 의료복지적 차원에서 무료로 실시한 외래, 입원, 순회, 방문 간호 및 할인 진료를 살펴보면 다음과 같다. 그림 12에서는 정읍병원이 1995년부터 2000년 초반까지 10,000명에 달하는 순회 진료를 중심으로 실행한 의료복지 사업을 확인할 수 있다. 최근에는 방문 간호 활동을 중심으로 활동하고 있다. 보령병원은 오랫동안 순회 진료를 중심으로 실시, 2000년대 초반에는 2,000명에 달했으며 최근에도 활발한 활동을 하고 있다. 특히, 이동 목욕이 주된 활동으로, 겨울철을 제외하고 1주일 3회 정도의 활동을 꾸준히 진행하고 있다. 서울아산병원과 강릉병원을 제외한 정읍병원과 보령병원 등의 순회 진료는 각 병원의 진료권 내에서 활동한다는 점이 특징이다.

보성병원은 1995년부터 2002년 동안 400~700명에 이르는 환자들에게 할인 진료를 중심으로 제공하다가 최근에는 외래 및

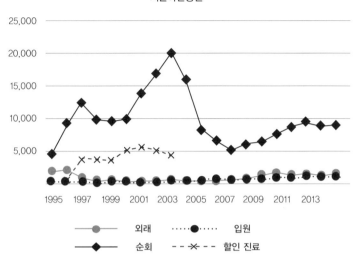

그림 12 병원별 의료복지 실적 (단위: 명)

서울아산병원

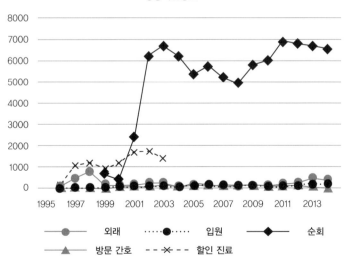

강릉아산병원

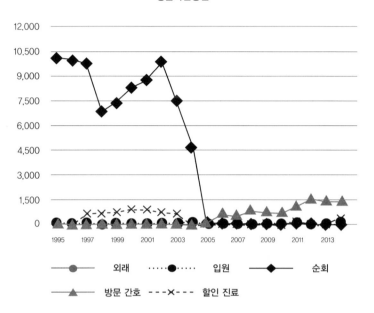

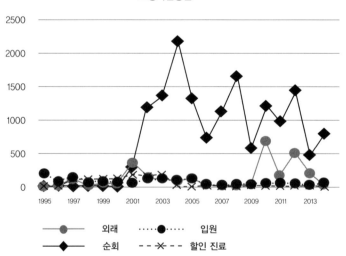

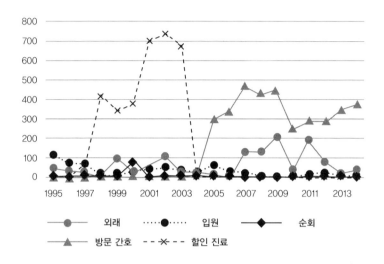

보성아산병원

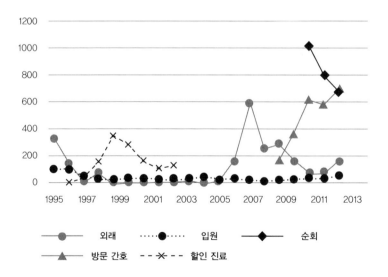

홍천아산병원

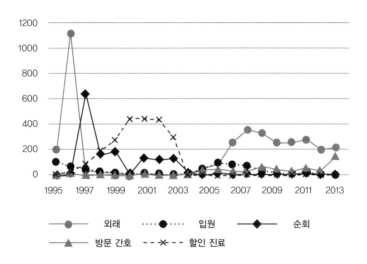

영덕아산병원

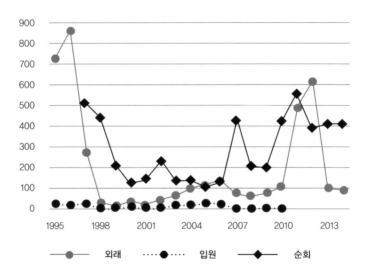

금강아산병원

방문 간호 봉사활동에 치중하고 있다. 또한 홍천병원은 초기 외래와 할인 진료에서 최근에는 외래, 방문 간호 및 순회 진료를 중심으로 활동하고 있다. 홍천병원은 2012년부터 의료진이 월 1~2회 정도의 순회 진료 활동을 지속적으로 수행하고 있다.

영덕병원은 1990년대 중반 이후 외래, 순회, 할인 진료 위주의 의료복지활동을 펼쳤으며 최근에는 주로 외래 중심으로 하고 있다. 금강병원은 1990년대 중반부터 순회 진료를 꾸준히 진행하고 있다.

표 3은 병원별 주요 의료복지 사업 및 비용을 보여준다. 서울아산병원, 강릉병원, 보령병원, 홍천병원, 금강병원은 순회 진료를 중심으로 의료복지 사업을 수행하였고 방문 간호는 주로 정읍병원, 홍천병원, 보성병원 및 영덕병원을 중심으로 이루어지고 있다. 개원 후 2014년까지 서울아산병원 그리고 강릉병원, 정읍병원, 보령병원, 보성병원, 홍천병원, 영덕병원 그리고 금강병원 순으로 의료복지 사업 비용이 사용되었다. 서울병원은 약 450억원이 넘는 비용을 지출하여 전체 아산병원의 총 사업 비용인, 약 640억 원의 70%를 차지하였다. 총 비용 대비 무료 진료 비율이 가장 높은 곳은 금강병원, 서울병원, 정읍병원, 강릉병원, 영덕병원 순으로 나타났다. 특이한 점은, 금강병원은 총비용이 가장 낮으나 주로 무료 진료에 초점을 두고 있다는 것이다.

표 3 병원별 주요 의료복지 사업 및 비용 (단위: 천원)

	서울아산병원	강릉병원	정읍병원	보령병원
의료복지 사업	순회 및 할인 진료 → 순회	할인 진료 → 순회	순회 → 방문 간호	순회
무료 진료 비용 외*	12,163,746**	3,514,840	2,281,824	1,093,557
무료 진료 비용(A)	33,334,840	4,754,953	3,332,025	845,094
총비용(B)	45,498,586	8,269,793	5,613,849	1,938,651
무료 진료 비율(A/B)	73.26%	57.49%	59.35%	43.59%

	보성병원	홍천병원	영덕병원	금강병원
의료복지 사업	할인 진료 → 외래 및 방문 간호	외래 및 할인 진료 → 외래, 방문 간호 및 순회	외래, 순회, 할인 진료 → 외래 및 방문 간호	순회 및 외래
무료 진료 비용 외*	525,304	362,415	282,719	300
무료 진료 비용(A)	474,067	459,646	376,102	370,164
총비용(B)	999,371	822,061	658,821	370,464
무료 진료 비율(A/B)	47.43%	55.91%	57.08%	99.91%

*할인 진료, 건강 강좌, 인건비, 지역봉사 비용 포함 ** 농촌의학연구비 추가 포함

6. 경제적 가치: 아산병원의 재정 자립도

위에서 살펴본 의료 사업을 토대로 아산병원의 재정 자립도를 살펴보자. 우선, 아산병원의 초기부터 1996년까지 약 20년 동안의 재정상태를 확인할 필요가 있다. 그림 13은 1978년에서 1996년 동안의 서울아산병원과 전체 아산병원의 손익을 보여주고 있다.

두 가지 특징을 살펴보면 다음과 같다. 첫째, 초기투자자본이 크기 때문에, 1989년에 개원한 서울아산병원의 초기 2년 동안의 손익은 다른 지방 병원에 비해 그 규모와 편차가 크다는 특징이 있다. 이는 서울아산병원의 수익 구조가 아산병원 전체의 수익 구조에 지대한 영향을 준다는 의미이고 서울아산병원의 흑자 기조가 지방 병원들의 건전한 재정 운영을 위해 매우 중요하다는 점을 의미한다. 서울아산병원은 1996년까지 약 31억 원의 적자를 기록하였다. 반대로, 서울아산병원이 흑자를 기록하기 시작한 1990년 이후로는 서울아산병원 이외 병원의 흑자 규모가 서울아산병원에 비해 매우 작기 때문에 전체 아산병원의 재정은 서울아산병원에 대한 의존도가 매우 높았다. 둘째, 1986년에서 1991년까지 서울아산병원 이외 병원의 전체 수익은 흑자였다. 특히, 이 흑자의 중심에는 정읍병원과 보령병원이 지대한 역할을 하였다. 1989년과 1990년의 흑자 기조는, 139억의 초기 적자를 기록한 서울아산병원 설립에 일정 정도 도움을 주었다. 특히 1990년에는 지방 아산병원이 개원한 이래 최고의 흑자 총합을 기록하였다.

그림 13 아산병원의 손익(1978년~1996년)

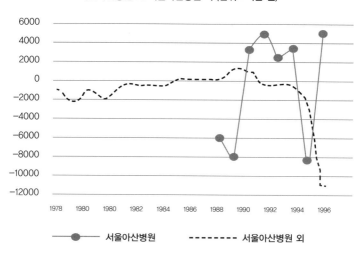

서울아산병원 vs 서울아산병원 외 (단위 : 백만 원)

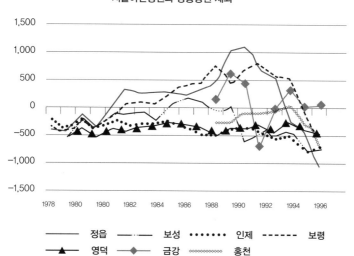

서울아산병원과 강릉병원 제외

둘째, 시간이 지남에 따라 흑자와 적자를 보여주는 병원 간의 이원구조가 두드러진다. 개원부터 1981년까지 운영했던 정읍병원, 보성병원, 인제병원, 보령병원, 그리고 영덕병원 등 모든 병원이 적자를 기록하였다. 초기 4년 동안의 모든 적자는 아산사회복지재단이 충당하였다. 1982년에 이르러서야 정읍병원이 첫 흑자를 기록하였다. 두 번째 흑자를 기록한 병원은 1983년 보령병원이다. 세 번째로 흑자를 기록한 병원은 보성병원으로 1986년이며 이는 1978년에 개원한지 8년째에 해당하는 해이다. 반면, 인제병원과 영덕병원은 개원한 이래 1996년까지 단 한 번도 흑자를 기록하지 못했다(인제병원은 1996년에 홍천병원으로 편입되었고 1998년 1월 1일 폐원하였다). 둘째, 1996년도에 가까워질수록 서울에 있는 금강병원 이외의 병원들이 모두 적자를 면하지 못하였다. 특히 주목할 만한 점은 정읍병원과 보령병원도 적자를 기록하며 1996년에는 서울아산병원 이외의 전체 병원이 급격한 적자로 돌아섰다는 점이다.

그림 14는 1997년에서 2014년 동안 서울아산병원과 강릉병원을 제외한 아산병원의 수익을 보여준다. 영덕병원은 적자 기조를 계속 유지하고 있고 보성병원은 2010년 이후 적자 폭이 계속 확대되다가 최근 2014년에 적자 폭을 크게 줄였다. 정읍병원은 적자 기조를 이어오다가 2009년과 2011년 사이 흑자를 기록한 후, 적자 운영 중이다. 보령병원은 적자를 기록하다가 2005년 이후 흑자 기조를 이어가고 있다. 금강병원은 흑자와 적자를 반복하다

그림 14 아산병원의 손익 (1997년~2014년)

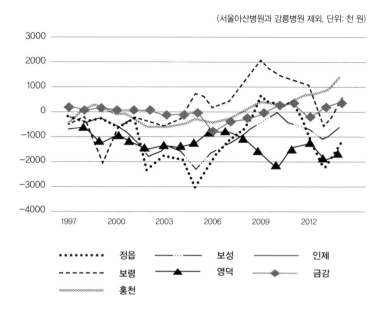

(서울아산병원과 강릉병원 제외. 단위: 천 원)

········ 정읍   ——··—— 보성   ———— 인제
------- 보령   —▲— 영덕   —◆— 금강
∞∞∞∞∞ 홍천

가 2010년 이후에는 2012년을 제외하고 흑자를 기록하였다. 특히, 홍천병원은 적자 기조를 이어오다가 2009년 이후 흑자 기조를 이어가고 있다(참고로, 강릉병원은 2000년부터 2003년을 제외하고 연이어 흑자를 기록하고 있다).

그림 15는 초기 아산병원의 수익 구조를 바탕으로 한 병원별 재정 자립도를 보여준다. 재정 자립도는 병원수익/(병원 수익＋재단 지원분)으로 계산된다. 두 가지 특징을 언급하면 다음과 같다. 첫째, 대부분의 병원이 최소 5~6년, 길게는 개원 후부터 현재까지도 적자를 기록하고 있다. 농촌 지역에 종합병원을 지어

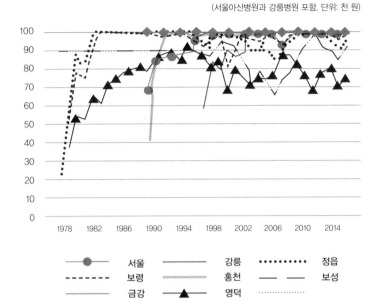

그림 15 아산병원 재정 자립도(1978~2014년)

(서울아산병원과 강릉병원 포함. 단위: 천 원)

	서울		강릉		정읍
	보령		홍천		보성
	금강		영덕		

참고: 보성병원은 1978년도부터 2006년까지의 평균 재정 자립도임

양질의 의료 서비스를 지원한다는 원칙에서 볼 때, 초기 적자는 불가피한 것으로 보인다. 이런 이유로 아산사회복지재단은 병원의 적자를 모두 보전해주는 정책을 일관되게 유지하고 있다. 홍천병원 개원 시, 아산재단에서는 설립 취지에 대해 다음과 같이 기록하고 있다. "지난 10년간 재단에서 의료 사업비로 지원한 금액은 약 800억 원에 이르고 있다. 수익성을 따져 병원을 짓는다는 것은 생각해보지 않았다. 전 국민에게 의료 시혜가 골고루 돌

아갈 수 있게 한다는 것이 재단의 설립 취지이며 현재까지도 그렇게 운영되고 있다(아산재단 30년사, p.150)." 보령병원, 정읍병원 및 보성병원에서 병원장을 역임한 김우열 전문의는 "30년 동안 지방 병원의 적자를 메워 주며 무료 진료를 독려하는 재단이 어디 또 있겠느냐(아산재단 30년사, p.155)"고 아산재단의 진정성에 대해 언급했다. 영덕병원의 조대인 관리부장도 "이런 시골에 계속 적자를 보면서도 병원을 운영하는 것은 아무나 할 수 없는 일(아산재단 30년사, p.164)"이라며 어려운 환경에서도 지원을 계속해 준 아산재단에 대해 좋은 평가를 하였다.

1985년부터 정읍병원에서 약 30년간 재직한 문숙란 현 정읍병원장은 '착한 적자'는 '병원의 최선의 노력'이 뒷받침되어야 함을 수차례 강조했다. "적자를 본다고 해서 직원들 월급 안 나온적 없습니다. 재단, 의료원에 계신 분들이 흑자를 내라고는 하지 않습니다. 다만 '적자를 봐도 상관없는데 착한 적자를 내라', '직원들만을 위한 경영을 하지 말아라', '정 회장님이 재단 만들 때 직원을 위해서 만든게 아니지 않느냐', '어느 정도 적자는 생각하지만 착한 적자를 만들어라'고 합니다. 저는 일도 열심히 하고 베풀기도 열심히 하는 이런 병원이 참 마음에 듭니다"라고 언급하였다. 이명신 현 보성병원장 역시 "최선을 다했음에도 불구하고 안될 때 지원해주어야 한다"는 원칙을 고수해야 한다고 강조하였다.

둘째, 대부분의 병원 재정 자립도는 초반의 큰 적자폭을 줄이고 1996년까지 우상향하고 있다. 이는 초기에 외래 및 입원환자들이 늘고 전반적으로 병원 경영의 합리화와 효율성이 뒷받침되면서 비용 절감 효과를 거두었기 때문이다. 나아가, 한 번 재정 자립을 이룩한 병원은 소폭의 차이는 있으나 지속적으로 건전한 재정 자립도를 유지하는 것으로 나타나고 있다. 서울병원, 강릉병원, 홍천병원, 보령병원, 그리고 금강병원이 이에 해당한다. 재정 자립을 한 첫 해까지 걸리는 기간이 금강병원은 0년, 서울병원은 2년, 정읍병원은 4년, 보령병원은 4년, 홍천병원은 5년, 강릉병원은 7년이며, 보성병원과 영덕병원은 개원 이후 한 번도 적자를 면한 적이 없다. 특히, 그림 15에서 보여주는 영덕병원의 재정 자립도는 다른 아산병원에 비해 낮은 편이다. 주된 이유는 영덕의 인구가 1960년대 10만 명 이상에서 점차 줄어 영덕병원 개원 당시 80년에는 9만 명 수준 그리고 2000년대 4만 4천 명에서 2013년은 4만 명 수준으로 급감하였기 때문이다. 이는 병원을 찾는 환자 수의 감소로 이어졌다. 이러한 현상에 대해 아산사회복지재단 김남수 실장은 다음과 같이 설명하고 있다. "영덕은 포항과 울진 그 사이에 있고, 100병상 종합병원으로 출발을 했는데 최근에는 급성기 환자가 나오지 않아 1년 적자가 20억이 넘습니다. 환자를 위해서 쓰는 것은 괜찮지만, 인건비랑 건물 관리 비용 등으로 비용 지출이 커서 환자한테 가는 것은 별로 없습니다. 매출이 50~60억 정도되는데, 인건비가 75% 정도입니다. 이 지역에 필요한 의료를 제공하라는건데 지금은 장기 요양 환자들이 많으니 요양 병원으로 바꾸면 좋겠다는 의견이 있었습니다. (⋯)

정몽준 이사장은 설립자의 뜻을 유지하기 위해, 병원을 없애기 보다는 요양병원으로 바꿔서 그 지역의 특색에 맞게 조정하였습니다."

개원 이후 줄곧 적자를 낸 보성병원도 사정은 마찬가지이다. 보성병원에서 근무하는 배선호 총무과장은 다음과 같이 병원의 어려움을 토로하였다. "저희 병원이 4개군의 중추적인 역할을 했었는데 시간이 흐르면서 각 군 단위의 병원이 생기고 교통편이 좋아지다보니까 그 역할이 약해졌습니다. 여기서 광주 1시간 반, 순천도 1시간 이상 걸렸었는데 지금은 3~40분이면 다 가고요. (…) 지금 젊은 사람들 시골에서 생활을 안 하려고 합니다. 가정 꾸리려면 도시로 가고, 자녀들이 좀 크면 도시로 나가게 됩니다. 교육이라든가. 보성군 전체 인구 주민등록상 4만 중반 정도예요. 보성군에는 보성읍과 벌교읍이 있는데요. 벌교읍은 순천에 가까운 지역이구요. 인구 좀 있습니다. 보성보다 훨씬 크구요. 행정만 보성에 있습니다. 크기는 벌교가 더 큽니다. 주민등록상 인구가 7,000여 명대에 불과합니다. 주소만 여기 있고 도시에서 살고 있는 사람도 많습니다. 출생률보다 사망률이 훨씬 높구요. 보성은 이미 초고령화 시대에 접어들었습니다. 인구는 계속 줄어들고 있구요. 종합병원으로서 상당히 컸었는데 (…) 분만이 없으니까 산부인과 없어지고. 애들이 없으니까 소아과 같이 없어지고. 이비인후과, 치과, 안과, 신경과, 신경외과가 있는 상당히 큰 병원이었었는데 현재는 내과 2개과, 정형외과, 외과 이렇게 진료과가 단순화되었습니다." 지방 병원의 재정 적자는 인구 감소와 교통의 발달로 인한 환자 수 감소와 인근 도시 병원으로의 환자 이탈이 주된 원인으로 꼽히고 있다.

개원 후 2014년까지 적자와 흑자를 기록한 병원을 살펴보면 다음과 같다. 2014년까지 홍천병원은 5억 원, 정읍병원은 145억 원, 보성병원은 222억 원, 그리고 영덕병원은 299억 원의 적자를 냈다. 반대로 보령병원은 65억 원, 금강병원은 10억 원의 흑자를 냈으며, 강릉병원은 256억 원을, 서울병원은 2014년 665억 원을 포함, 5,025억 원에 달하는 흑자를 냈다. 특히, 서울병원은 초기 2년간과 약소한 적자를 낸 세 개 연도를 제외하고는 전체 기간에 걸쳐 흑자를 기록하여, 아산병원의 시스템을 유지하는데 재정적으로 중심적인 역할을 하고 있음을 알 수 있다.[19]

7. 사회적가치와 경제적 가치의 공존

의료복지모델: 아산병원 시스템

아산병원이 시행하는 각종 의료 사업과 의료복지 사업은 어떻

---

19 따라서, "의료 낙후 지역에 시혜적 차원에서 제공되었던 초기 의료 서비스 성격을 탈피하여 초현대식 병원을 설립/운영하는 등 새로운 성격의 의료 서비스를 제시하고 있다(이수현 1997, p.3)"는 일간의 평가는 서울아산병원의 재정/인력적인 측면에서의 역할을 이해하지 못하는 것에서 비롯된다고 볼 수 있다. 즉, '탈피'한 것이 아니라 '강화'된 것으로 이해되어야 하는 측면이 있다.

게 조정 및 운영되었을까? 그림 16은 아산병원의 의료 사업 및 의료복지모델을 그림으로 표현한 것이다. 전체 시스템 중심에 아산재단과 의료원이 위치하고 있으며 모든 의료 사업과 복지 사업을 총괄한다. 아산병원 시스템의 특징은 다음과 같다.

첫째, 아산재단과 의료원은 각기 독자적인 역할을 수행하고 있다. 아산재단은 적자 보존을 통해 산하 병원의 재정 건전성을 유지하고(그림 13, 14, 15 참조) 의료복지 사업을 총괄하여 지방 아산병원에 의사 및 전공의를 파견하고 정보를 교류한다. 또한 구매를 대행하여 의료 자원 비용을 낮춘다. 조직도 상에서, 아산복지재단은 서울아산병원을 비롯한 산하 8개 병원의 인력·자금 관리, 구매 업무를 총괄 지원하고, 사회복지지원 사업, 학술 연구 지원 사업, 장학 사업, 학술 연찬 사업, 시상 등 각종 사업을 수행하는 실무 기구로서 사무처를 두고 있다(그림 17 참조). 의료원은 아산병원 설립 다음 해인 1990년 3월에 재단 산하 병원을 통합 관리하고 의료복지 사업을 보다 효과적으로 시행하기 위해 설립되었다. 의료원이 설립되기 전에는 아산재단이 중심이 되어 전체 병원을 관리하였다.

의료원을 중심으로 관계자 및 각 병원장이 함께 모여 현안을 논의하고 지원책을 마련하는 전체 병원장 회의가 1년에 2~3회 정도 개최되었고, 병원마다 필요한 사항은 아산재단과 문제를 상의하여 신속하게 대응하였다. 의료원 설립 후, 아산재단이 맡았던 임무 중의 일부가 보다 세분화되고 전문화된 역할을 수행하

그림 16 아산병원의 의료복지모델

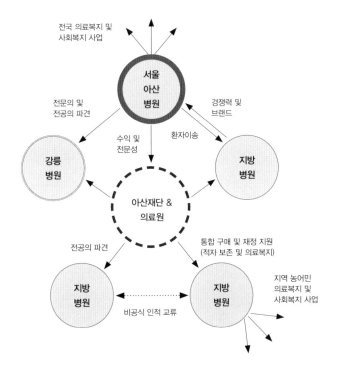

는 의료원에게 이관되었다. 특히, 의료원의 역할이 서울중앙병원을 포함한 전체 아산병원을 관리, 지원하는 업무로 확장되어, 재단 산하 병원의 중장기 발전 계획 수립을 통한 경영 효율성을 제고하고, 지방 병원 의사직 인력 수급의 체계화 및 진료, 교육, 연구의 상호 협력 체계 강화 등을 주 업무로 하고 있다. 또한 실무 기구로 의료지원실을 두고 있다. 1, 2대 의료원장은 이문호 전 병원장이 맡아 94년 2월 28일까지 임무를 수행하였다. 2001년 홍

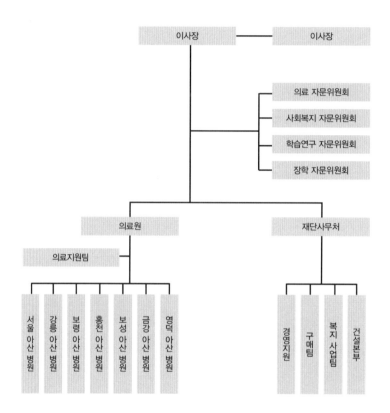

그림 17 아산사회복지재단의 조직도

이사장 — 이사장

의료 자문위원회

사회복지 자문위원회

학습연구 자문위원회

장학 자문위원회

의료원

재단사무처

의료지원팀

서울아산병원

강릉아산병원

보령아산병원

홍천아산병원

보성아산병원

금강아산병원

영덕아산병원

경영지원

구매팀

복지사업팀

건설본부

창기 3대 의료원장 시기부터 본격적으로 의료원의 역할이 보다 분명하게 정립되었다. 그림 18은 의료원의 조직도 및 업무 내용을 정리한 것이다.

둘째, 서울아산병원은 모병원으로서 아산재단과 의료원에 의학적 전문성을 제공하는 역할을 수행하고 있다. 다만 인력 교류는 최근 강릉아산병원을 제외하고는 그다지 활발하지 않은 것으

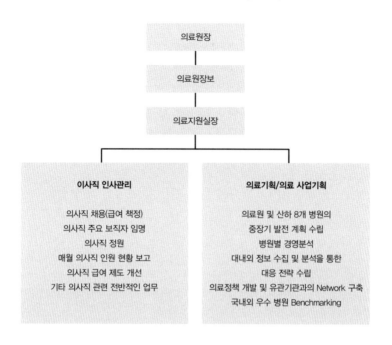

그림 18 의료원의 조직 및 업무 내용 (2001)

의료원장

의료원장보

의료지원실장

이사직 인사관리

의사직 채용(급여 책정)
의사직 주요 보직자 임명
의사직 정원
매월 의사직 인원 현황 보고
의사직 급여 제도 개선
기타 의사직 관련 전반적인 업무

의료기획/의료 사업기획

의료원 및 산하 8개 병원의
중장기 발전 계획 수립
병원별 경영분석
대내외 정보 수집 및 분석을 통한
대응 전략 수립
의료정책 개발 및 유관기관과의 Network 구축
국내외 우수 병원 Benchmarking

로 보인다(그림 6 전문의 전공의 파견 참조). 그럼에도, 문숙란 현 정읍병원장은 최근에 서울아산병원에 인력을 보내 교류를 했다고 한다. "영상의학과 작년 풀 로테이션 시켰어요. (…) 11명 다 시켰습니다. 사람에 따라 두 달 혹은 한 달 전부 2주 이상씩이요. (…) 제가 요청을 했더니 계속 회의를 해서 결국 했습니다. 사실 서로 불편한 일이지만 같은 재단 밑에 있으니까요. 지방 병원도 좀 해야 되지 않겠나, 꼭 기술을 배운다는 것 보다도 문화적으로 느껴야 된다 하는 생각이 들어서, 어려웠던 일을 6개월에 걸쳐서

했습니다. (…) 교육이 매우 중요합니다. 의사들에게 다른 병원에도 가라고 합니다. 조선대 등 얼마든지 가서 배워오라고 합니다." 지방 아산병원들은 현실적인 어려움에도 불구하고 실질적인 의사 교류를 갈망하고 있다. 이를 위해, 각 지방 병원들은 자체적인 비공식 네트워크를 통해 인적 교류를 하고 있다. 예를 들면, 보성병원은 마취과가 없어서 정읍병원에서 일주일에 두 번 정도 방문한다. 금강병원도 서울아산병원의 의사들이 자주 금강아산병원에서 환자를 돌봐 준다고 한다. 홍천병원 역시 강릉아산병원 의사진들의 도움을 받는다. 다만, 이런 교류가 시스템적으로 작동하기보다는 개인적인 인맥에 의해 이루어진다. 자칫 잘못하면 자신이 소속한 병원에서의 직무를 충실히 이행하지 않고 다른 병원을 도와주는 것과 같은 인상을 줄 수 있다. 따라서 개인적인 자발성에 기초한 인력 교류를 넘어 보다 체계적인 인센티브에 기초한 시스템적인 접근 방법이 필요하다. 예를 들어, 다른 산하 병원에 도움을 준 경우에 도움을 준 병원의 병원장이나 의사들에게 인센티브를 지급하는 방법도 생각해 볼 수 있다.

셋째, 서울아산병원은 의료복지를 수행하는 지방 병원들을 재정적으로 지원하는 역할을 담당하였다. 이런 관점에서 볼 때, 서울아산병원의 지방 병원을 돕는다는 설립 목적은 지난 25년 동안 꾸준히 실천되어 왔다고 볼 수 있다. 이런 재정적 지원과 더불어, 지방 아산병원과는 달리, 서울아산병원과 강릉아산병원은 의료 서비스의 질적인 측면을 담당하였다. 즉, 도시-농촌 간의 의료 서비스 차이의 해소라는 사회적 가치의 창출은 지방 아산병원이, 경제적 가치의 창출은 서울아산병원과 강릉아산병원이 담당하는 이원구조로 운영되었다. '한쪽에서 많이 벌어 다른 쪽을 도와준다'는 개념인 것이다. 이런 이원구조는 고빈다파 벤카타스와미^{Govinda Vankataswamy}의 사재로 1976년에 설립되어 일체의 기부금을 받지 않고 독립적으로 운영되고 있는 아라빈드^{Aravind Eye Care System}와 비교해 볼 수 있다. 아라빈드의 설립이유는 전 세계 시각장애인의 1/4이 있는 인도에서 80%의 환자는 간단한 백내장 수술로 예방이 가능함에도 불구하고, 경제적 이유로 수술이 불가능한 환자가 많았기 때문이다. 전체 환자의 65%에 달하는 저소득계층의 환자에게는 무상 혹은 저비용으로 치료해 주고 나머지 35%의 환자들에게는 비용을 받는 '이원적 가격정책'을 시행하였다. 병원으로 사업을 시작하였지만, 현재 연구소와 자체 의학용품 제조업체까지 설립하였다. 아라빈드의 성공 원인으로는 컨베이어 벨트 방식 도입으로 달성한 수술 효율성과 의사들의 숙련도를 꼽고 있으며, 현재 해외 270개 병원에 경영모델을 전파하고 있다. 아라빈드가 한 병원 내에서 서로 다른 환자들에게 이중적인 가격 구조를 운영하고 있다면, 아산병원은 소속 병원 간에 이원구조를 만들어 산하 병원 간의 재정적 균형을 유지하고 있다. 이런 병원 간 협력 모델은 1970년대 도시-농촌 간 의료 서비스 격차라는 사회적 문제를 해결하기 위해 고안된 것으로, 다른 나라에서도 찾기 힘든 차별화된 독특한 의료모델이라고 할 수 있다.

넷째, 모병원으로서의 서울아산병원은 협진시스템을 통해 지방 병원의 환자 유치에 도움을 준다. 지방 아산병원은 치료하기 힘든 질병을 가진 환자의 경우 서울아산병원으로 이송한다. 이런 상호 협력이 가능한 것은 서울아산병원이 모병원으로서 경쟁력있는 우수한 의료 서비스를 제공하고 있으며 브랜드 가치가 매우 높기 때문이다. 이명신 보성병원장은 이런 상호 협력을 보다 확대해야 한다고 강조했다. "병원장이나 관계자들은 그 지역 여건 분석을 잘 해야 합니다. 부녀회, 이장들 모임에도 나가고 얼굴을 알고 소통을 해야 합니다. (…) 또 우리 병원에서 진료 못하면 책임지고 서울 아산병원에서 해 준다는 (…) 확실한 자신감을 주어야 합니다. 그래야 오는거지 그렇지 않으면 안옵니다." 문숙란 정읍병원장도 "저희도 많이 보냅니다. 지역 주민들이 그 점 알고 오는 경우가 많습니다. (…) 암 환자분들에게 '서울아산병원에 하실랍니까' 하면 바로 가서 (수술) 하는 경우가 많습니다." 이처럼 서울아산병원의 지방 거주 외래 및 퇴원 환자 수의 증가 속도에는 지방 병원과의 환자 이송시스템이 기여하고 있다(그림 9 서울아산병원의 외래 및 퇴원 환자의 거주 지역 참조). 이런 측면에서 서울지방 아산병원의 브랜드가 지방 아산병원의 운영을 돕고, 이는 다시 서울아산병원을 돕는 선순환구조로 이어지고 있다.

다섯째, 아산재단에 속한 모든 병원은 농촌 주민에게 의료 서비스를 제공하고 각종 의료복지 사업을 전개한다(그림 11 의료복지 실적 참조). 이를 통해, 아산병원의 설립 당시의 취지에 맞게, 농촌 주민들에게 의료복지의 혜택을 지속적으로 베풀 수 있다. 서울아산병원은 전국에 걸쳐 무료 진료를 하고 있으며 각 지방 병원은 자신의 진료권 내에서 지역 주민 의료복지 및 사회사업을 시행하고 있다.

적자=사회복지 혹은 흑자=사회복지?

아산병원에는 현재 사회복지에 대한 두 가지 시각이 공존한다. 한편으로는 적자를 감내하고서라도 의료 서비스 접근이 어려운 농촌 주민들에게 의료 혜택을 제공하는 것이 아산병원의 역할이라는 시각이다. 다시 말하면, 농촌 주민들에게 의료 서비스를 제공하고나서 발생하는 적자를 사회적 가치 창출의 정당한 결과로 보는 것이다. 다른 한편으로는, 경영의 합리화를 통하여 증가하는 환자의 의료 수요에 맞추어 의료 시설 및 서비스의 질을 개선하는 것이 시대에 맞는 복지라는 시각이 존재한다. 이 시각에 따르면 주민들에게 시대에 부응하는 양질의 의료 서비스를 제공해 발생하는 흑자가 성공적인 복지의 지표가 된다.

첫째, '적자=사회복지'라는 인식이다. 즉, 지역사회에 의료 혜택을 주기 위해 열심히 노력한 결과로 발생한 적자는 사회복지적 차원에서 적절하다고 생각하는 인식이다. 문제는 아산병원이 초기에 내세웠던 도시-농촌 간 의료 서비스의 격차를 해소한다는 의료복지적 측면이 지난 40여 년 동안 많이 퇴색된 측면이 있다는 점이다. 병원도 없던 산간벽지에 세운 종합병원은 농어촌 주민들에게는 한 줌의 빛과도 같았다. 하지만, 최근에 **그림 2**가 보여주듯이, 농촌 지역에도 의원과 병원의 수가 날로 증가하여, 소비자에게는 지방 아산병원 이외에도 다양한 대안들이 등장하기 시작했다. 즉, 농어촌 소비자는 지난 10~15년 이상 의료 서비스를 전혀 받지 못하는 상황에서 '의료 서비스의 선택'이라는 상황에 직면하게 되었다. 이로 인해 병원들도 의료 서비스의 소구점을 '양'적인 측면에서 '질'적인 측면으로 전환할 필요성이 꾸준히 증가하게 된 것이다. 홍천병원의 박기현 총무과장은 적자 경영에 대해 이렇게 언급했다. "외부 사람들이 물어와요. 병원 경영은 좀 어떻냐구요. 그러면 경영은 좋지 않고 적자는 보고 있다고 대답하죠. 그런데 자기 위안으로 우리가 적자를 본거는 지역 주민들한테 의료 서비스를 돌려줬다고 생각한다고, 사회복지라고 생각한다고 덧붙여요. 이렇게 말은 하면서도 속으로는 조금 불편하죠. (…) 경영이 안 되면 많이 불안합니다." 이렇듯, 초기 개원 당시부터 오랫동안 지속되었던 '적자=사회복지'라는 인식은 시대 상황의 변화에 따라 많이 쇠퇴하고 있다.

초기 아산사회복지재단의 이사장을 역임했던 고 문인구 변호사는 고 정주영 회장과의 대화를 언급하면서 지방 병원의 재정 상태에 대해 다음과 같이 언급했다. "나는 재정에 관해서는 잘 알지 못해서 사무국장에게 일임하고 사업을 시작했다. (…) 실제로 1년에 몇 번 이사회를 개최하고 지방 병원의 재정 사항을 보고하다 보면 정 회장도 관심을 표하며 손해를 없애야 한다는 말도 했다(문인구, p.522)." 적자를 없애기 위해서 아산재단을 비롯한 모두 직원이 최선의 노력을 다해야 한다는 표현일 것이다.

둘째, '흑자=사회복지'라는 시각이다. 이 시각은 사회복지 개념을 보다 적극적으로 해석하여, 이미 경쟁 상황에 놓인 의료 시장에서 보다 나은 서비스를 환자들에게 제공해야 하며 좋은 의료 서비스가 바로 복지라는 것이다. 나아가, 적자보다는 이왕이면 흑자를 내서 지역사회에 양질의 의료 혜택을 더 많이 돌려주는 방식이 효율적인 복지라는 생각이다. 예를 들어, 홍천병원은 최근 흑자 기조를 이어오면서 올해 처음 누적적자 '0'에 도전하고 있다. 홍천병원의 최종수 병원장은 처음 병원장에 부임했을 때의 느낌을 이렇게 묘사하고 있다. "여기도 사실 옛날에는 사회복지라는 개념에서 무언가를 베풀어준다고 생각하면서 환자가 오면 오고 안 오면 안 오는 것으로 받아들이지 않았나 싶어요. (…) 어떤 면에서는 (홍천병원에) 처음 도착했을 때 공공 의료 기관 같은 느낌이었어요. 내가 다른 사람들한테 베푸는데 나도 시혜를 받는 것 같은 개념이에요. 내가 열심히 해서 남한테 혜택을 주려는 개념이 아니라, 나도 복지재단에 있으니까 하나의 복지를 받는 거에요." 환자에게 사회복지를 하는 것이 아니라 의사, 간호원 및 직원들이 사회복지의 대상이 되어있던 현실을 비판한 것이다. 홍천병원의 박기현 총무과장은 "우리 지역에서 발생하는 총 진료비를 뽑아보게 되면 사실 우리 병원에서 쓴 돈은 반도 안돼요. (…) 또 하나는 주민이 써야 되는 의료비 우리에게 써서 경영이 좋아지면, 여기서 남은 이득금을 가지고 직원들도 주지만 지역에도 되돌려 주잖아요. (…) 우리가 언제까지 적자 경영을 하면서 복지를 할 수는 없거든요."라고 강조했다. 덧붙여, "환자 입장에서는 아산재단의 큰 뜻에 공감해서 오는 경우가 없다"며 냉정한 현실에 안타깝게 말을 이었다. 개원 초기 시절 빈곤과 질병을 끊겠다는 설립 취지에 대한 지역 주민들의 공감이, 증가하는 의료 기관의 설립으로 희미해지고 있다(그림2 전국 종합병원, 병원 및 의원 수 참조). 최근 수년 동안, 아산재단 내부에서 이러한 인식의 변화는 점차 커지고 있다.

변화하는 의료 환경에 맞춰 병원을 운영하는 것은 많은 노력과 혁신을 필요로 한다. 홍천병원 최종수 병원장은 병원혁신 과정의 어려움을 다음과 같이 설명했다. "병원이 언제든지 응급 상황이 터지는 환경인데 수술실 같은 경우는 시스템이 갖춰져는 있어도, 직원들 입장에서 보면은 한 번도 응급수술을 해 본 적이 없기 때문에 하자 그러면 내부에서 막 반대를 해요. 이건 말이 안 된다고 생각해서 직원 내부적으로 응급수술을 할 수 있는 시스템을 갖추었구요. 두 번째로는 환자들이 응급실에 와서 진료를 받을때, 실제 대학병원에 응급의학과 전문의가 있기는 하지만 인턴 레지던트 선생들이 보다가 몰라서 부르면 내려오고 그러기는 하지만, 저희는 인턴, 레지던트 2~3명밖에 없었어요. 그런데 전문의가 바로 보면 안될 이유는 없잖아요. 여기는 제가 응급실에 나와서

환자를 보니까 다른 스태프들도 많이 나왔고 (…) 대학병원에서
는 단계별로 전문의가 볼때까지 시간이 걸리고 (…) 비싸게 돈 주
고 시간이 더 많이 걸리는 것보다는 (…) (여기서는) 전문의가 바로
진료하는 병원이 되니까 서비스에 질적인 변화가 오는 거죠. 양
적인 면에서는 우리가 다 진료를 못하지만 빠르게 판단하죠." 오
히려 지방 병원의 작은 규모가 지역 주민들에게 빠르고 정확하게
다가갈 수 있다는 점에서 강점이 될 수 있다는 점을 강조했다.

　홍천아산병원의 사례를 통해 본 지방 병원의 변화의 핵심은 병
원장 주도의 인력의 변화이다. "사람이 먼저 변화해야 되는데 그
걸 누가 변화를 시키냐는 거죠. 냉정하게 말하면 재단 이념하고
안 맞는 분들은 제가 그만 두시라고 하는 경우 많아요. (…) 제가
2011년 1월 3일에 왔는데 그때 있었던 분 중 지금 남아 계신 분
은 내과, 마취과 선생님 빼고 다 바뀌셨어요. (…) 홍천아산병원
도 (…) 조금씩 5년에 걸쳐서 변화를 주었죠. (…) 그래서 의료진
이 많이 변했어요. 처음에는 저항이 많았지만. (…) 재단의 설립
이념을 구현하고 롤 모델이 되려면 의료진의 변화가 가장 시급
하죠. (…) 제일 중요한게 원장이죠. (…) 조그만 병원들은 변화는
쉽게 올 수 있고 누군가 와서 변화만 주면은 산하 병원들은 금방
변할 것 같아요." 현재 아산병원은 각 병원들이 자율적으로 운영
하는 독립 체제이다. 재단에서 많은 도움을 주지만, 개별 지방 병
원의 적자는 그 병원만의 문제로 간주되고 결국 문제도 그 병원
에서 직접 해결해야 한다. 따라서, 지방 병원에서는 생존을 위해

인적 구성을 쇄신하고 의료 서비스에 대한 개념이 바뀌면서 복지를 더 잘하기 위해서는 적자가 능사가 아니라는 관점으로 인식이 변화하고 있다.

또한, 병원 흑자는 직원들을 변화시키는 원동력이 되고 있다. 고 문인구 변호사도 "자문위원들은 아무리 손해를 예상한 사회복지 사업이라고 할지라도 병원은 독자적인 수입이 있고 그 수입으로 병원을 경영할 수 없다면 원장 이하 의사들의 사기가 떨어진다고 했다(문인구. p.522)". 인제병원에서 시작해서 홍천병원 초기부터 근무한 홍천아산병원 강정희 간호과장은 흑자가 되면서 오는 즐거움을 이렇게 표현하고 있다. "적자 병원에서 계속 월급을 주는 게 언제까지 유지가 될까 굉장히 불안하더라고요. (…) 이제 월급을 받아갈 수 있는 흑자가 되니까 되게 뿌듯해요. (…) 그래서 힘들기는 하지만 옛날에 환자가 없을 때는 더 불평불만이 많았던 거 같아요. (…) 그리고 적자 볼 때는 위에서 흑자를 볼 수 있는 전략 방안을 적어서 내라고 합니다. 그러면 저희가 적어 내는 게 전기 아끼고 반창고 하나 좀 절약하자 이렇게 맨날 똑같이 써서 내는데 의미가 있는 건 아니잖아요. 그걸로 흑자 낼 수 있는 게 아니잖아요. 그래서 그것 때문에 스트레스를 굉장히 많이 받았어요. 차라리 지금은 그런게 없고 환자를 열심히 보면 흑자 되니까 마인드 자체도 바뀌는 것 같아요." 지방 아산병원에서 오랜 적자에서 오는 패배감을 극복하고 새로운 변화를 위한 출발에 간호원 및 직원들도 적극 호응하고 있다. 보령아산병원의 김광태 총무과장도 "흑자가 나면 굳이 수치를 말하지 않아도 직원들이 먼저 압니다. 그리고 병원 분위기도 많이 다릅니다"고 긍정적인 효과를 강조했다. 흑자를 통해 지방 병원이 더 많은 일을 해야 한다는 사명감이 확산되고 있는 것이다.

사회적 가치와 경제적 가치를 해결하는 방법과 관련하여 지방 아산병원과 서울아산병원의 역할과 임무에 대해 살펴보자.

첫째, 아산병원의 역사는 도시-농촌 간의 의료 서비스 차이라는 사회적 문제를 해결했던 1기와 의료 경쟁력과 서비스의 선진화를 추구하는 2기로 나눠볼 수 있다. 1기는 지방 아산병원들의 설립으로 출발했으며, 2기는 서울아산병원과 강릉아산병원을 통해 시작된다. 병원 역사를 이렇게 1기와 2기로 나누는 이유는 사회적 가치와 경제적 가치에 대한 인식이 1기와 2기로 상이할 수 있기 때문이다. 1기 지방 아산병원은 의료 취약 지역 주민들에게 의료의 혜택을 베풀었으나, 경제적 이익에 관심을 크게 두지 않았다는 측면에서 순수 사회복지모델에 가깝다고 할 수 있다. 즉, 지방 아산병원들은 의료 서비스의 '양'적인 측면을 담당하여, 도시-농촌 간의 의료 서비스 차이라는 사회적 문제를 해결하는데 주력하였다. 경제적 가치를 창출하는 작업은 당시 여건상 매우 힘든 일이었다. 이런 과정에서도 흑자를 냈던 병원들은, 사회적 문제를 해결하는 과정을 통해 경제적 이익을 창출하고 다시 사회적 문제에 재투자하는 공유가치창출 병원이라고 평가해도 큰 무리가 없을 것이다(그림 19 참조). 그 이유는 가난한 농어촌 주민들

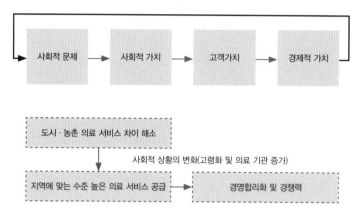

그림 19 지방 아산병원: 의료복지모델

재투자

사회적 문제 → 사회적 가치 → 고객가치 → 경제적 가치

도시·농촌 의료 서비스 차이 해소

사회적 상황의 변화(고령화 및 의료 기관 증가)

지역에 맞는 수준 높은 의료 서비스 공급 → 경영합리화 및 경쟁력

의 열악한 의료 상황을 개선하면서도 일정 정도의 경제적 이익을 거두는 성과를 만들어냈기 때문이다. 문제는 오랫동안 재정 건전성을 확보하지 못해, 지속가능한 공유가치창출 모델이 만들어지지 않았다는 점이다. 그럼에도 지방 아산병원이 거둔 사회적 가치의 의미는 긍정적으로 평가되어야 한다.

하지만, 2기에 들어선 지방 아산병원들은 고령화에 따른 인구 감소와 다른 의료 기관과의 경쟁으로 인해 개원 당시 약속했던 사회적 가치를 기대 수준에 맞추지 못하고 다소 밀리는 상황에 처하게 된다. 한국보건 의료관리연구원 신영수 원장은 이미 1997년 아산재단 20년사에서 "아산재단 의료 사업의 주체인 병원들의 딜레마는 병원들이 복지 사업체로서 사회적 지원을 얻지도 못하면서 경영체로서의 이익 추구도 하지 못하는 엉거주춤한 행보를 거듭한 데서 비롯된다. 병원 경영이 어렵다는 이유를 복지이념에서 찾았을 뿐, 경영현상의 실제적 문제점들을 과학적으로 밝혀 해결하는 데에는 소홀했다. 경영 목적과 이념이 불투명한 상태에서 병원들이 경영체로서 경영학의 이론과 실용 기업을 적극적으로 활용하기보다는 아산재단의 복지 사업 기관적 공익성 명분만을 따르다 보니까 경쟁이 심화되는 경영 환경의 변화에 대응하는 발전 전략이 궁색해졌다(p.248)"고 평가하였다.[20] 따라서 지방 병원은 이미 오래전부터 지역에 맞는 수준 높은 의료 서비스 공급을 통해 경영 합리화 및 경쟁력을 확보해야 하는 과제에 직면하고 있다(그림 19 참조). 이에 대한 해결책으로, 최근 지방에 다수 설립된 요양원과 요양병원은 경쟁 의료 기관이라기보다 협력 기관으로서의 역할을 할 수 있다. 지방 아산병원은 요양원과 요양병원을 수시로 방문하여 진료에 필요한 도움을 주고, 요양원과 요양병원은 긴급 상황이 발생시 환자를 지방 아산병원에 보내 치료할 수 있다. 노인들을 위한 의료복지 활동이기도 하지만, 이는 동시에 환자를 발굴해내는 의료 사업적 측면을 가지고 있다. 이와 같이, 의료 사업과 의료복지를 이분법적으로 분리해서는 지방 아산병원의 새로운 성장동력을 찾기 힘들다. '의료복지=의료 사업'으로 자연스럽게 연결되는 접점에 지방 아산병원의 새로운 의

---

20 인력 확보 측면에서의 단적인 예로 보령아산병원과 차편으로 30~40분 정도 떨어진 홍성의료원을 들 수 있다. 지속적인 투자로 홍성의료원은 현재 19개 진료과에 412병상을 운영 중이다. 이를 두고, 보령아산병원의 김광태 총무과장과 서문희 간호부장은 "오래전에는 홍성 부근에 사는 간호사들이 주로 저희 병원에 왔어요. 하지만 지금은 홍성의료원에 갑니다"고 언급하면서 경쟁력을 갖추기 위해 더 많은 노력이 필요하다는 점을 강조했다.

료 시장이 존재할 수 있기 때문이다.

8. 결론

아산병원의 지난 40여 년간의 발자취를 살펴보면, 도시-농촌 간 의료 서비스 차이에 기여한 의료복지 선구자의 모습, 선진적인 의료 서비스와 전문성을 갖춘 의료 사업자의 모습, 세계적인 의료 경쟁력을 확보한 의료 혁신자의 모습, 무료 진료를 포함한 지속적인 의료복지 실천자의 모습, 그리고 여러 지방에 거점을 둔 독특한 의료복지시스템으로서의 모습 등을 볼 수 있다. 아산사회복지재단은 지방에 종합병원을, 그리고 서울에 모병원을 세우는 과감한 혁신을 단행하였으며 우수한 인력을 확보하기 위해 투자를 아끼지 않았다. 나아가, 의사 및 의료 인력의 자율성과 전문성을 중시하는 리더십과 조직 문화를 만들고, 지방 아산병원과의 협력을 위해 전공의를 파견하고, 의료복지로 인해 발생하는 지방 아산병원들의 적자를 보존해 주는 등 혁신적인 프로세스를 단행하여 수많은 농촌 주민들과 전 국민에게 의료 서비스를 제공하였다.

이런 혁신적인 행동과 프로세스의 바탕에는, 고 정주영 회장이 강조한 빈곤과 질병의 악순환을 끊으려는 '이봐, 해봤어?'라는 '도전 정신'과 '할려면 최고로 해'라는 최고를 향한 열정이 숨어 있다. 필자가 인터뷰를 한 아산병원의 관계자들은 이러한 아산의 도전 정신과 열정으로 뭉친 '초인'들이었다. 초대 지방 아산병원장으로 의료복지의 문을 연 이돈영 병원장, 울산의과대학을 설립하는 데 기여한 민병근 전 서울아산병원 부원장, 현재 세계적인 서울아산병원의 초석을 마련한 민병철 전 서울아산병원장, '아직도 수술이 좋다'는 간이식 분야의 장인 이승규 의료원장, 그리고 아산병원에서 오랜 세월 동거동락한 수많은 병원장, 의사, 간호사 및 직원들은 아산정신에 산다는 자부심으로 일하고 있다.

아산병원이 보여준 다양한 모습들을 담아내기 위해, 이 글은 사회적 가치와 경제적 가치 모두를 포괄하면서 융합의 토대를 제공하는 CSV(공유가치창출)의 시각에서 아산병원을 조명해보았다. 이러한 관점에서, 아산병원에 대한 세 가지 측면에서 긍정적인 평가를 내릴 수 있다. 첫째, 사회적 가치의 문제다. 아산재단은 어떤 기업도 이뤄내지 못한 도시-농촌 간의 의료 서비스 차이의 극복이라는 사회적 가치를 창출해냈다. 벽지에 의료 서비스를 제공하여 도시-농촌 간 의료 서비스 해소에 기여한 아산병원의 사회적 가치는 헤아릴 수 없을 만큼 크다. 나아가, 무료 순회를 포함한 지속적인 의료복지활동을 통해 아산병원의 설립정신을 이어가고 있다. 특히, 서울아산병원은 중증환자에게 의료 혜택을 베풀고, 전국에서 오는 외래 및 입원환자에게도 의료 혜택을 주는 아산병원으로 성장하고 있다.

둘째, 지속가능성의 문제다. 서울아산병원과 강릉아산병원을 설립함으로써 전체 아산병원이 자체적으로 존립할 수 있는 근거를 마련했다. 이는 고 정주영 회장이 정읍병원 설립 당시 추진한 사안으로 아산병원의 전체 시스템의 초기 구상에 포함되어 있었다. 전체 시스템으로서의 아산병원은 병원 간에 재정을 지원하고 인력 및 정보를 교류함으로써 지속가능한 시스템으로 작동하였다. 서울아산병원이 없는 지방 아산병원을 상상할 수 있을까? 지방 아산병원만 존재하는 아산병원을 40여 년 동안 유지하는 것이 매우 힘든 일이라는 점을 부인하는 사람은 드물 것이다. 아산재단은 모병원을 통해 재정 건전성을 확보하여 지방 아산병원을 지원하고 의료선진화를 추구한 독특하고 차별화된 의료모델이다. 세금으로 운영되는 국립의료원, 자체 기금으로 연구에 치중하는 록펠러재단, 기부금으로 무료 진료를 하는 국경 없는 의사회 등과 견주어도 차별성이 돋보이는 한국적인 모델이다.

셋째, 혁신의 문제다. 아산병원은 환경에 맞춰 끊임없이 변화하는 모습을 통해 혁신의 중요성을 일깨워준다. 아산병원 전체 시스템으로서의 혁신, 끊임없이 발전하는 의료 혁신, 환자에게 다가가는 서비스 혁신, 자율성과 전문성을 중시하는 조직 혁신 등은 기존의 관습과 타성을 깨고 좀 더 나은 방법으로 좀 더 나은 서비스를 환자에게 주고자 노력한 흔적이다. '고여 있는 물은 썩는다'라는 말이 있듯이 부단한 혁신 없이는 새로운 가치를 창출할 수 없다. 아산병원의 혁신적인 모습은 후발 병원뿐 아니라, 다른 산업의 종사자들에게도 많은 영감과 공감을 불러일으켰다.

아산병원의 성공 비결은 비전, 시스템, 그리고 사람에 있다. 한마디로, 좋은 비전에 훌륭한 전략 그리고 이를 실행하는 사람들의 총합으로 빚어낸 작품이다. 더 나은 아산병원의 미래를 위해, 두 가지 개선점을 제시하고자 한다. 하나는 외부 고객에 대한 것이고 또 다른 하나는 내부 조직에 관한 것이다. 첫째, 세대 간의 아산병원에 대한 인식이 매우 다르다. 산간벽지 지방에서 아산병원의 의료 서비스를 접한 구세대에게 아산병원은 크나큰 축복이었다. 많은 주민들이 아산병원을 찾아 병을 고친 고마운 기억들을 가지고 있다. 하지만, 이 기억들은 현재 신세대에게 전달되지 못하고 있다. 어느 누구도 하지 못한 발상으로 벽지에 종합병원을 세운 아산의 '도전 정신'을 신세대는 기억하지 못하는 것이다. '할려면 최고로 하라'라는 열정도 희미해지고 인구의 감소와 교통의 발달이라는 외부적 요인에 병원의 운명이 좌우되는 현상도 나타난다. 다시 세대를 초월하여, 아산의 '도전 정신'이 오늘날 현재 진행형이 되기 위해서는 이에 맞는 새로운 비전, 시스템, 그리고 사람들로 채우는 노력을 해야 한다.

둘째, 개원 초기부터 이어지는 '적자=사회복지'라는 개념이, 적자를 보더라도 직원이 아닌, 지역 주민을 위한 적자여야 한다는 개념으로 바뀌고 있다. 더 나아가, 이제 일부 지방 아산병원에 '흑자=더 많은 의료복지'라는 개념이 뿌리내리고 있다. 이를 확실히 정착시키기 위해서는 도전 정신을 현실화 한 성공 사례가 필요하다. 성공 사례는 상상력을 자극하고 실천력을 높이는 계기가 된다. 이미 지방 병원의 작은 규모를 오히려 장점으로 이용하여 내실을 다지고 차별적인 서비스를 제공하는 지방 아산병원이 나타나고 있다. 이를 가속화하여, 흑자를 내고 양질의 의료 사업과 의료복지를 할 수 있는 대안을 조속히 마련해야 한다. 이를 위해 아산재단과 의료원이 지방 아산병원을 보는 시각에도 변화가 있을 것으로 예상된다. 현실의 장벽은 높지만, 누군가가 꿈을 꾸지 않았다면 아산병원도 애당초 시작되지 않았을 것이다. 또한 서울아산병원과 강릉아산병원은 모병원과 의료선진화라는 주어진 역할을 충실히 하면서, 지방 아산병원에게 도전 정신을 불러일으키는 혁신가로서의 역할을 보다 적극적으로 수행해야 한다.

지난 40여 년 동안 아산병원에는 고 정주영 회장의 '이봐, 해봤어?'로 대표되는 도전 정신과 최고를 향한 열정이 항상 자리잡고 있었다(정주영, 1998). 따라서, 아산병원은 고 정주영 회장이 1970년대 도시와 농촌 간의 의료 서비스 격차 해소에 나선 역발상의 혁신 정신이 숨 쉬는 병원으로 기억되어야 한다. 이런 아산정신이 현재 아산병원이 마주한 제반 문제점들을 슬기롭게 극복하는 나침반으로서의 역할을 수행하게 될 것이다.

한국형 복지국가

– 아산 복지정신의 함의

이봉주(서울대학교)

학력
서울대학교 사회복지학과 졸업, Norfolk State University School of Social Work 석사, University of Chicago School of Social Service Administration 박사.

경력
University of Chicago 부교수, 한국사회복지행정학회 회장, Child Indicators Research 공동편집위원장. 현 서울대학교 사회복지학과 교수.

저서 및 논문
《사회서비스와 공급체계: 쟁점과 대안》(EM 커뮤니티, 2008, 공저), 《사회복지행정론》(나남, 2012, 공저), 〈교육복지투자우선지역 지원사업의 학업성취 효과 종단적 분석〉, 한국아동복지학, 45, 2014(공저). 〈Family, school, and community correlates of children's subjective well-being: an international comparative study〉, Child Indicators Research, 8(1), 2015, (공저).

1. 서론

이 글의 목적은 아산 정주영의 복지이념과 활동을 되짚어 보는 것이다. 독자들은 아마 이렇게 제시된 글의 목적에 고개를 갸우뚱할지도 모르겠다. 우선, 첫 번째로 드는 질문은 왜 우리가 아산의 복지이념과 활동을 알아볼 필요가 있을까이다. 아산은 무일푼에서 시작해서 현대그룹이라는 세계적인 기업군을 일군 입지전적인 기업가이다. 기업가로서의 아산에 대해서는 많은 연구와 평가가 있을 수 있지만, 아산을 복지의 관점에서 고찰해보는 이유는 무엇인가? 이 글을 더 진행하기 전에 이 질문에 대한 답은 꼭 필요해 보인다.

나는 그 답을 우선 아산이 가지고 있었던 부와 기업에 대한 생각에서 찾는다. 아산은 기업을 부의 증식 수단으로 인식하지 않았다. 아산은 기업을 넓은 의미에서의 사회복지 수단으로 인식한 것으로 보인다. 이러한 그의 생각은 그가 남긴 자서전과 연설문집 등에 뚜렷하게 여러 번 나타난다. 다음 아산의 말은 그의 생각을 가장 잘 보여준다.

"기업이란 국가 살림에 쓰이는 세금의 창출에 큰 몫으로 기여하면서, 보다 발전된 국가의 미래와 보다 풍요로운 국민생활을 보람으로 일하는 덩어리이지 어느 개인의 부를 증식시키기 위해, 뽐내기 위해 있는 것이 아니다."[1]

흔히 '복지'와 '시장(즉, 자본주의)'은 서로 대치되는 개념인 것으로 파악된다. 하지만, 복지국가는 자본주의 체제의 한 형태다. 즉, 복지국가라는 개념은 자본주의 자체를 부정하지 않는다. 오히려, 자본주의에서 파생하는 문제적 현상들에 대해 적극적으로 대응함으로써 자본주의가 지속가능할 수 있도록 하는 보완책이 복지국가의 개념에 더 가깝다(이봉주, 2013). 아산은 자본주의 경제의 핵심인 기업을 이끈 기업가이었지만 그는 자본주의의 궁극적인 목적은 복지국가로 가는 길이라는 생각을 피력하고 있다.

> "자유주의, 자본주의의 목적과 정신은 돈을 벌어 나 개인, 또는 내 가족만 풍족하게 살고 보자는 것이 아니다. 열심히 일해서 그 이윤으로 내 가정을 안정시키고 나아가서 사회에 기여, 봉사하면서 인간답게 살고자 하는 것이 그 진정한 정신이다."[2]

그는 더 나아가 개인적인 영리 추구만을 목적으로 하는 자본주의를 '황금만능주의'와 '천민자본주의'로 규정하고 있기도 하다.

> "돈만을 목적으로 한 고리대금이라든지, 은행 이자만 따먹으면서 재산을 불린다든지 하는 것은 진정한 자본주의가 아니다. 그것은 악성

---

1 정주영, 1991, p.257.

2 정주영, 1991, p.315.

자본주의이다."[3]

　이런 그의 말이 단순히 말로 끝난 것이 아니라 실제로 그의 여러 활동에서 나타나고 있는 것을 보면, 아산이 가지고 있던 이러한 기업관은 그의 활동에 일관되게 관통되고 있음을 알 수 있다. 그렇기 때문에 그가 가졌던 사회복지에 대한 생각과 활동에 대한 체계적인 고찰은 오히려 기업가로서의 아산을 더 잘 이해할 수 있는 방법이기도 하다는 것이 나의 판단이다.

　두 번째 답은 그가 현재까지도 우리나라에서 가장 규모가 큰 민간복지재단인 아산사회복지재단을 설립했다는 것이다. 그때가 1977년이다. 한국의 사회복지 발전 역사에서 70년대 중반이라는 시점은 국가에 의한 복지는 거의 존재하지 않았고 복지는 대부분 민간 외원기관들의 지원으로 이루어진 생활시설 위주의 복지 체제를 나타낸다(이봉주, 2014). 그러한 시대적인 상황에서 당시 자신의 현대건설 주식의 50%를 출자해서 '사회복지재단'을 만들었다는 것은 상당히 예외적인 일이다. 당시는 '사회복지'라는 용어 자체가 생소하던 시절인 것을 감안하면 더욱 그렇다. 그렇기 때문에 적어도 아산사회복지재단 설립자로서 아산을 사회복지의 시각으로 탐구하는 작업은 필요해 보인다(최재성, 2015).

　이상의 이유로 아산의 사회복지이념과 활동에 대한 이해가 필

3　정주영, 1991, p.315.

요하다고 인정이 된다면, 그다음 질문은 "왜 하필 지금인가"이다. 왜 지금 사회복지 시각에서의 아산에 대한 탐구가 필요한가? 최근 한국의 사회복지 환경은 빠른 속도로 변화하고 있다. 2000년대 이후 본격적으로 진행되기 시작한 저출산·고령화, 양극화, 가족 기능의 약화 등의 경제사회적 변화는 복지 욕구의 급격한 증가로 이어지고 있다. 정치적인 측면에서도 복지는 이제 핵심적인 의제의 하나로 자리 잡았다. 실제로 지난 2012년의 대선에서도 복지는 가장 중요한 선거 이슈 중의 하나였다. 이러한 경제·사회·정치적인 변화는 사회복지의 급격한 확대로 귀결되고 있다. 2000년에 공공 사회복지지출이 GDP의 5% 수준이었던 것이 2014년에는 두 배 이상 증가해 10.4%를 기록하고 있다. 공공 사회복지 지출의 절대적 수준은 아직 OECD 평균인 21.6%에 비해서는 여전히 낮지만 2000년 이후 증가율은 OECD 국가들 중 가장 높다.

한국 경제의 발전 과정을 설명하면서 '압축경제'라는 표현을 많이 쓴다. 최근 한국에서 빠른 속도의 복지 확대는 이제 '압축복지'라는 용어로 설명될 수 있다(해밀을 찾는 소망, 2012). 하지만 '압축복지'의 방향성과 방법을 두고는 뜨거운 사회적 논쟁이 이루어지고 있는 것이 사실이다. 보편적 복지냐 선택적 복지냐에 대한 논쟁은 대표적인 복지 논쟁 중의 하나이다. 증가하는 복지 지출을 어떻게 감당하느냐에 대한 대책도 시급한 형편이다. 최근 늘어나는 지출을 감당할 수 없어 지자체들이 보육이나 기초연금을 더 이상 지속할 수 없다고 선언하며 생겨난 '복지디폴트'라는 단어는 복지의 지속가능성 문제가 얼마나 중요한지를 잘 보여준다. 늘어나는 복지를 감당하기 위해서 세금을 올려야 한다는 증세 논쟁도 바로 복지의 지속가능성에 대한 문제 제기다.

이러한 다양한 논의는 결국 우리에게 맞는 복지의 방향은 무엇인가라는 근본적인 문제에서 발생한다. 그동안 복지 논쟁의 대부분은 서구로부터 수입된 이론들을 우리의 현황에 대입하는 형식이었다. 하지만 이제 본격적인 사회복지 발전 단계로의 진입은 우리에게 맞는, 우리가 지향하는 복지는 무엇인가에 대한 고민을 요구하고 있는 것이다(해밀을 찾는 소망, 2012). 이러한 문제는 최근 소위 '한국형 복지국가'에 대한 논의로 증폭되고 있다(김연명, 2007; 안상훈, 2007; 안상훈, 2014).

한국형 복지복가의 탐색이 시급한 시점에서 아산의 복지정신과 활동에 대한 고찰은 의미 있는 작업일 수 있다. 그것은 아산이 복지 그 자체에 대한 방향성을 제시하고 있다기보다는 그의 주체성과 창의성에 대한 확고한 신념 때문이다. 아산은 그의 자서전인《시련은 있어도 실패는 없다》의 머리말에서 다음과 같이 쓰고 있다.

"현대가 한국 경제를 선도하고 오늘날 놀랄 만큼 성장해서 세계적인 기업의 일원이 될 수 있었던 원동력이 무엇이냐고 묻는다면, 나는 주저없이 우리 현대야말로 바로 진취적인 기상과 불굴의 개척정신을 가진 사람들이 모인 집단이기 때문이라고 대답하겠다. (…) 종교에는 기적이 있을 수도 있겠지만 정치와 경제에는 기적이란 없다고 나는 생각한다. 경제학자들이 기적이라고 하는 것은 경제학 이론으로, 또한 수치로는 불가능한 것이 인간의 정신력으로 실현된 데 대한 궁색한 변명일 뿐이다. 우리 국민들이 진취적인 기상과 개척정신, 열정적인 노력을 쏟아 부어 이룬 것이다."[4]

한국형 복지국가를 찾아 나가는 과정에서 우리보다 100년 이상 앞서 나갔던 복지 선도국들의 모형만을 답습해서는 우리의 것을 찾을 수 없다. 압축경제에서 그러했듯이 압축복지에서도 진취적인 기상과 창의성은 중요할 수밖에 없다. 현재 한국의 복지 수준을 두고 사람들은 '또 하나의 한강의 기적'이라고 부른다. 하지만 아산에게 있어서는 '기적'은 있을 수 없다. 이는 오직 '진취적인 기상과 개척 정신, 열정적인 노력'의 대가인 것이다. 나는 압축경제의 중심에서 활약한 아산의 복지에 대한 생각과 활동을 되짚어 보는 작업은 한국형 복지국가의 탐색에 적지 않은 함의를 줄 수 있다고 생각한다. 아산에 대한 사회복지 시각에서의 탐색이 왜 지금 필요한가에 대한 이유다.

아산의 사회복지이념과 활동을 분석해보는 작업이 의미 있는 작업이라는 데 동의를 한다 하여도 막상 그러한 작업을 하는 것

---

4 정주영. 1991. 머리말.

은 쉬운 일이 아니다. 우선은 아산에 대한 사회복지 연구는 거의 전무하다시피 하다. 기존 연구가 거의 없는 것이다. 이해할 만한 일이다. 아산의 주 활동 무대는 경제와 기업이었지 복지가 아니었으니까. 기존 연구가 거의 없는 상황에서는 원자료에 의존해야 한다. 가장 좋은 방법은 당사자를 인터뷰해 그의 생각과 기록을 분석하는 것이다. 하지만 이는 지금 시점에서는 애초 불가능한 일이다. 다음으로 생각할 수 있는 것은 생전에 그가 남긴 자서전, 연설문, 회고록 등을 분석하는 일이다. 하지만 이도 결코 녹녹치 않은 일이다. 대부분 남아 있는 자료가 사건이나 일화 위주로 구성되어 있기 때문에 그 안에 들어 있는 것들의 의미와 연관성을 밝혀내는 일이 쉽지 않기 때문이다.

그럼에도 불구하고 이 글에서는 아산의 복지정신과 활동에 대한 분석을 통해 그 결과가 한국형 복지국가의 탐색에 주는 함의를 끌어내고자 한다. 그러기 위해서 이곳에서는 아산의 글과 연설에서 나타난 그의 생각과 활동이 복지국가의 이론적인 모형과 어떻게 연결되는지를 살펴보고자 한다. 그러한 작업을 통해서 당대에 아산이 가지고 있었던 복지국가에 대한 생각과 그의 활동을 복지국가의 이론적 매트릭스에 좌표로 표시해보고자 한다.

아산의 복지에 대한 생각과 활동이 당시의 상황에서 이론적인 틀 속에 위치할 수 있다면, 그러한 생각과 활동이 현재 그리고 미래 한국의 복지 발전에 어떠한 함의를 줄 수 있을 것인가에 대한 논의가 가능할 것이다. 그러한 작업을 위해서는 아산이라는 개인이 가지고 있었던 복지에 대한 생각과 활동이 어떻게 이해될 수 있는지를 밝혀야 한다. 그런 후에 그의 사회복지에 대한 생각과 활동을 이론적으로 해체해서 한국이라는 공간적인 상황의 씨줄과 현재와 미래라는 시간상의 날줄 위에 다시 구성할 수 있어야 한다. 그런 과정에서는 단순한 해석 차원의 작업뿐 아니라 비판적 재구성의 작업도 필요하게 될 것이다. 그렇게 된다면 이 글이 단순히 아산의 사회복지 분야에서의 치적을 칭송하는 글이 아니라 그의 생각과 활동이 현재와 미래의 한국 사회복지 발전에 줄 수 있는 함의를 찾는 노력으로 평가될 수 있을 것이다.

2. 아산의 삶과 경험, 그리고 사회복지

가부장적인 사고와 사회복지

아산이 남긴 글이나 그에 대한 평가에서 확실히 알 수 있는 것은 그의 가족에 대한 생각이다. 그것은 생각이라기보다는 책임감이라는 표현이 더 맞을 것이다. 아산의 아버지는 6남 1녀의 장남이었다. 그는 살림에는 관심이 없었던 할아버지를 대신해 여섯 동생을 뒷바라지하는 역할을 어려운 가운데에서도 근면 하나로 담당한 사람이다. 아산 자신은 6남 2녀의 장남이다. 그는 그의 자서전에서 "아버님처럼 동생 일곱이 내 책임이었다(정주영. 1991,

p.19)"라고 적고 있다. 그는 아버지로부터 보고 배운 것이 있는 대가족의 장남으로서 가족에 대한 책임감을 가지고 있었다.

아산이 어려서부터 경험한 가족에 대한 아버지의 모습은 그의 가족관에 큰 영향을 미친 것으로 보인다. 그의 자서전《시련은 있어도 실패는 없다》에는 어린 시절 몇 번에 걸친 가출 이야기가 비교적 소상히 설명되어 있다. 그런데 가출 사건은 모두 그를 찾아온 아버지의 손에 끌려 다시 집으로 돌아가는 것으로 끝이 난다. 그때 아산에게 했던 아버지의 설득은 아산 자신의 가족에서의 위치와 역할에 큰 영향을 주었던 것으로 보인다.

"너는 선조 대대로부터 이어 내려오는 우리 가문의 장손이다. 형제가 아무리 많아도 장손이 가문의 기둥인데 기둥이 빠져나가면 우리 집안은 쓰러지고 만다."[5]

"네가 맏아들만 아니면 애비도 너 하고 싶은 대로 내버려 두겠다. 그러나 너는 종손이다. 위로는 조상들 제사 받들어야 하고 아래로는 동생들 거느려 나가야 하지 않겠니."[6]

이러한 삶의 경험에서 아산의 가족관은 가부장적인 모습을 가

---

5 정주영, 1991, p.36.

6 정주영, 1991, pp.53-54.

지게 된다. 그런 그의 모습은 가족 내에서만이 아니라 그가 기업을 운영하는 방식에서도 확연히 드러나고 있다. 그런데 그런 가부장적인 모습은 군림하는 자세가 아니라 확고한 책임 의식에서 근거하고 있다는 것이다. 그가 자서전에서 여러 번 밝히고 있듯이 대가족의 정점에서 군림하는 것이 아니라 동생들과 자식들의 안위를 책임지는 것에서 그의 역할을 찾은 것은 바로 그러한 책임 의식에서 비롯된다고 할 수 있다.

이러한 가부장적인 접근은 그의 경영관에서도 들어난다. 그는 그가 현대를 대표하고 현대를 이끄는 정점이라는 사실을 부정하지 않는다. 오히려 그러한 부담을 가부장적인 책임감으로 표현한다. 그리고 그것은 군림하는 것이 아니라 같이 더불어 가는 항해를 선장으로서 책임을 지는 방식으로 표현된다.

> "사람은 피차 도와가면서 사는 것이지 어떤 사람이 어떤 사람을 먹여살린다는 생각은 옳지 못하다. 그런가 하면 흔히들 '내가 데리고 있는 사람'이라는 표현을 쓰는데 그것도 객기이며 오만이다. 같은 직장에서 '누가 누구를 키웠다'는 말도 나는 싫다. 직장이란 필요에 의해서 서로 돕는 곳이며 서로의 향상을 도모하는 곳이다. 어쭙잖은 생색은 자기 본위의 낡은 사고방식이다."[7]

---

7 정주영, 1991, p.254.

아산 정주영의 가부장적 모습은 동아시아 복지 체제의 발전을 설명하는 여러 이론들과 맥락을 같이 한다. '유교적 복지국가 Confucian welfare state (Jones, 1993; 홍경준, 1999)'와 '가부장적 복지국가 Patriarchal welfare state (Pateman, 2007)' 등은 유교적 전통에 기반하고 있는 가부장적 접근이 동아시아 국가들의 복지발달 형태를 가장 잘 설명한다고 주장한다. 이러한 주장은 복지국가 유형론에서 더욱 발전되어 '동아시아 복지국가론 East Asian welfare model (Goodman, White, & Kwon, 1998)'과 '개발주의 복지국가론 Developmental welfare state (Kwon, 2004)'이 나타나게 된다. 이러한 동아시아 복지국가 모형에서는 가족주의가 동아시아 복지 모형을 설명하는 가장 중요한 기본적인 요소라고 설명한다.

가족주의 복지 체제에서는 유교 문화가 복지의 방식을 설명하는 주요 개념이다. 가족과 친족의 사회적 기능이 강한 체제이어서 도움의 필요한 사람들은 주로 가족 네트워크에 기대게 된다. 또한 가족 내에서의 가부장적인 접근은 가족이 부양과 보호가 필요한 가족 구성원, 즉 노인이나 아동들을 돌보는 중요한 역할을 담당하게 한다. 유교적 가족 질서에서 가족의 어른인 '가부장'은 가족을 규율할 권리도 가지고 있지만 가족을 '부양'하고 '돌볼' 의무도 진다. 여기서 흥미로운 사실은 이러한 가부장적 복지 체제의 이론은 기업에도 적용돼서 기업이 가족과 같은 역할을 담당하는 기업복지를 발전시켰다는 것이다. 즉 기업은 대가족과 같은 사회적 역할을 담당해서 단순한 고용자로서의 역할이 아니라 그

임직원들을 '돌보는' 역할, 즉 복지의 역할을 담당한다는 것이다. 이러한 가부장적 모습에 입각한 기업의 역할에 대해서는 아산도 여러 곳에서 언급하고 있다.

> "사회와 국가에 대한 기업인의 의무는 자기의 기업을 충실히 하는 것이 첫째입니다. 자기의 기업을 충실히 하고 종업원의 생활을 향상시키며 직원들의 기술, 자질, 관리 능력을 향상시켜 그 분야에 있어서 국내뿐만 아닌 국제적인 경쟁 능력을 갖게 해야 합니다."[8]

> "기업인의 사명과 책임이 첫째는 기업을 성장시키고 발전시키는 일이요, 둘째는 고용과 종업원의 소득을 증가시켜 일자리를 마련하고 물질을 마련하게 해주는 일이라 생각합니다. 셋째로, 특히 중요한 것은 소비자에게 보다 좋은 물건을 보다 값싸게 제공하는 일이라 하겠습니다."[9]

사회연대 의식과 사회복지

연대[solidarity]는 근대 복지국가 형성의 기반이다. 연대의식 없이 복지는 형성될 수 없다. 공동체 안에서 분배를 통해 공동체 구성

---

8 정주영, 1997, p.4.

9 정주영, 1997, pp.114–115.

원들의 집합적인 복지를 추구하는 과정은 연대의식 없이는 불가능한 일이다. 복지국가는 집합적인 위험 요인들에 대해 대처하고 사회적 불평등을 낮추는 데 대한 일종의 사회적 약속으로 이해될 수 있다. 하지만 위험 요인들에 대처하고 사회적 불평등을 감소시키는 데는 감당해야 하는 부담의 정도가 사회 구성원들 간에 불평등하게 분포된다. 그런 조건에서 복지국가 내에서 불평등한 부담이 주어질 수 있는데 그것이 또한 받아들여지기 위해서는 사회적 선제 조건들이 따른다. 그중 대표적인 것이 근대 민족국가의 발전이다.

근대 복지국가의 출현은 민족국가의 형성과 밀접한 관계를 가지고 있다. 즉 민족국가가 형성되면서 같은 민족이라는 울타리 내의 사회적 연대의식을 바탕으로 사회보장 제도를 할 수 있는 여건이 마련됐다고 볼 수 있다. 근대 민족국가가 사회적·정치적 통제와 통합의 기본적인 단위가 됨으로써 복지국가의 탄생이 가능해졌던 것이다. 복지국가의 성립은 근대 민족국가의 성립하에서 가능해졌지만, 역으로 복지국가의 형성이 민족국가 구성원, 즉 국민들의 유대감 강화에 기여했다는 점도 무시할 수 없다. 이러한 유대감의 기반 위에서 국가는 국민들에게 재분배의 희생을 요구할 수 있고, 그럼으로써 국민들 간의 연대의식을 확고히 할 수 있는 가장 강력한 사회조직이 될 수 있었던 것이다.

기업인으로서의 아산 정주영은 '현대'라는 국제적인 기업을 일군 세계적인 인물이다. 그런데 자본주의 체제의 핵심인 기업을 이끈 기업인으로서의 아산의 생각에서 주목할 점은 항상 '연대의 식'을 강조했다는 점이다. 이러한 점은 결국 아산의 생각이 '돈을 벌고, 생산을 하는' 기업의 역할에만 머문 것이 아니라 보다 큰 사회적인 역할에 주목하고 있음을 보여준다. 이러한 그의 생각은 기업가의 입장에서 시작됐지만 복지국가 형성의 핵심인 연대의 식과 궁극적으로 만나는 모습을 보여준다.

> "누구에게나 평등하게 주어진 여건과 기회 안에서 성공과 실패의 책임은 엄격하게 말해서 개개인의 책임이겠으나, 능력의 유무를 따지기 전에 불균형의 위화감을 느끼고 불평을 토하게 되는 것 또한 인간의 속성이다. 때문에 그 해결책의 하나로 자유민주국가에서는 주어진 여건의 평등함은 불문하고 불균형 조정과 빈부 격차 조정을 사회 정의로 삼아 많이 번 사람으로부터 많은 세금을 거두어 그렇지 못한 사람의 생활 수준을 끌어올리는 일을 하는 것이다."[10]

그가 기업을 일으키고 발전시키는 과정에서도 초창기에는 주로 대가족의 만형으로서 다른 가족 구성원들에 대한 책임을 거론하고, '현대'라는 대기업을 이룬 후에는 기업의 종사자들과 기능공들에 대한 공동체 의식을 강조한 것으로 보면 그에게 연대의 식은 일종의 삶의 궁극적인 지향점과 같은 역할을 한 것으로 보

---

10 정주영, 1998, p.399.

인다. 그것은 더불어 사는 사회를 지향하는 가부장적인 책임감의
발로로 표현된다.

"나와 같이 일하고 있는 직원들이 지금 21만 명쯤 된다. 우리 식의
사고방식으로, 내가 그 많은 사람들을 벌어먹여 살리고 있다는 말
을 하는 이도 있지만, 나는 그 말에 동의하지 않을뿐더러 오히려 반
대로 그들이 나를 호강시키고 있는 것인지도 모른다는 생각을 한다.
사람은 피차 도와가면서 사는 것이지 어떤 사람이 어떤 사람을 먹여
살린다는 생각은 옳지 못하다. (…) 우리는 다 같이 평등하다는 것을
잊어서는 안 된다. 위대한 사회는 평등 의식 위에 세우지는 법이다.
일을 하기 위해서 상하 질서가 있는 것이지, 직장의 상하가 인격의
상하는 결코 아니다."[11]

기업의 사회적 책임과 사회복지

기업의 사회적 책임corporate social responsibility, CSR은 기업이 활동하는
지역사회를 포함한 물리적·사회적 환경에 대해 가지는 책무감을
뜻한다. 기업이 이러한 사회적 책임을 수행하는 대표적인 방법으
로 교육 영역과 사회복지 영역에서의 기여를 들 수 있다. 물론 이
러한 방식이 더 범위를 넓히게 되면 기업의 사회 공헌 혹은 자원

---

11 정주영, 1998, p.362.

봉사활동으로도 연결된다.

기업의 사회적 책임이 사회의 공공선에 대한 기업의 책무성을 의미하지만 그것 자체가 기업의 목적이 될 수 없음도 분명한 것이 사실이다. 기업의 사회적 책임이 기업의 재무적 성과에도 도움이 될 수 있다는 일종의 '도구적 관점'이 기업이 사회적 책임을 수행하는 데 일종의 근거를 제시했다고도 볼 수 있다(김성훈·차소정, 2011). 하지만 이러한 도구적 관점은 기업의 사회적 책임 활동을 너무 경영적인 수단으로만 인식하게 하고 그 진실성을 의심하게 한다는 단점이 있다.

기업의 사회 공헌이 단순히 기업의 영업 이익을 위한 도구라는 관점을 넘어 기업의 경제적 목적과 공공선을 동시에 추구하는 방법으로 전략적 사회 공헌strategic philanthropy의 개념이 제시되고 있다(김성훈·차소정, 2011). 전략적 사회 공헌(Porter and Kramer, 2002, 김성훈·차소정, 2011 재인용)은 기업이 가진 독특한 자산과 전문성을 활용하여 기업과 지역사회가 모두 혜택을 얻을 수 있는 경쟁 환경 영역에 사회 공헌 활동을 집중함으로써, 기업의 사회적 목적과 경제적 목적을 동시에 달성하려는 시도이다. 이러한 방식은 예를 들면 기업의 생산 활동을 위해서 전문 인력이 필요한데 거기에 위치한 지역에서는 그러한 전문 인력의 공급이 원활하지 않다면 그 지역에 기업이 교육 시설을 세우고 전문교육을 제공하는 사회 공헌 활동을 함으로써 교육이라는 공공선과 전문 인력의 확보라는 기업의 목적을 동시에 달성하는 것이다.

아산과 '현대'가 울산 지역에서 행한 사회적 책임 활동은 지역에서의 전략적 사회 공헌의 전형적인 유형이다(김성훈·차소정, 2011). 울산은 흔히 '현대'가 세운 도시로 일컬어진다. 아산과 울산 지역의 인연은 1967년 울산시 동구에 설립된 현대자동차 공장과 1972년 동구 전하동에 설립된 현대조선(현재의 현재중공업)으로 시작된다. 하지만 1970년대까지 울산 지역은 기능 인력과 관련 산업 측면에서 매우 열악한 형편이었다(김성훈·차소정, 2011).

울산 지역이 기능 인력의 배출과 정주가 가능하고 외부로부터 생산인구가 유입되어 산업 배후 도시로 성장할 수 있었던 것에는 아산이 중점적으로 시행한 울산 지역에서의 전략적 사회 공헌 활동이 큰 몫을 담당한 것은 분명하다. 울산 지역에 대한 현대의 사회적 책임 활동은 크게 교육 지원, 문화·체육·예술 지원, 중소 협력업체 지원 활동으로 나누어진다(김성훈·차소정, 2011).

교육 영역에서의 대표적인 사회적 책임 활동은 학교 설립을 통한 교육 서비스의 공급이다. 울산 지역에서의 교육 서비스의 공급은 크게 두 가지 관점에서 이루어졌다. 당시 현대가 울산 지역의 교육 서비스 공급을 주도하게 된 첫 번째 이유는 현대중공업과 현대자동차에 필요한 기술 인력의 양성이었다. 국내에서 선발주자로 시작한 조선과 자동차 공장에는 많은 수의 기술 인력이 필요했지만 그러한 기술 인력을 구하기는 어려운 것이 사실이었다. 더구나 그러한 기술 인력을 당시 작은 어촌에 불과했던 울산에서 구한다는 것은 거의 불가능에 가까웠다. 다른 곳에서 구할 수 없는 전문 인력은 직접 현장에서 교육과 훈련을 통해 양성한 다는 전략을 세운 아산은 1969년에 울산공업학원 학교법인을 세우고 1970에 울산공과대학(현재의 울산대학교)을 개교한다. 울산공과대학은 당시 산학협력이라는 개념을 거의 처음으로 도입한 대학으로 현장 기술교육에 집중했다(김성훈·차소정, 2011). 울산공과대학에 이어 그 병설학교로 중견 기술 인력 양성을 목표로 하는 울산공업전문학교를 1973년에 개교한다. 그 이후 울산공과대학은 4년제 종합대학인 울산대학교로 발전하고 울산공업전문학교는 2년제 전문대학인 울산과학대학이 된다. 울산대학교는 현재도 울산 지역의 유일한 4년제 대학으로 지역의 고등교육 수요를 감당하고 있다(김성훈·차소정, 2011).

울산공과대학과 울산공업전문학교가 산업현장에서 필요한 전문 기술 인력의 양성을 목적으로 설립됐다면, 현대가 울산 지역의 교육 서비스 공급을 주도하게 된 두 번째 이유는 종사자 자녀들의 교육 수요를 충당하기 위해서다. 당시 울산 지역의 인구 증가는 가히 폭발적이라 할만 했다. 1972년에 20만 명 수준이었던 울산 인구는 1980년에는 약 2.5배 수준인 50만 명을 넘어서게 된다. 특히 현대가 자리 잡은 울산 동구 지역은 노동집약적인 산업체인 현대자동차와 현대중공업과 관련된 산업 인구의 유입으로 인구 증가율은 더욱 높았다. 하지만 당시 동구 지역에는 중학교 한 개 만 있었을 뿐 고등학교는 설립되어있지도 않았을 정도로 교육 여건은 열악했다(김성훈·차소정, 2011).

이러한 문제점에 대한 대응으로 아산은 1976년에 학교법인 현대학원을 설립하고 법인 산하에 현대중학교와 현대공업고등학교(1978년), 현대여자고등학교(1981년), 그리고 현대여자중학교와 현대고등학교(1984년)를 포함하는 총 다섯 개의 학교를 울산 동구 지역에 개교했다.

　현대중공업과 현대자동차는 울산 지역 지역주민들의 문화·여가 활동 시설에도 활발한 투자를 하였다. 현대는 1991년부터 한마음회관, 미포회관, 동부회관, 동부2관, 서부회관, 대송회관, 현대예술관 등의 스포츠레저와 문화예술 시설을 건립하여 운영하고 있다. 이러한 시설들은 물론 현대가 위치한 동구 지역에 중점적으로 세워졌지만 그 이용은 울산 시민들에게 개방하고 있다. 특히 1998년에 개관한 현대예술관은 10,000평 규모의 대규모 복합문화공간으로 하루 이용객이 3,000명에 달하고 있다.

　현대의 이러한 노력은 아산이 가지고 있었던 현대자동차와 현대중공업이 자리잡은 울산 지역을 '살고 싶은' 도시로 발전시켜 종사자들의 '복지'를 향상시킴으로써 생산력을 증진시키고, 동시에 울산 지역의 체육·문화·예술 인프라를 향상시킨다는 전략을 실천한 것으로 보인다. 이러한 사례는 기업의 이익과 지역의 공공선을 동시에 추구한 전략적 사회적 책임 활동의 전형을 보여준다.

　현대가 울산 지역의 사회적 책임 활동으로 주력한 분야 중 하나는 현대 종사자들의 주거 문제 해결이다. 1982년부터 2002년까지 현대중공업 사장과 고문을 지낸 정몽준은 이에 대해 이렇게 설명하고 있다.

"당시 공장 밖에는 회사 소유의 임대주택들이 있었는데 모두 낡고
불편했다. 우선 근로자들의 주거 환경부터 개선하기로 했다. 여러
방법이 의논되었는데 고층 아파트를 지어 싼값으로 분양하자는 의
견이 많았다. 이를테면 반값 아파트인 셈이었다. 사실 주택 문제는
현대중공업 근로자뿐 아니라 우리나라 국민 전체가 고민하는 심각
한 문제이다. 근로자들의 반응은 상당히 좋았다. 너도나도 회사가
짓는 아파트를 분양받았다. 지금 현대중공업 근로자들의 주택 자가
보유율은 98퍼센트에 이른다."[12]

지역사회의 삶의 질과 주거 문제와 더불어 아산이 가장 중요하
게 생각했던 영역 중 하나는 현장 기능 인력의 경쟁력이다. 울산
지역에서 현대의 중소 협력업체 지원에서 가장 두드러진 분야는
지역의 협력업체 현장 인력을 대상으로 한 기술교육이다. 현대는
새로운 사업에 진출할 때마다 그 분야의 인력 교육·훈련 기능을
자체적으로 만들어 나간 것으로 유명하다(김성훈·차소정, 2011).
실제로 1959년에는 현대건설 직업훈련원이 설립됐고, 1967년
에는 울산에 현대자동차 울산훈련원이 설립됐다. 조선 사업에 진
출하게 되면서 1972년에는 현대중공업 기술교육원을 설립했다.

울산 지역의 현대자동차 울산훈련원과 현대중공업 기술교육원은 자체 직원들을 대상으로 한 교육·훈련만이 아니라 지역의 협력업체 현장 기능 인력에 대한 인력 개발을 통해 중소 협력업체의 역량을 키우고자 하였다. 이러한 실천은 중소 협력업체의 인력 개발이 곧 현대자동차와 현대중공업의 생산성 향상에도 도움이 된다는 전략적 사회적 책임 활동의 일례를 보여준다.

사회적 욕구와 사회복지

사회적 욕구[needs]와 그러한 욕구를 사회적으로 어떤 방식으로 해결하는가는 사회복지의 유형을 결정짓는 중요한 요인 중 하나이다. 티트머스는 사회적 욕구와 그에 대한 충족 방법을 근거로 복지국가를 세 가지 유형으로 구별하고 있다(Titmuss, 1974). '잔여주의 복지국가'에서는 개인의 욕구는 사적인 시장과 가족이라는 두 가지 '자연스러운' 통로를 통해 충족된다고 전제한다. 이 두 가지 기제가 작동하지 않을 때에만 복지제도가 필요하고, 그럴 경우에도 한시적으로 필요하다는 관점이다. 잔여주의 복지국가 유형은 복지국가의 소극적인 역할을 주장하는 대표적인 시각이다. Peacock(1960:11, Titmuss, 1974, 재인용)이 주장한 "복지국가의 진짜 목적은 사람들로 하여금 복지국가가 없이 살아가는 방법을 가르치는 것"이라는 말이 이러한 시각을 대표한다. 경제이론으로는 하이에크로 대표되는 자유주의파의 시각이기도 하다.

'산업 성취-성과 모형 복지국가' 모형에서는 경제 체제의 하위 체제로 복지국가를 파악한다. 이러한 시각에서는 사회적 욕구는 가치, 성과, 생산성에 근거하여 충족돼야 한다. '산업 성취-성과 모형'은 보상, 노력과 그에 따른 포상, 계급과 집단에 대한 충성심의 형성 등에 대한 이론에 근거한다. 복지는 경제의 시녀로서의 역할을 한다고 보기 때문에 '시녀 모형'으로 설명되기도 한다.

'제도적 재분배 복지국가'에서는 복지를 사회의 주요한 통합적 제도의 하나로 본다. 이 모형에서는 국가가 사회적 욕구의 필요에 따라 시장 외의 기제를 통해서 보편적인 서비스를 제공한다. '제도적 재분배 모형'은 사회적 평등성 원칙에 근거한다. 재분배적 성격이 강한 복지국가 모형이다.

결국 티트머스는 사회적 욕구를 어떤 방식으로 해결하는가에 따라 복지국가의 유형을 분류하고 있음을 알 수 있다. 시장과 가정을 통해 주로 사회적 욕구를 해결하고 국가의 복지는 가장 최소한으로 공급되는 방식이 잔여주의 복지국가로 볼 수 있다. 산업 성취-성과 모형 복지국가는 생산과 기여에 대한 반대급부로 복지가 제공되는 형태이다. 생산을 목적으로 하는 경제와 산업의 성취가 궁극적인 목적이고 복지는 그에 종속되는 체제로 본다. 제도적 재분배 복지국가 유형은 국가가 시장 외에서 보편적인 서비스를 제공하고 재분배적 성격이 강하다.

사회적 욕구에 대한 대응 방식에 따라 복지국가를 분류한 티트머스의 유형론을 보면 우선 일차적으로 아산이 생각했던 사회적 욕구에 대한 대응 방식은 당연히 산업 성취-성과 모형으로 보인다. 아산이 활동했던 대부분의 시기는 한국이 절대빈곤에서 벗어나지 못하고 있던 시기였다(최재성, 2015). 1950년대 내내 절대적 빈곤은 큰 변화 없이 지속되었고 1965년까지도 절대빈곤율이 40%에 달하고 있었다(구인회, 2006). 당시 박정희 정부는 '경제성장 제일주의'를 표방하고 경제성장만이 이러한 절대빈곤 문제를 해결할 수 있다고 보고 정부주도의 강력한 경제성장정책을 추진해 나갔다(안상훈, 2010). 그 결과 절대적 빈곤율은 1970대에 들어서면 20%대로 떨어지고 1980년대에는 10%대 이하로 떨어지게 된다.

아산이 '현대'라는 기업을 통해 이러한 산업화를 통한 경제성장에 결정적인 기여를 한 바는 잘 알려져 있다. 그리고 그러한 시기는 우선 경제를 통한 절대빈곤의 탈출이 주 목적이었기 때문에 티트머스가 제시한 유형에 따르면 산업 성취-성과 모형으로 분류되는 것이 당연하다.

하지만 아산이 절대적 빈곤의 상황을 넘어서 생각하고 있던 복지의 모형에는 상당히 평등주의적인 재분배 복지국가에 대한 생각이 있다는 점은 흥미로운 사실이다. 그가 생각했던 사회상은 '공동체'와 밀접한 관계를 가진다. 가족이라는 공동체에서 회사라는 공동체로, 그리고 대기업의 총수로서는 사회라는 공동체로 관심이 옮겨져 가고 있음을 볼 수 있다. 그래서 그는 기업을 하는 것은 개인적으로 돈을 벌려는 목적이라기보다는 궁극적으로는 국가의 세금을 많이 내서 국가공동체의 삶의 질을 높이는 것이라

이야기하고 있다.

"기업을 소유하고 있는 사람은 기업인이지만, 기업의 이익을 거두어 가는 곳은 정부라는 것을 국민들이 잊지 말아주기 바란다. 우리는 세액을 뺀 나머지 30%를 다시 고용 증대와 재투자에 쓴다. 간단히 말하자면 기업이란, 국가 살림에 쓰이는 세금의 창출에 큰 몫으로 기여하면서, 보다 발전된 국가의 미래와 보다 풍요로운 국민 생활을 보람으로 알고 일하는 집합체이지, 어느 개인의 부를 증식시키기 위해, 혹은 폼내기 위해 있는 것이 아니다."[13]

교육과 복지

아산의 복지관을 가장 선명하게 보여주고 있는 분야는 교육을 통한 인적 자원 개발이다. 최근에 '지속가능한 복지국가'를 위해 서는 적극적 복지 체제active welfare로의 변화가 필요하고 그러한 변화의 중심으로 인적자본에 대한 투자가 강조되고 있다(Esping-Andersen, 2002). 인적자본에 대한 투자를 통한 역량 개발은 소비가 아니라 사회적 투자라는 개념을 통해 적극적 차원의 복지로 인적자본에 대한 투자가 강조되고 있는 것이다. 그리고 이러한 투자는 어린 시기에 가장 효과성이 높다는 점도 강조되고 있다

---

13 정주영, 1998, p.364.

(문형표, 2009). 이런 면에서 보면 아산은 이미 그 시기에 인적자본에 대한 투자의 중요성에대한 생각이 확고했던 것으로 보인다.

> "오늘날 이만큼 국가를 발전시킨 것은 교육의 덕택입니다. 그 은공을 입은 우리 기업인들은 이제 교육 발전에, 특히 국민 교육의 발전에 지대한 관심을 쏟아 그 은혜를 갚아야 할 것이라고 나는 생각합니다. 물론 국가에 세금을 내고 있고 국가는 그 자금으로 교육에 힘을 쏟고 있습니다만 우리 기업인들도 보다 직접적인 방법으로 우리 사회의 인적 자원의 샘이 마르지 않도록 교육열을 더욱 북돋우고, 또 그 교육열을 뒷받침할 수 있는 지원을 해나가는 데 협조를 아끼지 않을 생각입니다."[14]

아산의 활동 중 아산이 개인적으로 큰 정성을 쏟았고 그 당시 사회적인 상황에서도 큰 의미를 가졌던 활동임에도 별로 일반인들의 주목을 받지 못했던 대표적인 활동이 지역사회교육사업운동이다. 아산은 지역사회 교육을 지원하기 위해 1969년에 설립된 한국지역사회학교후원회(후에 '한국지역사회교육협의회'로 명칭 변경)의 초대 회장을 맡아 1994년까지 25년 동안 회장으로서 지역사회교육사업운동을 적극적으로 선도하고 후원하였다. 이러한 아산의 활동을 교육학자인 김종서는 다음과 같이 평가하고 있다.

---

14 아산고희기념출판위원회, 1985, pp.110–111.

"아산 선생님은 특히 사회교육 분야에서 이 나라 교육개혁의 선구자이시다. 28년 전에 선생님이 일으킨 지역사회학교운동은 이 나라 교육이 나아갈 방향타가 되고 있다. 지역사회학교는 지역주민이 학교를 '우리 학교'라는 생각으로 도와서 보다 좋은 학교를 만들고, 학교는 학교를 지역주민의 문화센터로 개방함으로써 지역주민의 삶의 질을 향상시키고자 하는 교육개혁운동이다."[15]

아산은 지역사회학교운동을 후원하는 차원을 넘어 그 자신이 직접 특강의 강사로, 또 각종 행사의 자원봉사자로 지역사회교육 활동을 직접 실천하는 열의를 보였다(이상오, 2014). 이상주는 지역사회교육협의회 20주년 기념 주제강연에서 지역사회교육운동을 다음과 같이 평가하고 있다.

"처음에는 서울 재동초등학교 선생님과 학부모들이 모여 시작한 운동이 이제는 전국 방방곡곡의 320여 개 학교와 35,000명의 회원이 참여하는 전국적인 운동으로 확대되었다. 초기에는 학교의 유휴시설과 운동장을 어린이들과 지역 주민들에게 개방하자는 대단히 구체적이고 단순한 목표를 가진 운동이었다. 그러나 이제는 '모두가 배우고 모두가 가르치는 학습사회'의 건설과 '모두가 참여하고 모두가 주인이 되는 민주사회'의 실현이라는 높고 넓은 이념을 가진 운

---

15 김종서, 1997, p.118.

동으로 승화되었다."[16]

아산이 인적자본에의 투자의 중요성을 강조한 것은 그 당시에
는 용어조차 없었던 넓은 의미의 '교육복지'의 개념을 실천한 것
으로 볼 수 있다. 그런데 아산의 이러한 교육에 대한 관심이 '형
식교육'으로서의 학교 교육에만 머문 것이 아니라 '비형식교육'
인 지역사회 교육에까지 미친 것은 특이할 만하다. 실제로 아산
이 학교법인 울산학원을 통해 대학교 및 학교법인 현대학원과 서
울현대학원을 통해 중고등학교를 설립하여 학교 교육 면에서의
교육에 대한 투자를 활발히 하였다는 것은 주지의 사실이다. 하
지만 당시에는 개념도 생소하였던 지역사회교육에 관심과 의욕
을 보인 것은 그 자신이 소학교밖에는 다니지 못했지만 평생을
학습하는 자세로 살아온 경험과 밀접한 관련이 있는 것으로 보인
다(강대중, 2015).

"우리나라처럼 오랜 역사에 걸쳐서 교육에 힘쓰는 것이 체질화되어
있고, 사회 분위기 전체가 교육적으로 되어있는 나라는 전 세계적으
로 드물 것입니다. 우리나라에서는 교육은 학교를 통해서만 행해지
는 것이 아니라 사회 전체를 통해서 행해지고 있고, 학생에게만 행
해지는 것이 아니라 모든 사회인들에 대해 평생교육으로 행해지고

---

16 한국지역사회교육중앙협의회, 1989, 주제강연.

있습니다. 내 자신을 돌아보아도 학력이라든지 교육과는 극히 인연
이 먼 위치에 있었지만 항상 배우는 자세로 살아왔고 지금도 배우는
길에 있기 때문에 보통학교만 나와 가지고도 이 사회에서, 또 세계
사회에서 틀리지 않는 판단을 내려가면서 국제경쟁을 견뎌낼 수가
있었던 것입니다."[17]

3. 복지국가 유형론과 아산의 복지관

아산의 복지정신과 활동이 21세기 한국의 복지국가 발전에 주
는 함의를 살펴보기 위해서는 한국 사회복지 체제의 성격에 관한
이해가 선행되어야 한다. 사회복지 체제의 성격은 흔히 복지국가
의 유형을 분류해서 각 체제의 성격을 명료히 하는 작업을 통해
규정된다.

복지국가 유형론으로 가장 널리 알려진 것은 에스핑엔더슨
Esping-Andersen(1999)의 복지 체제론이다. 에스핑엔더슨은 복지국가
의 유형을 크게 보수주의, 사민주의, 그리고 자유주의의 세 개의
체재로 분류한다(Esping-Andersen, 1999).

보수주의 체제는 오스트리아, 프랑스, 독일, 이탈리아 등의 국
가를 포함하며 복지국가의 중심적인 프로그램은 사회보험이다.

---

17 아산고희기념출판위원회, 1985, p.107.

사회보험 방식에서는 피보험자의 기여를 재정의 원천으로 삼는다. 사회보험이 중심이 되기 위해서는 노동시장이 원활히 작동해야하기 때문에 복지와 노동의 선순환 관계가 강조된다.

자유주의 체제는 미국, 영국, 호주, 캐나다 등을 포함한다. 자유주의 체제의 특징은 정부보다는 시장을 중심으로 한 복지 체제를 지향한다는 점이다. 그러다 보니 복지 지출의 수준도 다른 복지 체제보다는 낮은 편이다. 자유주의 체제에서는 시장을 통한 복지 욕구의 충족이 일차적으로 중시되고 복지는 시장을 통해 충족되지 못한 욕구에 대해 잔여적인 기능을 한다. 이러한 체제에서는 자산 조사를 통한 공공부조 프로그램이 복지 체제의 중심적인 기능을 담당한다. '도와줄 가치가 있는 복지대상자deserving poor'를 구별해내는 작업이 상당히 중요한 비중을 차지하는 복지 체제다. 자유주의 복지 체제에서의 복지는 시장에서의 노동이 불가능한 사람들에게만 선별적으로 지원하는 잔여적인 기능을 담당한다(안상훈, 2010).

사민주의 체제로 분류되는 국가는 스웨덴, 노르웨이, 덴마크 등의 북유럽 국가들이다. 사민주의 체제의 특징은 사회보험이나 공공부조에 더하여 사회 서비스에 대한 국가 책임이 강조된다는 점이다. 교육, 훈련, 돌봄 등의 기본적인 욕구 충족을 위한 서비스 구매가 사회화되었다는 점이 특징이다. 사회 서비스 부문의 노동시장을 공공 부문에 의해 확대하는 방식으로 사회복지 체제가 생산과 복지의 연결 고리를 담당하는 것이 사민주의 체제의 특성이다.

위에서 볼 수 있듯이 에스핑엔더슨의 복지국가 유형론은 주로 서구 국가들을 대상으로 이루어졌음을 알 수 있다. 그렇다면 한국을 포함한 아시아 국가들의 복지 체제는 어떻게 설명될 수 있나? 이러한 질문에 대한 답으로 대두된 것이 '유교주의 복지국가(Jones, 1993)'이다. 유교주의 복지국가의 핵심은 유교 문화로 설명된다(Goodman and Peng, 1996: Sung, 2003: Rieger and Leifried, 2004). 가족을 중시하고 효를 강조하는 동북아시아 국가들의 유교적인 가치에 따르면 복지에서 가족과 기업(대가족의 역할로 생각되는)의 역할은 크고 정부의 역할은 상대적으로 작은 그 지역의 복지국가 특성을 이해하는 데 도움이 된다는 것이 유교주의 복지국가 유형론의 설명이다.

유교주의 복지국가 체제의 특징은 사회권을 정치적으로 동원하지 않으면서 집합주의와 가부장적 급여를 기반으로 한다는 점이다. 이러한 점은 결국 일종의 "가족중심적인" 복지국가로 발전되고 전통적인 유교적 대가족주의 모형의 확대로 이해된다는 것이다.

동아시아 복지국가를 설명하는 다른 대표적인 이론은 '발전주의 복지국가' 유형론이다. 발전주의 복지국가의 초점은 국가 주도의 발전 전략에 있다. 복지의 발전은 체제의 정당화와 국가 재건을 위한 도구로 이해된다. 이러한 유형의 국가들에서는 복지국가의 프로그램들이 일차적으로는 경제발전을 위해 존재하는 것으로 이해된다(Tang, 2000; Kwon, 2005). 이러한 국가들에서의 사회정책은 경제발전이라는 가장 중요한 목적을 달성하기 위해 생성되고 발전돼 나간다. 그리고 그러한 작업은 국가가 주도적으로 전략적 역할을 수행하여 이루어나간다.

발전주의 복지국가 유형의 국가로 대표적으로 제시되는 것이 한국이다. 이러한 국가들에서도 70년대와 80년대를 지나며 민주화의 과정과 사회경제적인 변화가 일어나면서 복지정책들이 그 전의 시기보다는 보다 포용적으로 발전해 온 것은 사실이다. 하지만 그럼에도 불구하고 이러한 유형의 국가들은 큰 틀에서는 '발전주의 복지국가'의 궤적을 벗어나지 못하고 있다는 평가도 있다(Kwon, 2005).

'발전주의 복지국가'론과 비슷한 유형으로는 동아시아 국가들의 복지 체제를 '생산주의적 복지 체제Productivist welfare regimes'로 설명하는 것을 들 수 있다(Holliday, 2000; Gough, 2004). 복지의 궁극적인 목적도 결국은 '생산'을 위한 것이므로, '생산주의적 복지 체제'의 시각에서는 사회정책은 경제정책에 종속될 수밖에 없다. 생산주의적 복지 체제에서는 사회정책이 경제적이거나 산업적인 목적을 위해 희생되거나 직접적으로 경제적인 목적에 기여를 한다. Holliday(2000)는 일본, 대만, 한국을 '발전주의적-보편주의' 모형으로 설명한다.

생산주의적 복지 체제에서 보편적인 복지프로그램은 생산주의적 요소들을 강화할 수 있을 때에만 부분적으로 활용된다.

Holliday는 한국을 이러한 '발전주의적-보편주의'의 전형으로 제시하고 있다. 그가 드는 예는 1973년에 도입된 연금법인데 그 당시 연금법의 목적은 사업 투자를 위한 자금을 축적하는 것이었다. 일본의 경우에도 1973년도를 서구의 복지국가를 따라잡는 '복지시대의 원년'으로 선포했지만, 오일쇼크가 닥치면서 '복지시대'를 바로 포기한 것은 사회정책이 경제적인 조건에 종속되는 것을 보여준 것으로 설명된다. Holliday(2005)나 Gough(2004)와 같은 학자들은 앞으로 상당 기간은 동아시아 국가들이 이러한 생산주의적 복지 체제를 유지할 것으로 예상하고 있다.

이상의 복지국가 유형론을 종합해 보면 한국은 동아시아의 복지국가 유형을 대표하는 국가로 서구 국가 중심의 사민주의-보수주의-자유주의 복지국가 유형과는 다른 복지 체제를 가지고 있는 것으로 파악할 수 있다. 한국의 경우는 유교주의-발전주의-생산주의 복지국가로 그 특성이 매겨질 수 있다. 유교주의-발전주의-생산주의로 특징지어지는 한국의 복지 체제는 아산의 복지 정신과 어떤 관계를 가지고 있을까?

우선 생각될 수 있는 점은 복지국가에서 기업의 역할이다. 유교주의 복지국가 유형론에서는 가족의 역할을 중시한다. 그런데 여기서 흥미로운 사실은 기업의 역할을 대가족과 같은 역할로 본다는 것이다. 가족에서 가장은 가족 구성원의 복지를 책임질 의무를 지고 가족 구성원들은 가장의 권위를 '효'를 바탕으로 인정한다. 이러한 일련의 상호 의존적인 관계를 기업에서도 찾아볼 수 있다는 것이다. 기업주는 대가족을 이끄는 가장과 같은 존재로 종업원들의 '복지'를 책임지고 종업원들은 '효'와 상응하는 자신의 직장에 대한 일종의 '충성심'으로 종사한다는 것이다.

이러한 기업 문화는 일단 기업의 한 식구가 되면 '평생직장'으로 종사하게 되고 생애주기에 따라 필요한 것은 그 기업을 통해 해결해나가는 방식인 것이다. 이렇게 한 식구라는 개념하에서는 기업의 상황이 아무리 안 좋아도 정리해고와 같은 '관계 끊기'는 있을 수 없는 것이다. 실제로 현대중공업과 같은 경우는 창사 이래 감원 요인이 생겨도 '재배치'는 있었지만 '해고'는 없었다는 것이 관계자들의 증언이다. 이러한 점은 유교주의 복지 체제에서는 기업이 단순한 고용처로서만 존재하는 것이 아니라 보다 넓은 의미의 복지 제공자로서 역할을 하는 것을 보여준다. 아산의 기업관에도 이러한 인식이 폭넓게 자리잡고 있음을 볼 수 있는 곳은 많다.

> "기술자와 중간 관리자 그리고 기능공들은 생산성을 향상시키고, 최고경영자는 고임금을 주어야겠다는 자세와 마음가짐으로 재원을 조달, 임금 인상을 회사의 이윤 확대로 연결시켜야 한다."[18]

아산의 이러한 기업관은 직원들과의 강력한 연대의식에 기초

---

18 정주영, 1991, p.163.

하고 있음을 알 수 있다.

"새벽의 남대문 시장에서 리어카를 끌고 가는 낯모르는 이들에게서
느끼는 그 한없는 연대감과 애정을, 나는 내 일에 참여한 기능공들
에게서 언제나 공통되게 느낀다."[19]

그리고 그러한 연대감은 더불어 사는 복지의 개념으로 연결된다.

"나는 기회와 시간이 허락하는 한 수많은 기능공들과 어울려 허물없
이 팔씨름도 하고 술잔도 나누곤 했다. 도시락을 못 싸오는 기능공들
이 안쓰러워 점심 제공을 맨 처음 시작한 것도 우리 '현대'이다."[20]

'유교주의'가 복지 공급자로서의 기업의 역할을 설명한다면,
발전주의-생산주의 복지 체제론은 복지와 생산(경제발전)의 연결
고리로서 기업의 역할에 주목한다. 발전주의-생산주의 복지국가
에서는 경제발전이 지상 목표이고 사회정책, 즉 복지는 경제에
종속되거나 경제발전을 위한 도구적 역할을 한다. 그렇다면 기업
은 복지와 생산, 즉 경제발전을 연결하는 중심적인 역할을 담당
한다. 아산의 생각과 활동에는 복지와 경제의 연결 고리로서의

19 정주영, 1991, p.163.

20 정주영, 1991, p.163.

기업의 역할에 대한 그의 인식이 확고함을 볼 수 있다.

복지와 경제의 연결 고리로서 기업의 역할은 우선 고용 창출에서 찾을 수 있다. 일자리와 소득을 창출해 1960~1970년대의 절대빈곤에서 벗어나는 것은 그 자체가 결국 최선의 복지로 여겨졌다. 아산은 기업이라는 것은 결국 그러한 사회적 기능을 담당함으로써 그 존재가치를 가진다고 생각했다.

> "기업의 규모가 작을 때는 개인의 것이지만 규모가 커지면 종업원 공통의 것이요, 나아가 사회, 국가의 것이라고 생각해야 한다. 내 경우, 옛날 쌀가게를 했을 무렵까지는 그것이 나 개인의 재산이었다. 경영자는 국가, 사회로부터 기업을 수탁해서 관리하는 청지기일 뿐이다."[21]

4. 한국 사회복지의 현재와 과제[22]

한국 복지국가의 발달 경로는 1997년의 아시아 경제 위기를 기준으로 구분될 수 있다. 1960년대부터 1990년대 중반까지의 시기는 수출주도 성장전략을 기반으로 시장과 노동에 대한 국가

---

21 정주영, 1991, p.261.

22 이 부분은 이봉주(2013) "나눔문화의 미래와 복지사회" 〈한국의 나눔문화와 복지사회〉(아산사회복지재단)의 일정 부분을 수정, 보완하여 발전시킨 것임을 밝혀둔다.

의 적극적 개입이 이루어진 시기였다. 이러한 수출주도 성장전략은 높은 경제성장률을 이루었고 높은 경제성장률은 일자리와 소득을 창출했다. 이 시기의 한국은 1990년 이전까지는 연평균 8~9%, 그리고 1990년대까지만 해도 연평균 6% 이상의 경제성장을 이룬 고속경제성장의 모범 사례였다. 이 기간에는 빠른 경제성장과 실질적인 완전고용을 통해 성장의 과실이 국민 모두에게 미칠 수 있었다. 즉, 특단의 사회복지적 대책 없이도 경제성장이 분배의 개선으로 이어졌던 것이다. 증가하는 고용 자체가 복지(분배) 효과를 내는 구조였던 것이다. 이 기간에 한국은 높은 일인당 소득 증가와 양호한 수준의 소득 분배라는 두 마리 토끼를 잡은 대표적 국가로 World Bank로부터 평가받기도 했다. 즉, 성장 자체가 재분배의 역할을 수행했던 시기로 재분배를 위한 별도의 '복지'에 대한 사회적 요구가 낮았던 시기였다.

인구, 가족 구조 면에서도 비교적 높은 출산율(1990년대 중반까지 1.64)과 젊은 인구 구조하에서는 복지에 대한 욕구가 낮았고, 가족이 아동 양육이나 노인 부양 등 사회복지의 기능을 주로 제공하였던 시기이기도 하다. 사회복지 서비스 제공의 책임이 주로 국가보다는 가족의 책임으로 남아 있었다.

이러한 '산업화' 시기의 복지는 주로 사회보험제도를 통해 발달했다. 사회보험은 대량의 임금노동자를 기반으로 성장했고 이 기간의 복지는 주로 근로자의 '보호'에 초점을 두게 된다. 이 시기에 기반을 구축한 산재보험(1960년대 초), 건강보험(1977), 국민

연금(1988), 고용보험(1995)의 4대 사회보험체계가 한국 사회복지제도의 근간을 이루게 된다(해밀을 찾는 소망, 2012).

1990년대 말의 아시아 경제 위기와 그 위기 상황에 대한 대처 과정은 한국 복지국가 발달의 일대 분수령을 이룬다. 이 시기는 정보통신 산업의 성장과 세계화가 본격적으로 진행된 시기다. 이 시기의 특징은 한국에서의 자본주의의 발전 양상이 신자유주의 체제와 빠른 속도로 동기화됐고 그에 따른 문제점도 본격적으로 나타났다는 것이다.

본격적인 지식기반 경제로 진입한 2000년대 이후에는 경제성장도 둔화됐을 뿐 아니라 경제성장만으로 분배의 효과를 거둘 수 없게 됐다. 소위 사회 양극화의 심화 현상이 한국에서도 본격적으로 나타난 것이다. 절대빈곤층은 2003년에 11.7% 수준이었던 것이 계속 증가하여 2008년에는 14.9%에 이르렀다. 소득 불평등의 수준도 높아져, 2003년과 2008년 사이에 최상위계층 10%가 가진 소득과 최하위계층 10%가 가진 소득 간의 배율이 약 17에서 28로 증가했다. 즉, 최근에는 상위 10%가 가진 총소득이 하위 10%가 가진 총소득의 약 28배에 육박하게 된 것이다. 이러한 양극화는 중산층의 축소로 귀결되어 사회적 위험으로 대두되게 된다. 중산층이 언제 빈곤층으로 전락하게 될지 모르는 위험에 직면하게 되고, 한 번 빈곤층으로 떨어지면 다시 스스로 설 수 있는 통로를 찾기 힘든 사회는 사회통합이 떨어지고 지속가능한 성장을 하기 힘든 사회다. 이러한 위기 의식은 사회복지의 확대를 요구하는 시민들의 요구로 연결된다.

한국에서 복지에 대한 시민들의 요구가 확대되는 또 다른 이유는 2000년대 들어 본격적으로 진행되고 있는 사회적인 변화다. 저출산·고령화는 우리 사회의 지속가능한 발전을 위협하는 중요한 문제다. OECD 국가들 중에서 가장 낮은 1.2대의 출산율은 단순히 아이를 적게 낳는 정도의 문제가 아니라 출산에 대한 여성들의 사회적 파업으로 파악되어야 한다. 가구에서 한 사람의 수입만으로는 중산층의 삶을 유지하기 힘든 시대에 맞벌이 가구는 대세다. 그럼에도 불구하고 여성이 일과 가정을 양립할 수 있는 여건이 마련되지 못한 상태에서는 '출산 파업'은 어찌 보면 당연한 선택일 수 있다.

고령화도 주요한 문제다. 앞으로 약 10년 후인 2025년에는 65세 이상 인구가 전체 인구의 약 20%에 달하게 된다. 낮은 출산율과 노인 인구의 증가는 노년 부양비의 증가로 이어져 우리 사회의 노인 부양에 대한 부담을 빠르게 가중시킬 것이다. 현재 노년 부양비가 약 15%인데 2030년에는 그 두 배가 훨씬 넘는 약 40% 수준으로 증가할 것이라는 것이 현재의 예측이다. 저출산·고령화는 이제 국민 개개인이 알아서 대처할 수 있는 문제가 아니라 사회적인 대책이 필요한 문제이다. 저출산·고령화의 사회적 위기에서 그에 대한 대책인 사회복지가 국민적 의제로 대두된 것이다.

경제체제에 대한 새로운 패러다임의 요구와 시민들의 복지 욕구의 분출은 이제 한국에서 '복지'를 중요한 사회적 화두로 자리매김시켰다. 그런 이유로 정치권에서는 '경제민주화'라는 용어가 뜨거운 이슈로 등장했다. 아직 그 용어 자체에 대한 해석도 분분하고 구체적인 정책 방향에 대해서도 다양한 논의가 이루어지고 있지만, 적어도 한국 사회에서 기존 신자유주의에 입각한 자본주의 3.0을 넘는 새로운 자본주의 발전 패러다임의 모색이 이루어지기 시작했다는 점은 분명하다. 그러한 패러다임의 모색은 자본주의의 발전이 지속가능하기 위해서 시도되는 또 다른 형태의 타협이 될 것도 분명하다. 그리고 그러한 타협에는 한국의 복지국가 발전 모형을 앞으로 어떻게 설계해 나갈지에 대한 방향성의 설정도 중요한 역할을 할 것이다.

5. 결론을 대신해서 – 아산의 복지정신과 활동이
한국형 복지국가 모형에 주는 함의

이상에서는 아산의 복지이념과 활동을 분석해보고 그 분석 결과를 복지국가 유형론의 틀에서 살펴보았다. 그렇다면 아산의 복지정신과 활동이 현재와 미래의 한국 사회복지 발전에 줄 수 있는 함의는 무엇인가? 그 대답을 찾기 위해서는 우선 한국의 복지 체제는 앞으로 어떻게 발전해 나갈지에 대한 예측이 필요하다. 한국의 경우는 현재의 복지제도를 그대로 유지해도 인구 구조의 변화 등을 감안하면, 현재 GDP 대비 약 10%인 복지 지출이 2030년도에는 약 14%로 증가하고, 2050년에는 현재 OECD 평균에 근접하는 20% 수준으로 될 것으로 예상되고 있다. 이러한 추계는 사회복지의 자동 증가분을 고려할 때, 복지 부담의 수준은 앞으로 상당한 수준으로 증가할 것임을 보여준다. 즉, 국민들의 복지 수요에 적절히 대응하며 지속가능한 복지 체제의 구축을 위해서는 앞으로 한국 사회복지 체제를 어떻게 가져갈 것인가에 대한 논의가 필요한 시점이다.

한국의 복지 체제는 에스핑엔더슨Esping-Andersen이 제시한 보수주의, 사민주의, 혹은 자유주의의 체제 중 어느 쪽으로 발전해 나갈 것인가? 시장에서 노동이 불가능한 사람들에게만 선별적으로 지원하는 잔여적인 복지 위주의 자유주의 체제로 발전해 나갈 가능성은 그리 커 보이지 않는다(김연명, 2002). 한국은 이미 보편적인 복지인 무상보육과 기초연금 제도를 도입한 바 있다. 그렇다면 사민주의 체제인 북유럽 복지 모형을 따를 것인가? 그렇지 않을 것이라는 것이 중론이다(김태성, 2014). 그렇다면 한국의 복지 체제는 자유주의도 아니고 사민주의도 아닌 중간 영역에서 발전해 나갈 것이다. 그리고 그 중간 영역은 앞에서 제시한 동아시아 복지모델로 소개된 '유교주의 복지국가'와 '발전주의 복지국가', 그리고 '생산주의적 복지국가'의 성격으로 특징지어질 수 있을 것이다.

김태성(2014)은 이러한 한국 고유의 복지 체제를 '대가족 복지 체제'로 제시하고 있다. 아산의 가족에 대한 책임과 가부장적 모습, 그리고 연대의식은 현재뿐 아니라 미래의 한국형 복지 체제에 주는 함의가 크다. 가족의 기능이 중시되는 복지 체제에서는 복지의 확대가 가족의 기능을 완전 대체하는 식의 발전은 바람직하지 않다. 국가 복지의 확대는 가족의 기능을 대체하는 형식이 아니라 필요한 곳에서는 가족의 기능을 보존 혹은 강화시킬 수 있도록 지원하는 방식이 요구된다.

'생산주의적 복지국가'의 특징은 복지와 생산과의 선순환 관계를 강조한다는 것이다. 아산이 항상 강조했던 일자리와 소득의 창출이 우선적인 복지라는 개념이 적용될 수 있는 지점이다. 21세기 지속가능한 복지 체제를 위해서는 일을 통한 자립을 목표로 하는 '근로복지'의 개념이 필수적이다. 근로복지의 핵심은 괜찮은 일자리 창출과 그러한 일자리를 통해 자립할 수 있는 통로를 만들어주는 것이다.

근로복지를 통해 일에 대한 동기부여를 하기 위해서는 현재 제한적으로 실시되고 있는 EITC(근로장려세제)제도를 개선하여 저소득 가구의 경제활동 참가 동기부여를 강화해야 한다. 맞벌이 가구를 위한 근로장려세제의 지급 구간을 홑벌이에 비해 높게 설정하여 가구의 2차 소득자(여성 등)의 근로 동기 유인을 꾀할 필요가 있다. 중장기적으로 지원 금액을 상향 조정하여 실질적인 근로 유인 효과를 거둘 수 있도록 제도를 개선해야 한다.

빈곤에서 탈출해서 자립할 수 있도록 하는 정책도 중요하지만 빈곤층으로 떨어지는 것을 예방하는 정책은 필수적이다. 단기적으로 경기 침체 상황에서 실직빈곤층으로 전락하는 중산층 및 기존 취업빈곤층에게 일자리 제공을 확대하기 위해서는 기존 자활 사업을 혁신적으로 개편한 새로운 패러다임(가칭 자립촉진지원제도)의 도입이 필요하다. 자활 사업, 사회적 일자리, 마이크로-크레딧을 연계·통합한 고용지원제도의 도입이 요구된다.

21세기 노동시장의 핵심 과제인 '고용 없는 성장'의 문제를 해결하기 위해 사회복지 부문의 사회 서비스업의 확대를 통한 사회적 일자리를 확대해야 한다. 사회복지 부문의 사회 서비스업human service은 반숙련, 저숙련 인력의 취업이 용이하며, 사회 서비스가 미발달한 우리나라의 경우 성장잠재력이 큰 분야이다. 아동보육, 노인돌봄, 상담 서비스 등 새로운 사회 서비스 수요의 확대를 통한 고용창출 효과를 기대할 수 있다.

고용창출 효과가 크고 성장잠재력 확충에도 기여하는 사회 서비스 부문에 대한 투자를 통해 복지와 성장의 선순환 관계를 도모할 필요가 있다. 사회 서비스 고용정책의 추진을 위하여 고용 촉진 전략, 고용 유지 전략, 인력 양성 전략의 통합적 체계를 구축하고, 사회복지 서비스 부문의 새로운 직종 창출과 제도화를 추진해야 한다(해밀을 찾는 소망, 2012).

고령화 시대로 진입하며 일할 수 있는 노년기의 여건을 만드는 것도 중요한 정책과제이다. 구체적으로는 단계적으로 정년 연장과 피크타임제를 제도화하여 노년기 근로 인권을 보장해야 한다. 장기적으로는 노년기의 건강 수명을 연장하는 예방적 의료 체계를 강화하여 활동적 노년기를 확대할 필요가 있다. 고령자 친화적 근로 환경 조성 지원과 시니어 클럽, 노인복지관, 대한노인회 등의 일자리 창출 활성화를 지원해야 하며, 이를 위해서는 고령자고용촉진법을 개정할 필요가 있다(해밀을 찾는 소망, 2012).

아산의 복지 정신과 활동 중 한국형 복지국가의 모색에 중요한 함의를 줄 수 있는 영역은 '교육복지'와 인적 자원에 대한 투자이다. 복지의 21세기형 대안은 종래의 소극적 복지 체제를 통하여 위험에 빠진 사람들의 보호와 구원을 기본으로 하되, 보다 예방적이고 투자적인 접근이 강조될 필요가 있다. 이러한 복지 체제에서 가장 강조되는 것은 인적 자원에 대한 투자다. '학습복지'체제는 인적 역량에 대한 사회투자적 접근을 사회복지 정책의 핵심적 가치로 삼는다(해밀을 찾는 소망, 2012).

인적자본에 대한 투자에 초점을 두는 학습복지의 핵심적인 내용은 미래 세대 아동에 대한 투자이다. 21세기 지식 기반 경제에서의 아동 정책은 아동에 대한 전폭적인 투자와 가족 역량 강화를 지원하여 '역량 개발 중심 복지'체계로 전환해야 한다. 국가 정책적인 차원에서는 출생, 진학, 취업 등 생애주기별 인적 자본 기본선을 설정하여 아동 정책에 대한 전략적 접근이 이루어져야 한다.

역량 개발 중심 복지의 관점에서는 현재의 보육 서비스 확대 방식에 대해서도 다른 접근이 필요하다. 단순히 보육 서비스의 양을 늘리는 차원을 넘어, 양적인 확대를 토대로 앞으로는 질적인 향상이 정책 목표가 돼야한다. 특히, 저소득 지역에는 미국의 헤드스타트^{Head Start}와 같은 고품질의 통합보육서비스 프로그램을 개발하여 우선적으로 보급할 필요가 있다.

인적 자본에 대한 투자를 기반으로 하는 교육복지는 비단 아동기에만 해당되는 개념은 아니다. 청년 실업 해소를 위해서 청년층을 대상으로 취업지원 교육훈련프로그램을 대폭 강화하고, 중장년층의 재취업을 촉진하기 위한 평생교육체제의 강화도 학습복지의 중요한 축이다(해밀을 찾는 소망, 2012).

성인기의 학습복지를 위해서는 퇴직 후 재취업 기회의 확대를 위한 전직 교육프로그램 확대, 성인 교육비 소득공제 확대 등의 노력이 필요함은 물론이다. 노년기의 대책으로는 경로당, 노인대학 및 지역 노인복지기관의 고유 기능 활성화 방안을 마련할 필요가 있다.

21세기 사회복지의 새로운 패러다임 중 한 요소는 사회복지 서비스를 통한 돌봄기능의 사회화이다. 하지만, 현재 우리나라 사회복지 서비스 체계의 대표적인 문제는 사회복지 서비스의 총량은 확대되었으나, 질적 수준의 개선은 이루어지지 않고 있다는 것이다. 질 낮은 사회복지 서비스는 시혜성 서비스라는 인식을 고착시키고, 실제 국민의 복지 체감도를 낮추고 있다.

사회복지 서비스 공급 체계의 측면에서 보면 서비스 내용과 전달 체계의 획기적 개선 없이 단순히 양적 공급을 늘리는 것은 현재의 비효과적이고 비효율적인 서비스 체계의 문제점을 확대 재생산하게 된다. 사회복지 서비스의 효과성과 효율성을 높이고 국민의 복지 체감도를 개선하기 위해서는 사회복지 공급 체계의 획기적인 변화가 요구되는 시점이다.

사회복지 공급 체계를 보다 수요자 중심적으로 변화시키기 위해서는 현재 공급자 지원 방식의 사회복지 서비스 재정 지원 방식을 획기적으로 수요자 지원 방식으로 변화시켜야 한다(해밀을 찾는 소망, 2012).

사회복지시설에 대한 일괄적인 보조금 지원 방식이 갖는 한계점을 극복하고 사회복지 서비스 공급 시설 운영의 효율성을 제고하기 위해서는 사회복지 서비스의 성과 관리 체계를 확립하고 그러한 체계에 근거한 성과 관리 서비스 계약 시스템이 도입될 필요가 있다.

사회복지 서비스의 질적 향상을 위해서 서비스의 표준화, 서비스 제공자 인증 체계, 서비스 품질 관리 체계를 도입할 필요가 있다. 보다 구체적으로는 '사회서비스품질감독원'설치를 통해 사회서비스 품질 관리, 서비스 기관 인증제, 인력 개발 및 자격 제도 유지 등의 기능을 상설화할 필요가 있다.

아산의 복지 정신과 활동이 현재 한국의 복지 현황과 미래 복지 체제의 발달에 주는 함의는 가족주의적 복지 기능의 중요성, 괜찮은 일자리를 통한 자립이 우선시 되는 근로 복지, 인적 자원에 대한 투자를 강조하는 교육복지, 그리고 사회 서비스의 효과성과 효율성 제고 방안으로 파악될 수 있다.

희망과
치유의 철학

– 아산의 삶과 한국사회의 미래

김진(울산대학교)

학력
전남대학교 철학과 졸업, 연세대학교 대학원 철학 석사, 독일 루어대학교(보쿰) 철학박사.

경력
울산대학교 출판부장, 울산대학교 교양기초교육원장, 한국칸트학회 회장, 한국연구재단 인문학단장, 제4회 세계 인문학포럼 위원, 제1회 한중인문학포럼 위원, 현 울산대학교 철학과 교수.

저서
《퓌지스와 존재사유–자연철학과 존재론의 문제들》(문예출판사, 2003), 《칸트와 불교》(철학과현실사, 2004), 《철학의 현실문제들》(철학과현실사, 2007), 《쇼펜하우어의 의지와 표상으로서의 세계 읽기–세창명저산책 17》(세창미디어, 2013).

1. 서문

이 글은 아산^{峨山} 정주영(鄭周永, 1915~2001) 선생의 삶과 사상을 문화사의 관점으로 조망하면서 그가 바라는 한국 사회의 미래상을 예견해 보자는 데 그 목적이 있다.

새뮤얼 헌팅턴은 〈문화가 중요하다〉는 글에서 국가 발전의 핵심 동인으로 문화적 가치들을 열거하면서 이렇게 말하였다.[1]

> 1990년대 초 나는 가나와 한국의 1960년대 초반 경제 자료들을 검토하게 되었는데, 1960년대 당시 두 나라의 경제 상황이 아주 비슷했다는 사실을 발견하고는 깜짝 놀랐다. 무엇보다 양국의 1인당 국민총생산 GNP 수준이 아주 비슷했으며 1차 제품(농산품), 2차 제품(공산품), 서비스의 분포도 비슷했다. 특히 농산품의 경제 점유율이 아주 유사했다. 당시 한국은 완제품으로 생산하는 2차 산업이 별로 없었다. 게다가 양국은 상당한 경제 원조를 받고 있었다. 30년 뒤 한국은 세계 14위의 경제 규모를 가진 산업 강국으로 발전했다. 유수한 다국적 기업을 거느리고 자동차, 전자 장비, 고도로 기술 집약적인 2차 제품 등을 수출하는 나라로 부상했다. 국민총생산은 5천억 달러대에 육박했다. 더욱이 한국은 민주제도를 착실히 실천하며 다져나가고 있는 중이다.

---

1 새뮤얼 P. 헌팅턴, 로렌스 E. 해리슨 편, 《문화가 중요하다. 문화적 가치와 인류발전 프로젝트》(Culture Matters: How Values Shape Human Progress), 이종인 역, 책과함께 2015, p.8.

반면 가나에서는 이런 비약적인 발전이 이루어지지 않았다. 가나의 1인당 국민총생산은 한국의 15분의 1 수준이다. 이런 엄청난 발전의 차이를 어떻게 설명할 수 있을까. 물론 여러 가지 요인이 작용했겠지만, 내가 볼 때 '문화'가 결정적 요인이라고 생각한다. 한국인들은 검약, 투자, 근면, 교육, 조직, 기강, 극기정신 등을 하나의 가치로 생각한다. 가나 국민들은 다른 가치관을 갖고 있다. 그러니 간단히 말해서 문화가 결정적으로 중요하다고 생각한다.

1960년대에 비슷했던 한국과 가나의 경제 상황이 오늘날 이렇게 급격한 차이를 보이게 된 결정적인 요인을 헌팅턴은 "검약, 투자, 근면, 교육, 조직, 기강, 극기정신 등"과 같은 문화적 가치라고 보았다. 다른 학자들은 '유교주의' 또는 '아시아적 가치'라고 말하기도 한다. 실제로 60년대에서 90년대에 이르는 한국 사회의 거대한 변화를 주도했던 인물들 가운데서 박정희 전 대통령과 아산을 빼놓을 수 없지만, 헌팅턴의 관점에서 본다면 아무래도 아산의 역할에 더 큰 비중을 두지 않을 수 없다. 아산은 헌팅턴이 제시한 문화적 가치들을 능가하는 생각과 철학을 가졌던 인물이기 때문이다.[2] 여기에서는 '문화사적 관점'에서 아산의 삶과 사상을 새롭게 조망하고자 한다. 아산의 성공을 이끌어낸 가장

---

2 아산은 서양에서 프로테스탄티즘 윤리가 자본주의 발전에 결정적인 영향을 끼친 것처럼, 동양에서는 유교 사상이 '근검과 질서, 동양적 조직 사회의 윤리와 논리'의 면에서 '산업사회의 지도윤리'로 삼기에 부족함이 없다고 했다. 정주영, 〈기업윤리에 대하여〉(1980년 11월 28일 아산사회복지재단 제2회 복지사회 심포지엄 개회사), 《이 아침에도 설레임을 안고: 아산 정주영 연설문집》, 삼성출판사 1986, p.188.

결정적인 요인이 그의 경제적 현실에 대한 인식뿐만 아니라 인간적, 문화적 태도에 있었다는 사실을 아는 사람들은 이러한 시도를 쉽게 납득할 수 있을 것이다. 아산은 정규교육으로는 초등학교 과정만을 마쳤을 뿐이지만, 취학 이전에 서당에서 중요한 유교 경전들을 두루 섭렵하고, 어린 시절부터 신문을 읽으면서 문학과 시대정신을 접하는 기회를 가졌다. 또한 기업가로서의 아산은 문학과 문화예술계, 학계 인사들과 두루 교제하면서 얻은 지식과 문화를 소중한 경영 자산으로 삼았다. 그래서 필자는 아산 자신이 의미를 두고서 추구했던 삶의 가치들을 정확하게 선별해낸 후에, 그가 펼치고자 했던 삶의 철학과 이상들을 바탕으로 그의 사유 편력을 문화사적 관점에서 재구성하고자 한다. 이를 위하여 우리는 무엇보다도 아산 그 자신의 삶과 사상에서 그 스스로 중요하게 여겼던 좌우명들에 주목하지 않을 수 없다. "아산 그 자체에로!" 돌아가는 데서 논의가 시작되어야 한다는 것이다.

아산은 재계, 문화계, 학계, 정계 인사들뿐만 아니라 심지어는 노동자와 학생들을 대상으로 수많은 강연과 연설을 행하였으며, 많은 이들에게 감동을 주었다. 이와 같은 아산의 언설들 가운데에서 필자는 특히 "시련은 있어도 실패는 없다", "담담한 마음을 가집시다", "나는 이 나라를 잘살게 할 수 있다"라는 세 가지 좌우명들에 주목하게 되었다.

아산의 첫 번째 좌우명에서 우리는 그의 삶을 태생적으로 규정하고 있는 '궁핍'과 '노동'의 현상들을 희망철학적 관점에서 조망할 수 있으며, 이에 대한 접근 방식은 희망의 철학자 에른스트 블로흐(Ernst Bloch, 1885~1977)의 사상, 특히 그의 '아직-아닌-존재의 존재론Ontologie des Noch-Nicht-Seins'과 '구체적인 유토피아론Lehre der konkreten Utopie'에서 발견할 수 있다.[3]

아산의 두 번째 좌우명에서 우리는 고난과 시련을 대하는 아산의 삶의 태도들을 로고테라피적 관점에서 조망할 수 있으며, 이에 대한 접근 방식은 빅토르 프랑클(Victor Frankl, 1905~1997)의 사상, 특히 그의 '역설지향'과 '자기초월'의 개념에서 찾을 수 있다.

마지막으로 아산의 세 번째 좌우명에서 우리는 사회와 국가에 대한 그의 신념들을 임마누엘 칸트(Immanuel Kant, 1724~1804)의 문화적 '최고선'의 실현, 특히 복지공동체와 인류의 보편적 국가 이념의 구현이라는 차원에서 접근할 수 있다.

그런데 아산이 제시한 이 세 가지 좌우명들은 개별적 또는 기계적으로 작동하는 것이 아니라 상호적 또는 유기체적으로 연결되어 있기 때문에, 그것들에 대응하는 블로흐의 희망철학, 프랑클의 로고테라피, 칸트의 문화철학이라는 사유지평들 역시 상호 간에 긴밀한 관계를 가지고 작동할 수 있다고 보아야 할 것이다. 그리하여 이 글에서는 아산의 삶과 사상이 문화사적 관점에서 어떤 의미지평을 형성하고 있는지를 전체적으로 조망하면서, 우리 사회가 지향해야 나가야 할 미래상 또는 가치유형을 제시하고자 한다.

---

3 김진, 《에른스트 블로흐와 희망의 원리》, UUP, 2006, p.121, 124 참조.

2. "시련은 있어도 실패는 없다"–희망철학의 관점에서
본 아산의 삶과 사상

"시련은 있어도 실패는 없다"라는 화두話頭로써 아산이 우리에게 말하고자 한 것은 도대체 무엇일까? 아산의 삶의 사상을 단적으로 드러내고 있는 이 좌우명은 그가 체득한 삶의 의미, 곧 인간은 어떤 삶을 어떻게 살아야 하는가를 분명하게 제시해준다. 다시 말하면 그 스스로 살아온 삶의 방식과 태도를 보여주고 있는 것이다. 그렇다면 아산 정주영은 어떤 삶을 살았는가? 우리는 아산이 처한 현실과 그에게 영향을 끼쳤던 요소들, 그리고 그가 새로운 삶으로 이행하려던 노력과 결단들을 분석하여 그 의미를 발굴하고자 한다.

아산 정주영과 희망의 철학

조선일보와 대통령 직속 통일준비위원회가 2015년 5월 19일부터 20일까지 이틀간 서울 신라호텔에서 "한반도의 미래를 여는 새로운 힘New Forces Reshaping Our Lives"이라는 주제로 공동 개최한 제6회 아시안 리더십 콘퍼런스에 참석한 '알리바바'의 마윈馬雲은 스스로를 '실패한 인물'이라고 소개했다. 그의 젊은 시절은 '낙방'이라는 말로 가득하다. 중학교 시험에 세 번 낙방한 것으로부터 시작해서, 대학에 가기 전에 취업하기 위해서 노력했지만 삼십 번 넘게 떨어졌고, 대학시험에서도 세 번 낙방했다. 하버드대학에 열 번이나 원서를 보냈는데 모두 다 떨어졌다. 미국 KFC가 중국에 진출했을 때에도 24명이 지원했는데, 23명은 합격했지만 그만이 떨어졌고, 5명을 뽑는 경찰시험에서도 4명은 합격하고 그만이 떨어졌다.[4] 그런 마윈은 지금 창업 비용 8,500만 원으로 재산 규모 356억 달러(39조 원), 시장가치 2,314억 달러(242조원), 직원 3만 4,000명의 거대기업 '알리바바'의 회장이 되었고, 이 사이트의 하루 이용자는 1억 명을 넘는다. 마윈은 이렇게 말했다.

청년들에게 오늘은 힘든 날이다. 내일은 더 힘들다. 하지만 모레는 아름다울 것이다. 모레에는 많은 사람들이 사라질 것이기 때문이다. 꿈을 가지라.[5]

아산은 마윈의 경우보다 더 열악한 상태에서 어린 시절을 보냈으며, 정규교육도 초등학교 졸업에 그쳤다. 그러나 아산은 어린 시절의 가난, 궁핍, 무지의 사실을 정확하게 인지하고, 그것들로부터 탈출을 시도할 뿐만 아니라, '미성숙성'으로부터 '계몽'에 이르는 길을 택하였다.

---

4 〈조선일보〉 2015년 5월 21일(목) A3.

5 〈조선일보〉 2015년 5월 20일(수) A2.

고향에서 보낸 어린 시절에는 엄동설한에도 내의라고는 구경도 못
하고 저고리와 솜바지 하나만으로 지냈다. 책보를 끼고 추워서 달음
박질을 하면 옷자락이 들려 배의 맨살에 바람이 닿았고, 집에 가면
발갛게 얼었던 배가 녹으면서 근질근질 가려웠다.[6]

인간 존재는 본원적으로 결핍 존재이다. 날 때부터 우리가 가
진 것은 아무것도 없고, 죽어서도 우리가 가지고 가는 것은 아
무것도 없다. 그러나 여기에서 '무' 또는 '아무것도 아닌 것Nichts'
은 단지 '아직-아님Noch-Nicht'에 지나지 않을 뿐이다. 우리들은 꿈
과 희망으로써 그런 '아직-아님'에다가 무엇인가를 담을 수 있
고 채울 수 있다. 이처럼 배고픔과 굶주림, 궁핍, 결핍, '아니-가
짐Nicht-Haben'의 상태에서 우리가 여전히 무엇인가를 희망할 수 있
으며, 또한 희망해도 좋은가라는 물음은 임마누엘 칸트와 에른스
트 블로흐에 의하여 이미 주제화되고 있다. 칸트는 "나는 무엇을
희망해도 좋은가?"라고 물었으며,[7] 블로흐 역시 그의 주저《희망
의 원리》서문에서 "우리는 누구인가? 어디에서 와서, 어디로 향
해 가는가? 우리는 무엇을 기대하며, 무엇이 우리를 맞이할 것인
가?"[8]라고 묻고 있다. 칸트는 미래 행복에 대한 희망이 과거와 현

---

6 정주영, 《이 땅에 태어나서: 나의 살아온 이야기》, 솔출판사 1998, p.415.

7 임마누엘 칸트, 《별이 총총한 하늘 아래 약동하는 자유》, 빌헬름 바이셰델 편, 손동현 김수배 역, 이학사 2002,
   11, p.194; 《순수이성비판》(Kritik der reinen Vernunft, Riga 1781), A804f; 《논리학》(Immanuel Kants Logik. Ein
   Handbuch zu Vorlesungen, 1800) Ⅲ, 447f.

8 에른스트 블로흐, 《희망의 원리》 1권, 박설호 역, 열린책들 2004, p.15.

재의 삶 속에서 우리가 행한 도덕적 크기에 의하여 규정되어야 한다는 생각을 펼쳤다. 그와 반면에 블로흐는 우리의 참된 희망은 물질적인 결핍으로부터의 성취와 과거적인 질곡과 억압으로부터의 진정한 해방, 그리하여 '물질 안에서의 유토피아'와 '유토피아 안에서의 물질'의 통일이라는 물질적 잠재성의 유토피아적 실현을 궁구하였다. 여기서는 현실과 이상을 매개하는 구체적인 장치 기능이 중요한 과제로 부각된다. 이처럼 물질과 유토피아의 통일을 지향하는 구체적인 유토피아론은 언제나 희망을 배우는 일에서부터 새롭게 출발한다. 그리하여 희망의 철학자 에른스트 블로흐는 이렇게 말한다.

> 문제는 희망을 배우는 일이다. 희망의 행위는 체념과 단념을 모르며, 실패보다는 성공을 더욱 사랑한다.[9]

우리는 아산의 삶에서 희망을 배울 수 있다. 아산의 삶에서도 궁핍과 가난, 시련과 실패는 일상적인 것이었다. 아산은 처음부터 부유한 가정에서 학문과 재산을 모두 갖추고 태어난 사람이 아니다. 아산은 이렇게 회고한다.

> 모두가 알다시피 국졸國卒이 내 학력學歷의 전부이고, 나는 문장가도

---

9 8)과 같은 책, 같은 곳.

아니며, 다른 사람의 귀감이 될 만한 훌륭한 인격을 갖춘 사람도 아니다. 또 평생 일만 쫓아다니느라 바빠서 사람들에게 가슴 깊이 새겨질 어떤 고귀한 철학을 터득하지도 못했다.[10]

치열한 현실 인식과 그 한계를 극복하려는 부단한 노력을 통하여 한국 경제계를 대표하는 기업인이 되어 전 세계인의 주목을 받기까지 아산은 시련을 극복하고 희망을 이루기 위하여 혼신의 노력을 기울였다. 1992년(76세) 1월, '통일국민당'을 창당하기 불과 4개월 전인 1991년 10월에 자서전《시련은 있어도 실패는 없다》(제삼기획)를 출간하여 국민적 관심을 불러일으켰는데, 이 책의 제목은 바로 아산의 평생 좌우명이었다. 그러나 아산은 앞서 마윈이 말한 낙방이나 실패와 같은 것들을 단지 '시련'으로 여겼다. 그는 자신의 삶에서 '실패'라는 말은 없다고 장담했다.

이것은 시련이지 실패가 아니다. 내가 실패라고 생각하지 않는 한 이것은 실패가 아니다. 나는 생명이 있는 한 실패는 없다고 생각한다. 내가 살아 있고 건강한 한, 나한테 시련은 있을지언정 실패는 없다. 낙관하자. 긍정적으로 생각하자.[11]

---

10 정주영, 《이 땅에 태어나서》, p.7.

11 정주영, 《시련은 있어도 실패는 없다》, 제삼기획 1991, p.87 이하.

'나의 살아온 이야기'《이 땅에 태어나서》의 마치는 글에서 아산은 또한 이렇게 말한다.

돌이켜 보면 많은 시련이 있었다. (…) 그러나 강철은 두들길수록 단단해진다는 옛말처럼 우리 '현대'는 오히려 시련과 탄압을 견뎌냄으로써 그것을 뚫고 해쳐나갈 저항력과 자생력을 길렀다고 생각한다.[12]

아산은 시련과 실패를 넘어서서 발전과 성공, 행복과 풍요를 향해 가는 희망에 대하여 말하고자 했다. 아산이 추구하는 희망은 날마다 '새로움'을 지향함으로써 '가치 있는 삶'과 '인류 사회의 성숙과 발전'을 도모하는데 있다. 이는 칸트의 '문화' 개념과 매우 유사하다[13].

매일이 새로워야 한다. 어제와 같은 오늘, 오늘과 같은 내일을 사는 것은 사는 것이 아니라 죽은 것이다. 오늘은 어제보다 한 걸음 더 발전해야 하고 내일은 오늘보다 또 한 테두리 커지고 새로워져야 한다. 이것이 가치 있는 삶이며 이것만이 인류 사회를 성숙, 발전시킬 수 있다. 나의 철저한 현장 독려는 우리 직원들과 나, 사회와 우리 국가가 함께 나날이 새로워지기 위한 채찍이다.[14]

---

12 정주영, 《이 땅에 태어나서》, pp.425–428, p.406 참조.

13 《아산 연구 총서 제4권》, p.364, pp.368–370 참조.

이와 같은 아산의 희망사상은 어린 시절부터 형성된 것이다. 우리는 어린 시절의 아산의 삶과 생각들에 대하여 희망철학적 접근을 시도함으로써, 그의 삶 속에 이미 현 시대가 요구하는 이상적 자아상을 선취하고 있다는 사실을 발견할 수 있게 된다. 희망철학을 매개로 하여 우리는 아산의 삶과 사상을 임마누엘 칸트와 에른스트 블로흐의 주요 이론들과 접목하여 새롭게 접근해 보고자 한다.

가난, 궁핍, '아니-가짐', 그리고 아산의 가출

아산은 그의 자서전《시련은 있어도 실패는 없다》와《이 땅에 태어나서: 나의 살아온 이야기》에서 자신에게 닥친 가난, 고난, 시련과 함께, 그것을 극복해나간 일들을 적나라하게 기술하고 있다.

아산 정주영의 삶에서 가장 먼저 조우하는 것은 궁핍, 가난, 아니-가짐Nicht-Haben의 문제이다.[15] 그의 어린 시절에 대한 기억 속에는 분명히 무無, 궁핍窮乏, 가난家難과 같은, 이른바 블로흐적인 표현으로 '갖지 못함'에 대한 정서가 매우 강하게 나타난다.

---

14 정주영, 《시련은 있어도 실패는 없다》, p.98.

15 에른스트 블로흐는 '아님(Nicht)'에 대하여 이렇게 말한다. "그 자체에서 그리고 직접적인 지금으로서 비어 있는 것만이 무규정적인 것이고, 발효하고 (부풀고) 있는 아님이다. (…) 아님은 어떤 것에 대한 결핍이다. 아님은 비어 있는 것, 아직 결정되지 않은 것, 그리하여 시작에 대한 출발점으로서의 근원 가운데 있으며, (…) 아님은 살고있는 순간의 어두움과 관계되어 있다." Ernst Bloch, Das Prinzip Hoffnung, Bd. 1, Frankfurt 1980(1959), S.356f. 에른스트 블로흐, 《희망의 원리》 제2권, 박설호 역, 열린책들 2004, p.629 이하 참조.

내 고향 통천은 겨울에는 사람 키만큼이나 눈이 쌓여 눈 속에 굴을
파고 다녀야 할 정도로 눈이 많은 고장이다. 흉년이면 집집마다 양
식이 떨어져서 눈이 온 강산을 뒤덮는 긴 겨울 동안을 아침에만 조
밥을 해먹고 점심은 굶고 저녁에는 콩죽으로 넘겨야 했다. 겨울을
그렇게 보내고 봄이 되면 그나마 양식도 다 떨어져 그때부터는 풀
뿌리에 나무껍질에, 문자 그대로 초근목피草根木皮로 목숨을 부지해야
했다.[16]

1915년 강원도 통천 송전마을에서 6남 2녀 중 장남으로 출생
한 아산은 10살 때부터 아버지와 함께 밭을 만드는 힘든 일을 해
야만 했다. 1931년, 소학교를 졸업하자 아산의 부친은 그를 가계
를 책임질 농사꾼으로 길러 내고자 했다. 그래서 어린 시절의 아
산은 가난과 궁핍을 회피하기 위한 수단으로서의 일과 노동을 받
아들여야만 했다. 그러나 그에게 농촌 생활과 농사일은 자신의
일생을 걸어야 할 성질의 것은 아니었다. 전통적인 삶의 방식에
대한 회의가 밀려왔다.

그 시대의 농민생활은 실로 비참한 지경이었다. (…) 죽어라 일해도
콩죽을 면할 길이 없는 배고픈 농촌 생활이 좌우간 나는 진절머리가
나게 싫고 지겨웠다.[17]

---

16 정주영, 《이 땅에 태어나서》, p.22 이하.

고된 농사일 틈틈이 나는 생각했다. '평생 허리 한번 제대로 못 펴고 죽도록 일해도 배불리 밥 한번 못 먹는 농부로, 그냥 그렇게 내 아버지처럼 고생만 하다가 내 일생이 끝나야 한다는 건가.'[18]

어린이에게 농사일은 참으로 견뎌내기 어려운 중노동이었다. 그러나 아산은 농사일을 고통으로만 여기지는 않았다. 일과 노동에 대한 아산의 긍정적, 생산적 태도는 그의 부친과 일을 함께 하면서 형성된 것처럼 보인다. 아산은 어린 시절에 직접 겪었던 궁핍, 가난, 아니-가짐(갖지-못함)에 대한 정서에도 불구하고 그 스스로 '불행'하거나 '비참'하다고 여기지는 않았다. 자신이 원하는 삶의 방향이 다른 데 대한 불만이지 노동 그 자체의 힘듦에 대한 불평은 아니었다는 것이다.

한창 잘 먹고 자랄 나이에 밥보다는 죽을 더 많이 먹으면서, 그것도 점심은 다반사로 굶어 가면서 미래가 보이지 않는 농사일을 할 때도, 신통하게도 나는 내 처지가 불행하다는 생각은 해본 적이 없다. 가난한 농촌 생활이 불행해서, 상급 학교에 진학해 선생님이 되고 싶은데 농부로 살아야 하는 것이 비참해서 침울했던 기억도 없다. 우리는 왜 이렇게 가난하며 나는 왜 이렇게 척박한 농촌의 가난한 부모 밑에서

---

17 정주영, 《시련은 있어도 실패는 없다》, p.26.

18 정주영, 《이 땅에 태어나서》, p.24 이하.

태어나 이 고생을 하고 살아야 할까 하고 비관한 적도 없다.[19]

아산이 느낀 궁핍은 가난과 고통에서 물질적, 경제적인 것이 아니고, 문명과 문화의 부재 현상에서 오는 것이었다. 아산은 역경과 고통 속에서도 여가와 휴식, 그리고 성취와 풍요를 강조한다. 아산은 어렵고 힘겨운 어린 시절을 보내면서도 그때마다 자신의 삶 속에서 여유와 행복을 즐기고 만끽했다는 이야기를 전하고 있다.

열 살 무렵부터 아버님을 따라 뜨거운 논밭으로 따라다니며 뙤약볕 아래서 하루 종일 허리 펼 틈도 없이 일을 하면서도 나는 내 처지에 대해서 불평을 품지도 게으름을 피우지도 않았다. 그러다 아버님이 잠깐 쉬자고 해서서 나무 그늘로 들어가 쉴 때면, 그 시원한 바람 속에서의 짧은 휴식이 극락처럼 행복했다. 피곤한 일 뒤에 단잠을 자고 일어날 때의 거뜬한 기분이 좋았고, 밥맛이 언제나 꿀맛이었던 것도 행복이었다.[20]

나는 노력에 비해 소득이 시원찮은 농사가 불만스러웠을 뿐 행복했다. 어쨌든 도회지로 나가면 농사가 아닌 다른 삶, 보다 나은 벌이

19 정주영, 《이 땅에 태어나서》, p.402 이하.

20 정주영, 《이 땅에 태어나서》, p.403.

로 부모님과 형제들을 책임질 수 있을 것 같은 막연하지만 강렬한 믿음과 욕구 때문에 고향을 뛰쳐나온 것이지 불행했기 때문은 아니었다.[21]

아산은 노동이나 고난을 불행이라고 생각하지 않았다. 힘이 들고 어려울 때 주어지는 쉼의 기회를 더할 나위 없는 행복으로 여겼다. 이러한 그의 노동관은 막노동판에서 일할 때나 재벌 기업 총수가 되어서도 변함없이 동일하게 나타난다. 아산의 삶은 1931년 11월 22일자 〈동아일보〉에 실린 청진항 건설 보도를 본 이후에 '미래에 대한 꿈'을 갖게 되면서부터 크게 달라진다. 그는 실제로 청진에 가던 길에 원산에서 노숙한 후, 다시 고원에서 경원선 철로 부설공사장에서 막노동을 하다가 아버지에게 들켜서 두달 만에 귀가하게 된다. 그 후 〈동아일보〉의 광고란에서 '경성실천부기학원'을 보고서, 송아지 판 돈 70여 원을 훔쳐 서울로 향했으며, 1932년 4월 10일, 청량리역에 도착하여 덕수궁 근처의 부기학원에서 공부를 시작한다. 이때 그는 《나폴레옹 전기》,《링컨전》,《삼국지》를 반복해서 읽으면서 지내다가, 아버지가 찾아오자 다시 고향으로 돌아간다. 아산은 네 번째로 시도한 가출에서 서울로 가는 길에 농가에서 일꾼 노릇으로 품삯을 벌기도 했으며, 서울 안암동 보성전문학교(현 고려대학교)의 신축 교사 현장에

---

21 정주영, 《이 땅에 태어나서》, p.404.

서 돌과 목재를 나르는 노동을 두 달 가까이 하기도 했다. 이 시기에 아산은 배움에 대한 동경을 갖게 되었는데,[22] 그것은 기업 활동을 하면서도 아산으로 하여금 대학총장이나 교수들과 폭넓게 교제하면서 대학에 대한 경제적 지원을 아끼지 않게 만들었던 직접적인 계기가 되었다. 그 후 서울 용산역 근처의 '풍전 엿공장'에서 취업하여 1년 동안 인부로 허송세월을 보내게 된다. 아산은 1934년(20세) 쌀가게 '복흥상회'에 취업하여 점심과 석식 제공에 쌀 한 가마니를 월급으로 받게 되었고, 나중에는 주인이 신당동에 차린 '경일상회'를 인수할 수 있게 기반을 다졌다.[23] 1937년 7월 7일, 일본의 중국 침략으로 조선총독부가 전시체제를 발동한 지 2년 만인 1939년 12월부터 쌀 배급제가 시행되었다. 이에 아산은 쌀가게를 정리하고 고향으로 돌아간다. 그리고 그동안의 소득으로 부모님께 논 2천 평을 사드렸다.[24] 시골뜨기 아산이

---

22 아산이 설립한 울산공업학원의 '창학정신'에는 보성전문학교에서의 막노동에 대한 실존적 체험이 나타나 있는데, 그 전문(全文)은 다음과 같다. "젊은 시절, 어느 학교 공사장에서 돌을 지고 나르며 바라 본 학생들은 학교교육을 제대로 받지 못한 나에게 한없는 부러움과 동경의 대상이었다. 그때 이루지 못했던 배움에 대한 갈망이 여기에 배움의 주춧돌을 놓게 하니, 비로소 젊은 날 나의 꿈 하나가 결실을 맺게 되었다. 향학에 불타는 젊은이들이 이 배움의 터전에서 담담한 마음을 가지고 개척의 정신과 창조의 능력을 갈고 닦아 세계의 빛이 되기를 바란다. 1978년 4월 29일, 현대고등학교 설립자 정주영".

23 이때의 정황을 아산은 다음과 같이 회고하고 있다. "소식을 끊고 있다가 첫 편지를 드린 것은, 집을 나온 지 3년쯤 지나 1년 월급이 쌀 20가마가 됐을 때였다. 1년 월급이 쌀 20가마라는 말에 아버님이 패 놀라셨나 보다. 금방 보내주신 답장에 '네가 출세를 하기는 한 모양이구나. 이처럼 기쁜 일이 어디 있겠느냐'고 말씀하셨으니까." 정주영, 《이 땅에 태어나서》, p.33.

24 정주영, 《이 땅에 태어나서》, p.36. 부친의 소 판 돈을 가지고 고향을 떠난 일은 아산에게 오랫동안 트라우마로 남아 있었다. 그래서 막노동과 쌀가게 경영으로 벌어들인 돈 전부를 가지고 부모님께 땅을 사드렸는데, 이것은 아산의 효성이 물질적 보상의 형태로 구현된 첫 번째 보은(報恩)이었다. 두 번째 보은은 서산간척지 사업의 모든 성과를 부친에게 돌리는 것으로 가시화되었다. "서산 농장은 그 옛날 손톱이 닳아 없어질 정도로 돌밭을 일궈 한 뼘 한 뼘 농토를 만들어가며 고생하셨던 내 아버님 인생에 꼭 바치고 싶었던, 이 아들의 뒤늦은 선물이다." (…) 나는 내 아버님을 이 세상 누구보다도 존경하고 사모한다."(정주영, 《이 땅에 태어나서》, p.5 이하) 이 사실은 죽

가출하여 세상을 배우고 그가 가꾸어 얻은 첫 수확을 가족에게
돌려준 것이다. 부모님에게 진 빚을 갚아야 한다는 아산의 마음
은 이때뿐만 아니라 그의 삶 전체를 지배하고 있다.

아산의 기업 창설과 '신용信用'의 철학
: '부유한 노동자' 사상의 태동

1940년 3월 1일, 아산은 서울에서 자동차 정비 공장 아도서비
스Art Service를 설립하였는데, 이때부터 아산이 경영인으로 성공하
여 현대기업을 세운 이야기가 시작된다. 아산이 처음 세운 이 자
동차 정비 공장은 잔금을 치른 지 닷새 만인 3월 20일에 화재가
발생하여 잿더미로 변했다.[25] 출발 그 자체부터 파산인 셈이었다.
운명도 항상 그의 편은 아니었다. 그러나 아산의 모친은 그 스스
로 불행을 극복해 나갈 수 있도록 단단히 채비하고 있었다. 아산
의 모친은 한밤중에 장독 위에 물을 떠놓으시고 치성을 드렸으

마고우인 엄성칠 회장의 다음 진술에서도 확인할 수 있다. "아산리(峨山里) 벽촌 빈농에서 태어나 부친과 자갈밭
을 논으로 개간하던 그 시절을 상기하며 부친의 한을 풀어드려야 한다고 말씀하시던 정 회장은 지금으로부터 약
15년 전 충남 서산 해안가에 바다를 매립하여 농지를 조성하는 허가를 정부로부터 득하여 수년에 걸쳐 방조제
공사를 했다."(엄성칠, 《고향의 자랑이자 긍지》, 《아산 정주영과 나》, p.257) 그리고 세 번째 보은은 1998년 6월과
10월에 84세의 아산이 각각 소 500마리와 501마리를 북한에 전달하기 위하여 판문점을 넘어갔던 역사적인, 이
른바 소떼방북 사건으로 가시화 되었다. 여기에서 소 한 마리는 부친께 원금을 돌려드리는 것이고, 소 일천 마리
는 그의 성공과 성취를 상징한다고 볼 수 있다. 프랑스가 자랑하는 세계적인 석학인 기 소르망(Guy Sorman)은
"아산이 500마리의 소를 몰고 방북한 것은 20세기 최후의 전위예술"이라고 논평했으며, 새뮤얼 헌팅턴은 1988
년 8월 15일, 정부 수립 50주년 기념 MBC특별대담 최광수 전 외무장관과의 인터뷰에서 "아산 명예회장의 소 떼
지원과 같은 민간 차원의 교류도 남북관계 개선에 크게 기여할 것"이라고 하면서, 이 사건을 미국과 중국의 핑퐁
외교, 미국과 이란의 월드컵 축구에 의한 관계개선 사례와 비교하기도 했다.(이응석, 《아! 아산》, p.192 참조)

25 정주영, 《이 땅에 태어나서》, p.37 이하.

며, 아산이 어디에서 무엇을 하든지 간에 일념으로 그를 위하여 기도 했는데, 그 내용을 보면 모친께서 잘난 아들 정주영이를 낳아 놓았으니 산신님은 내 아들 정주영에게 돈을 낳게 해달라고 했다는 것이다.[26] 실제로 아산은 '돈을 낳는 사람'이 되었는데, 그가 돈을 번 비결은 바로 신용에 있었다.

아산이 처음 출자한 자영회사 아도서비스 화재 사건은 아산의 실수로 일어났다. 새벽 잠결에 아산은 세숫물을 데우기 위하여 신나 통을 들고 화덕에 조금 부었는데, 그 불길이 신나 통으로 옮겨 붙는 바람에, 본능적으로 신나 통을 집어던져서 발생한 것이다.[27] 트럭 다섯 대와 어떤 세도가의 승용차까지 불타서 아산은 모든 것을 잃고 그야말로 부도 위기에 몰렸다. 이때 아산은 자신에게 돈을 빌려준 삼창정미소 오윤근 영감에게 한 번만 더 도와달라고 간청하게 되는데, 오영감은 지금까지 한 번도 담보를 잡고 돈을 빌려준 적이 없고 오직 신용만을 보고 빌려 주었는데, 사람 잘못 봐서 돈 떼었다는 오점을 찍을 수는 없다고 하면서 다시 3천5백 원을 빌려주었다는 것이다.[28] 아산은 여기에서 "언제나, 무슨 일에나 최선의 노력을 쏟아 부으면 성공 못할 일이 없다"는

---

26 정주영, 《이 땅에 태어나서》, p.20 이하. 이는 아산의 성취가 자신의 노력에 의한 것이라 하더라도 주변인의 지극 정성이 영향을 미칠 수 있다는 종교적 신앙의 차원을 보여준다.

27 정주영, 《이 땅에 태어나서》, p.38. 아산은 1991년의 자서전 《시련은 있어도 실패는 없다》에서는 '한 직공이 손 씻을 물을 데우려 시너를 불에 던지다가 실수하는 바람에'(p.65) 라고 적었는데, 여기서는 본인의 실수라는 점을 분명히 하고 있다.

28 정주영, 《이 땅에 태어나서》, p.39.

'빈대의 교훈'을 설파하고 있다.[29] 그가 새로 설립한 이 회사는 현대자동차공업사(1946년), 현대토건사(1947년)로 확대 개편되어 급속한 발전을 거듭하게 된다. 현대그룹의 경영신화가 시작된 것이다.

아산은 1953년 4월에 낙동강 고령교 복구공사[30]에 참여하게 되는데, 이 공사는 1955년 5월 완공 당시 정부의 최대 발주 공사로 기록되지만, 현대건설로서는 도산의 위기에 처할 정도로 막대한 손실을 입었던 공사였다.[31] 대구와 거창을 잇는 고령교는 지리산 공비를 토벌하기 위하여 신속하게 복구해야 할 필요가 있었다. 총 공사비 5,478만 환, 공기 26개월로 계약한 고령교 복구공사는 당시 정부 발주공사로는 최대 규모였으나, 뜻하지 않은 물가폭등으로 인하여 아산을 부도 위기에까지 몰고 간 것이다. 계약 당시 700환이던 유가油價는 완공 무렵에 4,500환으로 폭등했고, 40환이던 쌀 한 가마가 4,000환으로 뛰어올랐다. 그러나 아산은 공사를 접거나 부도처리하지 않고 완공함으로써 신용을 지키는 쪽을 선택하였다. 계약금액 5,478만 환에 시작한 공사는 6,500만 환의

29 정주영, 《이 땅에 태어나서》, p.41. 아산이 빈대에게서 삶의 지혜를 터득한 것은 1933년(18세) 인천 부두에서 막노동을 하던 때였다. 아산은 빈대의 생태를 관찰하면서, 그 습격을 피하기 위하여 밥상다리 네 곳을 물 담은 양재기 위에 놓아두었는데('심층적 사고'), 빈대가 벽을 타고 천정에서 누워있는 아산에게 낙하하는 것을 보고서 놀랐으며('다각적 사고'), 목적을 이루기 위하여 본능적으로 움직이는 빈대의 집념에서 아산 스스로 "뜻이 있는 곳에 길이 있다"는 지혜를 얻게 된 ('영역전이적 통찰력') 세 가지 사유단계를 거치게 된다. 이 세 번째 사유단계에서 우리는 아산의 사유가 '뜻'과 '의미'를 중시하는 로고테라피 사상과 매우 유사하다는 것을 확인하게 된다. '빈대의 교훈'에 대한 학문적 논의는 김영정의 논문 〈정주영 회장과 비판적 사고〉(《대한토목학회지》 제53권, 3호, 2005년 3월, p.82 이하)를 참조할 것.

30 정주영, 《이 땅에 태어나서》, p.63 이하.

31 아산 스스로 가장 힘들었던 일 두 가지를 들고 있는데, 하나는 1962년 4월, 넷째 아우 신영의 죽음이었고, 다른 하나는 1963년 고령교 공사 실패 이후 빚쟁이들에게 시달릴 때였다. 정주영, 《이 땅에 태어나서》, p.51.

적자를 기록하였고, 아산의 살림살이와 재정은 파탄이 났다. 그러나 1954년부터 미국의 원조 자금이 들어오면서 전후 복구사업이 시작되었고, 고령교 복구공사 때 신용을 쌓았던 아산은 한강인도교 복구공사(1957년 9월~1958년 9월, 2억 3천만 환)와 인천 제1도크 복구공사(1959년 6월)를 수주함으로써 건설업계에서 확고한 기반을 얻게 되었다.[32]

1963년부터 아산은 국내기업 활동에서 '정경유착'이나 '부정축재' 의혹으로부터 자유롭기 위하여 대대적인 해외시장 진출에 총력을 기울였다. 그 결과 아산은 1965년 9월에 선진 16개국 29업체와 경쟁을 벌인 끝에 태국 파타니 나라티왓 고속도로 공사를 수주하는데 성공한다.[33] 태국으로 향하는 기술진과 노무자들을 태운 첫 비행기의 출발을 KBS가 실황중계할 정도로 '역사적인 사건'이었다. 공사 규모는 길이 2차선 98km, 공기 30개월, 공사비 522만 달러(당시 환율로 14억 7천9백만 원)에 달했으며, 이는 1965년도 국내외 공사 전체 계약액의 60%를 상회하였다. 그러나 아산은 여기에서 또다시 고배를 마셨다. 기술 낙후성, 전근대적인 공사 관리, 지리적 특성에 대한 무지 등으로 엄청난 적자에 허덕이게 된 것이다.[34] 고령교 이후 또 하나의 공사 중단 사태가

---

32 정주영, 《이 땅에 태어나서》, p.70, 72.

33 정주영, 《이 땅에 태어나서》, p.98 이하.

34 아산은 태국 고속도로 공사 실패 경험으로 해외 진출을 위해서는 글로벌 지역학에 대한 이해가 필수적이라는 사실을 깨달았다. "한 현장의 공사를 성공적으로 마치기 위해서는 그 나라 사람들의 생리나 습관, 언어, 풍속, 법률 등 모든 문화적인 차이를 습득, 극복해야 한다."(정주영, 《이 땅에 태어나서》, p.126) 이런 사실에서 볼 때 주요국

현실화될 판이었다. 그렇게 되면 우리나라 건설업체들의 해외시장 진출은 막혀버릴 것이다. 그래서 아산은 막대한 손실을 껴안으면서 공사를 강행한다. 이번에도 아산은 많은 돈을 잃었지만, 신용은 얻을 수 있었다. 그 신용은 다시 돈으로 되돌아왔다. 아산은 자신에게 주어진 가난과 궁핍에 대해서 '일'과 '노동', '근면'과 '성실'로 대응하였고, 이를 바탕으로 '자본'을 축적함으로써 세계적인 대기업가로 성공할 수 있었다.

부지런함은 자기 인생에 대한 성실성이므로 나는 부지런하지 않은 사람은 일단 신용하지 않는다. 일상생활에서부터, 아주 작은 일에서부터 바른 생각으로 성실하게 자신의 인생을 운영해 나가다 보면 신용은 저절로 싹이 터 자라기 시작해서 부쩍부쩍 크고 있을 것이고, 그러다 보면 어느 날엔가는 말하는 대로 의심 없이 믿어주는 커다란 신용을 갖게 될 것이다. 이것은 개인과 기업, 국가 모두에 해당된다. 신용은 나무처럼 자라는 것이다. 또한 신용이란 명예스러운 것이다.[35]

아산은 이처럼 파란만장한 고난과 시련의 길을 걸으면서도 절망하지 않고 성실하고 꿋꿋하게 신용의 자산을 쌓아나갔다. 그는

기의 언어, 문학, 역사, 철학, 종교, 문화를 따로따로 가르치는 우리의 인문학 교육 방식은 하루 속히 지양해야 할 것이라고 본다. 인문학 교과과정 역시 글로벌 지역학(국가학)의 차원에서 재편할 필요가 있다.

35 정주영, 《이 땅에 태어나서》, p.402.

노동과 노력과 근면성실을 바탕으로 자기 자신과 기업의 신용을 축적함으로써 세계적인 기업가로 성장할 수 있게 된 것이다. 그러나 그는 성공한 이후에도 한 번도 자신이 '노동자'라는 사실을 망각하지 않았으며, 대기업가로서의 자기 자신을 스스로 '부유한 노동자'라고 규정하였다. 아산은 신용철학의 기반 위에서 '부유한 노동자론'의 체계를 구축하고 있었던 것이다. 아산은 1982년 5월 미국 조지 워싱턴대학교에서 명예경영학박사 학위 취득 기념 만찬회에서 이렇게 말하였다.

> 다른 사람들은 나를 세계 수준의 대기업을 경영하고 있는 한국인이라고 평가하고 있는지 모르지만 나는 내 자신을 자본가라고 생각해 본 적이 없습니다. 나는 아직도 부유한 노동자일 뿐이며 노동을 해서 재화를 생산해 내는 사람일 뿐입니다.[36]

고르바초프도 아산의 '부유한 노동자'론을 인정했다. 러시아 전문가 이인호(李仁浩, 1936~)는 아산이 방한 중인 고르바초프 전 대통령 부부를 두 번이나 식사를 초대한 자리에 함께 하면서 고르바초프가 부르는 러시아 민요까지 들을 수 있었다고 하는데, 그때 고르바초프가 '현대'를 '노동자를 위해 일하는 기업'이라고

---

36 정주영, 《새로운 시작에의 열망》, "나는 부유한 노동자이다"(1982년 5월, 조지 워싱턴대학 명예경영학박사 학위 취득 기념 만찬 연설), UUP(울산대학교출판부) 1997, p.12.

평가했던 사실을 전한 바 있다.[37] 우리는 공산주의 종주국 소련연방의 최고 권력자가 '부유한 노동자'인 아산과 그가 세운 현대그룹을 '노동자를 위한 기업'이라고 보증해 준 사실에 주목할 필요가 있다. 국내의 여러 인사들도 아산이 기업 총수이면서도 직접 노동을 즐겨 하시는 분이라는 사실을 증언하고 있다.[38] 아산 스스로 말하기를 "나는 가끔 길거리의 청소부를 보면 그가 나보다 더 행복할 것이라는 생각이 들 때가 있다. 나에게 도움을 요청하는 사람들이 많은데 그들의 요청을 다 들어주지 못하여 괴로울 때가 많다. 차라리 청소부라면 그러한 요청을 받지는 않을 것이 아닌가?"라고 했는데,[39] '알리바바'의 마윈도 같은 생각을 가졌던 점이 흥미롭다.

37 이인호(하버드대 박사, 서울대 교수, KBS이사장), 〈거인없는 시대의 거인〉, 《아산 정주영과 나》, p.327. 실제로 아산은 중역용 엘리베이터를 설치하지 않고 모든 사람들이 평등하게 이용하도록 했다.《시련은 있어도 실패는 없다》, pp.163~164. 또한 울산공업학원의 '창학이념'을 돌비석에 새길 때에도 학교 구성원 모두의 서체를 새기게 함으로써 주인의식을 갖도록 하였다. 김재규, 〈아산의 인간미〉, 《아산 정주영과 나》, p.105.

38 임희섭(1937~), 고려대 대학원장 역임)은 아산을 '쉬지 않는 부유한 노동자', '노동자와 같은 마음가짐으로 항상 땀 흘려 열심히 일하는 분'이라고 평가하였고(〈쉬지 않는 부유한 노동자〉, 《아산 정주영과 나》, pp.354~357). 정범모(鄭範謨, 1925~, 시카고대학 철학박사, 충남대학교 총장 역임)는 "진흙탕 속에서 인부들과 함께 어우러져 일하는 노동자 그대로의 아산"을 직접 목격했으며(〈서산 농장에서〉, 《아산 정주영과 나》, pp.387~390. 서산간척지에 대해서는 《시련은 있어도 실패는 없다》, pp.207~214와 《이 땅에 태어나서》, pp.295~302를 참조할 것), 이지관(李智冠 1932~, 동국대학교 총장, 가산불교연구원장 역임) 스님도 아산을 '공동의 삶을 보다 개선한 근대화의 상록수' 또는 '경영을 위해 몸소 행동하는 전위의 노동자', "재벌 기업의 총수가 아니라 '노동자이자 농민의 한 사람'으로서 조국근대화를 이끌어낸 기념비적인 인물"이라고 평가했다(〈조국의 현대. 아산 정주영〉), 《아산 정주영과 나》, p.330).

39 이상주(전 울산대학교 총장), 〈정주영 신화의 정신적 교훈〉, 《아산 정주영과 나》, p.310.

3. "담담한 마음을 가집시다"-로고테라피적 관점에서 본
아산의 삶과 사상

우리는 이제 아산의 삶의 태도에 나타난 의미치료적 요소들, 특히 아산의 의미추구적 삶의 태도와 기법, 그리고 아산의 '담담지심淡淡之心'의 가치지향을 로고테라피적 관점에서 접근할 것이다.

아산의 삶의 태도에서 우리는 흔히 로고테라피의 의미 발견적 요소들과 만나게 된다. 이는 아산이 춘원의 계몽사상으로 세례를 받을 때 긍정적이고 적극적인 의미 발견적 삶의 태도를 받아들였기 때문인 것으로 보인다. 아산의 로고테라피적 기법은 그의 삶 곳곳에서 찾아볼 수 있다. 특히 돈과 부, 그리고 행복에 대한 아산의 태도들에서 우리는 프랑클의 의미지향적 삶의 방식을 발견하게 된다.

아산은 기업가로서는 매우 특이하게 교훈이 되는 많은 어록을 남기고 있다. 그 가운데서도 특히 "담담한 마음을 가집시다"라는 말은 그의 삶의 태도를 가장 집약적으로 드러내고 있어서 가치철학적 의미를 분석할 필요가 있다. 아산의 '담담지심淡淡之心'은 교훈적 의미는 물론이고 치료적 의미까지 담고 있어서 빅토르 프랑클의 로고테라피Logotherapie와의 비교 연구를 시도할 가치가 있다. 아산의 어록에 나타난 교훈적 가치는 크게 보아 시련과 고난 앞에서의 긍정적인 삶의 태도나 의미 추구적 태도, 또는 실존과 기업, 그리고 국가가 잘되도록 지속적인 노력과 발전 지향을 통하여 공동체적 이상을 실현하자는 것으로 압축할 수 있다.

아산의 삶의 태도에서
로고테라피적 요소들

〈동아일보〉에 연재된 두 편의 소설 작품, 《흙》과 《백화》가 아산에게 미친 사상적 영향에 대한 연구에서 소래섭은 아마도 아산이 춘원에게서 자력갱생과 솔선수범을 강조하는 계몽사상의 세례를 받았을 것으로 보았다.[40] 특히 아산 특유의 '할 수 있다'는 낙관주의적 사고나 '나부터 하자'라는 솔선수범의 철학은 《흙》의 주인공 허숭을 통해서 자기의 것으로 만들었을 가능성이 높다는 것이다. 소래섭은 아산이 《흙》에서 배운 것들은 후일에 그의 기업가정신의 중요한 요소들, 즉 근면성실, 근검절약, 도전과 개척 정신, 국익을 중시하는 사업보국주의, 적극적인 의지와 추진력 등으로 나타난다고 보았다.[41] 그러나 우리는 여기에서 더 중요한 맥락을 찾아낼 수 있다. 의미 추구, 즉 의미 발견적 삶의 태도가 바로 그것이다. 작품에서 허숭은 자신의 현재 상태에서 있는 그대로 농민을 위하여 그들에게 도움이 되는 일을 해야 한다고 결심한다.

---

40 소래섭, 〈기업가정신과 문학 – 아산의 독서 경험〉, 《아산 연구 총서 제1권》, 푸른숲, 2015, pp.318–338.

41 소래섭, p.326 참조.

'옳다, 어려운 일이 아니다!'

하고 허숭은 생각하였다.

'농민 속으로 가자. 돈이 없으면 없는 대로 몸만 가지고 가자. 가서 가장 가난한 농민이 먹는 것을 먹고, 가장 가난한 농민이 입는 것을 입고, 그리고 가장 가난한 농민이 사는 집에서 살면서, 가장 가난한 농민의 심부름을 하여 주자. 편지도 대신 써주고, 주재소, 면소에도 대신 다녀 주고 그러면서 글도 가르치고 소비조합도 만들어 주고, 뒷간, 부엌 소제도 하여 주고, 이렇게 내 일생을 바치자.'

이러한 평소의 결심을 한 번 더 굳게 하였다. 대규모로 많은 돈을 얻어 가지고 여러 사람을 지휘하면서, 신문에 크게 선전을 하면서 빛나게 하자는 꿈을 버리기로 결심하였다.

'나부터 하자!'

하는 한선생의 슬로건의 맛을 더욱 한번 깨달은 것같이 느꼈다.[42]

이 텍스트에서 허숭의 생각은 빅토르 프랑클의 의미추구의 이론과 긴밀한 연관성을 가지고 있는데, 자신이 부족하더라도 다른 사람들을 위해서 무엇인가 의미 있는 일을 할 수 있고, 그것이 비록 힘든 일이라 하더라도 다른 사람에게 미루지 말고 나부터 솔선수범하자는 것, 그리고 그 일은 할 수 있고 반드시 해내야 한다는

---

[42] 이광수, 《흙》, 동아출판사, 1995, p.42. 소래섭은 허숭을 '하면 된다'는 의지와 낙관주의를 신봉하는 인물로 규정하는데(소래섭, p.324 이하), 그렇다면 그런 생각들이 아산에게 그대로 전이되었을 가능성이 매우 높다고 추정할 수 있다.

생각을 가지면 성공할 수 있다는 믿음과 희망이 생긴다는 내용을 담고 있다. "돈이 없으면 없는 대로", "가장 가난한 농민"들을 위하여, 그들에게 필요한 일을 '지금 당장' 그리고 '나부터' 하자는 생각은 로고테라피의 기본 원리이다. 이처럼 '나부터'라는 허숭의 슬로건은 모든 것을 적극적으로 생각하고 낙관하는 아산 사상의 기반을 이루며, 프랑클이 그토록 강조했던 로고테라피의 기초가 되기도 한다. 이렇게 하여 아산은 그 자신 한 번도 접하지 않았을 프랑클의 사상을 스스로 터득한 셈이다. 이것은 바빌론 출신의 유대인 현자 힐렐(Hillel, 기원전 70~기원전 10)의 가르침과도 직결되는 아산의 긍정적, 적극적인 삶의 태도와 관련이 있다.[43]

이러한 사실은 아산의 '가출' 자체에 대한 의미 구조분석을 시도한 글에서 발견할 수 있다. 박규태(朴圭泰, 1933~)는 아산을 회고하는 〈출(出) 통천(通川)〉이라는 글에서 누에고치가 나방이 되기까지의 과정을 소개하면서 네 번에 걸친 아산의 고향 탈출에 대한 의미 있는 해석을 제시하고 있다.[44] 영국의 과학사상가인 알프레드 월리스(Alfred Wallace, 1823~1913)는 누에고치 속에 있던 나방이 바늘구멍만한 작은 구멍을 만든 후에 하루 종일 그 구멍을 넓혀서 간신히 빠져나와 날아가는 것을 보았다. 그래서 나방이 쉽게 나올 수 있도록 처음부터 구멍을 크게 만들어 주었더니, 나방은

---

43 빅토르 프랑클, 《삶의 의미를 찾아서》, 이시형 역, 청아출판사 2005, p.91.

44 박규태, 〈출(出) 통천(通川)〉, 《아산 정주영과 나》, p.170 이하.

고치로부터는 나왔지만 날지 못하고 힘없이 쓰러지더라는 것이다. 이 사실에서 윌리스는 가혹한 환경에서 적응한 경우에만 생존할 수 있다는 것을 알게 되었다. 아산은 농촌인 고향 통천을 떠나기로 결심했으나 네 번의 시도를 거쳐서야 소기의 목적을 이룰 수 있었다. 처음에는 원산을 거쳐 고원으로 가려고 시도했고, 두 번째는 금강산을 거쳐 김화로 가다가 되돌아오고 말았으며, 세 번째는 천신만고 끝에 서울까지 갔다가 되돌아왔다. 그리고 다시 인천을 거쳐 네 번째 만에 서울에 정착하는데 성공한다. 통천에서 서울까지는 약 100km밖에 안 되는 거리지만, 아산은 3년 동안 통천을 탈출하기 위해 1,500km가 넘는 길을 헤매었다. 아산은 마치 나방의 생존 훈련처럼 '시련'을 겪은 것이다. 그가 단 한 번의 가출로 사회에 나왔다면 실패했을지도 모른다. 아산의 삶에서 이 '시련'이 얼마나 의미 있고 값진 것인지를 가늠할 수 있게 한다.

우리는 이제 고난과 시련을 대하는 아산의 태도 가치들을 살펴보면서, 그가 로고테라피 기법을 어떻게 선취하고 있는가를 다루고자 한다.

아산은 1940년 3월 20일에 발생한 아도서비스 화재 사건에서 전 재산을 잃었지만,[45] 좌절하지 않고 '신용'을 담보로 하여 재투자를 얻어내는 데 성공하였다. 또한 그는 1953년 4월에 시작한

---

45 정주영, 《이 땅에 태어나서》, p.37 이하.

고령교 복구공사에서 극심한 인플레이션으로 부도 위기에 처했지만, 전 재산을 투입하여 공사를 완료함으로써 신용 자산을 확보하였다.[46] 1965년에 아산은 해외 건설 시장에 진출한 첫 번째 사업으로 태국 파타니 나라티왓 고속도로 공사를 수주했는데,[47] 우리 기술진과 노무자들이 태국으로 떠나는 광경을 KBS가 실황 중계를 할 정도로 역사적인 사건이었다. 이 공사는 2차선 98km, 공기 30개월, 공사비 522만 달러(당시 환율로 1,479백만 원)의 규모로 그해 국내외 공사비 전체의 60%, 국내 건설업체의 총 수출실적 1522만 달러의 33.4%에 달하는 엄청난 것이었다. 그러나 아산은 여기에서도 기술 낙후와 관리체제 미비, 그리고 기후 조건 악화 등으로 엄청난 적자에 시달렸다. '현대'가 도산을 피하려면 당장 공사를 중단해야 할 상황이었다. 그러나 아산은 그렇게 되면 우리 건설업체들의 해외시장 진출은 불가능하게 될 것이라고 판단해서 막대한 손실에도 불구하고 완공할 것을 결심했다. 그는 많은 돈을 잃었지만 '돈이 아닌 것으로 얻은 것'이 더 많았다고 생각했다. 새로운 경험과 노하우를 축적했고, '현대'의 '근대화'를 위한 계기로 삼았으며, 무엇보다도 박정희 대통령이 결심했던 우리나라 고속도로 건설의 실질적 주체가 될 수 있었던 것이다. 아산은 이렇게 말한다.

---

46 정주영, 《이 땅에 태어나서》, p.63, 411.

47 정주영, 《이 땅에 태어나서》, p.98 이하.

모험이 없으면 큰 발전도 없다. 남보다 빠른 앞일에 대한 예측 능력
으로, 권력과의 결탁으로 성장하는 기업이라는 부당한 질타가 끔찍
이 싫어서 남보다 앞서 뛰어든 해외 건설 시장이었다. 세상일에는
공짜로 얻어지는 성과란 절대로 없다. 보다 큰 발전을 희망한 모험
에는 또 그만큼의 대가도 치러야 한다.[48]

아산이 울산조선소(현대중공업)를 건설하는 과정에서 거북선이
그려진 5백 원짜리 지폐와 울산 방어진의 백사장 사진 한 장으로
차관을 얻었다는 에피소드는 이제 신화가 되었다.[49] 아산은 1970
년 3월에 조선사업부를 설치하고 업무를 시작하도록 했다. 아산
이 조선소를 시작한 것은 오로지 박정희 대통령의 의지와 집념이
아산에게 감동으로 전달되었기 때문이다. 박 대통령은 제2차 경
제개발5개년계획을 세우고 제철, 종합기계, 석유화학, 조선을 국
책사업으로 육성하고자 했다. 아산은 20만 톤 급 대형선박 건조
를 위한 조선소 건설을 추진하기 위하여 미국, 일본과 교섭했지
만 거절당한 처지라서 사실상 불가능하다고 판단했다. 화가 난
박 대통령은 앞으로 아산에게 어떤 사업도 주지 말라고 겁을 주

48 정주영, 《이 땅에 태어나서》, p.100. 제1차 경제개발5개년계획 초기였던 1964년 12월, 상공부 장관으로 박 대통령
    의 독일 공식방문 수행한 바 있었던 박충훈(朴忠勳, 1919~2001)은 1968년 대통령 주재 연석회의에서 대부분의
    각료들이 시기상조나 재정부담을 이유로 들면서 고속도로 건설을 반대했다고 전한다. 건설업계에서는 아산만이
    박 대통령의 의견에 동조했다고 한다. 박충훈, 《한 정기 타고난 풍운아》, 《아산 정주영과 나》, pp.194-197.

49 정주영, 《이 땅에 태어나서》, pp.158-193. 그러나 기적은 신화만으로 이루어지지 않는다. 아산은 자신의 사업 성
    공을 위하여 완벽한 준비를 하곤 했다.

면서, 담배를 권했다. 그래서 한 번도 담배를 피우지 않았다는 아산이 그 담배를 거절하지 못하고 뻐끔거리고 있는데, 박 대통령은 아산에게 "무슨 일이 있어도, 어떻게 하든 해내야지, 그저 한 번 해보고 안 되니까 못하겠다, 그러는 게 있을 수 있소?"라고 하면서, "이건 꼭 해야만 하오"라고 간청했다.[50] 아산은 그런 박 대통령의 부탁을 거절할 수 없어서 새로운 각오와 결심으로 다시 시작했다.[51] 결국 박 대통령도 아산에게 로고테라피 기법을 활용한 것이다.

아산의 삶에서 가장 극적인 드라마가 연출된 사건은 1976년에 수주한 93,114만 달러(당시 환율로 4,600억 원) 규모의 사우디아라비아 주베일산업항 공사라고 할 수 있다.[52] 아산이 제시한 응찰가액은 8억 7천만 달러였으나 전갑원 상무는 너무 싼값이라고 생각해서 6천만 달러를 올려 적었던 것이다.[53] 아산의 모험적 사고가 어떤 경우에는 대담함의 차원을 넘어서 무모하게 보인 경우도 있었는데, 울산조선소 설립이나 주베일산업항 공사 같은 것이 대표

---

50 정주영, 《이 땅에 태어나서》, pp.162–164.

51 당시 일본 미쓰비시가 아산의 협조 요구를 거부할 명분을 주은래 4원칙에서 찾았는데, 아산은 오히려 이것이 울산조선소에는 더 좋은 기회를 찾아 나설 계기가 되었다는 점에서 다행스럽게 생각했던 것이다. "주은래 4원칙 중에 한국에 투자한 기업은 일체 중국 대륙에 발을 들여놓을 수 없다는 금지 조항이 있었는데, 중국 대륙 진출을 목표로 하고 있던 미쓰비시가 동경에서 회의를 열기로 날짜까지 잡아놓고 유산시킨 것이다. (⋯) 지금 생각하면 그때 우리가 일본 통상성의 결론에 따라 일을 서둘렀으면 우리의 건조 능력은 5만톤 이하로 묶일 뻔했고, 주은래 4원칙이 없었다면 미쓰비시와의 합작으로 한국 조선공업이 우리만의 것으로 독자성을 띤 채 발전할 수 있는 기회를 놓쳤을 것이다. (⋯) 방침을 수정했다. 장기 저리 차관 도입으로 독자적인 건설, 독자적인 운영을 한다는 결심으로 차관과 기술 도입선을 유럽 쪽에서 구해 보기로 했다." 정주영, 《시련은 있어도 실패는 없다》, p.116 이하.

52 정주영, 《이 땅에 태어나서》, pp.208–230.

53 정주영, 《이 땅에 태어나서》, pp.213–216.

적인 케이스였다. 이러한 사례들은 기적이나 신화에 해당하는 사건들이다. 이 사업들은 알려진 것보다 훨씬 더 치밀한 구상과 계획에 의하여 추진되었지만, 아산에게 행운이 따르지 않았더라면 참혹한 실패로 기록될 여지도 없지 않았다.

사우디 국영 석유회사the Arabian-American Oil Company에 파견 중이었던 뉴욕 기술용역회사MRWJ 김영덕 지질학박사의 현대 스카우트 전략에서 우리는 아산의 로고테라피 기법이 선취되었음을 확인하게 될 것이다.[54] 사우디 주베일산업항 건설 계약을 체결한 아산의 귀에 "현대가 드디어 사우디 앞바다에서 침몰하게 됐다", "무모한 일을 저질렀다"라는 말이 들려왔다. 당시 '현대'는 해양구조물전문가가 없었다. 10억 달러도 안 되는 돈으로 이 공사를 수주한 것 자체가 스스로 불행을 자초했다고 본 것이다. 공사비 154억 원의 부산항만공사 현장 소장이었던 김용재 이사는 23배 규모에 달하는 공사비 약 3천5백억 원 규모의 주베일 현장 소장으로 발령을 받았는데, 그에게 주어진 미션은 공기 단축이었다. 42개월 공사를 6개월 단축한다고 계약서에 기재했기 때문이다. 해안선에서 12km 떨어진 수심 30m의 바다 한복판에 50만 톤 급 유조선 4척을 동시에 수용할 수 있는 정박시설OSTT 공사의 필수 조건은 그 지역 사정에 밝은 해양지질학자의 확보였다.

그때 등장한 인물이 바로 사우디아라비아의 국영석유회사

54　정주영, 《이 땅에 태어나서》, pp.222-224.

ARAMCO, The Arabian American Oil Company에 파견된 기술고문 김영덕金榮德 박사[55]였다. 그는 아라비아만 일대의 유전 발굴을 위하여 해저토질을 조사 중이었고, 토질 분석을 위한 수집 작업을 본격화하기 위해서 현장에 있었던 것이다. 그는 한국의 기업이 주베일 대공사를 수주했다는 소식을 듣고 현장을 찾았다가 서울대 후배인 김용재(공대 15회) 현장 소장을 만났고, 이 소식을 들은 아산은 전갑원 상무를 중동에 급파하여 김영덕을 서울로 초빙하게 했다.[56] 당시 김영덕은 직장을 캐나다에서 미국으로 옮긴 지 얼마 안 된 상태였고, 전문의 과정을 끝낸 그의 부인도 직장 생활을 바로 시작한 터라서 아산의 요청을 들어주기가 곤란한 상태였다. 이제 우리는 아산이 김영덕을 어떻게 설득하여 '현대'에 입사하게 만들었는지를 살펴보면서 아산이 선취한 로고테라피 기법에 대해서 살펴보기로 할 것이다.

아산은 연말 휴가 차 뉴욕의 가족에게 가는 김영덕을 서울로 초청했다. 첫날 그는 아산의 제안을 정중하게 거절하면서도, 기술 자문은 해주겠다고 했다.[57] 다음 날 아산은 그를 울산의 현대조선소로 안내했다. 고속도로에서 아산은 애국심에 호소하여 그를 설득하고자 했다.

---

55 정주영, 《이 땅에 태어나서》, p.222. 김영덕은 서울공대 토목과 12회, 캐나다 웨스턴 온타리오대학교(University of Western Ontario) 박사로서 당시 미국 최대 토질용역회사인 MRWJ사에 근무하던 중, 아산에 의하여 발탁된 후 '현대'에서 현대건설 부사장, 현대해양개발 부사장, 현대미주본부사장, 현대종합상사 사장 등을 역임했다.

56 경향신문특별취재반, 〈거탑의 내막〉 28, 《경향신문》 1982.04.16.(금) 3면 참조.

57 정주영, 《이 땅에 태어나서》, p.223.

자기 조국을 사랑하지 않는 사람은 없다. 더구나 외국에 나가서 고생하면서 자기 일로, 공부로 성공한 사람들의 애국심은 그냥 국내에서 살고 있는 우리보다 훨씬 뜨겁고 순수하다. 나는 어떻게 해서든지 그의 애국심을 움직여 반드시 우리 '현대' 사람으로 만들고 싶었다.[58]

울산에서 올라온 저녁 자리에서 다시 설득했으나 그의 마음을 움직일 수는 없었다. 아산은 하루만 그의 출발을 연기하도록 했다. 다음 날 삼청각에서 그와 함께 이야기를 나누다가 그의 고향이 통천 남쪽 30리 지점의 장전長箭이라는 사실을 알게 되어, 고향과 금강산, 유학 얘기를 나누었다. 그러던 중 아산은 작심한 듯 말문을 열었다.

사람이 태어나서 각자 나름대로 많은 일을 하다가 죽지만, 조국과 민족을 위해 일하는 것만큼 숭고하고 가치 있는 것은 없다고 나는 생각해요. 지금 우리한테는 그런 기회가 와 있어요. 세계 최대의 이 공사를 따기까지 우리 '현대' 식구들의 노력과 고생은 말할 수가 없어요. 정부가 2억 8천만 달러라는 거액의 공사 수행 지급 보증을 섰는데, 만약에 이 공사가 제대로 안 되면 정부에도 큰 타격을 주게 되요. 오일쇼크로 정신없이 늘어나는 외채를 값을 길은 현재 중동 건설 공사에서 외화를 벌어들이는 길밖엔 없고, 그것이 바로 애국하

———
58 56)의 책, 같은 곳.

는 길이에요. 김 박사는 조국을 위해서 우리 회사로 와서 일해야 해요. 반드시 그렇게 해야 해요. 이 나라가 김 박사의 조국입니다. 그 능력과 지식을 왜 남의 나라를 위해서 쓰십니까?" 김영덕이 마침내 결심을 해 주어서 '현대' 가족이 되어 뉴욕으로 떠났다. 고마운 일이었다.[59]

아산이 김영덕을 설득할 때 사용한 기법은 로고테라피에서 잘 알려진 의미 발견을 할 수 있도록 결심을 촉구할 때 사용되는 것이다. 이 논의는 "지금 당장", "나만이 할 수 있는" 등, 실존적 존재의 독자적인 유일회성을 강조하는 동시에, 모든 개인이 어떤 다른 것과 대체될 수 없는 존재라는 사실을 전제하고 출발한다. 개개인의 삶은 유일무이한 것이며, 어느 누구도 그것을 대신하거나 반복할 수 없는 유일한 본성을 전제하고 있다. 유대인 현자 힐렐은 이렇게 말했다.

만약 내가 그 일을 하지 않는다면 누가 그 일을 하겠는가? 그리고 내가 만약 지금 당장 그 일을 하지 않는다면 언제 그 일을 할 수 있을 것인가? 그리고 만약 내가 나 자신이기 때문에 그 일을 한다면 나라는 존재는 과연 무엇인가?[60]

---

59 정주영, 《이 땅에 태어나서》, p.224.

60 빅토르 프랑클, 《삶의 의미를 찾아서》, p.91 이하.

여기에서 프랑클은 '만약 내가 그 일을 하지 않는다면'은 "내 자신의 유일무이함"을 뜻하고, '내가 만일 그 일을 지금 당장 하지 않는다면'은 "의미를 성취하기 위해 나에게 기회를 주었던 지나간 순간들의 유일무이함"을 뜻하는 것으로 보았다. 이로부터 '인간 존재의 자기 초월적 특성'이라는 문제가 제기된다. "만약 내가 나 자신이기 때문에 그 일을 한다면 나라는 존재는 과연 무엇인가?"라는 물음에 필요한 대답은 '진정한 인간 존재'이다. 진정한 인간 존재가 되기 위하여 각자는 "그 자신을 초월하고 그것 자체와는 다른 어떤 것으로까지 도달할 수 있는 것이다". 아우구스티누스는 "인간의 심장은 그가 인생의 의미와 목적을 발견하고 그것을 달성하지 않는 한 멈출 수 없다"고 하였다.[61] 이것은 하이데거가 말하는 '본래성Eigentlichkeit'의 발견이고, 선불교에서 참된 자기 자신을 찾는 것과 같은 뜻이다. 아산은 '인간 존재의 자기초월적 특성'이라는 프랑클의 로고테라피적 의미 발견의 기법을 김영덕 박사에게 활용하고 있는 것이다. 아산 역시 박정희 대통령으로부터 동일한 기법을 경험한 적이 있었다. 그것은 바로 애국심에의 호소이고, '지금 당장', 그리고 '나 자신'만이 할 수 있는 일이고, 따라서 하지 않으면 안 되는 일이라는 사실을 자각하여 실존적 결단을 촉구하는 방식이었던 것이다. 아산은 김영덕 박사에게 지금 당장 조국은 당신을 필요로 하고, 지금 이 일을 할

---

61 59의 책, 같은 곳.

수 있는 사람은 오직 당신밖에 없다는 사실을 호소함으로써 의미 발견을 리드했던 것이다.

아산은 스스로를 언제나 '타고난 일꾼', '노동자'로 낮추어 생각했으며, 격조 높게 표현한 경우에도 '부유한 노동자' 정도였다. 아산은 돈을 벌려고 필사적으로 노력했지만, 자신과 가족들의 풍족한 삶을 위해서가 아니라 기업과 사회와 국가의 발전과 번영을 위하여 헌신해왔다. 그가 근검절약의 생활에 솔선수범한 것은 너무나 잘 알려져 있다. 운이 일생을 결정하는 것이 아니라 그때그때에 대한 태도 가치가 그 운명을 규정한다. 어떤 고난과 불행이 닥쳐와도 긍정적인 태도로 이겨낼 수 있고, 따라서 아무리 힘든 상황에서도 희망을 가질 수 있다. 사람은 저마다의 소질과 능력을 가지고 있으며, 나만이 할 수 있고 지금 바로 하지 않으면 안 된다는 사명감을 갖고서 열심히 일에 집중하다보면 자신도 모르게 원하던 것들을 성취할 수 있고 그에 대한 기쁨과 행복을 얻을 수 있게 된다. 지나친 예기 불안이나 과잉 지향에서 벗어나는 비결은 역설지향의 태도를 취하는 것이다. 이러한 치유 기법은 아산이 제시한 '도공의 비유'나 '통천의 눈'의 비유에서도 발견할 수 있다. 이와 같은 아산의 사유방식들은 로고테라피에서 의미발견의 기법들과 매우 유사하다.

'자상함' – 아산의 '태도 가치'

울산대학교 본관 현관에는 아산을 기념하는 동상과 함께 "담담한 마음을 가집시다"라는 아산의 좌우명이 걸려 있다. 이 경구에서 우리는 고난과 시련을 대하는 아산의 삶의 태도를 엿볼 수 있다. 사람들은 필사적으로 시련, 그리고 고통과 고난을 회피하려고 한다. 그러나 아산은 '시련은 있다'라는 분명한 입장을 취한다. 그리고 그의 삶 속에서도 그는 많은 시련들을 직접 경험하였다. 프랑클은 고통을 피할 수 있다면 피해야 한다고 가르친다. 그러나 그것이 전부는 아니다. 프랑클은 "그 고통스러운 운명이 바뀔 수 없는 순간에는 그것을 받아들여야 할 뿐만 아니라 그것을 의미 있는 어떤 것, 어떤 성취로 바꾸어 놓아야 한다"고 덧붙인다.[62] 프랑클에 의하면, 인간에 주어진 3대 비극은 고통, 죄, 죽음이다. 그러나 인간에게는 그런 비극적 사태들을 넘어서서 자기초탈할 수 있는 능력이 부여되어 있는데, 그것은 바로 '자유의지', '의미를 찾으려는 의지', '삶의 의미'이다. 삶의 의미는 '창조적인 가치', '경험적인 가치', '태도적인 가치'라는 세 가지 차원에서 각각 다르게 인식될 수 있는데, 여기에서 프랑클이 가장 주목하는 것은 '고통과 죄와 죽음에 대한 의미 있는 태도', 즉 '태도 가치'의 문제이다. 인간이 한계 상황 또는 비극적 사태에서 어떤 태

---

62 프랑클, 《삶의 의미를 찾아서》, p.117 이하.

도 가치를 취하느냐에 따라서 성취와 좌절이 결정된다는 것이다. 아산의 '자상함'은 사람을 대하는 가장 중요한 태도가치이고, 아산의 '담담지심'은 프랑클의 '역설지향'이라는 로고테라피적 기법과 매우 유사하다.

우리는 아산의 삶의 태도에서 프랑클이 말한 로고테라피 기법을 발견할 수 있다. 특히 그의 경영철학이나 처세훈 또는 리더십에서 가장 쉽게 찾아볼 수 있는 로고테라피적 요소들로서는 순수 창업 및 신용을 중시하는 것, 모든 유형의 스포츠를 즐기는 것, 남다른 유머 감각을 가지고 있는 것,[63] 그리고 주변인들에게 매우 자상하다는 것 등이다. 이 중에서도 특히 그의 자상함은 다른 사람들에게 감동과 기쁨을 안겨줌으로써 치유적 기능까지를 수반하는 아산의 가장 전형적인 삶의 태도라고 할 수 있다.

아산을 기억하는 대다수의 인사들, 특히 여류 문인들은 그의 자상함에 감동한 경우가 많았다. 아산은 매우 거칠고 담대한 것처럼 보이지만, 그의 영접을 받은 사람들이 공통적으로 기억하는 것은 그가 매우 자상하고, 아무리 사소한 것일지라도 그가 한 약속은 반드시 지킨다는 사실이었다. 일반적으로 '밥 한번 같이 먹자'라는 말을 사람들은 그냥 지나치는 인사말로만 여기지만, 아

---

63 아산 스스로 유머의 중요성에 대해서 이렇게 말한다 : "극도의 긴장 속에서 온몸이 굳어오는 상황에서도, 나는 우스갯소리를 하는 여유를 잃지 않았다. 여유가 없으면 창의가 죽는다. 나는 경험으로 그걸 체득한 사람이다." 정주영, 《시련은 있어도 실패는 없다》, p.344. "폭넓은 인간 교류는 나에게 유머를 잃지 않게 하고, 편견에 사로잡히지 않게 하고, 인생을 따뜻한 시선으로 바라보게 하고, 공감대를 확대시키고, 그들의 정서를 흡수함으로써 사람이 빠지기 쉬운 사고의 경직을 방지해 준다. 인간 교류에서 얻는 이 모든 소득을 나는 기업 경영의 창의적 에너지로 활용한다." 정주영, 《시련은 있어도 실패는 없다》, p.345.

산은 언제나 그 약속을 지킨 것으로 유명하다. 그뿐만 아니라 그는 자신이 초청한 인사가 당도할 때까지 노심초사하면서 관심과 배려를 아끼지 않는다. 아산의 영접을 받게 되면, 아무리 평범한 사람들이라도 자기 자신에 대한 존재감을 느끼게 된다. 아산은 그처럼 사람을 가리지 않고 귀하게 생각하고 스스로에 대한 자긍심을 갖게 한다. 이와 관련한 몇 가지 에피소드들을 살펴보도록 하자.

뉴욕한인학교 설립으로 '한국의 페스탈로치'로 유명한 허병렬(許炳烈, 1926~)은 1989년 10월 18일 새벽, 아산과 함께 서산 농장으로 향하는 중이었다.[64] 16년 만의 귀국인데 만나보고 싶은 분이 있느냐고 아산이 물었다. "전원일기에 나오는 일용 어머니"라고 대답하자, 아산은 놀랐는지 잠자코 그냥 있었다고 한다. 허 교장은 그날 오후 아산사회복지 사업재단 관계자들에게 강연을 했는데, 초점이 맞지 않는 맥없는 강연으로 아산에게 빚을 졌다고 생각했다. 미국으로 돌아가기 직전에 아산은 허 교장을 영빈관에 초청하여 유명 문인들과 연예인들을 만나도록 주선했는데, 그중에 '일용 어머니' 역을 맡은 김수미씨도 있었다. 허 교수는 자신이 무심결에 일용 어머니를 만나고 싶다고 한 말을 기억해서 만날 수 있도록 배려해준 아산의 자상함에 감동하지 않을 수 없었다고 한다. 그러면서 뉴욕에는 자연인 아산과 오직 그의 인품으

---

64 허병렬, 〈아산의 소년같은 수줍음〉, 《아산 정주영과 나》, pp.463-466.

로만 사귀는 사람들이 있다고 전하였다.

이인호는 1991년 초가을, 아산의 초대를 받고서 교통이 번잡해 약속 시간을 50분이나 늦은 적이 있었다. 그런데도 아산은 기다리고 있었다. 그러고는 가르침을 주셨다는 것이다. 아산 자신도 늦지 않으려면 일찍 가는 수밖에 없다는 것을 정일권 총리에게 배웠다는 것이다. 이인호는 아산을 이렇게 회고한다. "그분에게서 세간에는 알려지지 않은 전혀 다른 인간적인 면모를 볼 수 있었고, 무엇보다도 그분의 겸손과 소박, 그리고 인자함에 감복하지 않을 수 없었다."[65] 사람들이 죄송스럽고 어쩔 줄 몰라 하는 상황에서 아산은 그 무거운 부담감을 일시에 덜어줄 줄 아는 미덕을 지니고 있었던 것이다.

1968년부터 한국지역사회학교후원회 일에 참여하면서 아산과 교분을 쌓아오던 김인자는 성심초등학교 강당 기금 조성을 위한 바자회 전날 밤에 갑자기 아산 회장을 초청할 생각으로 전화를 했는데, 오전 10시에는 경부고속도로 현장인 대전에 가야하기 때문에 어렵겠다는 것이었다. 그러면서도 바자회의 성공을 빈다고 인사를 전했다. 오전 9시 50분경, 김 교수는 육영수 여사가 오신다는 소식을 받았다. 그런데 바로 그때 아산이 육 여사 뒤를 따라 들어오고 있었다는 것이다. 아산은 김 교수의 간곡한 청을 외면할 수 없어서 새벽 4시에 일어나 대전을 들러서 오는 길

---

65 이인호(러시아 대사 역임, 한국방송통신위원장), 〈거인없는 시대의 거인〉, 《아산 정주영과 나》, p.327.

이라고 말했다.[66] 김인자 교수는 샌프란시스코 여 시장의 서울 방문 때 아산으로부터 만찬 초대를 받은 적이 있었다. 여 시장은 부러진 팔에 깁스를 하고 왔다. 김 교수가 아산에게 미국에서는 친구들이 깁스에 사인을 하는 관습이 있는데 하실 거냐고 묻자, 즉석에서 아산은 한문으로 사인을 해주었다. 그 시장은 환영사에서 자기도 이제 사업을 해야겠는데 돈이 필요하다면서, 그러나 이제 돈 걱정은 하지 않아도 되겠다고 했다. 유명한 아산 회장의 사인을 경매에 붙여 아주 고가로 팔면 장사 밑천이 넉넉할 것이라고 위트를 했다. 두 사람은 영어 통역이 없이도 상대방의 말뜻을 알아차렸다.[67]

제15대 국회의원을 역임한 장을병(張乙炳, 1933~)은 성균관대학교 총장 시절인 1991년 여름, 미지의 세계인 중국을 방문하고 정주영 회장과도 친분을 쌓을 생각에서, 대학 사정이 급박한 가운데에서도 현대그룹 중국 방문단의 일원으로 참여하게 되었다. 그의 사정을 헤아린 아산은 아침 전화에서 성균관대에 아무 일도 없다는 보고가 있으니 걱정하지 말라고 안심시켜 주었다는 것이다.[68]

1968년, 성심여대 총장과 가톨릭대 부총장을 지낸 김재순(金在順, 1927~2011)은 동생 수녀가 교장이었던 성심여고 바자회에

66 김인자(심리학자, 서강대 교수 역임), 〈질 높은 세상을 열어준 판도라 상자〉, 《아산 정주영과 나》, p.93.

67 김인자, 〈질 높은 세상을 열어준 판도라 상자〉, 《아산 정주영과 나》, p.96.

68 장을병, 〈섬세하게 배려할 줄 아는 경제대통령〉, 《아산 정주영과 나》, p.361 이하.

서 아산을 만난다. 그날 육영수 여사도 학부모 자격으로 참석했다. 이때 아산은 수도와 교육에 종사하는 수녀들에 대해서 깊은 인상을 가진 것 같다. 손녀를 성심초등학교에 입학시켰고, 김 총장을 여러 행사에 초대했다고 한다. 바자회가 있은 지 얼마 후에 아산은 춘천까지 차를 보내와 성심여대의 주매분 학장 수녀와 김 총장을 댁으로 초청했는데, 거기에는 동생 수녀와 괌에서 초청한 어떤 신부도 있었다. 그 일로 동생 수녀는 지역사회학교에 관여하였고, 아산은 춘천에 있는 성심여대를 서울 근교로 옮겨올 수 있도록 여러 곳을 함께 알아봐 주었다. 어느 여름방학 때 김 총장은 모친을 모시고 비선대에 올랐다가 하산 길에 우연히 아산 일행을 만났다. 아산은 김 총장의 모친을 보고 인자하시고 곱게 늙으셨다고 하면서 울산에 한번 초대하겠다고 했다. 그리고 어느 날 비서실에서 가족을 울산으로 초대하였다.

아산은 매우 다양한 친구들과의 관계를 유지했다. 그러면서도 그 많은 사람들과의 사소한 약속 하나라도 놓치지 않고 배려하였다. 아산은 어떤 보상도 바라지 않는 순수한 마음으로 사람들을 대하는 자상함과 깊은 인품을 지니고 있었던 것이다.[69]

1989년 9월, 현대고등학교장 김재규(金在奎, 1927~)는 울산공업학원의 '창학정신' 시안을 마련하여 아산에게 보고했는데, 아산은 즉석에서 부적절한 두 군데를 수정했다고 한다. '창학정신'

---

69 김재순, 〈순수하고 인간적인 만남에 감사드리며〉, 《아산 정주영과 나》, pp.108~112.

전문 188자를 새길 필체를 정하기 위한 세 가지 방안이 제시되었다. 1안은 설립자의 필체, 2안은 학교 설립에 관련된 모든 이들의 필체, 3안은 당대 명필가의 필체로 한다는 것이었다. 아산은 학교 구성원들 모두가 참여하게 하자는 뜻에서 두 번째 안을 선택했다. 그래서 설립자, 이사, 교사, 수위, 청소부에 이르는 58명의 관계자와 직원들이 한 단어씩 써서 5톤의 화강암에 새겼다. 창학비의 첫 글자 '창創'자와 끝 자인 '영永'을 새기는 점정식點睛式을 마친 후, 아산은 교사가 쓴 글자와 청소부가 쓴 글자를 가리키며 일일이 설명하였다. 말로는 화합과 협력을 강조하면서도 지배와 독단에 빠지기 쉬운 조직 사회에서, 아산은 모든 구성원들이 한 단어씩 나누어 쓰게 함으로써 '더불어 살아가는 진솔한 인간미'를 느끼도록 배려한 것이다.[70] 아산은 회사나 조직 구성원 모두의 존재 가치를 자신과 동등하게 존중했던 것이다.

조중훈(趙重勳, 1920~2002)은 아산을 '국가가 자랑할 만한 거목'이라고 부르면서, "어느 시대에나 그 시대에 합당한 인물이 나타난다(《삼국지》에서)"는 것과 "뛰어난 사람은 그 시대에 시급히 해야 할 일을 안다"는 사실을 강조하였다. 특히 후자는 아산의 삶의 태도를 지적한 것이고, 로고테라피에서의 의미 발견과 연관된 측면이 있어서 흥미로운 부분이다. 조 회장은 이렇게 말했다. "나는 아산 정주영 회장이야말로 우리 시대에 합당한 인물

---

70 김재규(중앙교육연수원장, 영동공과대학교 총장 역임), 〈아산의 인간미〉, 《아산 정주영과 나》, pp.102-105.

로, 자신의 시대에 해야 할 일을 알고 계신 분이라고 생각한다. 황무지나 다름없었던 우리 경제 상황에서 사업의 여러 분야를 새롭게 개척하고 재건하여 오늘에 이르게 한 제1인자이기 때문이다."[71] 아산의 이 모든 사실들은 프랑클의 로고테라피적 사유지평과 일치한다.

어느 날 프랑클은 새벽 세 시에 어떤 여자로부터 전화를 받았다. 그녀는 자살을 하려고 결심했는데, 이에 대해서 어떻게 생각하는지 궁금하다고 물었다. 프랑클은 삶, 생존을 왜 중요하게 생각해야 하는지에 대해서 30분 동안 이야기를 나누었는데, 그녀는 자기 생명을 버리지 않을 것이고 병원에 와서 프랑클을 만나겠다고 말했다. 그녀가 프랑클을 찾아왔을 때, 그는 자신이 그녀에게 들려주었던 어떤 이야기도 아무 영향을 주지 못했다는 것을 깨달았다. 그녀가 자살하지 않겠다고 결심하게 된 단 하나의 이유는 프랑클이 한밤중에 전화를 받았을 때 화를 내지 않고 30분 동안이나 그녀의 이야기를 들어주고 나누었기 때문이었다. 그래서 그녀는 이런 일이 가능한 세상은 살 만한 가치가 있는 세상이라고 생각했다는 것이다.[72] 우리는 아산이 그의 주변 사람들에게 베푼 자상함과 호의, 그리고 배려가 그들에게 얼마나 큰 감동을 주었고, 그들의 삶을 가치 있다고 생각하게 만들었는지를 앞에서 살

---

71 조중훈(한진그룹회장 역임), 〈국가가 자랑할만한 거목〉, 《아산 정주영과 나》, pp.422–425.

72 프랑클, 《삶의 의미를 찾아서》, p.22 이하.

펴보았다. 이와 같은 삶의 태도가 아산으로 하여금 88서울올림픽 개최를 확정하는 '바덴바덴에서의 승리'를 이끌어내는 데 결정적인 역할을 했다는 것을 아는 사람들은 그렇게 많지 않을 것이다.

'담담지심' - 아산의 로고테라피적 기법

상호보완적인 축을 이루고 있는 아산의 두 경구, 즉 "시련은 있어도 실패는 없다"와 "담담한 마음을 가집시다"는 프랑클의 로고테라피에 대한 새로운 이해를 제공할 수 있다. "시련은 있어도 실패는 없다"는 경구는 '낙관적 접근법'으로서 일반적으로 '긍정적인 성취'를 강조한다. 이것은 우리 삶에 불가능하고 비극적인 요소는 없다고 가르친다.[73] 그러나 일상적인 삶에서 인간은 운과 불운을 만나게 되고, 성취와 실패라는 양 극단에 놓이게 된다. 그런데 '시련을 피할 수 없는 사람', 즉 '고통 받고 있는 인간 Homo Patiens[74]'은 인간다움으로 시련을 극복할 수 있는 삶의 태도를 취하게 되는데, 여기에서 결정적인 것이 바로 '태도 가치'이다. 이 경우에 호모 파티엔스는 시련을 받아들이면서도 그것을 새롭게 나아갈 발판으로 활용하는 지혜를 발휘할 수 있다. 다시 말하면 "인간 존재는 그가 어떤 태도를 취하느냐에 따라 전혀 희망이

---

73 프랑클, 《삶의 의미를 찾아서》, p.118 참조.

74 Viktor Frankl, *Homo patiens: Versuch einer Pathodizee*, Franz Deutcke, Wien 1950.

없는 상황에서도 의미를 발견하고 성취할 수 있다."[75] 이처럼 '호모 파티엔스'는 삶의 의미 발견을 통하여 피할 수 없는 불가항력적 시련조차도 넘어설 수 있게 되는 것이다. 인간은 삶의 '마지막 순간', '마지막 숨을 쉬는 순간', '죽음에 직면한 순간'에서도 삶의 의미를 발견할 수 있다는 것이다. 그리고 바로 그런 취지의 사상을 아산은 "담담한 마음을 가집시다"라는 경구 속에 담아내고자 하였다.

그렇다면 아산이 제시하는 "담담한 마음을 가집시다"라는 경구는 어떤 맥락에서 작동된 것일까? 이것은 우리의 인생에 넘어설 수 없는 압도적인 것으로 다가오는 운명적 사건들을 감내함으로써 새로운 의미 발견의 계기로 삼는 데 필요한 지혜이다. 아산에게는 실로 수많은 시련이 몰려 왔다. 그때마다 아산은 고향 통천에 함박눈이 내려서 온 세상을 뒤덮는 것을 상기하면서, 눈이 그치기를 기다려서 눈을 쓸어내야 한다고 말한다.

아산에게 어처구니없었던 일들 중의 하나가 바로 '한국도시개발(정몽구 사장)'의 현대아파트 특혜 분양사건이었다. '현대건설'은 1975년 3월부터 한강변 강남 압구정동에 대단위 아파트 타운 건설 사업에 착수하여 1차에서 3차까지 진행하였다. 상당수의 물량이 분양되지 않은 상태에서, 1976년 3월 25일 '현대건설' 주택사업부를 모체로 설립한 '한국도시개발'이 4차, 5차, 6차를 담당

---

75 프랑클, 《삶의 의미를 찾아서》, p.121.

했다.[76] 4차까지 분양이 미진하던 것이 1977년 9월의 5차분에서는 갑자기 수요가 증폭되었다. 총 728가구의 절반은 사원용이고, 절반은 일반 분양용이었다. 사원들의 희망이 많아지자 일반용을 모두 사원용으로 신고해서 100% 사원용으로 재승인 받도록 했다. 그런데 사원 아닌 사람들도 이런 저런 연고로 분양을 희망해 와서 모든 물량이 소진되었다. 그런데 평당 분양가가 30만 원이었던 것이 준공 이전에 세 배 이상이나 폭등했다. 그런 가운데 '현대'가 사원이 아닌 일반인, 그것도 특수층에게만 특혜 분양했다는 소문이 돌면서 청와대 사정보좌관실에서 고위공직자, 언론인 등 220여 명이 특혜 분양을 받았다고 공개하였다. 그 여파로 정몽구 사장이 구속되고, '현대'가 초토화됨은 물론이고, 당시 분양받은 저명인사들까지 수모를 당하는 사태가 벌어졌다. 아산은 어느 누구에게도 특혜 분양하지 않고 동등하게 5년 분할 상환 조건으로 팔았다고 했으나, 아무도 그 말을 들어주는 이는 없었다. 그때 아산은 침묵할 수밖에 없었다. 그리고 사건은 법정에서 전원 무죄판결로 일단락되었다.[77] 아산은 그때를 이렇게 회상한다.

국민의 오해는 참으로 무서운 것이다. 그때 나는 처음으로 그냥 고향에서 농사나 지을 걸 괜히 서울에 와서 사업을 시작했다고 후회했

---

76 정주영, 《이 땅에 태어나서》, pp.362–366.

77 정주영, 《이 땅에 태어나서》, p.366.

다. 큰바람이 지난 뒤 법정에서 수습할 결심으로 나는 그 엄청났던 비난과 매도에 입을 꽉 다물고 침묵으로 대처했다. 간부들 중에는 가만히 있을 일이 아니라 해명을 해야 한다는 의견을 낸 사람도 있었으나 나는 침묵이 가장 좋은 답이라고 말했다.

그때 내가 침묵으로 일관했던 까닭은 내 고향 통천의 눈이 준 교훈에 있었다. 이미 말했지만 내 고향 통천은 눈이 많이 내리는 것으로 으뜸인 고장이다. 한 번 내리기 시작하면 1m 이상이 보통 일이다. 그런데 내 고향 사람들은 눈이 내리고 있는 동안에는 눈을 쓸지 않는다. 눈이 쏟아질 때 눈을 쓰는 것은 바보짓이기 때문이다.

나는 그때 고향 통천의 눈을 생각했다.

통천에 퍼붓는 눈처럼, 우리에 대한 비난과 욕설이 한창 쏟아지고 있는 중간에 비집고 나가본들 어떤 해명이 통하겠는가. 해명은 변명이 될 것이고 변명에 대한 보상은 더 큰 욕과 중상일 것이 뻔한 이치이다. 어떤 진실도 이해를 구할 수 없는 최악의 경우도 있는 법이다. 폭풍우와 홍수 속에 무작정 뛰어나가 설치다가 공연히 함께 휩쓸려 떠내려가고 마는 미련한 짓은 하는 것이 아니라는 생각이었다.[78]

여기에서 우리는 어린 시절 고향 통천에서 보고 배운 것이 아산의 삶과 사상에서 골격을 이루고 있음을 다시 한 번 확인하게 된다. '고향의 눈'이 아산에게 로고테라피에서의 '역설지향

---

78 정주영, 《이 땅에 태어나서》, p.365 이하.

paradoxical intention'과 같은 지혜를 스스로 터득하게 한 것이다. 역설지향이란 사태를 있는 그대로 받아들이고 내버려둠으로써 자기를 초월하는 태도를 말한다. 빅토르 프랑클은 누구나 손쉽게 활용할 수 있는 '기법으로서의 로고테라피'를 소개하고 있는데, 그것은 바로 불면증, 광장공포증, 죽음에 대한 공포, 성애性愛 장해 등 신경성 노이로제를 간단하게 치료하는 비법이라고 할 수 있다.[79]

신경증 환자에게 자주 나타나는 증상인 '예기불안anticipatory anxiety'은 환자가 어떤 것에 대한 두려움을 가지고 있으면 바로 그 증상이 나타나고, 점점 더 심해지는 증상이다. 예를 들면 광장공포증을 가진 사람은 문을 열기도 전에 자신이 밖에 있다고 생각하는 것만으로도 공포와 불안이 엄습해 오는 것을 느끼게 된다. 또한 이와 같은 방식으로 과잉지향hyper-intention 현상이 나타나는데, 예를 들면 어떤 남자가 그의 정력을 과시하려고 하면 할수록, 또한 어떤 여자가 오르가즘에 이르는 능력을 보여주려고 하면 할수록, 점점 더 성공할 확률이 떨어지게 된다는 것이다. 이와 함께 지나친 주의 집중이 오히려 공포와 불안을 야기하거나 발병의 원인이 되는 과잉반성hyper-reflexion도 있다. 어린 시절 아버지로부터의

---

79 빅토르 프랑클, 《죽음의 수용소에서》, 이시형 역, 청아출판사 2005, p.200 이하. 프랑클의 역설지향은 가장 대표적인 로고테라피 기법으로, 역경과 고난, 문제를 해결하기 위하여 거꾸로, 즉 역설적으로 접근하면 쉽게 해결할 수 있다는 치료법이다. 불면증 환자가 억지로 잠을 자려고 하지 말고, 반대로 잠을 자지 않으려고 끝까지 버티다 보면 자신도 모르게 잠에 빠지게 된다는 것이다. 프랑클은 억지로 잠들려고 하는 노력, 즉 과잉지향이 오히려 잠을 빼앗는 요인으로 작용하는 점에서 역설지향 이론을 착안했다. 그는 1929년에 역설지향에 대한 임상실험을 했고, 1939년에 《스위스신경정신의학회보》에 발표했다. 빅토르 프랑클, 《책에 쓰지 않은 이야기: 빅토르 프랑클 회상록》, 박현용 역, 책세상 1995, p.94, 106 참조.

성적 학대를 받았던 어떤 여성이 불감증을 가지고 있었는데, 조사한 결과 그 원인은 어린 시절의 충격적인 경험 때문이 아니라, 그녀가 정신분석학에 대한 책을 읽고서 자신의 충격적인 경험이 언젠가는 대가를 치르게 할 것이라는 두려움 때문에 생긴 것이라는 사실이 밝혀졌다. 이와 같은 예기불안은 자신의 여성다움을 확인하고 싶다는 과도한 의욕과 함께 자기 자신에게 과도하게 주의를 집중함으로써 발생하는 결과이다. 오르가즘이란 상대에게 대가 없이 헌신하고 자신을 맡김으로써 의도하지 않은 상태에서 결과로서 얻어지는 것인데, 이 여성 환자는 오르가즘 자체를 주의 집중과 지향의 대상으로 삼았기 때문에 오르가즘에 도달할 수 없었던 것이다. 그녀가 만일 파트너에게 맞추면서 자신의 몸을 자연스럽게 맡긴다면 의도하지 않더라도 오르가즘을 느낄 수 있게 된다.[80]

프랑클은 예기불안이나 과잉지향 또는 과잉반성에서처럼 "마음속의 두려움이 정말로 두려워하는 일을 생기게 하고, 지나친 주의 집중이 오히려 원하는 일을 불가능하게 만든다는 사실"을 초래하기 때문에, 만일 환자가 그런 불안 사태를 회피하려고 하는 대신에 있는 그대로 수용할 태세를 갖추게 되면 저절로 사라지게 된다는 것이다. 발한공포증 환자의 경우에 땀 흘리는 것에 공포증을 가지게 되면 정말로 땀을 많이 흘리게 되지만, 사람들

---

80 프랑클, 《죽음의 수용소에서》, p.201.

앞에서 자신이 얼마나 많은 땀을 흘리는 가를 보여주겠다고 생각하게 되면 저절로 땀이 나오지 않게 된다는 것이다. 이것을 프랑클은 '역설지향paradoxical intention'이라고 불렀다.[81] 이처럼 프랑클은 역설지향으로 예기불안을 사라지게 하고, 자기 자신의 초월을 통하여 과잉반성을 해소할 수 있다고 보았다.[82] 아산이 제시한 하나의 사례를 보자.

> 어떤 도공陶工이 지금까지 없었던 최고의 작품을 내야지 하고 최고에 대한 욕심을 가득 품고 빚었다고 해서 그 도자기가 최고의 작품이 되는 것은 아니다. 오히려 무념무상으로 최고의 작품을 낸다는 생각 같은 것은 하지 않은 채 그저 오로지 도자기를 빚는 일 자체에만 혼신을 기울였을 때 최고의 작품이 나올 수 있는 것과 같은 이치이다. 나는 그저 일이 좋고 재미있어서, 사업이 굴러가면서 커지는 것이 즐겁고 수없이 많은 도전과 모험, 시련과의 승부, 그런 것들이 좋아서 평생을 일하는 재미로 산 사람이다. 그러다 보니까 내가 싫어하는, 재벌이라는 소리도 듣게 되었다.[83]

도공이 좋은 작품을 만들기 위해서 욕심을 내면 결코 좋은 작

---

81 프랑클, 《죽음의 수용소에서》, p.202.

82 프랑클, 《죽음의 수용소에서》, p.208 이하.

83 프랑클, 《이 땅에 태어나서》, p.368.

품을 만들 수 없는 것처럼, 사람들 역시 돈을 벌기 위해 집착한다고 해서 성공할 수 있는 것은 아니다. 아산은 오직 무념무상의 상태에서 도자기 빚는 일에만 몰두할 때 좋은 작품을 얻을 수 있다고 말한다. 그러므로 작품Werk은 집착으로 얻어지는 것이 아니라, 관련된 모든 인과적 사태들이 최적의 상태를 아우르는 경우에 비로소 우연적으로 얻어지는 은총의 선물인 것이다. 아산은 평생 동안 일을 즐기다 보니 자신도 모르게 재벌 소리를 듣게 되었다고 한다. 아산이 들려주는 '도공의 예화'나 '통천의 겨울 눈 예화'는 프랑클이 말한 역설지향과 매우 유사하다. 울산대학교를 위시한 울산공업학원 소속 학교의 본부 벽에는 다음과 같은 아산의 경구가 걸려 있다.

담담淡淡한 마음을 가집시다. 담담한 마음은 당신을 굳세고 바르고 총명하게 만들 것입니다.

그렇다면 아산은 '담담한 마음'이란 말마디를 어떤 뜻으로 사용한 것일까? 경구의 후반부에 표현된 것처럼, 그것은 우리 자신을 '굳세고 바르고 총명하게' 만들 수 있는 지혜의 근원이 되기에 충분할 정도의 의미를 함축해야 할 것이다. 문자적으로 아산이 말한 '담淡' 자는 '묽다', '싱겁다', '담박하다' 등의 의미를 지니고 있다. 보다시피 이런 문자적 의미의 조합만으로는 아산이 의도한 본래적인 내용을 짐작할 수조차 없다.

아산은 현대그룹 임직원을 대상으로 하는 특강에서 '담담한 마음'을 가질 것을 권장하였다. 아산이 말하는 '담담한 마음'이란 기분이 상한 상태로 일을 함부로 하거나 요란스럽게 하거나 대충 하는 것이 아니라, 차분하고 성실하게 할 수 있는 마음 상태를 뜻한다. 여기에서 아산이 가장 중요하게 여긴 것은 마음의 평정이다. 융통과 자제와 모든 것을 담을 수 있는 빈 마음이다.[84] 이에 덧붙여서 아산은 이러한 마음은 정직하게 생각하고 판단할 수 있어야 한다고 강조한다. 그러한 마음은 마땅히 좋은 방향으로 생각하고 판단하게 할 것이다. 아산은 다른 곳에서[85] 담담한 마음은 이기심을 버려야 한다고 말하는데, 그것은 '도리를 알고 가치를 아는 마음'이나 '모든 것을 배우려는 학구적인 자세와 향상심'과 잇대어 있다. 따라서 담담한 마음이란 청정하고 정직하며 이기심을 버리고 좋은 것을 지향하는 마음이고, 이와 같은 담담한 마음을 가진 이는 당당하고 굳세고 의연한 삶의 태도를 갖게 된다는 것이다. 아산은 자신이 말하는 담담한 마음을 선비들이 말하는 '청빈낙도淸貧樂道'와는 구분하고 있다. 아산 스스로 유교적 전통에서 배우고 자랐으며, 개인과 가정, 그리고 기업과 국가의 기본을

---

84 아산은 《논어(論語)》〈학정(學政)〉편에 나오는 '군자불기(君子不器)'라는 말을 "군자란 한 그릇에만 머물러서는 안 되고 어떤 그릇도 되어야 한다." 라는 뜻으로 즐겨 사용하는데, 이는 고정관념에 사로잡히지 않은 '빈 마음', 곧 어떤 일에도 열린 마음으로 대처할 수 있는 자세를 뜻한다. 정주영, 《시련은 있어도 실패는 없다》, p.322 참조.

85 정주영, 《시련은 있어도 실패는 없다》, p.345. "이기심을 버린 담담한 마음, 도리를 알고 가치를 아는 마음, 모든 것을 배우려는 학구적인 자세와 향상심…… 이러한 마음을 가지고 있는 집단이라야만 올바른 기업의 의지, 올바른 기업의 발전이 가능하다고 생각한다."

선비 정신으로부터 세우려고 했던 것이 사실이다. 그럼에도 불구하고 아산은 시련과 도전 앞에서 불굴의 투지와 강인한 정신으로 기업과 국가의 발전을 위하여 자신의 온몸을 불사르면서 체득한 담담지심淡淡之心은 우리의 역사 속에서 소극적이고 부정적으로 점철된 선비 정신 그 이상의 것임을 분명히 하고 있다. 그리하여 아산은 담담한 마음에 대하여 이렇게 정리한다.

우리들의 생각과 마음은 우리 생활의 나날을 지배합니다. 길게는 일생을 지배하고 인간 생애의 운명을 좌우합니다. 생각하고 마음먹는 대로 우리의 생활은 변화를 가져옵니다. 마음은 물처럼 자유롭습니다. 마음은 무면상無面相이요, 무한상無限相입니다. 생활의 형태는 마음으로 그린 것만이 형성됩니다. 바른 마음으로 할 일을 생각하고, 바른 마음으로 나날의 일을 실행하면 반드시 성공의 정상에 다다를 것입니다.

담담淡淡한 마음을 가집시다. 담담한 마음은 좁은 이기에서 출발하지 않는 관용의 마음입니다. 담담한 마음은 도리를 알고 가치를 아는 마음입니다. 그것은 융통과 자제와 평상심을 잃지 않는 것이며, 모든 것을 배우려는 학구적인 노력이며, 모든 것을 받아들이려는 빈 마음이며, 조용한 가운데 치열하게 자기 한계에 도전하는 향상심입니다. '담담한 마음'은 선비들이 말하는 청빈낙도와 다르지요. 이 마음은 나 자신의 생활 체험에서 얻은 것입니다. '담담한 마음'이란 무슨 일을 할 때 마음이 착잡하지 않고, 말이나 생각이 정직한 상태를 말합니다. 맑은 마음을 가질 때 좋은 생각이 나오지요. 담담한 마음을 가질 때 태도는 당당하고 굳세어지고 의연해집니다. 그렇기 때문에 나는 담담한 마음을 가지라고 자주 말합니다.[86]

김인자(金仁子, 1932~)는 미국의 정신과 의사이자 상담치료학자인 윌리엄 글라서(William Glasser, 1925~2013)가 제시한 '우리 모두가 바라는 세상All-We-Want-World' 개념을 언급하면서 아산을 '질 좋은 사람Quality Person', '한국의 근대사를 바꾸어 놓은 위대한 지도자'라고 규정한다. 우리는 태어나면서부터 마음속에 '질 좋은 세상' 또는 '우리 모두가 바라는 세상'을 풍요롭게 확장하면서 살아간다. 우리는 우리 모두가 바라는 세계 안에 우리가 선택해서 접어두었던 그림들을 실생활에서 찾아내려고 언제나 최선을 다하는 삶을 살아가고자 한다. 이러한 맥락에서 김 교수는 아산을 "아무리 작은 일에도 뜻이 좋고, 좋은 사람들이 하는 일이라면 언제나 최선을 다해서 세세하게 참여하고 지체 없이 실천에 옮기며 놀라울 정도로 불가능을 가능으로 창조해 내는 지도자"였다고 평가했는데, 이것이야말로 아산 스스로 향유하기를 그토록 바라마지 않았던 '담담한 마음'일 것이다.[87] 아산의 담담지심은 시련과 고난을 실패로 인정하는 것이 아니고 한 발 뒤로 물러서서

---

86 이웅석, 《아! 아산》, p.100.

87 김인자(서강대 교수, 가톨릭여성연합회장, 한국심리상담연구소장 역임), 〈질 높은 세상을 열어준 판도라 상자〉, 《아산 정주영과 나》, p.92 이하.

그 실패를 딛고서 다시 웅비할 수 있는 마음가짐을 준비한다는 점에서 프랑클의 역설지향에 비견될 수 있다. 담담지심과 역설지향은 교훈적 의미뿐만 아니라 치료적 기능까지를 수행할 수 있는 점에서도 공통적이다.

4. "나는 이 나라를 잘살게 할 수 있다"–문화사적 관점에서 본 아산의 사회정치 사상

아산의 삶에 자리한 희망과 치유의 철학은 그의 역사 인식이나 민족국가적 이상 지향과 긴밀한 연관 속에서 그만의 고유한 기업 철학과 사회복지이념, 그리고 스포츠와 정치 등 사회정치 사상의 지평을 형성하고 있다. 앞에서 우리는 문화인으로서의 아산과 태도 가치를 중시하는 의미 발견가로서의 아산을 다루었다면, 여기서는 아산의 역사 이해가 그의 기업과 국가관에 어떤 영향을 미치고 있는지를 집중적으로 살펴볼 것이다. 아산은 1992년 정치 선언을 하면서 "나는 이 나라를 잘살게 할 수 있다"라고 천명했는데, 그는 기업을 시작하면서부터 개인이 '잘되는 것'과 나라가 '잘되는 것'에 대한 분명한 철학을 가지고 있었다. 울산광역시 동구에 있는 현대중공업의 공장 건물 외벽에는 다음과 같은 경구警句가 걸려 있다.

우리가 잘되는 것이 나라가 잘되는 것이며 나라가 잘되는 것이 우리가 잘될 수 있는 길이다.

아산은 '잘되는 것'이라는 개념을 통하여 자신의 돈, 기업, 사회 및 국가에 대한 입장을 드러내고 있다. 그렇다면 '잘되는 것'의 의미란 무엇일까? 일반적으로 우리는 '잘되는 것'이란 말에서 물질적 풍요를 이루는 것, 즉 정치경제적으로 부강한 국가가 되는 것을 뜻한다고 생각하게 된다. 아산에게도 이런 생각은 기본이고 출발의 전제가 될 수 있다. 그러나 아산이 강조하는 바는 국민이나 국가가 그 본분을 최선을 다하여 전심전력으로 이루어 냄으로써 물질적으로뿐만 아니라 정신적으로도 충실하게 되는 데 있다.[88] 개인과 국민과 국가가 잘되기 위해서는 현재에 충실해야 할 뿐만 아니라 보다 나은 미래에 대한 꿈을 이루기 위하여 부단하게 전진하는, 이른바 발전 지향적 태도가 요구된다.

인간은 누구나 자기 문제를 스스로 해결할 능력을 가지고 있다. 그리고 특히 인류의 모든 훌륭한 발전은 긍정적인 사고를 가진 사람들에 의해 주도되어 왔다.[89] 아산이 풀어놓은 '잘되는 것'이란 말 속에는 '발전'이라는 개념이 전제되어 있음을 확인하게

---

88 성균관대 유학대학원장과 성균관 관장을 역임한 최근덕(崔根德, 1933~)은 아산이 말하는 '잘산다'라는 소망 의식은 모든 인간의 이상이고, 경제적 측면뿐만 아니라 정신적 영역까지를 아우르는 삶의 질을 뜻한다고 주장했다. 최근덕, 〈그들이 더 고생했지요〉, 《아산 정주영과 나》, pp.436~439.

89 정주영, 《이 땅에 태어나서》, p.405 이하.

된다. 이 발전은 이상理想에 도달할 때까지의 무한한 전진의 감행을 요구하는 점에서 근대 서구의 무한 사상을 토대로 하고 있는데, 그 가장 전형적인 사유모델을 우리는 칸트의 '보편사'와 '문화' 개념에서 찾아볼 수 있다. 그러나 아산이 칸트의 발전 사상과 최고선 이론을 알았을 것이라고는 생각하지 않는다. 그렇다면 아산은 이러한 사상의 틀을 어디에서 가져온 것일까? 그것은 아산이 유년 시절부터 익혀온 유학 사상에서 영향을 받은 것이 분명하다. 실제로 아산은 여러 곳에서 유학 사상으로부터 영향 받았던 사실을 숨기지 않고 있으며, 돈과 행복, 그리고 기업과 국가에 대한 그의 생각 속에 선비적인 풍모가 느껴지는 것은 너무나 분명한 사실이다.[90] 이처럼 아산에서 '잘됨'의 철학은 기업, 사회, 국가에서의 사회정치적 문제 설정과 그 해법이라는 담론지평을 아우르고 있다.

아산의 문화사적 관점과
문화철학적 소견

아산은 1991년에 간행한 첫 번째 자서전《시련은 있어도 실패는 없다》에서 문화사적 관점이나 문화철학적 조망에서 본 '발전'

---

90 "한국의 기업은 선비들이 일으키고 이루어낸 것이다." 정주영, 《시련은 있어도 실패는 없다》, p.264; 《이 땅에 태어나서》, p.371.

과 '진보' 사상을 개진하고 있다. 그는 인류의 역사는 물론이고 세계의 주요 국가들, 그리고 기업들조차도 '진취적인 기상'을 상실한 경우에 퇴보와 몰락의 비운을 맞게 되었다고 진단한다.

인류 역사나 세계 각국의 발전사를 보면 이 지구 상의 많은 국가, 기업들이 흥망성쇠를 거듭해 오고 있다. 어제의 선진국이 오늘은 한없이 영락*한 세계의 환자가 되어 있는가 하면 어제는 대수롭지 않았던 기업이 오늘 대단한 기업으로 변신해 있는 경우도 볼 수 있다. 나는 그 근본적인 이유를 국가면 국가, 기업이면 기업의 중추를 이루는 사람들이 얼마나 진취적으로 사고하고 행동하는가에 있다고 생각한다. 우리나라 5천 년 역사를 표본으로 보아도 그 긴 역사를 통해 진취적인 기상이 살아있을 때는 대륙으로 한없이 발전해 나갔었지만 그 기상이 꺾인 후로는 이렇다 할 발전이 없었다. 진취적인 기상을 상실했기 때문에 육지로도 바다로도 뻗어나갈 생각은 않고, 이 좁디좁은 땅덩어리 안에서 집안끼리 형제끼리 서로 다투는 데만 긴 세월을 허비한 것이다.

세계사를 보아도 고대에는 그리스와 로마, 근대는 스페인 포르투갈들이 모두 선진국으로 세계를 재패했었다. 중남미에서는 브라질은 포르투갈어, 그 밖의 여러 나라는 스페인어를 자기 나라 말로 쓰고 있다. (…) 그러나 오늘날 그리스, 스페인, 포르투갈, 어느 나라도 선진국 대열에 그대로 남아 있지 않다. (…) 그 강대했던 로마제국 역시 흥청망청 사치와 부패와 게으름이 극에 달해 급기야는 국방조차

용병傭兵에 맡겼다가 결국은 패망했고, 과거의 대영제국도 오늘에는 그저 지난날의 영화에 지나지 않게 되어 버렸다.

그 반면에 진취적인 기상을 잃지 않은 나라들은 어떤 역경도 극복, 계속 발전하고 있다. 독일은 1차 대전에 패하고도 다시 일어나 2차 대전을 일으킬 만큼 힘을 모았었고, 그 전쟁에 또 패하고도 다시 일어나 오늘날 경제대국이 되어 있을 뿐만 아니라 그 경제력을 바탕으로 숙원의 민족통일까지 해냈다. 일본도 마찬가지이다. 2차 대전으로 인류 사상 최초의 원자폭탄을 맞고 완전 폐허 속에서 상상할 수 없는 궁핍 가운데도 굳세게 일어나 공신력이나 자본 동원 능력으로 훨씬 앞서 있던 선진국들과의 경쟁에서 이겨 오늘날 세계 첫째가는 경제대국이 되어 있다. (…) 우리나라는 길고 긴 잠에서 겨우 깨어나 '60년 이후 비약적인 발전을 이루어 이제는 세계의 주목을 받는 위치에까지 이르렀다. 이 비약적인 발전에 우리 현대가 선도적인 역할을 했다고 나는 자부한다.[91]

아산이 보기에 지난 100년의 한국사는 나라가 힘이 없어서 주권 행사를 제대로 못했던 '불행한 역사'였기에, 우리나라의 '진정한 독립'과 우리 민족의 '무한한 생존을 보전'하려면, 무엇보다도 '부와 강을 겸비한 산업'을 이룩하는 것이 필요하다고 생각했

---

91 정주영, 《시련은 있어도 실패는 없다》, 제삼기획, 1991, pp.1~3. 이 글의 내용은 1983년 10월 24일 현대그룹 산하 사원특강 〈진취적인 기상으로〉(《아산연설문집》, 울산대학교출판국 1985) pp.51~62의 내용을 발췌한 것이다.

다.[92] 그리고 아산의 '현대'는 바로 그런 중차대한 사명을 완수하기 위하여 최전선에서의 사투를 마다하지 않았다. 아산은 일제의 식민지 상태에서 벗어난 대한민국이 일류 국가가 될 수 있도록 혼신의 힘을 기울인 점에 대해서 대단한 자긍심을 숨기지 않고 있다.

위의 인용문에서 우리는 아산이 역사를 인간의 의지와 연관해서 보았으며, 궁핍과 역경이 '발전'을 향한 의지를 통하여 극복될 수 있고, 이를 기반으로 문화적 진보의 성취가 가능하다고 믿고 있음을 알 수 있다.

아산은 일찍부터 우리나라와 우리 민족의 역사에 대해서 굉장한 자긍심을 표명해 왔는데, 이에 대한 근거를 어린 시절 조부의 서당에서 공부한 데서 찾으려는 시도가 있다. 김석근은 최근의 논의에서 아산의 국가관과 애국심이 어린 아산이 공부한《동몽선습童蒙先習》에서 받은 영향일 가능성이 크다고 추정하고 있는데,[93] 이에 대한 연구는 보다 정밀하게 시도할 필요가 있다고 본다. 조선 중종 때 박세무(朴世茂, 1487~1564)가 저술한《동몽선습》은 오륜五倫에 대한 설명과 우리나라의 역사 기술을 담고 있는 책이다. 비록 우리나라의 역사를 간략하게 다루고 있기는 하지만, 단군에서 삼한과 삼국, 고려, 조선에 이르기까지 체계적으로 소

---

92 정주영, 《한국 경제 이야기》, 울산대학교출판부 1997, p.10.

93 김석근, 〈수신제가치국평천하 – 아산의 유교윤리와 국가인식〉, 《아산 연구 총서 제3권》, 푸른숲, 2015, p.61 이하.

개하고 있으며, 영토는 작지만 예악(禮樂)과 문물이 중국에 비견할
수 있다고 강조함으로써 우리 역사를 긍정적으로 볼 수 있게 한
다.[94] 아산이 우리나라, 즉 한국과 한국 민족에 대해서 대단한 자
긍심을 갖게 된 것은[95] 그가 어린 시절에 《동몽선습》을 공부했기
때문이라는 것이다. 따라서 아산이 우리 민족과 우리나라에 대하
여 큰 자부심을 갖게 된 것은 어린 시절의 유학 교육에서 형성된
사고일 수 있다고 추정한 김석근의 주장은 상당한 의미를 가진다
고 볼 수 있다.[96] 아산이 보기에 우리 민족은 탁월성을 가진 민족
임이 분명했다.[97] 그러나 아산이 이 책에서 배웠던 더 중요한 사
실은 모두(冒頭)에 나오는 "하늘과 땅 사이에 있는 만물의 무리에 오
직 사람이 가장 귀하니, 사람을 귀하게 여기는 까닭은 다섯 가지
인륜이 있기 때문이다"라는 글에서, '사람이 가장 귀하다'라는
사상이다.[98] 이 사상은 아산의 경영, 문화 및 사회복지, 인재 양성

---

94 박세무, 《동몽선습》, 성백효 역주, 전통문화연구회 1992, pp.46~52.

95 "나는 우리 한국인에 대해 큰 자부심을 갖고 있는 사람이다. 과거, 현재로 보나 역사, 문화로 보나 아시아에서 우
리 민족 이상으로 훌륭한 민족은 없다. 세계 어느 민족보다도 우리는 성실하고 어질고 착하고 그러면서 우수하
다." 《시련은 있어도 실패는 없다》, p.282. "우리는 한때 가난하고 어려웠던 시대에 우리 자신의 재질까지, 본성
까지 자학했었다. 그러나 천만의 말씀이다. 우리처럼 우수한 민족은 없다."(같은 책, pp.277~278). "나는 대한민국
에 태어난 것을 늘 행복하게 생각한다."(같은 책, p.326).

96 우리나라의 생활 사상은 두말할 것도 없이 유교(儒敎)가 바탕이라서 그렇지 않아도 청빈낙도(淸貧樂道), 군자(君
子)의 삶을 존경하고 (…). 정주영, 《시련은 있어도 실패는 없다》, p.263.

97 "국가 경쟁력은 새로운 변화에 적응하는 정책 대안을 어느 국가, 어느 기업이 더 빨리, 더 제대로 강구하느냐에
서 판가름 난다. 정책에 대한 국민적인 신뢰 기반이 무엇보다도 중요하다. 미국의 한 사회학자가 극동에서 민주
주의를 할 수 있는 자질을 가진 민족은 우리 한민족뿐이라고 했다. 중국, 일본 국민에 비해 우리 민족은 보다 솔
직하고 보다 개방적이고 보다 창의적, 진취적이라고 했다. 그 학자의 관점에 전폭적으로 동감한다." 정주영, 《시
련은 있어도 실패는 없다》, p.290.

98 박세무, 《동몽선습》, p.13.

및 교육, 정치 전반에 걸쳐서 가장 중요한 요소가 된다.[99]

칸트는 〈세계시민적 관점에서 본 보편사의 이념〉에서[100] 인간 의지가 각자의 성향에 따라서 자신들의 이해를 추구하는 데서 비롯하는 인간의 모든 적대적인 행위들조차도 실제로는 '자연의 계획'에 의하여 결정된다고 보았다. 그리하여 칸트는 사회 속에서 출현하는 인간들 상호 간의 항쟁, 즉 '인간의 반사회적인 사회성'이라는 것을 "자연이 인간들의 모든 소질을 계발시키기 위해 사용하는 수단"이라고 이해하였다.[101] 왜냐하면 이러한 이기적인 성향으로 인하여 인간은 그 자신의 나태함에서 벗어나 명예욕, 지배욕, 소유욕과 같은 것을 갖고자 함으로써, 결국에는 '문화를 향한 최초의 진보'를 일으키고, 인간 사회를 도덕적으로 변화시키려 하고, '보편적으로 법이 지배하는 시민사회'를 건설하고자 하기 때문이다. 이것을 칸트는 '자연의 최고 과제'라고 보았다.[102] 그러므로 인류가 추구하는 아름다운 사회적 질서, 즉 모든 문화와 기술, 그리고 심지어 국제연맹조차도 사실은 반사회성의 결실이라는 것이다. 우리는 예술과 학문으로 고도로 문화화kultiviert 되었고, 사회적 예의범절로 문명화zivilisiert 되었으나, 우리 스스로 도

---

99 "모든 것의 주체는 사람이다. 가정과 사회, 국가의 주체도 역시 사람이다. 다 같이 건강하고 유능해야 가정과 사회, 국가가 안정과 번영을 이룰 수 있다." 정주영, 《이 땅에 태어나서》, p.237.

100 임마누엘 칸트, 《칸트의 역사철학》(Immanuel Kant, Idee zu einer allgemeinen Geschichte in weltbürgerlicher Absicht, 1784), 이한구 편역, 서광사 1992(1판), 2009(개정판), pp.23~45 참조.

101 칸트, 《칸트의 역사철학》, p.29.

102 칸트, 《칸트의 역사철학》, p.31.

덕화moralisiert 되었다고 말하기에는 역부족이다[103]. 그리하여 자연은 우리로 하여금 인류의 모든 근원적인 소질들이 계발되는 모체로서 '보편적인 세계 시민적 상태'의 도래를 희망하게 하는데, 이처럼 자연의 계획은 '인류의 완전한 시민적 통합'을 목표로 '보편적 세계사의 편찬'을 도모하고자 한다.[104]

아산이 칸트를 공부했다고는 생각하지 않는다. 그런데도 아산은 칸트가 전개한 인류의 발전사상과 문화 개념에 상응하는 사유 흔적을 남기고 있다.

우리나라의 모든 근대적인 제도는 거의가 60년에서 2백 년 가량의 역사를 가지고 있다. 가톨릭의 역사가 2백 년이 되었고 신문의 역사는 1백 년이 넘었다. 군대와 교육, 예술 모든 분야가 60년 이상의 역사를 가지고 있는 데 비해서 기업의 역사는 불과 2, 30년이다. 이 짧은 동안의 급성장으로 말미암아 사람과 자본, 기술, 경영능력 등에서 여러 가지 무리와 부족함이 마구 노출된 것이 사실이다. 그렇다고 해서 반드시 가야 할 길을 빨리 달리는 과정에서 빚어진 무리와 부족함에 대해서 오로지 비난만을 할 일은 아니지 않은가.[105]

---

103 칸트, 《칸트의 역사철학》, p.38.

104 칸트, 《칸트의 역사철학》, p.41.

105 정주영, 《이 땅에 태어나서》, p.370. 칸트는 이 현상을 '반사회적 사회성(ungesellige Geselligkeit)'이라고 보았다. 현상적으로 보이는 악한 것과 잘못된 것들조차도 궁극목적과 최고선에 이르는 장구한 문화사 속에서는 선(善)에 기여하는 방향으로 해석될 수 있다는 것이다. "자연이 인간들의 모든 소질을 계발시키기 위해 사용하는 수단은, 이 항쟁이 궁극적으로 사회의 합법칙적인 질서의 원인이 되는 한에서, 사회 속에서의 인간들 상호간의 항쟁이다. 내가 여기에서 말하고 있는 항쟁은 인간의 반사회적인 사회성이다." 칸트, 《칸트의 역사철학》, p.29.

이 텍스트에서 아산은 우리나라에 근대적인 제도들이 들어온 역사가 매우 짧다는 것과 그렇게 빠른 속도로 이루어진 발전 과정에서 빚어진 문제들에 대해서 비판만 할 것이 아니라 관용과 이해로 접근할 필요가 있다고 지적한다. 어떻게 생각하면 아산이 조국 근대화 과정에서 이루어진 온갖 병폐들을 덮으려한다는 비난을 불러올 수도 있는 부분이다. 그러나 아산은 그런 의도에서 이런 말을 한 것은 아니다. 오히려 그는 현재를 박차고 미래를 향하여 무섭게 질주한다. 아산은 말한다.

> 매일이 새로워야 한다. 어제와 같은 오늘, 오늘과 같은 내일을 사는 것은 사는 것이 아니라 죽은 것이다. 오늘은 어제보다 한 걸음 더 발전해야 하고 내일은 오늘보다 또 한 테두리 커지고 새로워져야 한다. 이것이 가치 있는 삶이며 이것만이 인류 사회를 성숙, 발전시킬 수 있다.[106]

아산이 제시한 단어들은 '새것', '새로움', '발전', '가치 있는 삶', '인류 사회'의 '성숙'과 '발전'과 같은 것들이다. 이 단어들의 의미함축을 정확하게 드러내려면 최소한 칸트와 블로흐 철학 정도는 섭렵해야 할 것이다. 그런데 아산이 1983년 10월 2일, 인천대학교 학생회관에서 한국청년회의소 회원들을 대상으로 행한

---

106 정주영, 《시련은 있어도 실패는 없다》, p.98.

〈2000년대의 조국 번영〉이라는 강연에서,[107] 21세기를 함께 여는 청년들과 국가의 미래를 논한 부분이 새로운 관심을 불러일으킨다. 여기에서 아산은 '이상에 불타는 개인' 또는 '숭고하고도 확고한 이상을 가진 국가'일수록 현실의 어려움을 보다 잘 극복해 나갈 수 있다고 하면서, '경제가 커지면 통일도 가까워'지므로, '통일된 조국의 번영', '고도산업사회의 번영', '통일된 고도산업사회'의 문제를 함께 생각해보자고 화두를 던졌다.[108] 여기에서 흥미를 끄는 것은 아산이 생명의 진화와 인류 역사의 진보와 관련하여 '무한'과 '발전' 사상에 대하여 논했다는 것이다. 아산은 이렇게 말하고 있다.

> 이 세상에는 무한한 것이 세 가지가 있다고 생각합니다. 그 하나는 시간時間이요 또 하나는 공간空間입니다. 그러나 또 다른 하나의 무한 無限이 있습니다. 하나의 개체로서의 생명은 유한有限하지만 생명 그 자체는 무한한 것이고 무한히 발전하는 것입니다.
> 나는 학자가 아니기 때문에 태초에 어떻게 생물이 발생해서 어떻게 발전해 왔는가에 대해서 잘 알지 못합니다. 또 어떻게 생물의 진화가 거듭되어 고등동물이 태어났으며 인류가 지구상에 나타나게 되었는가를 설명할 수 없습니다. 그러나 우리 인류만 보더라도 백만

---

107 정주영, 〈2000년대의 조국번영〉, 아산고희기념출판위원회 편, 《아산 정주영 연설문집》, 울산대학교출판국 1985, pp.390~399.

108 정주영, 〈2000년대의 조국번영〉, 《아산 정주영 연설문집》, p.390 이하.

년의 인류사人類史에서 발전에 발전을 거듭한 것을 우리는 누구나 잘 알고 있습니다. 아버지를 이어가는 아들, 아들보다 한걸음 앞선 손자들이 그 아버지들이 하던 일을 발전적으로 계승하는 일을 되풀이하는 가운데 인류 자신과 인류 사회는 발전을 거듭해 온 것입니다.

나는 이 발전의 무한無限, 인류의 무한한 발전이라는 제삼第三의 무한無限을 믿습니다. 이 제삼의 무한을 믿는 사람이 이상주의자입니다. 개인으로서의 자기밖에 모르는 사람은 현실에 안주하고 찰나적인 향락에 빠져들지 모르지만 인간의 의지란 자기 자신을 넘어 영구히 존재하는 것이고 무한히 발전한다는 확신, 자기가 못다 한 일은 자기 자손이 해낼 것이라는 확신, 우리 세대의 숙제는 우리 다음 세대에 풀어진다는 확신을 가진 사람은 오로지 성취를 통해서 이 영원永遠한 자기自己를 확인하고 그런 과정 속에서 보람을 찾아 진정한 삶의 기쁨을 누리게 되는 것 같습니다.[109]

이 인용문은 어떤 철학자의 논문이라고 해도 부족함이 없을 정도이다. 아산은 우선 시간, 공간, 생명 그 자체를 세 가지 무한으로 규정한 후에, '인류의 무한한 발전'이라는 '제3의 무한'을 설정하고, 이를 달성하기 위한 인류 전체의 노력을 통하여 창조의 궁극목적인 인간이 '최종 목적', 즉 '문화(칸트)'를 구현함으로써 '영원한 자기'를 확인할 수 있다는 고도로 세련된 문화철학을 구

109 정주영, 〈2000년대의 조국번영〉, 《아산 정주영 연설문집》, p.392 이하.

사하고 있다. 이로써 아산이 추구한 이상적인 삶의 목표는 매우 분명해진 셈이다. 그는 가난한 농부의 아들이었고, 막노동을 즐기는 일꾼이었고, 부친의 소 판 돈을 훔쳐서 집을 나온 불효자였고, 초등학교밖에 나오지 않은 무지한 사람이었으나, 스스로 생각할 줄 알고 가치를 분별할 줄 아는 사람이었고, 무지를 자각하여 일생을 통하여 향학열에 불탔으며, 힘들게 벌어들인 재화로 일신의 영달을 구하는 대신에 국가가 돌보지 못한 불우한 서민들을 위한 복지 사업에 앞장섰으며, 교육운동을 전개하고 조국 통일을 위하여 초석이 되는 삶을 살았다. 아산은 부단하게 자신의 현재적 실존을 넘어서서 자기초월을 실천하는 삶을 살았던 것이다. 그가 궁극적으로 추구했던 것은 그 안에서 모든 사람들이 '영원한 자기'를 실현할 수 있는 인류 사회의 문화공동체였다. 아산은 우리가 이런 세상을 만들기 위하여 모든 구성원들이 자기 자신의 한계를 초월하는 노력을 경주함으로써 '영원한 자기'를 확인하는 그 순간까지 무한한 전진을 계속해야 한다고 생각한 것이다.

칸트가 '문화'라는 말로 단순하게 표현했던 것을 아산은 '인류의 무한한 발전'이라고 풀어썼다. 이 시대를 살아가는 아산의 후예들 모두가 인류사의 발전을 위하여 최선을 다하는 것이야말로 그의 유지를 제대로 받드는 일이 될 것이다. 아산의 인간 존중 사상은 사회복지 사업, 지역사회학교, 학술지원 등의 차원을 넘어서서 문학, 예술, 문화, 사상 등 다른 삶의 영역으로 확대되어야 하고, 또한 그 활동 영역 역시 국내에 그치지 말고 우리보다 기회가 부족한 여러 국가와 민족들에게도 확장해 나가야 될 것이다.

아산의 사회복지론과
지역사회 교육운동

기업의 사회적 책임에 대한 논란과 함께 사회복지에 대한 아산의 신념을 일별하는 것은 아산의 삶을 이해하는 데 매우 중요하다. 아산은 우리나라 기업의 역사가 매우 일천하지만, 짧은 기간에 고속 성장했으며 그 바탕 역시 다른 자본주의 역사전통과는 매우 다르다고 강조한다. 아산은 우리나라의 자본주의가 비록 늦게 출발하기는 했지만, 카우보이의 총과 약탈주의에서 출발한 미국의 자본주의와는 달리 선비들이 노력한 성과라는 점에서 차별화한다.[110] 이처럼 아산은 개인, 기업, 사회, 국가의 문제들을 유학 사상 내지는 유교적 가치관으로 바라보고 있는 것이 분명하다. 이 문제는 아산이 생각하는 기업의 사회적 책임이나 '사회복지', 그리고 그가 적극적으로 참여했던 지역사회 학교운동에 대한 철학과도 긴밀한 연관성이 있어서, 아산의 사회 및 국가에 대한 생각을 분별해 내는 데 관건이 된다.

기업의 사회적 책임에 대한 아산의 입장은 단호하다. 개인과 기업, 그리고 사회가 잘 되는 것이 바로 나라가 잘되는 것이다.

---

110 정주영, 《이 땅에 태어나서》, p.371.

이 문제를 바라보는 가장 일차적인 시각은 돈과 부를 어떻게 생각하는가에 있는데, 아산은 그것들을 목적으로 보지 않고 수단, 즉 도구적 개념으로 보았다. 아산은 돈과 부가 개인이나 가족만의 영달을 위한 것이 아니라는 것을 분명하게 밝힌다. 아산이 생각하기에 돈만을 목적으로 하는 고리대금이나 은행 이자만으로 재산을 불리는 일은 '진정한 자본주의'가 아니고 '악성 자본주의'라는 것이다.[111] 아산 스스로도 옛날 쌀가게를 했을 때는 그의 개인 재산이었다는 사실을 인정하였다. 그러나 기업의 규모가 커지게 되면 종업원들 공동의 것이 되고, 더 나아가서 사회와 국가의 것이라고 생각하는 자세가 필요하다는 것이다. 그리하여 아산은 "경영자는 국가, 사회로부터 기업을 수탁해서 관리하는 청지기일 뿐"이라고 말한다.[112]

자유주의, 자본주의의 목적과 정신은 돈을 벌어 나 개인, 또는 내 가족만 풍족하게 살고 보자는 것이 아니다. 열심히 일해서 그 이윤으로 내 가정을 안정시키고 나아가서 사회에 기여, 봉사하면서 인간답게 살고자 하는 것이 그 진정한 정신이다.[113]

---

111 정주영, 《시련은 있어도 실패는 없다》, p.315.

112 정주영, 《시련은 있어도 실패는 없다》, p.261.

113 정주영, 《시련은 있어도 실패는 없다》, p.315.

그러므로 기업은 "국가 살림에 쓰이는 세금의 창출에 큰 몫으로 기여하면서, 보다 발전된 국가의 미래와 보다 풍요로운 국민 생활을 보람으로 일하는" 집단이어야 하는 것이다.[114] 아산은 '현대'야말로 '진취적인 기상과 불굴의 개척 정신을 가진 사람들'의 집단이었기에 한국 경제를 선도하고 세계적인 기업의 일원이 될 수 있었다고 말한다. 아산은 대기업 '현대'를 "국가살림에 쓰이는 세금의 창출에 큰 몫으로 기여하면서, 보다 발전된 국가의 미래와 보다 풍요로운 국민 생활을 보람으로 알고 일하는 집합체"로 인식해 왔던 것이다.[115] 아산은 평생 동안 자신이 '노동자'라는 생각을 버리지 않았으며, 단지 자신은 '부유한 노동자'일 뿐이라는 입장을 견지해 왔다. 이런 일관된 생각에는 그가 돈과 부, 기업, 그리고 국가를 바라보는 자신만의 고유한 철학이 담겨 있다. 아산은 새벽부터 열심히 일하는 낯모르는 사람들에 대해서뿐만 아니라 자신의 기업에서 일하는 직원들에 대하여 강한 연대의식을 가지고 있었다.

새벽의 남대문 시장에서 리어카를 끌고 가는 낯모르는 이들에게서 느끼는 그 한없는 연대감과 애정을, 나는 내 일에 참여한 기능공들에게서 언제나 공통되게 느낀다.

---

114 정주영, 《시련은 있어도 실패는 없다》, p.257.

115 정주영, 《이 땅에 태어나서》, p.364.

나는 기회와 시간이 허락하는 한 수많은 기능공들과 어울려 허물없이 팔씨름도 하고 술잔도 나누곤 했다. 도시락을 못 싸오는 기능공들이 안쓰러워 점심 제공을 맨 처음 시작한 것도 우리 '현대'이다.[116]

아산은 기업, 사회, 국가의 구성원들을 매우 중요하게 생각했다. 그래서 아산은 이렇게 말한다. "모든 것의 주체는 사람이다. 가정과 사회, 국가의 주체도 역시 사람이다. 다 같이 건강하고 유능해야 가정과 사회, 국가가 안정과 번영을 이룰 수 있다."[117] 이와 같은 아산의 생각은 1977년 7월 1일, 아산사회복지 사업재단의 설립으로 구체화된다.[118] 아산은 〈현대건설〉 개인 소유분 주식 50%, 즉 당시 환산액으로 500억 원에 해당하는 거액을 출연하여 재단을 설립하고, 해마다 발생하는 약 50억 원의 배당 이익금으로 복지 사업을 시행한다고 선언한 것이다.[119] 제10대 국회의원과 숙명여대 총장을 지냈던 김옥렬(金玉烈, 1930~)은 아산을 "그 명석한 두뇌와 유머 감각, 불굴의 용기와 강인한 의지, 그칠 줄 모르는 노력, 근면함과 결단력, 그리고 추진력"을 덕목으로 가진 인물인 동시에, 재계, 문화계, 교육계, 체육계, 정계 등 모든 분야에서 '거대한 발자취를 남긴 20세기의 거인'으로 평가하면서, 사

---

116 정주영, 《시련은 있어도 실패는 없다》, p.163.

117 정주영, 《이 땅에 태어나서》, p.237.

118 정주영, 《시련은 있어도 실패는 없다》, pp.175–177, 《이 땅에 태어나서》, pp.235–239.

119 정주영, 《이 땅에 태어나서》, pp.235–239.

회복지 사업 재단을 설립하여 적극적인 학술 활동과 복지 사업을 전개함으로써 한국의 학술 문화의 진흥과 사회봉사에 헌신"한 점에 대하여 아산에게 경의를 표했다.[120] 아산의 재단 설립에 대해서는 수많은 평가가 있지만, 평소에 늘 "돈을 버는 것도 중요하지만 그것을 어떻게 지키면서 얼마나 멋있게 잘 쓰느냐에 '돈 철학'의 요체가 있다"고 말했던 아산이야말로 "돈을 어떻게 멋있게 쓰느냐의 범례를 남긴 분"으로 평가 받았던 사실이 가장 인상적일 것이다. 늘 검소한 생활을 실천해왔던 아산은 필요한 곳에는 '손이 크다'는 이야기를 들어 왔다. 아산은 의료복지 사업, 장학 사업, 연구 지원 사업 등의 분야에서 한국의 록펠러재단, 카네기재단, 포드재단을 지향하는 훌륭한 사회복지 사업 재단을 설립했던 것이다.[121]

1977년 경희대학병원장 시절부터 약 20년 동안 아산사회복지 사업재단 의료 자문 위원으로 활동했던 김순용(金舜鏞, 1922~2014)은 1978년 5월 20일 아산재단 보령종합병원 기공식에 참석한 후에 아산 일행과 함께 도고온천에 들렀는데, 아산이 직접 재단 자문위원들의 방을 배정받아 주는 것을 보고 그의 자상함에 놀랐다고 전하면서, 1978년 전남 보성병원 개원 기념사에서도 아산은 병원 건립의 목적이 단지 의료복지만을 위한 것이

120 김옥렬, 〈소탈하고 유머 감각에 뛰어난 거인〉, 《아산 정주영과 나》, pp.88–90.

121 송기철, 〈식산흥국(殖産興國)의 전형적 한국인〉, 《아산 정주영과 나》, p.224 이하.

아니고 '인력 자원의 발굴 및 지원'에 있다고 강조했다고 전한다. 다시 말하면 아산은 지방의 병원 건립 사업의 목적을 '국민 보건 의료 향상'이라는 사회복지적 차원뿐만 아니라 '인력 자원의 자질 향상과 그 보전'이라는 국가경제 및 사회발전의 차원까지를 고려했다는 것이다.[122]

1989년에 개원했던 서울중앙병원은 아산이 꿈꾸던 사회사업이 최고봉에 달하는 순간이었다.[123] 아산을 인간을 크게 괴롭히는 두 가지 근본 현상을 '병고와 가난'으로 규정하면서 소외된 사람들의 삶을 이러한 구조적 악순환으로부터 해방시키고자 하였다.[124] 그래서 세인들은 아산이 기업인으로서뿐만 아니라 사회봉사와 국가 발전에 기여해 주기를 그토록 열망했는지도 모른다. 그 때문에 1985년 아산사회복지 사업재단 연구개발 자문위원회 위원장을 맡았던 고병익(高柄翊, 1924~2004)이 아산에 대하여 "청소년의 교과서에 실릴 수 있는 입지전적인 추앙 인물"로 평가하면서, 그가 기업뿐만 아니라 "민족 전체의 복리에 공헌하는 일"

---

122 김순용, 〈소탈하고 겸손한 아량과 포용〉, 《아산 정주영과 나》, pp.78~81.

123 서울중앙병원장을 역임한 이문호(李文鎬, 1922~2004)는 1970년 6월 국무총리실 평가교수로서 경부고속도로 준공식 시찰에 참석한 것을 인연으로 아산과 알게 되었는데, 아산이 약 500억 원에 달하는 현대건설 개인 소유 주식 절반으로 아산사회복지 사업재단을 설립할 때(1977.7.1.), 아산재단의 의료자문위원장으로 참여하게 된다. 1979년 3월 31일 영덕병원의 준공으로 5개 지방 병원 건설을 완료했는데, 그때 아산은 "사람은 우선 건강해야 하며, 그래야만 가정과 사회, 나아가서는 국가가 안정되고 번영할 수 있다. 무수히 많은 건강하고 유능한 사람들이 모여 창조한 현대의 재산으로 고통 받는 사람들을 돕는 것은 우리들의 오래된 소망이었다."고 말했다고 한다. 아산은 1989년 6월 23일, 서울중앙병원 개원식에서 "병원을 세우고 운영하는 목적은 모든 인간이 질병의 고통으로부터 해방되어 행복한 생활을 영위하는 복지사회를 건설하자는 데 있다"고 강조했다고 한다. 이문호, 〈고향의 눈처럼 사심없는 마음〉, 《아산 정주영과 나》, pp.293~300.

124 《시련은 있어도 실패는 없다》, p.176; 《이 땅에 태어나서》, p.237.

에 나서서 "민족 전체의 융흥에 다시 공헌"해 주기를 촉구했던 것은 자연스러운 일이다.[125] 아산의 사회복지 사업 재단 설립은 그가 돈과 부를 자신과 가족만의 영달을 위한 수단으로 보지 않고 궁핍하고 가난한 사람들과 함께하는 연대정신의 산물인 동시에 인적 자원의 발굴을 통하여 국가 경쟁력을 강화하고자 하는 애국적 의지가 담겨 있었던 것을 확인하였다.

사람들은 아산을 성공한 기업가로만 기억하고 있지만, 그가 교육자이자 교육 사업가로서 수십 년간 활동해왔다는 사실에 대해서는 거의 모르고 있다. 아산과 함께 지역사회 학교운동을 함께해 왔던 김종서(金宗西, 1924~2014) 전 서울대 교수는 이렇게 회고했다.

아산 선생님은 특히 사회교육 분야에서 이 나라 교육개혁의 선구자이시다. 28년 전에 선생님이 일으킨 지역사회학교운동은 이 나라 교육이 나아갈 방향타가 되고 있다. 지역사회학교는 지역 주민이 학교를 '우리 학교'라는 생각으로 도와서 보다 좋은 학교를 만들고, 학교는 학교를 지역 주민의 문화센터로 개방함으로써 지역 주민의 삶의 질을 향상시키고자 하는 교육개혁운동이다.[126]

---

125 고병익(서울대학교 총장, 민족문화추진회이사장 역임), 〈교과서에 실려질 입지인물이 이제 다시 될 수 있기를〉, 《아산 정주영과 나》, p.22.

126 김종서, 〈교육개혁의 선구자이신 아산 선생님〉, 《아산 정주영과 나》, p.118.

교육개혁위원회 위원장을 역임하기도 했던 김종서는 주저하지 않고 아산을 '교육개혁의 선구자'라고 불렀다. 문화복지시설이 전무했던 시대에 아산은 학교를 지역 주민의 문화센터로 개방하여 삶의 질을 향상시키는 교육개혁운동을 적극 전개하였다. 1950년 중엽부터 정부 주도하에 행해진 이 지역사회학교운동은 동아일보사와 주한미국공보원이 1968년 8월에 공동 주최한 "변화하는 세계에 있어서의 지역사회활동" 국제세미나에서 영화 〈To Touch a Child〉를 상영했는데, 그때 이 영화를 보고서 크게 감동한 아산이 사업에 적극 참여하게 된 것이다. 이 영화는 미국 미시간주 프린트시Flint City, Michigan가 학교 시설과 설비를 주민들에게 개방하여 평생학습과 사회복지의 터로 삼게 했다는 내용을 담고 있다. 아산은 1969년 1월 24일, 각계 인사 60여 명과 함께 '한국지역사회학교후원회'를 조직하였으며,[127] 창립 20주년이 되는 1987년에 '한국지역사회 교육협의회'로 확대되었다. 아산은 지역사회 학교 이념 확산을 위한 교육활동, 학부모 교육, 취미교실, 봉사활동, 노인교실, 건전한 청소년 육성을 위한 프로그램 운영에 필요한 막대한 재정을 지원하는데 그치지 않고, 그 스스로도 직접 교

---

127 김자경 오페라단 이사장을 역임했던 김자경(金慈璟, 1917~1999) 전 이화여대 교수의 회고담이다. 김 교수는 1960년대부터 모윤숙 시인 댁에서 아산을 알고 지내다가, 1969년에 아산을 중심으로 창설된 지역사회학교운동을 지원할 목적으로 1991년 4월에 의사, 목사, 변호사, 국회의원, 패션 디자이너, 교수, 주부 등을 단원으로 한 지역사회합창단을 조직하여 활동했다고 한다. 나중에는 지역사회학교 행사뿐만 아니라 양로원, 고아원, 교도소, 일선 장병 위문공연까지 다녔다고 한다. 이때 아산은 광화문 현대빌딩 17층에 연습 공간을 배려해 주었다. 한번은 오페라 공연에 초대된 아산이 박수를 아주 오랫동안 쳐서, 김 교수가 "좋아서 그렇게 쳤느냐"고 물었더니, 아산이 "끝나는 게 좋아서 쳤지요"라는 유머를 던져 좌중의 폭소가 터져 나왔다고 한다. 김자경, 〈가장 힘찬 박수와 가장 많이 친 박수〉, 《아산 정주영과 나》, pp.98~100.

육 강연에 나섰다.[128] 지역사회학교운동은 교육개혁위원회의 개혁
안에 반영된 이후 지금은 전국적으로 시행되고 있다. 특히 교원,
학부모, 지역유지들로 구성한 학교운영위원회는 오래전부터 지역
사회 학교운동에서 실천해온 것이므로, 아산을 '교육개혁의 선구
자'라고 지칭했던 것이다.[129] 이런 맥락에서 세종연구소장을 역임
했던 정원식(鄭元植, 1928~) 전 국무총리 역시 아산이 1969년에
지역사회 학교운동 후원회를 발족하면서 모든 경비를 혼자서 부
담했을 뿐만 아니라, 이 운동의 본질을 직접 꿰뚫고서 이끌어가
는 핵심적인 이론가이자 선도자라는 사실을 알게 되었다고 술회
했다.[130]

　권이혁(權彝赫, 1923~) 전 서울대학교 총장은 1982년 2학기 초
서울대 교수회관에서 열린 아산재단 장학증서 수여식 행사에서
아산이 장학증서를 받으러 나온 학생들에게 먼저 인사를 하는 것
을 보고 감명을 받았다고 회고하였고, 경기도 평택시의 한 고아
원을 방문했을 때, 여성 목사였던 원장이 원생들의 대학 등록금
전액을 아산재단이 부담한다는 사실을 알게 되었다고 전한다. 이

128　아산이 행하였던 가장 대표적인 교육 관련 강연으로는 미국 조지 워싱턴대학교 명예경영학박사 학위 취득 기
　　념만찬회 연설 "나는 부유한 노동자입니다"(1982년 5월), 지역사회학교후원회 연설 "인적 자원은 최고의 자본이
　　다"(1984년 6월), 이화여자대학교 개교 100주년 기념식 특별강연 "인력개발과 대학의 사명"(1986년 5월), 한국지
　　역사회 교육후원회 청소년 교육 공개강좌 "청소년 문제와 사회교육의 책임"(1991년 5월), 전국사범대학장협의회
　　추계총회 특별강연 "아직은 더 근면하고 검소해야 한다"(1991년 9월), 한국방송통신대학 개교 20주년 기념식 격
　　려사(1992년 4월), 제18회 한국교총 교육정책토론회 주제발표 "21세기를 향한 교육개혁"(1992년 5월) 등이 있다.
　　정주영, 《새로운 시작에의 열망》, 제1부 〈한국교육의 미래〉, pp.11~64 참조.

129　김종서, 〈교육개혁의 선구자이신 아산 선생님〉, 《아산 정주영과 나》, pp.118~121.

130　정원식, 〈정 회장의 새로운 모습〉, 《아산 정주영과 나》, p.391 이하.

것은 바로 지역사회 교육운동의 일환이었던 것이다.[131]

1980년대 중반에 지역사회 교육협의회 지방조직위원장을 맡았던 백명희(白明姬, 1936~1997) 전 이화여대 사범대학장의 회고담이다. 서울의 한 초등학교에서 200여 명의 어머니와 자녀들이 함께 모인 자리에서 3, 4학년쯤 보이는 학생이 아산에게 "할아버지는 어떻게 해서 그렇게 큰 부자가 되셨어요?" 라고 물었더니, 아산이 "등산을 해본 적이 있어요? (⋯) 높은 산을 오를 때 산꼭대기 정상을 보면서 올라가는 게 아니에요. 산꼭대기를 자꾸 바라보면서 '저 높은 데까지 어떻게 올라가나?' 하고 생각하면 등산하기가 더 힘들어지기만 하지요. 한 발짝 한 발짝 꾸준히 열심을 다해 올라가면 결국은 꼭대기 정상에 도달하게 됩니다. 나도 처음부터 큰 부자가 되겠다는 생각을 한 적은 없었어요. 그냥 열심히 일하고 그때그때 최선을 다한다는 신조로 살아오다 보니까 조금 부자가 된 것이지요. 학생도 꼭대기만 처다보지 말고 매일매일을 열심히 살아가면 틀림없이 성공할 거예요"라고 대답했다는 것이다.[132] 이 가르침은 삶의 목표만을 위해서 사는 것보다는 삶의 의미를 발견하기 위하여 열심히 살다보면 자신이 원하는 목표와 행복은 거저 주어진다는 프랑클의 의미치료 기법과 매우 유사하다. 또한 아산은 어머니들을 대상으로 하는 교육모임에서는

131 권이혁, 〈세기의 인물〉, 《아산 정주영과 나》, pp.53–56.

132 백명희, 〈아산의 교육사랑〉, 《아산 정주영과 나》, p.219.

이렇게 말했다고 한다.

> 물질이 자녀교육의 절대적 조건이 아닙니다. 자녀들을 잘 입히고 잘
> 먹이고 자녀의 뜻을 잘 받아준다고 해서 자녀가 잘 되는 것은 아닙
> 니다. 그렇게 해준다고 부모에게 감사하는 것도 아닙니다. 오히려
> 집안이 어려우면 어려운 대로 부모 자녀 간에 또 형제 자매간에 애
> 정도 두터워지고 서로 감동을 주면서 살기 때문에 자녀들이 잘 성
> 장하게 되는 경우를 많이 보게 됩니다. 그리고 자식 앞에서 부모들
> 의 공을 내세우지 마십시오. 흔히 내가 너희 때문에 고생한다느니,
> 내가 너희를 위해서 무엇을 했다느니 하면서 공을 내세웁니다. 자
> 식 앞에서 공을 내세우면 그 공은 없어지고 맙니다. 자식 때문에 고
> 생한다는 것을 말로 표현하지 않아도 자식들은 이미 다 알고 있습니
> 다. 자녀들은 머리로 배우는 경우보다 부모의 행동을 통해 가슴으로
> 배우게 됩니다.[133]

그래서 경제적으로 풍요를 누리고 있는 선진국들에서 청소년
문제로 심각한 고민에 빠져 있는 데, 우리가 그와 같은 전철을 밟
지 않으려면 부모교육부터 신경을 써야 한다고 강조했던 것이다.
백 교수는 아산의 노력으로 지역사회 교육협의회가 "학교와 가
정과 지역사회가 협력하여 좋은 학교를 만들어 나가고 부모와 자

---

133 백명희, 〈아산의 교육사랑〉, 《아산 정주영과 나》, p.220.

녀가 함께 성장하는 복된 사회를 가꾸어가는 대표적인 시민운동 단체"로 자리 잡아가고 있다고 회고했다.[134]

아산은 경제를 돈의 문제로 보지 않고, '진취적인 생명력과 그 민족의 정기를 불어넣어서 만드는 것'으로 이해하면서, 국가의 경제발전을 이룩하려면 인적 자원을 개발해야 한다고 강조하였다.[135] 아산은 국가의 경제발전은 우수한 인적 자원을 잘 교육하는 것이 관건이므로, '그 나라 문화 수준과 정비례 한다'고 보았다.[136] 우리나라의 국가 발전은 교육의 덕택으로 이루어진 것이므로, 아산은 기업들 역시 국민교육의 발전에 지대한 관심을 가져서 보은해야 한다고 생각했던 것이다.[137] 아산은 경제에는 기적이 있을 수 없다는 입장을 가졌다. 그것은 결코 우연히 얻어지는 것은 아니며, 국민들의 부단한 노력과 희생을 통하여 가능하기 때문이다. 그 가운데 가장 기본적이고 중요한 노력이 바로 교육 및 문화 지원 운동이라는 것이다.

---

134 백명희, 〈아산의 교육사랑〉, 《아산 정주영과 나》, p.221.

135 정주영, 〈인적 자원은 최고의 자본이다〉, 《새로운 시작에의 열망》, p.15.

136 정주영, 〈인적 자원은 최고의 자본이다〉, 《새로운 시작에의 열망》, p.21.

137 정주영, 〈인적 자원은 최고의 자본이다〉, 《새로운 시작에의 열망》, p.23.

'바덴바덴의 기적'과 정치 선언
- 아산의 스포츠 외교와 정치사상

여기에서 주로 다루게 될 내용은 아산의 사회 지도 활동, 특히 그의 체육활동과 1992년의 정치 참여 선언과 관련된 주제들이다. 아산은 우리나라 스포츠 외교사에서 88서울올림픽 유치에 가장 큰 공헌을 한 체육인이자 또한 동시에 우리나라 정치사에서는 1992년 대선에 출마한 제3당인 통일국민당의 대통령 후보로 기록된 인물이다. 아산은 "우리가 잘되는 것이 나라가 잘되는 것이며 나라가 잘되는 것이 우리가 잘될 수 있는 길이다"라는 생각과 더불어 "나는 이 나라를 잘살게 할 수 있다"는 신념으로 국사에 임하고자 출사표를 던졌다. 우리는 이 두 사건이 아산의 삶에 미친 문화사적, 문화철학적 의미를 살펴보고자 할 것이다.

1988년 서울올림픽은 우리나라의 정치와 경제의 위상을 크게 향상시키는 계기가 된다. 1979년 7월에 문교부는 올림픽유치기본계획을 세우면서 1988년 대회 유치를 목표로 할 것을 제안하였다. 박정희 대통령은 제24회 올림픽의 서울 유치 방침을 발표했다.[138] 그러나 1979년에 있었던 10·26사건, 12·12사태와 같은 정치격변, 그리고 1980년의 5·18광주민주화운동 등으로 서울올림픽 유치는 거의 불가능한 것처럼 보였다. 우여곡절 끝에 1980년

---

138 정주영, 《시련은 있어도 실패는 없다》, pp.191-206, 《이 땅에 태어나서》, pp.265-287 참조.

11월 말, 전두환 대통령의 재가로 유치 의지를 통보할 수 있었다. 그리고 1981년 2월 26일에 공식 개최신청서를 스위스 로잔Lausanne 의 IOCInternational Olympic Committee 국제올림픽위원회 본부에 제출하게 된다.

올림픽 유치 운동을 처음 시작할 때 우리 측이 기대한 찬성표는 82표 중에서 3표밖에 되지 않았다. 당시 김택수 한국 IOC위원은 자신의 표와 대만 표, 그리고 미국 표 둘 중 하나를 합쳐서 모두 세 표밖에 얻을 수 없다고 비관적으로 전망했다.[139]

당시 유엔대사직을 마치고 대한체육회 부회장 겸 대한올림픽위원회 부위원장에 임명되었던 전상진(全祥振, 1929~)은 당시 상황을 이렇게 회고했다. 올림픽 유치 신청 마감일이었던 1980년 11월 30일 직전에 전두환 대통령의 재가로 유치 신청 의견을 IOC에 통보하고, 1981년 2월 26일에 제24회 88올림픽대회 유치 신청 서류를 제출하였다. 그러나 당시에는 일본 나고야와의 경쟁을 이길 수 없다는 비관론이 절대 우세였으므로, 86아시안 대회를 유치하기 위해서 올림픽을 일본에 양보하는 내용으로 물밑 접촉을 시도하기도 했다.[140] 그때만 해도 한국이 일본을 누르고 올

---

139   정주영, 《이 땅에 태어나서》, p.266, 272.

140   1981년 4월 27일 제2차 올림픽유치대책회의 이후부터 올림픽 유치철회 명분을 찾으려는 움직임이 나타났다. 노태우, 《노태우회고록》 上卷, 조선뉴스프레스, 2011), p.269. 서울의 애매한 태도와는 달리 나고야는 유치경쟁에 몰두하였다. 1981년 4월에 스위스 로잔에서 개최된 IOC집행위원회 및 국제경기연맹총연합회(GAISF, General Association of International Sports Federations) 연석회의에서 나고야가 적극적으로 유치 운동을 한 것과는 반대로 서울은 정부의 방침이 확실치 않은 관계로 대표단을 보내지 못했다. 김명섭·양준석, 〈서울올림픽-아산의 정치외교사〉, 《아산 연구 총서 제3권》, 푸른숲, 2015, pp.140~147 참조.

림픽 개최권을 획득할 것이라고 믿는 사람은 아무도 없었다.[141] 또한 1976년 몬트리올 올림픽에서 10억 달러의 적자가 발생하여 침울한 분위기였다. 설상가상으로 당시 남덕우 총리는 올림픽 유치에 성공한다 해도 그것을 준비하느라고 경제 파탄에 빠져서 나라가 망할 것이라는 지론을 폈다.[142] 한마디로 정부는 올림픽 유치를 신청했지만, 그것을 유치하는 것은 불가능하다는 것이 기정사실이었고, 올림픽을 유치한다 하더라도 그것이 국가경제를 파탄으로 치닫게 할 것이라는 진퇴양난에 빠졌다.

그런 심란한 분위기 속에서 아산은 1981년 5월, 자신이 올림픽 유치 민간추진위원장에 임명되었다는 사실을 통보받았다. 첫 위원회를 소집했는데, 위원으로 들어온 각부 장관들 중에서 이규호 문교부장관 한 사람만이 참석했고, 서울시 국장 한 사람이 전부였다. 심지어 IOC위원도 불참했다. 캐나다 몬트리올 올림픽 적자가 10억 달러에 달했다는 소식은 서울올림픽 유치위원회를 거의 패닉 상태로 몰아넣었다. 서울올림픽 유치는 처음부터 불가능한 일이었고, 그 실패의 책임은 고스란히 아산의 것으로 돌려질 것이 자명했다.[143]

그러나 전상진의 회고에 의하면, 아산이 올림픽유치준비위원

---

141 전상진, 〈서울올림픽 유치의 대들보〉, 《아산 정주영과 나》, p.368.

142 정주영, 《이 땅에 태어나서》, p.266.

143 정주영, 《이 땅에 태어나서》, p.267 이하.

회 위원장으로 임명되면서 이러한 기류에 변화가 일어나기 시작했다고 한다. 아산은 올림픽 준비에 막대한 돈이 드는 것은 아니라고 주장하여 남덕우 총리의 우려를 종식시켰다. 아산은 지하철, 도로공사는 우리가 당연히 해야 할 일이고, 건설 중인 잠실 경기장 등 체육 시설은 아시아경기대회를 위한 것으로, 올림픽을 위해서는 추가 비용만 생각하면 된다는 의견을 피력했던 것이다.[144]

서울은 1981년 7월 10일, 베네수엘라에서 열린 범미스포츠연합회PASO, Pan American Sports Organization 총회에 전상진 KOC부위원장 일행을 파견하여 사마란치Juan Antonio Samaranch IOC위원장에게 보고하는 성과를 올렸으나, 그때까지 승기를 잡고 있었던 나고야는 대표단을 파견하지 않았다.[145]

1981년 8월 25일, 벨기에 올림픽위원장은 한국의 올림픽 유치 조건으로 북한에 대한 문호개방, 공산국가의 참가 보장, 올림픽 헌장 철저 준수 등을 요구했다. 그 사이에 한국에서는 올림픽 유치에 대한 지지가 확산되는 반면에 나고야 시민들은 올림픽 유치 거부운동을 대대적으로 벌여 나갔다. 1981년 9월 15일, 아산은 영국올림픽위원회 데니스 팔로우스Sir Denis Follows 위원장 등과 면담

---

144 전상진, 〈서울올림픽 유치의 대들보〉, 《아산 정주영과 나》, p.369 이하.

145 PASO총회에서 우리 대표단은 88올림픽 개최에 필요한 시설 등에 대한 긍정적 인식을 제공하는 한편, 서울이 진정성을 가지고 유치 활동을 하는 지에 대해서 총회가 회의적일 뿐만 아니라 공산국가들 역시 서울 개최를 부정적으로 생각하고 있다는 부정적인 정보들을 인지할 수 있었다. 서울은 8월 밀라노총회에서 제안 설명을 할 수 있는 공식적인 기회를 얻었다. 나고야가 2월에 열린 로잔 회의의 서울 불참을 유치의사 철회로 오해하여 PASO총회에 참석하지 않은 관계로 우리 대표단은 활발하게 유치 활동을 펼 수 있었다. 김명섭·양준석, 〈서울올림픽 – 아산의 정치외교사〉, 《아산 연구 총서 제3권》, 푸른숲, 2015, pp.140~147 참조.

하면서 한국 유치의 장애요소들을 확인하였고, 일본 측과 같은 적극적인 유치 운동의 전개 필요성에 대해서도 조언을 받았다.[146]

아산은 '현대' 프랑크푸르트 지점에 긴급 전문을 보내서 유치 활동을 적극 지원하고 치밀한 득표 전략을 수립하도록 지시했다. 바덴바덴에 도착한 아산은 나고야가 9월 18일부터 치열한 유치 활동을 하고 있는 것에 비하여 우리 대표단은 9월 24, 25일에 도착하는 등 뒤늦은 행보를 보이고 있는데다가, 개막일이 지나도록 우리 IOC 위원과 서울시장이 나타나지 않아서 답답할 지경이었다. IOC위원들이 투숙한 브래노스파크호텔은 IOC위원을 대동하지 않고서는 출입이 허용되지 않아서 그들을 상대로 유치 활동을 할 수가 없었다. 조상호 혼자서만 바덴바덴의 모든 일을 도맡아 하고 있었던 것이다. 뒤늦게 나타난 김택수 IOC위원은 서울은 세 표밖에 얻을 수 없다고 공공연하게 떠들고 다니면서 유치 활동에 찬물을 끼얹었다고 한다.[147]

아산은 9월 30일 IOC총회를 목표로 바덴바덴에 정몽준 현대중공업 부사장, 장정자 여사 등 가족들까지 동원하여 서울올림픽을 향한 대장정을 펼쳤다. IOC위원들, 특히 그들의 부인들을 감동시켰던 것은 일본의 값비싼 선물과는 전혀 대조적인 꽃바구니 선물이었다. 아산이 최종적으로 집계한 지지표는 46표였다.[148] 김

---

146 김명섭 · 양준석, 〈서울올림픽 – 아산의 정치외교사〉, 《아산 연구 총서 제3권》, 푸른숲, 2015, pp.140~147 참조.

147 정주영, 《이 땅에 태어나서》, pp.270~272.

택수 IOC위원 말고도 북한대표들도 한국 지지표는 세 표에 그칠 것이라고 억지를 부렸다고 한다.[149] 아산은 이렇게 말한다.

> 드디어 (1981년 9월 30일) 오후 3시 45분.
>
> 사마란치 IOC 위원장이 투표 결과를 발표했다.
>
> "쎄울."
>
> 더 들을 것도 없었다. 우리 대표단은 일제히 만세를 부르며 벌떡 일어서서 서로 얼싸안았다. 내가 예상했던 46표보다 6표가 더 나와 52대 27로 나고야를 물리친 것이었다. 나도 놀랐고, 우리 대표단 모두가 놀란 득표수였다.[150]

사마란치의 발표는 3표도 아니고 46표도 아닌 52표였다. 나고야는 27표에 머물렀다. 아산이 집계하지 못한 6표는 그가 이들에게 주었던 강렬한 감동을 계산하지 못한 탓이었다.

한국방송공사 사장을 지낸 이원홍(李元洪, 1929~)은 1981년 9월 30일, 바덴바덴에서 열린 IOC총회가 88년 하계올림픽 개최지로 나고야와 서울 중에서 선택하는 결전의 날을 이렇게 회고했다. 그는 이후 오늘의 한국을 존립하게 한 세 가지 기적을 대한민

---

148 정주영, 《이 땅에 태어나서》, p.278.

149 정주영, 《이 땅에 태어나서》, p.279.

150 정주영, 《이 땅에 태어나서》, p.279.

국 정부 수립, 유엔 참전, 서울올림픽 개최라고 규정했다. 바덴바덴의 분위기는 이미 우리에게 불리한 상태였으나, 아산이 '염려할 것 없다', '된다'라는 확신을 불어넣어 역전시켰다는 것이다. 대한항공의 스튜어디스를 안내원으로 배치하자 한국 측이 기생을 동원했다는 기사가 신문에 났다. 이에 아산은 아들 정몽준을 전시실에 배치함으로써 불신을 잠재웠으며, IOC위원들이 현지 언론보도를 중시하는 사실을 알고서 한국 관련 기사가 한 건이라도 더 많이 게재되도록 많은 노력을 기울였다.[151]

전상진은 서울올림픽은 훌륭한 체육 시설과 유산을 남겼으며, 흑자 3천5백억 원의 체육진흥기금이 설립되는 등 대성공을 거두었다고 말한다. 그리고 아산은 매년 9월 30일이면 서울올림픽 유치단원들과 함께 하여 그 감격을 순간을 함께 기념해 왔다고 한다.[152] 전상진은 이렇게 말한다.

아산 정주영 회장 없이 88서울올림픽과 L.A.올림픽에서 한국 선수단의 혁혁한 성과, 서울올림픽의 성공적 개최가 가능했을까. 분명 그는 우리나라 경제발전과 근대화의 원동력일 뿐 아니라 우리나라의 존재를 일약 세계에 알리게 한 서울올림픽 유치의 큰 대들보였다.[153]

---

151 이원홍, 〈기적을 만든 사람〉, 《아산 정주영과 나》, pp.320–322.

152 전상진, 〈서울올림픽 유치의 대들보〉, 《아산 정주영과 나》, pp.370–372.

153 전상진, 〈서울올림픽 유치의 대들보〉, 《아산 정주영과 나》, p.372.

국무총리와 롯데복지재단 이사장을 역임한 노신영(盧信永, 1930~)은 1980년 외무장관 시절, 올림픽 유치에 관여하면서 아산과 교유(交遊)해 왔는데, 1981년 가을 독일 바덴바덴에서 표 대결을 위한 외교 총력전을 펼 때, 올림픽유치 민간추진위원장으로서 아산이 현지에서 치밀한 계획과 추진력, 솔선수범의 지도력으로 활약하여 유치를 이끌어냈다고 회고했다.[154]

한국을 지지한 3표를 52표로 만들기까지에는 '할 수 있다', '될 것이다'라는 아산의 긍정적 사고와 각고의 노력이 있었던 것이다. 당시 대한체육회장 겸 대한올림픽위원회 위원장이었던 조상호(曺相鎬, 1926~2007)는 아산을 '추진력의 대명사'이자 '대인(大人)'인 동시에, "언제 어느 곳에서나 새로 시작할 준비가 되어있는 사람"[155] 이라고 평가하면서 이렇게 증언했다. 조상호는 아산이 바덴바덴에서는 그만이 일했다고 말했던 바로 그 분이다.

당시의 정 회장은 우리 대표단에서 제일 고령임에도 불구하고 회의에 단 한 번도 빠지지 않고 참석했다. 그뿐만 아니라 새벽같이 일어나서 조깅을 하는 등 공적으로나 사적으로 대단히 정력적인 활동을 벌였고 그 적극적인 자세에 우리 모두는 감동과 자극을 함께 받지 않을 수 없었다.[156]

---

154 노신영, 〈기발한 착상의 담대한 기업가 정주영 회장〉, 《아산 정주영과 나》, p.146 이하.

155 조상호, 〈추진력의 대명사〉, 《아산 정주영과 나》, pp.411~413.

이원홍도 똑같은 증언을 하고 있다.

정 회장은 밤도 없고 낮도 없었다. 언제 주무시는지 알 수 없었다.
세계적 사업가는 그렇게 뛰어야 하는 모양이다. 나도 하루 두서너
시간 눈 붙이는 것이 고작이었는데 내 눈에 보인 정 회장은 일하는
모습밖에 없었다. 아침 7시면 전략회의를 주재한다. 득표 상황도 점
검한다. 하루의 중요 일과도 정한다. IOC위원들이 있는 곳이면 새
벽이고 밤중이고 가리지 않고 달려간다. 숙소든 식당이든 별장이든
정 회장이 찾아가지 않는 곳이 없다. 회의장 밖을 종일 지키고 서 있
었던 것도 한두 번이 아니다.[157]

사마란치 위원장은 불어로 '세울'이라고 발표했다. 52 대 27,
대한민국 서울은 일본 나고야를 압도적으로 제압했다. 이원홍은
이렇게 회고한다. "다음 날 정 회장은 바덴바덴에서 가장 좋은
식당을 빌려 축하 파티를 열었다. 프랑크푸르트에 있는 한국인
밴드까지 초청했다. IOC위원들도 거의 전원이 참석했다. 모두
가 손에 손을 맞잡고 기쁨의 눈물을 흘리며 아리랑을 합창했다.
정 회장은 손기정 옹과 더불어 덩실덩실 춤을 추었다. 프랑스의
리베라시옹이 서울올림픽을 결정한 IOC에 노벨평화상을 주라

156 조상호, 〈추진력의 대명사〉, 《아산 정주영과 나》, p.411.

157 이원홍, 〈기적을 만든 사람〉, 《아산 정주영과 나》, p.322 이하.

고 격찬했다."[158] 귀국 후에 대표단 위로연을 베풀었던 전두환 대통령이 대표단의 어느 누구도 자신이 잘했다고 나서는 사람이 한 사람도 없다고 말할 정도로 정 회장은 자신의 공로를 내세우지 않았다. 정 회장은 9월 30일이 되면 유치단원들에게 만찬을 베풀어서 그날의 수고를 기념해 왔다고 한다.

아산은 88서울올림픽 유치를 위하여 IOC위원들에게 진심이 담긴 꽃바구니를 선물하여 감동하게 한 바 있다. 이 꽃바구니 선물은 IOC위원들의 부인들에게 결정적이었다고 한다. 꽃 선물이 여성들에게 얼마나 오랫동안 감동으로 기억되는지는 한국여성문학인회 회장과 한국소설가협회 대표위원을 역임했던 구혜영(具曙瑛, 1931~2006)의 회고담 〈모스크바 5월의 빨간 카네이션〉이란 글에서도 확인할 수 있다. 1991년 5월 11일(토), 구혜영 등 14명 일행은 한소여성작가회의에 참석하기 위하여 탄 모스크바 경유 취리히 행 비행기에서 우연히 아산을 만났는데, 아산은 그녀 일행에게 몽고에 다녀온 후 모스크바에서 만찬에 초대하겠다고 약속한다. 그리고 '현대버스'가 그녀 일행을 모스크바 중심부 메즈두나로드나야 호텔 루스키 레스토랑으로 안내했다. 이때 아산은 식사가 끝난 여성 작가들에게 은박지로 곱게 싼 모스크바 5월의 빨간 카네이션 한 송이씩을 건네주었는데, 구혜영 작가는 "그 한 송이 꽃송이마다에 깃든 아산의 싱그러운 시심詩心"을 오래오

---

158 이원홍, 〈기적을 만든 사람〉, 《아산 정주영과 나》, p.325.

래 기억할 것이라고 적고 있다.[159] 1991년 모스크바에서 카네이션 한 송이로 한국의 대표적인 여류 작가들의 마음을 사로잡았던 아산의 배려는 10년 전 바덴바덴에서도 IOC위원들의 부인들의 마음을 파고들면서 3표의 지지를 52표로까지 끌어올렸고 서울올림픽의 기적을 탄생시켰던 것이다. 어린 시절부터 인간과 조국을 소중하게 여겨온 아산의 인문학적 삶의 태도가 바덴바덴의 기적을 이끌어냈던 것이다.

1981년 서울올림픽 유치는 당국자들이 말한 3표에서 52표로 끌어올리기까지의 처절한 전투에서 얻은 승리였다. 정부의 노력만으로는 도무지 불가능한 일이었다. 그것은 아산이 밤잠을 자지 않으면서 '현대'의 직원들과 가족들까지 독려해서 얻은 결과라고 할 수 있다. 1988년 서울올림픽은 우리나라 대한민국의 위상을 전혀 다르게 자리매김하게 만들었다. 우리나라는 공산국가들이었던 헝가리, 폴란드, 유고슬라비아와의 수교(1989년)에 이어서 불가리아, 몽골, 체코, 루마니아와의 수교(1990년), 조선민주주의인민공화국과의 동시 유엔 가입(1991년), 중화인민공화국, 베트남과의 수교(1992년)를 이어갔으며, 그 결과 탈냉전의 시대가 열렸다.

아산은 선수촌과 기자촌을 건설하여 대회를 치른 후에 민간에 분양하는 아이디어를 내서 서울올림픽의 비용을 대폭 줄이는 지

159 구혜영, 〈모스크바 5월의 빨간 카네이션〉, 《아산 정주영과 나》, p.43.

혜를 발휘했다. 이러한 창의적 발상은 그의 경영전략에서 자주 활용되던 기법이었다. 아산의 지혜가 없었더라면 우리는 힘들게 올림픽을 유치해 놓고서도 남덕우 총리가 걱정한 대로 재정 파탄을 맞았을지도 모른다. 그러나 아산은 조선소 건립과 선박 건조를 동시에 진행하는 기발한 아이디어 도입 경영과 같은 방식으로 서울올림픽을 흑자로 만들었던 것이다.

그리고 1992년 1월 1일, 아산은 가족들 앞에서 정치 참여의 뜻을 밝혔다.[160] 다들 만류하는데 급급하였다. 그러나 한 나라의 국력이 곧 경제력이라고 생각한 아산은 정치가 잘못되는데 경제만 잘 나아갈 수 없다고 판단했다. 경제를 잘 알고 지혜롭게 국가 경영을 할 수 있는 지도자가 나서야 할 시점이라고 여겼다. 형제들은 실패했을 경우의 정치적 불이익을 두려워하였다. 그러나 '짚신 한 켤레 신고 맨몸으로 고향을 떠난 사람'에게는 어떤 불이익도 두려움의 대상이 되지는 못했다. 그래서 1992년 1월 10일 창당준비위원회를 결성하고 발기인 명단과 취지문을 발표함으로써 통일국민당을 출범시켰다. 아산이 정치 참여를 선언한 것이다.

아산의 정치 참여는 무엇을 위한 것인가? 분명한 것은 아산 자신의 영달을 위한 것은 아니라는 것이다. 만일 그가 여생을 편히 살고자 했다면 그 많은 재화로 충분히 그렇게 할 수 있었을 것이다. 그는 정치 실험의 실패로 인하여 참담한 지경에 이른다 할지

160 정주영, 《이 땅에 태어나서》, p.420 이하.

라도 더 이상 잃을 것이 없다고 생각하였다. 이런 점에서 볼 때 우리는 최소한 그가 자신의 영달을 위해서 정치를 하겠다고 덤벼든 것이 아니라는 것은 확인할 수 있다. 아산은 이렇게 말했다.

> 옛날에 짚신 한 켤레 신고 맨몸으로 고향을 떠난 사람인데, 우리가 망한다고 해도 구두는 신고 살 수 있을 것이다. 나라꼴이 이 모양인데 그냥 앉아서 정치 욕이나 하며 내 안전만 도모하는 것이 소위 사회 지도층이라는 사람들이 할 일이냐? 시궁창을 시궁창인 채로 내버려 두면 언제까지나 시궁창일 수밖에 없다. 누군가 소매를 걷어붙이고 나서서 청소할 사람이 필요하고, 그걸 내가 해보겠다는 것이다. 우거짓국 먹고 살 각오를 해둬라. 죽으면 맨몸으로 가는 게 인생인데 망한다고 해도 아까울 것 없다.[161]

아산은 훨씬 이전부터 자신만이 잘 되기 위한 삶을 추구하지는 않았다. 아산은 원래 근면 검소하신 분이다. 그는 이제 나라가 잘 되는 길을 추구하기 위하여 자신의 여생을 던져 마지막 헌신할 기회를 구하고자 했다. 무에서 '현대'라는 세계적인 대기업을 세웠던 신화적 인물 아산은 오직 단 한 가지 이유, 즉 '나라가 잘 되는 것'을 위하여 자신의 몸을 내던지고자 했다. 아산은 정치 개혁, 선진 경제, 통일 한국, 이 모든 것에 자신이 있었다. 이 나라

---

161 정주영. 《이 땅에 태어나서》. p.420.

의 좌절과 영락을 막고 국민이 다 같이 행복하고 보람 있는 나날을 보낼 수 있는 '잘사는 나라'로 만들어내겠다는 집념으로 아산은 정치 선언에 나섰던 것이다.[162]

세계건설협회총연합회[CICA] 회장을 역임한 삼환기업 명예회장 최종환(崔鍾煥, 1925~)은 삼부토건 조정구 회장, 대림산업 이재준 회장, 최종환 회장과 함께 1992년 14대 대통령 선거에 출마한 아산을 만류하고자 했으나 아무도 그를 말리지 못했다고 술회한 바 있다. 분명히 "정 회장의 대통령 출마는 우리나라 정치사에 폭풍을 몰고 온 사건"이었다. 아산은 선거에서 패배했지만 어느 누구도 원망하지 않으면서 이렇게 말했다고 한다.

선거 전 우리가 만났을 때 당신네들이 나에게 하고 싶은 말이 무엇이었는지 짐작하고 있어. 그러나 그때는 정말로 이길 자신이 있었거든. 지금까지 사업에 바쳐온 정열을 국가를 위해 쏟아보겠다는 일념에 불타 있었기 때문이야. 정말이지 내가 대통령이 되면 우리나라를 복지국가로 건설하겠다는 꿈을 가지고 있었어.[163]

출마 선언 당시 아산은 이 나라를 복지국가로 만들겠다는 꿈과 자신감을 가지고 있었다는 것이다. 아산은 기업의 사회적 책임

162　정주영, 《이 땅에 태어나서》, p.422.

163　최종환(崔鍾煥), 〈반세기 세월의 기억 속에 묻어둔 아산과의 추억〉, 《아산 정주영과 나》, p.448.

차원을 넘어서서 우리나라를 사회복지국가로 구현하려는 원대한 이상을 가지고 있었다. 아산은 "모든 것의 주체는 사람"이고, 따라서 "가정과 사회, 국가의 주체도 역시 사람"이라는 것을 잘 알고 있었으며, 그래서 "다 같이 건강하고 유능해야 가정과 사회, 국가가 안정과 번영을 이룰 수 있다"고 여겼던 것이다.[164]

물론 아산이 처음부터 정치를 염두에 둔 것은 아니었다. 아산은 오래전부터 어떤 민족이 중흥을 하는데 오랜 시간이 필요한 것은 아니라고 생각해왔다. 1차 대전 후의 독일이나, 2차 대전 후의 일본, 독일, 프랑스가 일이십 년 만에 역경을 딛고 민족적 활력을 극대화한 것을 볼 때, 세계에서 가장 우수한 민족으로 평가받고 있는 우리가 힘써 노력한다면 대한민국의 중흥도 어렵지 않다고 본 것이다.[165] 아산은 "10년, 20년 노력하면 우리가 아시아의 중심 국가가 될 수 있고 세계 모범 국가가 될 수 있다"[166]고 굳게 믿고 있었다. 이것이 곧 아산의 선진 국가 급부상론이다. 그러나 아산은 우리 정치인들에게서 어떤 희망도 찾을 수 없었다. "기업을 하면서 수많은 정치 지도자, 정치인들을 만났지만 마음으로 존경할 만한 정치인다운 정치인을 만났던 기억이 별로 없다. 그런 수준의 사람들이 모여서 하는 정치였기 때문에 외국 언

164 정주영. 《이 땅에 태어나서》, p.240.

165 정주영. 《이 아침에도 설레임을 안고》, p.266.

166 정주영. 《시련은 있어도 실패는 없다》, p.282.

론으로부터 '포니 수준을 못 따라오는 한국의 정치 수준'이라는 말을 들을 수밖에 없었던 것이다."[167] 아산은 깨끗한 정치를 구현할 수 있는 정치인이 올 것을 기다렸으나 그런 정치인은 오지 않았다. 그래서 아산 스스로 그 무거운 가시밭길로 나설 수밖에 없었을 것이다.

아산은 1992년 12월, 77세의 나이로 제14대 대통령 선거에 출마한다. 그리고 그는 낙선의 고배를 마셨다. 1993년 2월, 아산은 국회의원직을 사퇴하고 통일국민당을 탈당함으로써 불과 13개월 동안의 정치생활을 청산하였다. 그의 낙선은 분명한 '실패'로 영원히 기록될 것이었다. 그런데 그를 외면했던 우리 국민들은 1997년 12월 3일, 김영삼 정부가 IMF와 양해각서를 체결하는 현장을 지켜보아야 했다. 이른바 현대판 망국의 늪에 빠지게 된 것이다. 이로써 "민자당이 5년을 더 집권하면 나라 경제는 완전히 위기에 빠진다"[168]라고 했던 아산의 예언은 현실로 나타났다. 그리고 이 사실은 아산의 낙선은 아산의 실패가 아니라, 우리 국민들의 실패였다는 것을 분명히 보여준다. "나는 내가 갖고 있는

---

167 정주영, 《이 땅에 태어나서》, p.422. 연세대학원장과 학술원 회원을 지냈던 최호진(崔虎鎭, 1914~2010)도 이 사실을 증언해주고 있다. 아산은 1983년 가을에 전국경제인연합회 주관으로 열린 "외화 절약 및 건전 소비 풍토 조성" 좌담회에서 "자기 집을 갖기 전에는 TV도 사지 말라"고 하면서, "개인이 대성하려면 일생이 걸리지만 국가가 대성하는 것은 10년이면 족하다"라고 말했다고 한다. 또한 90년 초 무역수지 적자가 60억 달러를 넘어서 총체적 위기설이 나돌던 때, 아산은 "우리 국민들은 아직까지 미래를 짊어질 정부 지도자를 발견하지 못했다"고 지적했다는 것이다. 최호진, 〈내 집 마련 때까지는 TV도 사지 마시오〉, 《아산 정주영과 나》, pp.450~453.

168 정주영, 〈정치개혁과 경제정의〉(《신동아》 1992년 6월호의 기고문), 《새로운 시작에의 열망》, UUP(울산대학교출판부) 1997, p.222.

경제적인 경륜을 모두 바쳐 나라를 구하는데 전력할 것이다"라고 말했던 아산의 충정을 국민들이 거부함으로써 국가 부도 사태를 불러왔던 것이다. 이 점에서 실패는 아산의 것이 아니었다.

> 혹자는 나의 대통령 출마에서의 낙선을 두고 '시련은 있어도 실패는 없다'고 주장하던 내 인생의 결정적 실패라 하는 모양이지만, 나는 그렇게 생각하지 않는다. 쓰디쓴 고배苦杯를 들었고 보복 차원의 시련과 수모도 받았지만 나는 실패한 것이 없다.
> 오늘의 현실을 보자. 5년 전 내가 낙선한 것은 나의 실패가 아니라 YS를 선택했던 국민들의 실패이며, 나라를 이 지경으로 끌고 온 YS의 실패이다. 나는 그저 선거에 나가 뽑히지 못했을 뿐이다. 후회는 없다.[169]

사람들은 아산이 정치욕을 부리다가 결국 실패했다고 생각했다. 그러나 어떤 학자는 아산의 정치 참여가 결코 잘못된 선택은 아니었으며, 나름대로 국민의 높은 지지를 이끌어낸 성공적인 도전이었다고 평가하기도 한다. 강원택은 통일국민당은 한국 정당사에서 특별한 의미를 갖는다고 평가하는데, 그 이유로는 해방 이후 대기업을 기반으로 창당된 유일한 정당이었을 뿐만 아니라, 민주화와 함께 지역주의 정당 정치가 등장한 이후 지역적

---

169 정주영, 《이 땅에 태어나서》, p.428.

기반을 갖지 않은 정당으로서 1992년의 총선과 대선에서 각각 17.3%(31석), 16.3%라는 높은 정치적 지지를 받았던 점도 무시할 수 없다는 것이다.[170] "본인 스스로 실패하지 않았고 후회도 없다"는 '도전적인 승부사' 아산의 '담담한 회고'를 우리가 있는 그대로 받아들일 수밖에 없는 까닭은 그의 경쟁자들이 정치적 거물들이었을 뿐만 아니라 지역 패권주의가 서슬 퍼런 그 시기에 단번에 그렇게 높은 지지율을 얻었기 때문일 것이다.

아산은 언제나 새로운 일감을 찾아나서는 순수한 열정을 가진 분이었다. 그는 대선에서 참패했지만 담담한 마음으로 감내하다가 분연히 일어났다. 그리하여 정광모(鄭光謨, 1929~2013)는 아산이야말로 한국 청년들에게 꿈과 희망이라고 힘주어 말한다.

무(無)에서 재계 정상에 오른 그의 입지전적 경력은 지금 현재 무(無)의 출발점에 서 있는 수많은 젊은이들에게 끝없이 펼쳐진 수평선처럼 꿈과 희망이 되어줄 것이다.[171]

---

170 강원택, 〈통일국민당 – 아산의 창당과 한국정당사에서의 의미〉, 《아산 연구 총서 제3권》, 푸른숲, 2015, p. 215 참조. 1992년의 대선 결과는 1위 김영삼 후보(42%), 2위 김대중 후보(33.8%), 3위 정주영 후보에 이어서 4위는 박찬종 후보(6.4%)가 차지하였다.

171 정광모(한국일보 논설위원, YWCA회장, 한국소비자연맹회장 역임), 〈바다가 영원히 파랗듯이〉, 《백인 문집, 아산 정주영과 나》, 아산사회복지 사업재단 1997, p.386. 고(故) 정광모 기자는 박정희 대통령 시절 청와대 출입기자로서 성탄절 만찬 석상에서 아산을 처음 만났는데, 그녀에게 아산은 언제나 '신선한 충격'으로 다가왔다. "사람을 좋아하는 사람, 가식이 없는 사람, 배포가 큰 사람"이어서 그의 곁엔 대학교수, 작가, 탤런트, 평범한 농부에 이르기까지 친구들이 항상 많았다(p.383). 그녀는 아산이 현대그룹을 소비재보다는 주로 건설, 자동차, 조선 등 중화학공업과 기간산업 위주로 성장시켰으며, 월남전, 사우디, 중동 등에서 외화벌이에 앞장섰다고 평가했다. 현대그룹에서 '왕회장'은 국민들에게는 '왕머슴'에 다름없었다고 한다(p.385). 그녀는 '한강의 기적'은 '현대'의 정주영 회장이 허허벌판 한강변에 압구정동 현대아파트를 건축하면서부터 시작되었다(p.386)고 하면서, 아산을 '한강의 기적'을 주도한 '정주영 경제 대통령'이라고 불렀다(p.385). "세계적인 기업 현대, 세계적인 인물 정주영, 그러나

그리고 아산은 1998년(83세) 6월 16일 소 500마리를 실은 트럭의 대열을 이끌고 판문점을 거쳐 북한으로 향했으며, 10월 30일 김정일 국방위원장을 면담함으로써 우리나라의 현대사를 새롭게 장식한 주역이 되었다. 해방 이후 지금까지 남북관계를 그정도로까지 진전시킨 사람은 아산밖에 없다. 1999년 11월 홍콩의 〈극동경제리뷰Far Eastern Economic Review〉 지紙는 20세기 아시아 최고의 10대 인물에 등소평, 마하트마 간디 등과 함께 아산 정주영을 선정하였고, 아시아판 창간 60주년을 맞은 〈타임〉 지紙도 아산을 '아시아 영웅'으로 선정하였다.[172]

5. 결론: 아산사상의 의미지평과 우리 사회의 미래 구상
―"무엇이 우리를 기다리는가?"

우리의 첫 번째 과제는 아산峨山 사상의 의미지평을 다시 정리하는 것과 아산의 시선에서 바라본 우리 사회의 미래상을 예견해보는 일이다.

아산사상의 의미지평은 우리가 앞에서 논의했던 사실을 재정리하는 것이기에 반복적인 성격의 작업이다. 그것은 아산의 삶과

스스로를 열심히 일한 노동자로 평가하는 사람, 셀 수 없는 부를 소유하고 있으면서도 지극히 서민적인 생활과 진솔한 철학을 가진 경제인 정주영. 따로 설명이 필요 없는 재계 제1인자'라고 평가했다(p.386).

172 이응석, 《아! 아산: 영웅은 다시 올 것인가? - 타계 10주기를 맞아》, 에세이퍼브리싱 2011, p.233.

사상을 문화사적 관점, 특히 희망과 치유철학의 관점에서 재조명하는 일이었다. 아산은 서당에서 유학 교육을 받은 후에 소학교를 졸업한 것이 학력의 전부였지만, 무려 아홉 개의 명예박사 학위를 받았으며 수많은 문인들과 문화계 인사들, 교수 총장 그룹들과 교우했다. 그 스스로 문학 활동을 즐겨서 명예시인으로 추대되기도 했다. 아산은 어린 시절의 궁핍과 가난을 불행으로 여기지 않고 부단한 노력을 통하여 세계적인 기업가로 성공했음에도 불구하고, 한 번도 자신이 '노동자'라는 사실을 망각하지 않았다. 아산은 기업과 사회의 복지 개선을 위하여 많은 노력을 기울였으며, 교육운동가로서도 많은 활동을 이끌었다. 이런 사실들에서 볼 때, 아산은 단순한 재벌 기업인이 아니라, 문예 활동을 즐길 줄 아는 문화인이자 문화진보론적 역사의식과 인문학적 관심을 갖춘 문화사상가 또는 문화후원자라고 자리매김 할 수 있을 것이다. 우리는 이 문제를 적어도 세 가지 관점에서 조망하였다.

"시련은 있어도 실패는 없다"라는 아산의 좌우명에서 보듯이, 아산은 낙관주의 세계관에 기초한 희망사상을 펼쳤다. 생명이 있는 한, 살아있고 건강한 한에서, 시련은 있을 수 있어도 실패는 없다는 것이 아산의 낙관주의 내지는 긍정주의이다. 아산은 노동을 중시하는 기업가였고, 스스로를 '부유한 노동자'라고 불렀다. 그는 이 세상을 밝고 아름답게, 또한 긍정적, 희망적으로 보았기 때문에 언제나 행복감을 느낄 수 있었다. 그는 하루 온종일 즐겁게 일할 수 있는 사람에게는 나쁜 운이 들어올 수 없다고 생각하였다. 아산은 돈과 부, 기업에 대해서도 분명한 입장을 가졌다. 호주머니 지갑에 든 것만 내 돈이고, 나머지는 사회와 나라의 것이다. 그래서 아산은 쌀가게를 할 때까지만 자신과 가정을 위해서 돈을 벌었고, 그 이후부터는 사회와 국가를 위해서 일했다고 자신 있게 천명했다. 아산은 궁핍과 가난의 나라에서 풍요와 행복의 나라를 꿈꾸었고, 그 꿈을 실현하기 위하여 부단한 각고의 노력을 경주했던 것이다. 그래서 아산에서의 궁핍과 충족 사이에는 노동, 신용, 성실 등의 가치 덕목들이 존재한다. 아산은 어린 시절의 궁핍과 고통 속에서도 자신이 불행하다고 생각하지 않았으며, 부지런한 생활을 통해서 저절로 그 목적을 성취했기 때문에 언제나 행복할 수 있었던 것이다. 이 점에서 볼 때 아산은 태생부터 낙관주의와 긍정주의에 입각한 희망철학의 지평 위에서 사유했음을 알 수 있다. 에른스트 블로흐의 희망철학은 '아님', '아니-가짐', '아직-아님'이라는 결핍, 결여, 궁핍의 존재 상태에서 '현실', '성취' 또는 '완성', '유토피아', '인간의 나라'로의 이행을 다루는데, 블로흐가 중시하는 것은 시작과 끝을 매개하는 물질의 잠현성과 개방성이다. 블로흐는 유토피아의 추상성만을 강조하지 않고 그 속에 구체적으로 들어설 수 있는 '유토피아' 속의 '물질'을 중시한 것이다. 그러나 아산은 물질 대신에 '인간'과 '신용'을 중시했으며, 역사적 추동 속에서 인적 자원, 노동자와의 연대, 그리고 국가 의식을 강조하였다.

"담담한 마음을 가집시다"라는 좌우명에서 보듯이, 아산은 삶과 고난에 대한 태도 가치를 표방함으로써 로고테라피 혹은 의미발견 사상을 선취하고 있다. 아산의 담담지심론은 시련과 고난에도 불구하고 삶에 대한 의미 발견을 포기하지 않고 빈 마음을 유지하는 점에서, 프랑클의 '역설지향'이나 '자기초월'의 개념과 흡사하다. 아산은 일을 할 때 돈보다는 신용을 중시했으며, 사람들을 자상함과 배려로 대함으로써 그 실존적 자존감과 존재 의미를 중시했다. 아산은 어떤 사업이든지 자신의 피땀으로 일구었으며, 기업합병과 같은 방식으로 남의 것을 가로채는 일을 경원시하였다. 돈을 버는 것이 목표가 아니라, 일을 재미있고 보람되게 함으로써 그에 수반되는 성공(돈)과 행복을 덤으로 얻는 방식으로 살았던 것이다. 그러기에 아산의 삶에서 성공과 행복은 목적이 아니라 일을 즐기는 데에서 오는 부산물일 뿐이었다. '아님'으로 시작했지만, 일을 즐기다 보니 어느새 쌀가게 주인이 되어 있었고, 또 다른 일을 즐기다 보니 건설회사 사장이 되어 있었고, 배 만드는 일을 열심히 하다 보니 조선소 회장이 되어 있었던 것이다. 아산의 '담담지심'은 교훈적 의미뿐만 아니라 치료적 의미까지 담고 있어서 프랑클의 로고테라피 기법 중에서 역설지향과 매우 유사한 구조를 가지고 있다. 아산의 의미추구적 삶의 태도와 기법은 춘원의 계몽사상에서 영향 받았을 가능성이 크다. 아산의 적극적인 삶의 태도들, 즉 긍정주의와 낙관주의는 순수 창업 및 신용을 중시하는 것, 모든 유형의 스포츠를 즐기는 것, 남다른 유머 감각을 가지고 있는 것, 주변인들에게 매우 자상하다는 것 등에서 찾아볼 수 있다. 특히 아산의 자상함은 다른 사람들에게 감동과 기쁨을 안겨줌으로써 치유적 기능까지를 수반하는 가장 전형적인 삶의 태도이자, 바덴바덴의 승리를 이끌어냈던 인격적 자산이었다. 아산의 담담지심은 역설지향과 같은 효과를 가지고 있으며, 고난과 시련을 극복할 수 있는 성찰적 지평을 제공해준다. 아산은 삶의 의미 발견적 기법을 아도서비스 화재 사건(1940년 3월 20일), 사우디아라비아 주베일산업항 공사의 성패를 좌우했던 뉴욕 기술용역회사 김영덕 박사의 '현대' 스카우트 전략(1976년) 등에서 활용하고 있고, 현대건설(한국도시개발) 아파트 특혜분양사건(1977년)과 대선 패배 이후 칩거 생활에서도 통천 '고향의 눈' 예화 및 '도공陶工'의 예화에서 보여주듯이 역설지향의 지혜를 선취하고 있는 것을 볼 수 있다.

"나는 이 나라를 잘살게 할 수 있다"라는 좌우명에서 보듯이, 아산은 문화사적 관점에서 인류의 역사를 진보와 발전으로 파악하는 점에서 칸트의 문화철학적 사유를 선취하고 있다. 칸트는 문화적 '최고선'의 실현, 특히 복지공동체와 인류의 보편적 국가 이념의 실현은 인간들 사이의 투쟁, 즉 '비사교적 사교성'에 의하여 점진적으로 이루어진다고 보았는데, 아산 역시 1991년의 자서전 서문에서 칸트와 유사한 발전 및 진보 사상을 개진하고 있다. 아산은 인류 역사는 물론이고 세계의 주요 국가들과 기업들조차도 '진취적인 기상'을 상실한 경우에 퇴보와 몰락의 비운을 맞게 되었다고 진단한다. 현대중공업의 공장 건물 외벽에 적혀 있는 "우리가 잘되는 것이 나라가 잘되는 것이며 나라가 잘되는 것이 우리가 잘 될 수 있는 길이다"라는 경구는 아산의 역사의식과 사회진보 사상을 잘 드러내고 있다. 아산은 매일 매일의 새로운 변화를 통해 인류 사회의 성숙과 발전을 이끌어 낼 수 있다고 보았는데, 여기에서 아산은 칸트의 '문화' 개념을 '인류의 무한한 발전'으로 풀어썼던 것이다. 이를 위해 아산은 소외 지역의 의료 지원 등 사회복지 사업과 지역사회학교운동을 전국적으로 전개했으며, 자신이 '잘되는 것'의 차원을 넘어서서 우리 사회와 국가가 잘되도록 하기 위한 운동 차원의 확대를 위하여 고심했던 것이다. 아산은 경제를 돈의 문제로 보지 않고, '진취적인 생명력과 그 민족의 정기를 불어넣어서 만드는 것'으로 이해하면서, 국가의 경제발전을 이룩하려면 인적 자원을 개발해야 한다고 강조했다. 특히 국가의 경제발전은 우수한 인적 자원을 잘 교육하는 것이 관건이므로, '그 나라 문화 수준과 정비례 한다'고 보았다. 아산이 1981년 바덴바덴 IOC총회에서 52표의 지지를 얻기 위하여 노력한 것이나, 우리나라의 정치발전을 위하여 정치 참여를 선언한 것 모두가 바로 우리나라의 발전을 위한 무한한 노력의 일환이라고 볼 수 있다.

두 번째 과제는 아산의 시선에서 우리 사회의 미래를 예견하고 그 사전 기획을 통하여 선도하는 것이다. 그것을 달리 표현하면, '무엇이 우리를 기다리는가?'라고 물어보는 일이다. 우선 아산이 정치 선언을 했던 1992년과 지금을 유사한 상황이라고 간주하고 우리의 미래를 새롭게 그려볼 필요가 있다. 아산이 국민들에게 지지를 호소했을 때, 국민들이 그를 선택했더라면 우리는 IMF를 피할 수 있었을까? YS를 선택한 국민들의 의지와 기대가 잘못된 것이었다고 한다면, 아산을 선택했을 때는 그와 다른 결과가 나타날 수 있었을까? 역사에서 이런 유형의 물음은 부질없는 것이라는 사실을 모르는 사람은 없다. 그러나 아산을 아는 사람들 대다수는 우리 국민들이 그를 선택했다면 절대로 우리나라는 IMF 체제로 들어가지 않았을 것이라고 확신한다. 왜 그럴까? 아산은 국민을 자상하게 배려하였고, 경제를 잘 알고 있었으며, 세계를 꿰뚫고 있었기 때문이다. 아산은 민자당과 YS가 집권하면 이 나라는 반드시 망할 것이라고 예언했고, 그의 경고는 그대로 현실로 되돌아 왔다. 그렇다면 우리는 지금 2015년의 현재에서, 앞으로 10년 동안에 이 민족과 우리나라의 역량을 최적화하여 동북아시아의 패권 경쟁에서 우리를 지켜내 줄 수 있는 정치 지도자가 누구인지를 가려낼 수 있는 안목을 길러야 할 것이다. 아산이 독일, 일본, 프랑스가 불과 10년도 안 되어서 세계 중심 국가로 부상했다고 강조한 사실을 상기할 필요가 있다. 우리는 불과 10년도 안 된 중국이 지금 패권 국가로 급부상한 사실을 목도하고 있다. 그렇다면 우리 민족도 제대로 된 정치 지도자를 고를 수만 있다면 10년 이내에 동북아시아의 패권 국가로 일어서고도 남을 것이다. 그러므로 아산학의 가장 긴급한 과제는 우리 국민들로 하여금 제대로 된 정치 지도자, 깨끗하고 도덕적인 정치를 펼 수 있는 사람을 고를 수 있는 안목을 갖게 하는 일이어야 한다. 그렇지 않을 경우에 우리는 최근 그리스 정부의 디폴트 선언처럼 잘못 선택한 정치인들로 인하여 또다시 국치를 받아들여야 할지도 모른다. 아산은 선진 국가 급부상론을 통하여 정치인의 책임뿐만 아니라 국민의 정치적 책임을 강조하고 있다.

아산에 의하면 깨끗한 정치, 바른 정치를 하는 정치인은 통일 대한민국을 위하여 헌신하지 않을 수 없다. 전 세계에서 우리만이 분단 체제를 고수하고 있다. 이 사태를 해결할 수 있는 정치인은 역사의식이 투철해야 하고, 주변국들과의 역사 전쟁에서 우리 민족의 자긍심을 지켜낼 수 있어야 한다. 대한민국은 건국 이래 제대로 된 우리 역사를 서술하지 못하고 있다. 식민지 시기에 일본인 사학자들에 의하여 처음부터 잘못 기술되고 왜곡된 내용을 식민사관의 학풍을 따르는 우리 역사학자들이 그대로 수호하고 있기 때문이다. 아산은 우리 민족과 우리나라에 대한 자긍심이 대단했고, 우리 민족의 우수성을 어느 누구보다도 자랑스럽게 여겼던 분이기도 하다. 따라서 우리가 아산의 문화사적 관점을 계승하려면 무엇보다도 먼저 역사 속에서 문화의 기능과 역할을 제대로 이해해야 한다. 아산에게는 운運이란 그저 시간일 뿐이었고, 따라서 우리가 그 시간과 때를 어떤 태도로 접근하는 가에 따라서 자신의 것으로 만들어 나갈 수 있다고 보았다. 우리가 우리 역사를 정확하게 알지 못하고 제대로 기술하지 않을 경우에, 우리의 후대에서는 어떤 국민도 우리 역사에 대해서 자긍심을 느끼지 못할 것이고, 따라서 아무도 우리 역사를 배우고자 하지 않을 것이다. 아산의 삶과 사상을 문화사적 관점에서 접근하면서 우리는 아산이 우리 역사와 우리 민족의 우수성에 대해서 얼마나 자랑스럽게 생각하고 있는지를 살펴볼 수 있었다. 그러므로 아산학의 바탕이 제대로 확립되기 위해서는 아산이 그토록 자긍심을 느꼈던 우리 역사를 제대로 기술해 나가는 것이 필요하며, 우리는 바로 그 과업을 아산학의 정립과 동시에 달성해야할 책무를 안고 있다.

셋째로 우리는 이미 아산의 삶과 사상에서 고난과 시련을 극복할 수 있는 희망철학적 차원, 어떤 역경에서 삶의 의미를 발견하고 새로운 가치지향을 결단할 수 있는 로고테라피적 차원, 그리고 자신의 이익 주장에만 빠지지 않고 사회와 국가가 추구하는 이상적 가치지향과 연대할 수 있는 문화철학적 차원이 선취되고 있었다는 사실을 확인한 바 있다. 이러한 사실 확인에 근거하여 우리는 아산을 단순히 재벌 기업가나 경제인의 한 사람으로 자리매김하는 차원을 넘어서서, 그의 문화적 관심과 이해 노력을 문학, 예술, 문화, 스포츠, 사상, 사회복지, 정치경제 등 전 영역으로 확대하고자 노력해야 하며, 아산학의 연구 활동 범위 역시 국내에 국한할 것이 아니라 우리보다 기회가 부족한 여러 국가와 민족들에게도 확장해 나가야 한다. 동시에 아산의 지혜와 문화복지 자산들을 우리보다 형편이 어려운 제3세계 시민들에게도 전파하여 인류의 문화 발전에 기여할 수 있도록 적극 노력해야 한다. 이야말로 아산의 문화사관에서 강조되고 있는 인류문화의 발전이라는 문화철학적 가치를 세계시민들과 공유할 수 있는 계기가 된다.

무엇이 우리를 기다리는가? 우리가 우리의 자산과 가치를 소홀히 한다면 머지않은 장래에 우리는 국적 없는 '호모 사케르homo sacer'로 전락해 있을지도 모른다. 우리 앞에는 '무' 또는 '아무것도 아닌 것Nichts oder Umsonst', 즉 우리 민족국가의 멸망이 기다릴 수 있다.[173] 그러나 우리가 만일 우리 자신이나 기업과 사회, 그리고 국가가 '잘되도록' 노력한다면, 우리는 아산이 강조한 것처럼 10년 이내에 선진 문화국가로 우뚝 서게 될 것이다. 에른스트 블로흐의 역사철학적 지향 개념으로 본다면 그것은 유토피아적 내용을 이루고 있는 '모든 것Alles'일 수 있다. 우리의 후대가 더 많은 것을 희망하고 성취할 수 있기를 바란다면, 우리 국민들 모두 보다 열심히 그리고 보다 성실하게 살아가는 태도를 가져야 한다. 우리가 지금 여기에서 어떻게 사는가에 따라서 우리를 기다리는 것은 '모든 것'이 될 수도 있고, '아무것도 아닌 것'이 될 수도 있다. 삶의 태도는 그만큼 중요하다. 그리하여 아산은 말한다. "내 후대는 앞으로 나보다 더 나아질 것이고 또 그래야만 한다. 그것이 내

173　유엔의 미래보고에 의하면 2020년에 한국에서 추락할 것으로 예견되는 7가지는 '인구감소에 의한 국가 추락', '자동차의 추락', '전력공급기업의 추락과 대체에너지 부상', '철강의 추락과 신소재의 부상', '제조업 유통산업 추락과 3D 프린터', '대학교 추락과 교육의 대변혁', '스마트폰의 추락과 사물인터넷의 부상'이다. 박영숙 외, 《유엔미래보고서 2040》, 교보문고 2013, pp.265~293 참조. 이 논리에 의하면 미래를 대비하지 않으면 우리나라도 머지않은 장래에 역사 속으로 사라질 수 있다.

간절한 희망이다."[174] 이를 위하여 관심을 가져야 할 사항이 하나 있다. 아산이 시문학을 즐겼으며, 문인, 학자, 예술인들과 폭넓은 교제를 즐겼다는 사실을 계승할 수 있는 '독서문화 콘서트' 또는 '인문 빌리지' 사업을 전국적으로 확산시키는 것이 필요하다. 사람이 가장 중요하고, 각각의 사람들은 저마다의 미성숙성으로부터 계몽의 길을 찾을 수 있어야 한다는 아산의 삶 전면에 흐르는 가르침을 실천함으로써 우리 국민들로 하여금 가치와 행복을 찾아 즐기게 하고 삶의 질을 높일 수 있다. 아산을 배우면서, 아산처럼 되게 하는 것이야말로 우리나라를 선진 국가로 우뚝 서게 하는 지름길이다.

---

174 정주영, 《이 땅에 태어나서》, p.427.

자아·가족·사회 – 아산의 사회공헌정신의 형성과 계승_홍선미(한신대학교)

김동선, 〈농사꾼의 맏아들 정주영 가문〉, 정경문화, 1984, p234, pp.235-245.

김범성, 〈창업가의 심리적 특성과 기업가정신에 관한 연구〉, 유라시아연구, 9(1), 2012, pp.119-152.

김선화, 〈건강한 가족, 튼튼한 기업구조 100년 가족기업엔 특별한 것이 있다〉, 동아 비지니스리뷰, 131호, 2013, pp.52-57.

김성수, 〈전후 한국경제성장을 이끌어온 현대그룹의 창업자 정주영 회장 연구: 경영 이념과 사상, 경영전략을 중심으로〉, 경영사학, 40권, 2005, pp.83-107.

김신, 〈아산 정주영의 사회적 책임 정신과 사회복지 사업〉, 경영사학, 19권, 1999, pp.145-174.

김주미·박재필,〈국제 간 비교연구를 통한 기업가정신 지수 표준모델 정립에 관한 연 구〉, 중소기업연구원, 2011.

김진수 외, 〈기업가정신 역량 평가지표 개발〉, 창업진흥원, 2009.

김태형, 《누구에게나 어린 시절의 상처가 있다》, 21세기북스, 2013.

_____, 《기업가의 탄생》, 위즈덤하우스, 2010.

나옥규·유은정·임춘성, 〈정보화 환경에 맞는 성격유형: e-personality에 관한 연구〉, 한국경영과학회/대한산업공학회 춘계공동학술대회자료집, 2005, pp.537-544.

문경숙, 〈청소년의 정체감 양식과 심리구인 간의 관계〉, 교육발전연구(Journal of Educational Development), 29(1), 2013, pp.35~47.

박상하, 《이기는 정주영 지지 않는 이병철》, 도서출판 무한, 2009.

_____, 《에니어그램 리더십 : 9가지 리더 유형으로 살펴보는 한국의 CEO들》, 고수 출판, 2006.

박아청, 〈자아정체감 수준에 따른 대학생 집단의 유형과 관련요인 분석〉, 아시아교육 연구, 13(3), 2012, pp.115-142.

박유영·이유영,〈한국 창업CEO의 기업가정신에 관한 연구: 이병철, 정주영, 구인회,

신용호의 사례연구를 중심으로〉, 전문경영인연구, 5집(1), 2002, pp.43-65.

박정웅, 《정주영 이봐 해봤어?》, 프리이코노미북스, 2014.

신중언, 《산업화시대와 지식정보화시대 창업기업가의 기업가정신 비교 분석》, 한양
대학교 석사학위논문, 2010.

신태영 외, 《한국 혁신체제의 동태분석과 발전전략》, 과학기술정책연구원, 2012.

아산사회복지재단, 《아산의 꿈 아름다운 세상: 아산재단 30년사》, 아산사회복지재단,
2007.

유봉호, 〈청년창업자의 심리특성과 내재적 동기가 창업성공 가능성에 미치는 영향〉,
대한경영학회지, 26(10), 2013, pp.2669-2690.

임승환, 《5대그룹 총수의 성격분석 보고서》, 중앙 M&B, 1998.

장후석·김필수, 〈지금, 기업가 정주영이 필요하다〉, 지속가능 성장을 위한 VIP리포
트, 통권 562호, 현대경제연구원, 2014.

장후석·예상한, 〈창조적인 한국인, 창조성을 억누르는 한국 사회〉, 지속가능 성장을
위한 VIP리포트, 통권 520호, 현대경제연구원, 2013.

정주영, 《이 땅에 태어나서》, 솔, 1998.

_____, 《새로운 시작에의 열망》, 울산대학교출판부, 1997.

Alvarez, S.A., & Busenitz, L.W., "The entrepreneurship of resource-based
theory", *Journal of Management*, 2001, Vol 27, pp.755-775.

Berzonsky, M.D., Cieciuch, J., Duriez, B., & Soenens, B., The how and what
of identity formation: Associations between identity styles and value
orientations, *Personality and Individual Differences*, 2011, Vol 50, pp.295-
299.

Burggraaf W., Floren, R., & Kunst, J.(Eds.), The Entrepreneur & the
Entrepreneurship Cycle, Assen: Koninkl ke Van Gorcum, 2008.

Cox, C., & Jennings, R., "The foundations of success: the development and
characteristics of British entrepreneurs and intrapreneurs", *Leadership and
Organization Development Journal*, 1995, Vol 16, No 7, p.4-9.

Drennan, J., Kennedy, J., & Renfrow, P., "Impact of childhood experiences on
the development of entrepreneurial intentions", *The International Journal*

of Entrepreneurship and Innovation, 2005, 6(4), pp.231-238.

Eckstein, D., Aycock, K.J., Sperber, M.A., McDonald, J., Wiesner, V, Watts, R.E., & Ginsburg, P., "A review of 200 birth-order studies: Lifestyle characteristics", The *Journal of Individual Psychology*, 2010, 66(4), pp.408-434.

Erikson, E.H., Childhood and society, New York: Norton, 1950.

Krueger, N.F., "The cognitive psychology of entrepreneurship", in Z. Acs, & D.B. Audretsch (Eds.), Handbook of Entrepreneurship Research: An Interdisciplinary Survey and Introduction, New York: Springer, 2003.

Licht, A.N., & Siegel, J.I., "The social dimensions of entrepreneurship", in M. Casson and B. Yeung (Eds.) Oxford Handbook of Entrepreneurship, Oxford: Oxford University Press, 2006.

Luthans, F., Avolio, B.J., Avey, J.B, & Norman, S.M., "Positive psychological capital: Measurement and relationship with performance and satisfaction", *Personal Psychology*, 2007, 60(3), pp.541-572.

Malach-Pines, A., Sadeh, A., Dvir, D., and Yafe-Yanai, O., "Entrepreneurs and managers: similar yet different", *International Journal of Organizational Analysis*, 2002, Vol 10, No 2, p.172.

Marcia, J. E., "Development and validation of ego-identity status", *Journal of Personality and Social Psychology*, 1966, 3(5), pp.551-558.

Quinn, R.E. et al., Becoming a Master Manager: A Competency Framework, New York: John Wiley & Sons, 1996.

Reynolds, P.D., "Who starts new firms?", *Small business Economics*, 1997, 9(5), pp.449-462.

Simpeh, K. N., "Entrepreneurship theories and empirical research", *European Journal of Business and Management*, 2011, 3(6), pp.1-8.

Stevenson, H.H., & Jarillo, J.C., "A paradigm of entrepreneurship: Entrepreneurial management", *Strategic Management Journal*, 1990, Vol. 11, pp.17-27.

Wadhwa, V., Aggarwal, R., Holly, K.Z., & Salkever, A., "The Anatomy of an Entrepreneur: Family Background and Motivation", Kauffman The Foundation of Entrepreneurship, July, 2009.

Wasdani, K.P., & Mathew, M., "Potential for opportunity recognition: differentiating entrepreneurs", *International Journal of Entrepreneurship and Small Business*, 2014, 23(3), pp.336-362.

복지재단과 복지사회 – 아산사회복지재단의 한국적 의미_최재성(연세대학교)

강은나·최재성, 〈노년기 우울의 다중변화궤적에 관한 연구〉, 한국노년학, 1995, 34(2): pp.387-407.

〈경향신문〉, 정주영 씨 사회복지기금 5백억 출연. 1977년 7월 1일.

_____, 새로운 창조에의 도전, 한국의 재발견 (6) 사회복지, 1970년 1월 26일.

국세청 홈택스 공익법인공시: http://www.hometax.go.kr

기획재정부, 〈2014년 예산안 리플릿〉, 2014.

김경혜, 〈서울시 지역최저생계비 계측에 관한 연구〉, 한국 사회복지학, 1999, 38: pp.7-32.

김미혜·정진경, 한국의 사회복지비 지출 변화요인에 관한 연구. 사회보장연구, 2003, 19(1): pp.1-21.

김성수, 〈아산 정주영의 생애와 경영이념〉, 한국경영사학회, 1999, 19: pp.5-45.

김신, 〈아산 정주영의 사회적 책임 정신과 사회복지 사업〉, 한국경영사학회, 1999, 19: pp.145-174.

김영란, 〈신빈곤(new poverty)의 발생구조와 빈곤정책 변화에 관한 연구: 근로빈민 (working poor)을 중심으로〉, 사회복지정책, 2004, 20: pp.245-273.

김윤영, 《아산의 꿈, 아산의 열정. 성공을 넘어》, 미래출판기획, 2008.

김진욱, 〈복지혼합의 모형에 관한 이론적 연구〉, 연세사회복지연구, 2004, 11: pp.1-31.

김재엽·장용언·서정열·박지민, 〈학교폭력 피해경험이 청소년의 자살행동에 미치는 영향: 우울의 매개효과 검증〉, 청소년복지연구, 2004, 16(2): pp.83-110.

김형용, 〈포용적 사회와 나눔 문화의 현실 – 소비주의 나눔에 대한 비판적 해석〉, 한국 사회복지행정학, 2013, 15(4) : pp.87-113.

노화준, 〈인문·사회과학분야 연구 지원의 효율화 방향: 학술진흥재단의 역할과 관리 개선을 중심으로〉, 행정논총, 2001, 39(1) : pp.1-21.

〈동아일보〉, '10년간 장애인 250억 지원', 2015년 4월 6일.

_____, 의료혜택 못 받는 농어촌 병원 57%, 세 도시 편중, 기획원서 전국 의료 기관 현황 조사, 1979년 2월 5일.

_____, 영덕 아산병원 개원, 1979년 3월 31일.

〈매일경제〉, 3조 5천500억의 내역 〈4〉 사회개발, 1977년 9월 21일.

문화체육관광부: www.mcst.go.kr

박정호, 〈한국의료보험 정책과정에서의 정부역할〉, 서울대학교 박사논문 1996.

방하남·김기헌, 〈한국 사회의 교육계층화: 연령코호트간 변화와 학력단계별 차이〉, 한국 사회학, 2003, 37(4) : pp.31-65.

보건사회부, 〈1977년도 보건사회통계연보〉, 1977.

서상목, 〈빈곤인구의 추계와 속성분석〉, 한국개발연구, 1979, 1(2) : pp.13-30.

_____, 〈빈곤의 실태와 영세민대책〉, 한국개발연구원, 1981.

선혜진, 〈사회 공헌 활동을 통한 우리나라 기업 PR의 고찰〉, 언론과학연구, 2004, 4(2) : pp.101-138.

성규탁, 〈한국인의 효행의지와 연령층들간의 차이〉, 한국노년학, 1995, 15(1) : pp.1-14.

아산사회복지재단, 〈아산재단 20년사-1977 1997〉, 아산사회복지재단, 1997.

_____, 〈아산의 꿈 아름다운 세상: 아산재단 30년사-1977 2007〉, 아산 사회복지재단, 2007.

_____, 〈아산사회복지재단 사회·의료복지 사업 평가 및 사업 방향 연 구〉, 아산사회복지재단 내부 미발간자료, 2015.

원숙연, 〈다문화주의시대 소수자 정책의 차별적 포섭과 배제- 외국인 대상 정책을 중 심으로 한 탐색적 접근〉, 한국행정학보, 2008, 42(3) : pp.29-49.

유광호·이혜경·최성재, 《한국의 사회보장》, 유풍출판사, 2005.

유병서, 〈도농 간 소득 격차해소를 위한 정책과제〉, 농업경영·정책연구, 2000, 27 : pp.89-102.

유훈, 〈한국 사회개발정책의 방향모색〉, 행정논총, 1979, 17(1) : pp.27-46.

이가옥, 〈우리나라 노인복지의 현황과 정책과제〉, 한국영양학회지, 1994, 27(4) : pp.387-402.

이상림, 〈저출산 고령화에 따른 노동력 부족 전망과 정책적 함의〉, 한국인구학, 2012, 35(2) : pp.1-28.

이은우, 〈도농간 소득차이의 실태와 원인〉, 경제발전연구, 1995, 1 : pp.249-267.

이종수, 〈한국 인문,사회과학의 학술진흥 방안에 관한 연구〉, 한국고등교육정책학회, 1998, 10(1) : pp.119-138.

임송자, 〈전태일 분신과 1970년대 노동·학생운동〉, 한국민족운동사연구, 2010, 65 : pp.319-360.

장지연·신동균, 〈소득양극화와 자살〉, 사회보장연구, 2010, 26(2) : pp.1-21.

전국경제인연합회, 〈2013 기업·기업 재단 사회 공헌백서〉, 전국경제인연합회, 2013.

_____, 〈기업 사회 공헌백서〉, 전국경제인연합회, 2011.

정대용, 《아산 정주영의 기업가정신과 창업리더십》, 삼영사, 2007.

정영순, 〈한국 의료보험 제도에 관한 연구〉, 이화여자대학교 석사논문,1976.

정주영, 《이 땅에 태어나서 : 나의 살아온 이야기》, 솔, 1998.

_____, 《시련은 있어도 실패는 없다》, 제삼기획, 1991.

통계청, 〈연령계층별 인구 및 노령화지수 추이(1990~2026)〉, 2013, http:// kosis.kr/statHtml/statHtml.do?orgId=113&tblId=DT_113_ STBL_1015457&conn_path=I2

파이낸셜 뉴스, 汎현대가 2주 만에 1조 기부, 2011년 8월 28일.

한국은행, 〈경제통계연보〉, 1980.

한국은행경제통계시스템, http://ecos.bok.or.kr/

한국학술진흥재단, 〈96 학술 연구 지원통계연보〉, 1996.

한기수, 〈1990년대 우리나라 기업윤리교육의 실태와 과제에 관한 연구 : 학부를 중심 으로〉, 경영교육연구, 2006, 10(1) : pp.197-214.

홍은숙, 〈공동체로서의 지식사회를 위한 윤리교육의 과제〉, 교육철학연구, 2012, 34(4) : pp.137-154.

Bell, D., "The Social Framework of the Information Society. in Forester", T.(ed.).

The Microelectronics Revolution, Cambridge : MIT Press, 1980.

Bill&Melinda Gates Foundation : http://www.gatesfoundation.org/

Bill&Melinda Gates Foundation Consolidated Financial Statements, December 31, 2013 and 2012.

Carnegie Corporation of New York : http://carnegie.org/

Freeman, R. E., & Reed, D. L., "Stockholders and stakeholders : A new perspective on corporate governance", *California Management Review*, 1983, 25(3) : pp.88-106.

Holzmann, R., & Jørgensen, S., "Social risk Management : A new conceptual framework for social protection, and beyond", *International Tax and Public Finance*, 2001, 8(4), pp.529 - 556.

MacArthur Foundation 2013년 총 자산규모 : http://www.macfound.org/about/our-history/

Maslow, A. H., *Motivation and personality*, New York : Harper & Row, 1954.

_____, Toward a theory of being, New York : Van Nostrand Reinhold, 1968.

Rockefeller Foundation : http://www.rockefellerfoundation.org/

Rockefeller Foundation 2013년 총 자산규모 : http://annualreport2013.rockefellerfoundation.org/financials/stewardship

Steers, R. M., *Made in Korea : Chung Ju Yung and the rise of Hyundai*, New York : Routledge, 1999.

Taylor-Gooby, P. F., *New Risks, New Welfare : The Transformation of the European Welfare State*, Oxford University Press, 2004.

Toffler, A., *The Third Wave*, New York : Bantam Books, 1980, 이규행 역, 제3 물결, 한국경제신문사, 1989.

Wikipedia, *social entrepreneurship*, 2015.7.5.

의료복지와 경쟁력을 빚어내다—아산병원의 의료 모델_김태영(성균관대학교)

〈경향신문〉, 1968년 4월 12일; 1972년 3월 20일; 1979년 10월 17일.

〈뉴시스〉, 2007년 6월9일.

〈동아일보〉, 1977년 2월17일; 1979년 10월 15일.

〈매일경제〉, 1977년 9월 19일; 1991년 5월 22일.

〈중앙일보〉, 2011년 11월 11일.

〈조선일보〉, 2015년 3월 31일.

〈한국경제〉, 2014년 7월 16일.

김태영, 〈CSV, 진짜 목표인가, 세탁용인가〉, DBR.131호, 2013a.

_____, 〈지속가능성, 예술에서 답을 찾아라〉, DBR. 142호, 2013b.

_____, 〈지속혁신의 함정, CSV로 돌파하라〉, DBR. 145호, 2014.

김수진·권순만·유명순, 〈한국 보건의료 환경의 변천: 제도적 로직, 행위자, 거버넌스
　　　를 중심으로〉, 2011.

보건행정학회지, 21: pp.457-492.

문인구, 《역사의 격량에 오늘을 묻다》, 예지, 2012.

민병철, 《나는 대한민국 외과의사다》, 새론북스, 2006.

보건사회부, 《보건사회통계연보-1955～2014》.

_____, 《의료기관 개설 및 의료법인 설립운영 편람》, 2012.

서남규, 〈우리나라 의료체계변화의 역동성 – 국가개입과 사회세력관계 변화를 중심
　　　으로〉, 보건과 사회과학, 2009, 6: pp.99-128.

서울아산병원, 홈페이지 아산병원 통계, 2014.

서울통계연보, 〈통계로 보는 서울 50년 변천사〉.

신언항, 〈의료보험발전 단계별 정책형성에 관한 연구〉, 연세대학교 의료법윤리협동
　　　과정 박사논문, 2006.

양재진, 〈한국복지정책 60년: 발전주의 복지 체제의 형성과 전환의 필요성〉, 2008.

아산사회복지 사업재단, 〈아산재단 20년사〉, 1997.

아산사회의학연구소, 〈한국의 의료발전에 기여한 아산 정주영의 의료복지 사업〉, 재
　　　단법인, 2002.

아산사회복지재단, 〈아산의 꿈, 아름다운 세상: 아산재단 30년사〉, 2007.

아산의료원, 〈아산의료원 연보〉, 1989~2012.

대한병원협회, 《회원병원명부》, 1980~2005.

이근환·김윤신·장영철, 〈현대그룹의 의료 서비스산업 진입과 성공요인 – 서울아산병원의 CEO리더십과 SHRD를 중심으로〉, 경영사학, 2014, 29: pp.73-120.

이승규, 《세계 최고 간이식 드림팀을 이끄는 서울아산병원 외과의사 이승규》, 허원미디어, 2010.

이수현, 〈한국 재벌의 병원 산업진출에 관한 사회학적 분석〉, 서울대학교 사회학과 박사논문, 1997.

정주영, 《이 땅에 태어나서》, 솔, 1998.

조병희, 〈재벌병원과 의료체계의 변화〉, 보건과 사회과학, 1997, 1: pp.65-88.

Porter, M.E. & Kramer, M.R., "Creating Shared Value", *Harvard Business Review*, 2011.

Porter, M.E., G. Hills, M. Pfizer, S. Patscheke, and E. Hawkins, "Measuring Shared Value: How to Unlock Value by Linking Social and Business Results", *FSG*, 2012.

United Nations, *World Population Prospects*, The 2012 Revision, 2012.

한국형 복지국가 – 아산 복지정신의 함의_이봉주(서울대학교)

강대중, 〈순응·확장·관리〉, 《아산 연구 총서 제1권》, 푸른숲, 2015.

구인회, 《한국의 소득불평등과 빈곤: 소득분배 악화와 사회보장정책의 과제》, 서울대학교 출판부, 2006.

김성훈·차소정, 〈전략적 사회 공헌: 故정주영회장과 울산 지역의 사례〉, 전문경영인연구, 2011, 14(2): pp.153-182.

김연명 편, 《사회투자와 한국 사회정책의 미래》, 나눔의 집, 2007.

김종서, 〈교육개혁의 선구자이신 아산 선생님〉, 100인 문집 아산 정주영과 나, 문집편찬위원회, 1997, pp.118-122.

김태성, 《왜 한국의 복지 체제는 유럽의 복지국가들과 다른가?》, SNU-ISW Working Paper No. 1., 서울대학교 사회복지연구소, 2014.

문형표(편),《휴먼뉴딜 정책의 기본방향과 정책과제》, 한국개발연구원, 2009.

아산고희기념출판위원회[김용완(편)],《아산 정주영연설문집》, 울산대학교 출판부, 1985.

안상훈,〈지속 가능한 공정 복지의 원칙〉, 국제전략연구원 정책토론회(2013. 3. 20) 자료, 국제전략연구원, 2013.

_____,《현대 한국복지국가의 제도적 전환》, 서울대학교 출판문화원, 2010.

_____ 외,《지속가능한 한국의 복지국가 비전과 전략》, 서울대학교 사회과학연구원, 2007.

이봉주,〈나눔문화의 미래와 복지사회〉, 한국의 나눔문화와 복지사회. 아산사회복지재단, 2013.

정몽준,《나의 도전 나의 열정》, 김영사, 2011.

정주영,《이 땅에 태어나서》, 솔출판사, 1998.

_____,《새로운 시작에의 열망》, 울산대학교 출판부, 1997.

_____,《시련은 있어도 실패는 없다》, 제삼기획, 1991.

최재성,〈복지재단과 복지사회 - 아산사회복지재단의 한국적 의미〉,《아산 연구 총서 제4권》, 푸른숲, 2015.

한국지역사회교육중앙협의회,《한국지역사회교육운동 20년》, 한국지역사회교육중앙협의회, 1989.

해밀을 찾는 소망,《키다리아저씨의 약속》, 미다스북스, 2012.

홍경준,《한국의 사회복지 체제》, 나남, 1999.

Esping-Andersen, G., *Why we need a new welfare state*, New York : Oxford University Press, 2002.

Esping-Andersen, G., *Social foundations of post-industrial economies*, Oxford : Oxford University Press, 1999.

Goodman, R. & Peng, I., "The East Asian welfare states : peripatetic learning, adoptive change, and nation-builiding", *In Esping-Andersen G (ed.) Welfare states in transition : national adaptations and global economies*, London : Sage, 1996, pp.192-224.

Goodman, R., White, G., & Kwon, H. (Eds.)., *The East Asian welfare model : Welfare orientalism and the state*, London: Routledge, 1998.

Gough, I., "East Asia: the limits of productivist regimes", In Gough, I. et al.(eds.) *Insecurity and welfare regimes in Asa, Africa, and Latin America: social policy in developmental contexts*, Cambridge: Cambridge University Press, 2004, pp. 169-201.

Holliday, I., "Productivist welfare capitalism: social policy in East Asia", *Political Studies*, 2000, 48:706-723.

Jones, C., The pacific challenge: Confucian welfare state. *In New perspectives on the welfare state in Europe*, London: Routledge, 1993, pp. 198-217.

Kwon, H. J., "An overview of the study: the developmental welfare state and policy reforms in East Asia", In Kwon, H. (ed.) *Transforming the developmental welfare state in East Asia*. London: Palgrave, 2005.

Kwon, H. J., *Transforming the developmental welfare state in East Asia*, New York, NY: Palgrave Macmillan, 2004.

Pateman, C., The patriarchal welfare state. *In C. Pierson & F. G. Castel (Eds.), The welfare state render*, Cambridge, UK: Polity Press, 2007, pp. 134-151.

Peacock, A., *The welfare society*, London: Liberal Publication Department, 1960.

Porter, M.E. & Kramer, M.R., "The competitive advantage of corporate philanthropy", *Harvard Business Review*, 2002, 80(12): pp.56-69.

Reiger, E. & Leifried, S., "The welfare state and social policy in East Asia: religion and globalisation", In Rieger, E. & Leifried, S. (eds.), *Limits to globalisation*, Cambridge: Policy Press, 2004, pp.241-335.

Sung, S., "Women reconciling paid and unpaid care work in a Confucian welfare state: the case of South Korea", *Social Policy and Administration*, 2003, 37(4):342-360.

Tang, K., *Social welfare development in East Asia*, New York: Palgrave, 2000.

Titmuss, R.M., *Social policy*, London: Allen and Unwin, 1974.

희망과 치유의 철학 – 아산의 삶과 한국사회의 미래_김진(울산대학교)

강원택, 〈통일국민당 - 아산의 창당과 한국정당사에서의 의미〉, 《아산 연구 총서 제3권》, 푸른숲, 2015.

경향신문특별취재반, 〈거탑의 내막〉 28, 〈경향신문〉, 1982년 4월 16일 3면.

김명섭·양준석, 〈서울올림픽 - 아산의 정치외교사〉, 《아산 연구 총서 제3권》, 푸른숲.

김명호, 《世紀의 架橋: 정주영 畵傳》, 三聯書店, 1997.

김석근, 〈수신제가치국평천하 - 아산의 유교윤리와 국가인식〉, 《아산 연구 총서 제3권》, 푸른숲.

김진, 《에른스트 블로흐와 희망의 원리》, UUP, 2006.

매슬로, 아브라함 H., 《존재의 심리학: 인본주의 심리학과 욕구 5단계설의 사상적 뿌리》, 정태연 외 역, 문예출판사, 2012.

박영숙 외, 《유엔미래보고서 2025》, 교보문고, 2011.

_____, 《유엔미래보고서 2040》, 교보문고, 2013.

블로흐, 에른스트, 《희망의 원리》 전 5권, 박설호 역, 열린책들, 2004.

소래섭, 〈기업가정신과 문학 - 아산의 독서 경험〉, 《아산 연구 총서 제1권》, 푸른숲, 2015.

신연수, 〈정주영 회장과 언론〉, 2014년 10월 2일, 11:43 from "경제스퀘어/칼럼노트".

이광수, 《흙》, 동아출판사, 1995.

이명수, 〈해변에서의 아름다운 만남, 詩의 감성 축제 - '해변시인학교'의 시작〉, 웹진 대산문화 2004년 여름호.

이웅석, 《아! 아산: 영웅은 다시 올 것인가? - 타계 10주기를 맞아》, 에세이퍼브리싱, 2011.

정주영, 《새로운 시작에의 열망》, 울산대학교출판부 1997.

_____, 《시련은 있어도 실패는 없다》, 제삼기획 1991.

_____, 《이 땅에 태어나서: 나의 살아온 이야기》, 솔출판사 1998.

_____, 《이 아침에도 설레임을 안고: 아산 정주영 연설문집》, 삼성출판사 1986.

_____, 《정주영은 말한다: 아산 정주영 인터뷰 모음집》, 울산대학교출판부 1992.

조상행, 《정주영 희망을 경영하다》, 바이북스, 2012.

지수걸, 〈식민지 농촌현실에 대한 상반된 문학적 형상화 - 이광수의 《흙》과 이기영의 《고향》을 중심으로〉, 《역사비평》 22, 1993.

칸트, 임마누엘, 《별이 총총한 하늘 아래 약동하는 자유 - 칸트와 함께 인간을 읽는다》, 빌헬름 바이셰델, 손동현 외 역, 이학사, 2002.

_____, 《칸트의 역사철학》, 이한구 편역, 서광사 1992(1판), 2009(개정판).

프랑클, 빅토르, 《책에 쓰지 않은 이야기: 빅토르 프랑클 회상록》, 박현용 역, 책세상, 1995.

프랭클, 빅터, 《삶의 의미를 찾아서》, 이시형 역, 청아출판사, 2005.

_____, 《의미를 향한 소리없는 절규》, 오승훈 역, 청아출판사, 2005.

_____, 《죽음의 수용소에서》, 이시형 역, 청아출판사, 2012.

헌트, 린, 《문화로 본 새로운 역사》, 조한욱 역, 소나무, 1996.

헌팅턴, 새뮤얼 P., 로렌스 E. 해리슨 편, 《문화가 중요하다. 문화적 가치와 인류발전 프로젝트》(*Culture Matters: How Valuues Shape Human Progress*), 이종인 역, 책과함께, 2015.

홍선미, 〈자아·가족·사회 – 아산의 사회공헌정신의 형성과 계승〉, 《아산 연구 총서 제4권》, 푸른숲, 2015.

홍하상, 《정주영 경영정신》, 바다출판사, 2006.

Bloch, Ernst, *Das Prinzip Hoffnung*, Bd. 1, Frankfurt 1980(1959).

Easterly, William, "*The Poor Man's Burden*", Foreign Policy, 2009(January/ February).

Frankl, Viktor, *Homo patiens: Versuch einer Pathodizee*, Franz Deutcke, Wien, 1950.

Steers, Richard M., *Made in Korea: Chung Ju Yung and the Rise of Hyundai*, Routledge, 1999.

부록

그림 1 1962~1977년 한국의 경제성장률

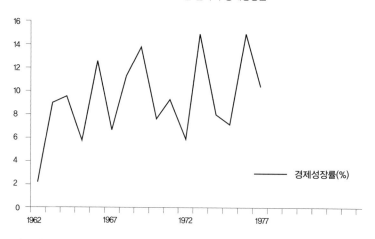

자료: 한국은행(1980). 경제통계연보에서 재구성

표 1 1970~1977년 소비자 물가등락률 추이

(단위: %)

연도	1970	1971	1972	1973	1974	1975	1976	1977
소비자 물가등락률	16.0	13.5	11.7	3.2	24.3	25.3	15.3	10.1
생산자 물가등락률	9.1	8.6	14.0	6.9	42.1	26.5	12.1	9.0

자료: 한국은행경제통계시스템

표 2 산업 부문별 취업자 1인당 GNP(1995년 불변 가격)

(단위: 천 원)

연도	농림어업(A)	제조업(B)	B-A
1965	809	2,411	1,602
1970	1,283	3,800	2,517
1975	2,435	4,393	1,958
1980	2,456	5,781	3,325
1985	4,132	7,990	3,858
1990	6,267	15,157	8,890
1995	9,567	23,464	13,897

자료: 유병서(2000: 93)

표 3 1977년도 전국 병·의원 현황

(단위: 개소)

구분	종합병원	병원	의원
강원	4	8	191
경기	4	26	573
경남	3	13	372
경북	5	17	674
부산	5	20	721
서울	24	43	2,188
전남	3	27	393
전북	2	8	262
제주	0	5	65
충남	1	9	400
충북	1	6	169
전체	52	182	6,008

자료: 보건사회부(1977), 1977년도 보건사회통계연보

그림 2 1962년~1980년 한국의 GDP 대비 사회복지비 지출 추이

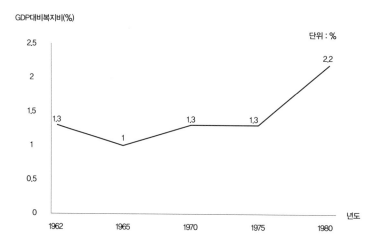

자료: 김미혜·정진경(2003: 11, 20)에서 재구성

표 4 주요 기업 재단의 설립연도 및 주요사업 현황

설립연도	재단명	출연기업	주요사업
1939	양영회	삼양	교육장학 사업
1965	삼성문화재단	삼성	문화예술지원 사업
1969	LG연암문화재단	LG	교육, 문화예술지원 사업
1970	유한재단	유한양행	장학 사업, 사회복지 사업
1971	포스코청암재단	포스코	장학 사업, 학술 연구 사업
1977	아산사회복지재단	현대	의료복지 사업, 사회복지 사업
1982	아모레퍼시픽복지재단	아모레퍼시픽	여성복지 사업
1982	삼성생명공익재단	삼성	사회복지 사업, 의료복지 사업
1983	롯데장학재단	롯데	교육장학 사업
1989	삼성복지재단	삼성	사회복지 사업
1991	LG복지재단	LG	사회복지 사업

자료: 각 기업 재단 홈페이지 자료에서 참고 후 재구성

아산, 그 새로운 울림: 미래를 위한 성찰
'아산 연구 총서' 시리즈(전 4권)

01_얼과 꿈

상상력의 공간 – 창업 · 수성에 나타난 아산정신_전영수(한양대학교)

자기구현의 인간학 – 아산의 인성_박태원(울산대학교)

긍정 · 도전 · 창의의 기반 – 아산의 자아구조_정진홍(울산대학교)

순응 · 확장 · 관리 – 아산의 학습생애_강대중(서울대학교)

기업가정신과 문학 – 아산의 독서 경험_소래섭(울산대학교)

02_살림과 일

유교와 민족주의 – 아산의 기업관과 자본주의 정신_류석춘(연세대학교), 유광호(연세대학교)

자본주의의 마음 – 아산의 파우스트 콤플렉스_김홍중(서울대학교)

한국적 경영 – 아산의 인격주의_이재열(서울대학교)

중산층 사회의 등장 – 아산의 기능공 양성_유광호(연세대학교), 류석춘(연세대학교)

03_나라와 훗날

수신제가치국평천하 – 아산의 유교윤리와 국가인식_김석근(아산정책연구원/아산서원)

발전국가와 기업 – 아산의 '인정투쟁'_왕혜숙(연세대학교)

서울올림픽 – 아산의 정치외교사_김명섭(연세대학교), 양준석(연세대학교)

통일국민당 – 아산의 창당과 한국정당사에서의 의미_강원택(서울대학교)

실리적 남북경협 – 아산의 탈이념적 구상과 실행_정태헌(고려대학교)

04_사람과 삶

자아 · 가족 · 사회 – 아산의 사회공헌정신의 형성과 계승_홍선미(한신대학교)

복지재단과 복지사회 – 아산사회복지재단의 한국적 의미_최재성(연세대학교)

의료복지와 경쟁력을 빚어내다 – 아산병원의 의료 모델 _김태영(성균관대학교)

한국형 복지국가 – 아산 복지정신의 함의_이봉주(서울대학교)

희망과 치유의 철학 – 아산의 삶과 한국사회의 미래_김진(울산대학교)

아산 연구 총서 04

아산, 그 새로운 울림 : 미래를 위한 성찰
– 사람과 삶

첫판 1쇄 펴낸날 2015년 12월 28일

편 울산대학교 아산리더십연구원
글쓴이 홍선미 | 최재성 | 김태영 | 이봉주 | 김진

펴낸곳 (주)도서출판 푸른숲
펴낸이 김혜경

출판등록 2002년 7월 5일 제 406-2003-032호
주소 파주시 교하읍 문발리 파주출판도시
529-3번지 푸른숲 빌딩, 우편번호 413-756
전화 031)955-1400, 031)955-1410
팩스 031)955-1406, 031)955-1424

ⓒ울산대학교 아산리더십연구원, 2015

값 18,000원
ISBN 979-11-5675-637-8 (04080)
ISBN 979-11-5675-633-0 (04080) (세트)